寺沢　薫

卑弥呼とヤマト王権

中公選書

目次

西方上空から纒向遺跡を望む　３世紀初め、ヤマト国（邪馬台国）の三輪山北西麓に忽然として出現した都市・纒向。200次を超える発掘調査によって、この遺跡がヤマト王権の最初の大王都であったことを示す証拠が次々と明らかになっている。纒向遺跡はいま、倭国女王卑弥呼の居処の第一候補地である（写真提供：桜井市教育委員会）

左ページ手前（西方）から矢塚古墳、勝山古墳、纒向石塚古墳。その右を流れる旧纒向川の一流路をさかのぼると、左手に第１次大王宮の大形建物群が立地する。右ページ手前は東田大塚古墳、その奥に南飛塚古墳、遠く箸墓古墳の偉容とホケノ山古墳を望む

大王都・纒向の想定復元図　纒向が盛行する３世紀中頃～後葉のすがたを、最新のＣＧで大胆に復元した。第１次大王宮の存在と箸墓古墳の造営は時間的には先後の関係にあるが、ここでは同一画面に再現している（原画：寺沢薫、©ＮＨＫ）

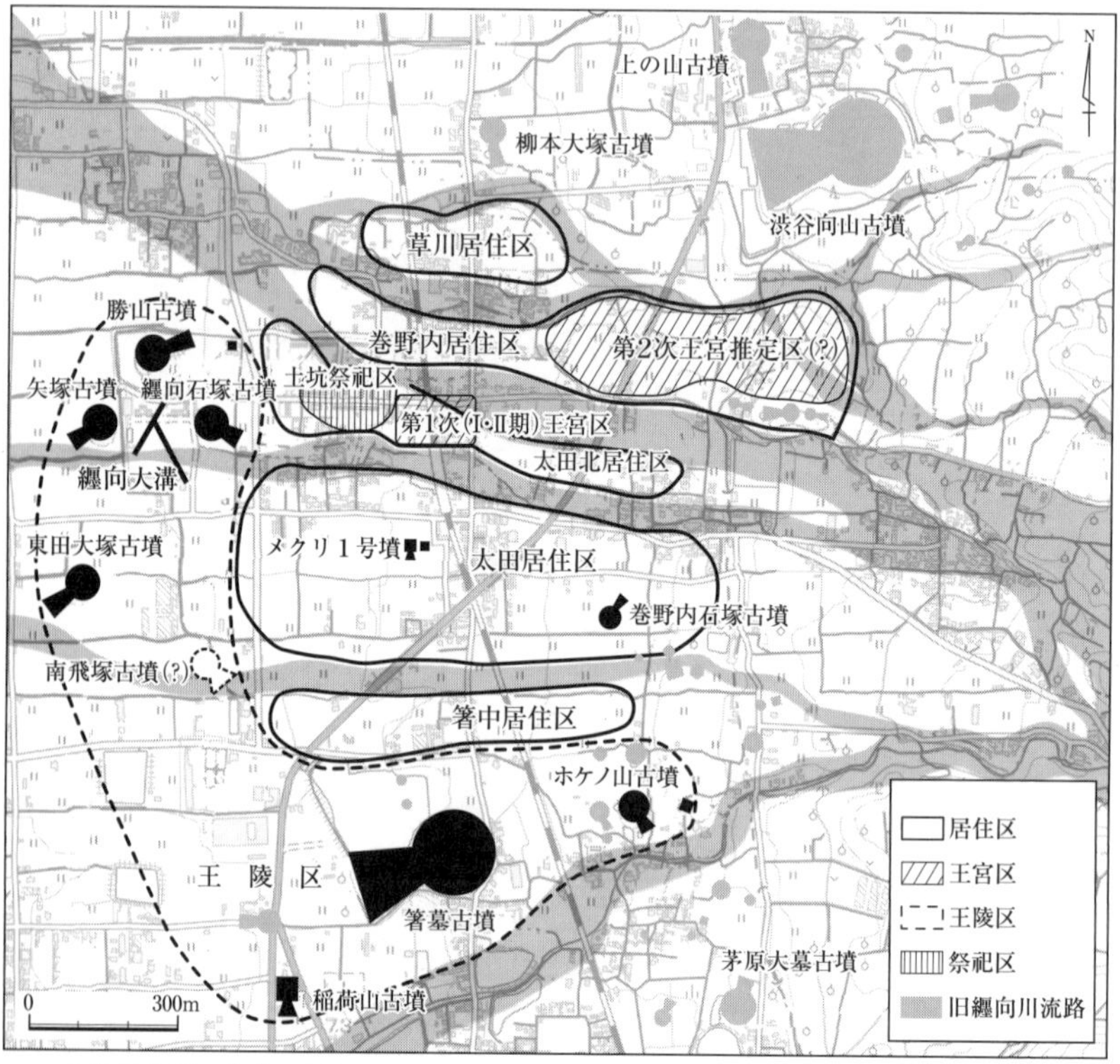

3世紀中頃〜後葉の纒向　盛行期の自然地形と土地利用状況を示す。手の指状に流れる旧纒向川が形成する扇状地の微高地上に都市が建設された。第1次大王宮の周辺を居住区が取り囲み、その西方から南方にかけて王陵区がめぐる。3世紀後半期の第2次大王宮は推定地を広めにとり、纒向大溝は検出・確認された地点のみを示している。薄いグレーの古墳は纒向衰退後に築造されたのもの（桜井市教育委員会文化財課編『史跡纒向遺跡・史跡纒向古墳群保存活用計画書』桜井市教育委員会、2016年より。一部改変）

卑弥呼とヤマト王権

プロローグ

「邪馬台国《やまたいこく》と卑弥呼《ひみこ》には近づくな！」

私が弥生《やよい》時代にテーマを定めて、考古学で身を立てようとしはじめた頃、周囲の先生や先輩研究者たちからこう釘《くぎ》を刺された。もう四〇年以上も昔のことである。

その言葉には、江戸時代以来の『魏志《ぎし》』倭人伝《わじんでん》（正式には『三国志《さんごくし》』「魏書《ぎしょ》」烏丸鮮卑東夷伝《うがんせんぴとういでん》の倭人条）研究の長い歴史にもかかわらず、その所在地の確定すらままならない邪馬台国論争に考古学が首を突っ込んでも埒《らち》があかない、いやむしろ、考古学は歴史の解釈や叙述に積極的になるべきではない、という強い意識さえ感じられた。

いまでこそ邪馬台国の所在地の第一候補とされる纒向《まきむく》遺跡の調査と研究にたずさわってきて、この遺跡が「ヤマト王権」の最初期の政治中枢であることを真っ先に、そして明確に主張しながらも、私がいわゆる邪馬台国論争とは一線を画してきた背景には、「考古学はかくあるべき」という風潮が重くのしかかっていたからに違いない。

そうした考古学界の風潮を払拭《ふっしょく》したのは、おそらく一九八〇年代後半からの吉野ヶ里《よしのがり》遺跡（現在の佐賀県神埼《かんざき》市と神埼郡吉野ヶ里町にまたがる）の発掘調査と、それにつづく学界あげての遺跡保存の動きであっただろう。大規模な工業団地の建設計画にともなう発掘調査のために、丘陵が丸ごと剝《む》き出しとなって現れた弥生時代の巨大環濠《かんごう》集落は、まさに『魏志』倭人伝に描かれた邪馬台国を彷彿《ほうふつ》するものと人々の目に映ったのである。「邪馬台国」と「卑弥呼」はマスコミに大きく取り上げられ、吉野ヶ里遺跡は邪馬台国九州説の象徴的な存在ともなっていった。

戦後の新しい歴史学の構築がうたわれ、大衆化したテーマの一つに、作家も加わった一九六〇年代後半からの邪馬台国論争を挙げることができるだろう。それを「第一次邪馬台国ブーム」と呼んでよいのであれば、吉野ヶ里遺跡の調査と保存を契機にはじまった邪馬台国ブームは「第二次」といってよいかもしれない。

それはまた、考古学が邪馬台国論争を牽引《けんいん》する新たな時代の到来でもあった。たかだか二〇〇〇字に満たない漢文をあれこれ詮索《せんさく》して、この国の三世紀史を云々《うんぬん》する時代は終わった。何よりも三〇〇年にもわたる文献学上の邪馬台国論争がこれといった方向に収斂《しゅうれん》していない事実こそが、その限界を物語っている。いま、考古学の成果に忠実でないかぎり、邪馬台国問題は前進しないといっても過言ではないだろう。

私が邪馬台国問題に積極的にかかわるようになったのは、纒向遺跡の調査にたずさわってから四半世紀も過ぎた頃である。『王権誕生』と題して、講談社版全集『日本の歴史』第二巻の執筆を一巻ぶん丸々引き受けることになり、どうしても一般読者に向けて邪馬台国の位置や卑弥呼が共立される背景を明確に叙述しなければならなくなったという、やむにやまれぬ切羽《せっぱ》詰まった状況からであった。そこで初めて、邪馬台国とは奈良盆地の東南部を占める狭義の「やまと」の領域、つまり私のいう「ヤマト国」を指し、女王卑弥呼は纒向遺跡にいたという考えを明らかにした。

なお、狭義の「やまと」に対する広義の「大和」は、のちの律令制の規定にもとづく大和国、すなわち今日の奈良県の範囲に相当する。以下、本書では狭義と広義を区別し、狭義の場合はカタカナで、広義の場合は漢字で表記することにする。

本書の拠《よ》って立つ、核となる遺跡は奈良県の桜井市にある纒向遺跡である。はたして読者には、吉野ヶ里遺跡は知っていても、纒向遺跡という名前には聞き覚えがないといわれる方も多いと思う。吉野ヶ里遺跡よりも早くに発掘調査がはじまり、三世紀の巨大な遺跡としては有名なのだが、一部の歴史ファンを除けば一般の知名度はまだまだ低い。にもかかわらず最近では、邪馬台国畿内説の最有力候補地となっている遺跡なのだ。

とはいえ、邪馬台国や卑弥呼をめぐる論争はあくまで文献学上の問題である。考古学のデータがどれだけ蓄積されていっても、文献を解釈するほどにモノ（遺跡や遺物）じたいから情報を引き出し、邪馬台国の位置や卑弥呼の実像を直接的に叙述することはむずかしい。だからといって、ままに見受けられることだが、独断的な文献解釈をベースに考古学のデータの一部を切り出して自説の整合性を取りつくろう手法は本末転倒もはなはだしい。

モノから有効な情報を可能なかぎり引き出し、考古学から得られた知見をもとに最も合理的で精《せい》緻《ち》な独自の歴史像を組み立て、そのうえで文献との整合性を逐一《ちくいち》検証し、どれだけの歴史叙述ができるか、二段構えの論理的な手順を踏む必要がある。そこに十分な状況証拠と理論的説得力が得られたとき、邪馬台国論争にも王手を突きつけることができるはずである。

本書の構成を説明しておこう。

第一章では、まず纒向遺跡がいつどのように出現し、どのような特徴をもった特別な遺跡なのかを紙幅を割いてていねいに紹介し、いまだ知名度が高いとはいえないこの遺跡の、古代史上の重要性を多くの方々に知っていただきたいと思う。そこでは、纒向遺跡がもつ考古学的な特徴の数々の積み上げが、私たちが古代史上「ヤマト王権」と呼んで概念化してきた実体を明らかにしており、この遺跡がまさにヤマト王権最初の大王都であったことを理解していただけるだろう。

第二章と第三章では、ヤマト王権の誕生がこの国の国家形成史においてどのような意味をもつのかを整理する。一般に、この国は七世紀に飛鳥《あすか》で国家誕生の産声《うぶごえ》を上げたといわれる。だがこの文《もん》言《ごん》は半分は正しく、半分は間違っている。「日本」という国家は、確かに七世紀末に飛鳥浄御原宮《きよみはらのみや》で産声を上げた可能性が高い。しかし、それ以前にはみずからを「倭国」と呼ぶ国家が歴然と存在し、対外交渉にあたったのである。ヤマト王権をこの国の国家形成史上に正しく位置づける必要がある。そのためにまず第二章で、この国の国家の起源や出現のすがたを正しくとらえることに努め、そのうえで第三章では、王権誕生という飛躍への胎動を考古学の資料にもとづいて再現したい。

第四章では、ヤマト王権の誕生を主導した勢力はどこに由来するのか、その舞台裏を系譜論として考察する。ヤマト王権はいかなる背景のもとに、どのような経緯をへて成立したものなのだろうか。当然のことながら、ヤマト王権は弥生時代の奈良盆地や、のちに畿内といわれる地域の諸勢力の権力構成のなかから、継続的・発展的に成長したのだろう、との見方は一般に流布している。しかし、考古学的な事実に真摯《しんし》に向き合ったとき、はたしてそうしたストーリーは描けるのだろうか。真実はそれとはまったく別のすがたであったに違いない、というのが第四章で提出する系譜論である。

第五章と第六章では、『魏志』倭人伝が描く文献上での「卑弥呼共立」や卑弥呼政権の状況を整理し、第四章までに明らかにされた考古学上の事実関係にもとづく解釈と論理との整合性をきめ細かく追う。考古学の成果から組み立てられた最も合理的な枠組みと、文献学的解釈の許容範囲が重なるところに、はじめて邪馬台国論は学問としての客観性を獲得することができる。邪馬台国の位置論にも、卑弥呼共立の事情にも、そして卑弥呼政権の実体にも、文献学的先入観やうわべの考古学的事実の援用を排して迫ることができるだろう。

卑弥呼は、はたして一地方の「女酋《じょしゅう》」的存在にすぎなかったのか。そもそも卑弥呼は邪馬台国の女王だったのだろうか。最後に、卑弥呼とヤマト王権との関係を明らかにして、邪馬台国論争にも一つの区切りをつけたいと考える。本書のタイトルを「卑弥呼と邪馬台国」とはせずに、あえて文献上の女王「卑弥呼」を、考古学が明らかにした「ヤマト王権」の実像と対応させ、「卑弥呼とヤマト王権」とした目論見《もくろみ》がそこにある。

読者の方々には、本書で示したストーリーを逐一チェックしながら読み進んでいただきたい。この本では自説のみをひたすら主張するのではなく、できるだけ学界での対論も明記して対峙《たいじ》させることで、読者にその違いや問題点を正しく伝えることに意を払った。はたしていずれが事実の蓄積の上に立ち、より論理的で総体的で説得力のある解釈であるのか、読者の方々の判断を仰ぎたいと思う。

第一章　纒向遺跡論

第一節　纒向遺跡とともに

最初の驚きと感動

一九七一年一二月五日。当時、同志社大学の三回生だった私の野帳《やちょう》をみると、そこに纒向《まきむく》遺跡の発掘を初めて目にしたときの驚きと感動が書きつづられている。

それまで、四メートル四方の正方形のグリッドを碁盤《ごばん》の目のように組んで、手掘りで掘り進んでいったり、狭い調査区の層位を一枚ずつ数センチ単位で剥いでいく「学術発掘」しか経験のなかった私には、パワーショベルで上層を一気に剝ぎ取り、排土をベルトコンベアに載せ、多数の作業員を使って掘り進む調査はみたことがなかったのである。

それは関西でも高度経済成長による土地開発にともなって、大規模調査がはじまろうという先駆けであった。調査は小学校の新設と県営住宅の建設に先立っておこなわれた、いわゆる「行政発掘」であったから、正直なところ、土木工事と変わらぬような現場には違和感があったが、五年後には私もこの地で同じ前線に立つことになるとは思いもしなかった（写真1）。

しかし、ほんとうの驚きと感動はそんなところにあったのではない。発掘現場は考古学を学ぶ者なら誰でも知っている箸墓《はしはか》古墳のわずか数百メートル北に位置する。さらにそのすぐ北東には渋谷《しぶたに》向山《むかいやま》古墳（宮内庁管理の景行《けいこう》天皇陵）もみえる。東南に三輪山《みわやま》を仰ぐ広大な水田のなかに、その遺跡はあるのだった。当時は三輪王朝とも初瀬《はせ》王朝とも呼ばれた、まさに「大和《やまと》政権」の故地と目された土地柄なのだ。発掘調査をおこなっていた奈良県立橿原《かしはら》考古学研究所（以下、「橿考研」と呼ぶ）の指導研究員でもあった同志社大学考古学研究室の恩師、森浩一《もりこういち》先生に発掘状況の連絡が入り、「すわ一大事」とばかりに大挙して押し寄せたのである。

写真1　1971年の調査風景　遠くに箸墓古墳がみえる（奈良県立橿原考古学研究所提供）

それまでに集落の遺跡の発掘調査もいくつか経験していた私は、当然、多くの住居跡が密集して発見されているものとばかり思っていた。ところが、いざ行ってみると、排土の山々の先には大きな溝と穴しかみえない。「なあんだ」と思いつつも、調査員の話を聞いて、大溝《おおみぞ》は直線で箸墓古墳に向かっていること、大量の矢板《やいた》で護岸されていることを知った。そして整理室で説明を受けながら、完形の土器の山と巨大な矢板や大量の水漬けの木製品《もくせいひん》をみたときには、ただ唖然《あぜん》とするばかりであった。ちなみにそのときの調査員が、のちの私の考古学人生に大きな影響を与えた石野博信《いしのひろのぶ》氏だったことは

写真２　整理室に並べられた完形土器群の一部
（1971年12月５日、寺沢撮影）

まったくの奇遇であった。

弥生土器や土師器《はじき》は、そのころ発掘調査に通っていた和歌山市の太田《おおた》・黒田《くろだ》遺跡でいやというほどみたり実測したりしていたから、その量や完全なすがたにとくに感動したわけではなかった。私が驚いたのは、それらが弥生時代と古墳時代の境目の土器ばかりだったからだ（写真２）。

その当時、奈良国立文化財研究所（現、独立行政法人・国立文化財機構奈良文化財研究所）の田中琢《たなかみがく》氏が「布留式《ふるしき》以前」という論文で、それまで畿内地方で最初の土師器様式とされていた「布留式」に先行する「庄内式《しょうないしき》」を提唱していたのである［田中、一九六五年］。古くは大阪府豊能《とよの》郡庄内村（現、豊中市）から出土したわずかな土器群を取り上げ、さらにその後いくつかの遺跡から出土した類似する土器を紹介しながら、「布留式」の前段階の様式を提唱した画期的な内容の論文だった。その鍵《かぎ》となる土器群が目の前にところ狭しと並んでいる。しかも三輪山の麓だ。とんでもない遺跡であることは直感できた。

纒向遺跡の発掘速報はすぐさま石野氏によって、橿考研の彙報《いほう》である『青陵《せいりょう》』と、関西に拠点を置く考古学の研究団体である古代学研究会の学術誌に公表された［石野、一九七二年ａｂ］。石野氏は纒向遺跡が出現した「庄内式」の段階を「纒向式」と呼び、この段階を弥生時代後期末ではなく、明確に古墳時代の開始期として打ち出したのであった。いまにつづく土師器の初現や時代区分をめぐる論争のはじまりである。

纒向遺跡との再会――石塚古墳の調査

その後、近畿地方では、庄内式期の大規模な集落の発掘調査の機会には恵まれず、古式土師器の研究の進展はひとえに纒向遺跡の報告書の刊行を待つ状況になった。しかし、この間にも纒向遺跡は注目度を高めていく。

大学を卒業した私は、故郷にほど近い千葉市で文化財係の学芸員として業務に就いていた。縄《じょう》文《もん》時代や弥生時代をテーマに、千葉での新たな考古学の道を模索していたけれど、考古学の方法論や学的環境への違和感は禁じえず、三年で関西復帰を決断した。そのとき、嘱託職員としてではあったが、橿考研の採用試験の受験を恩師とともに勧めてくれたのが石野氏であった。

一九七六年の春、鉄骨二階建ての橿考研は、開発事業に先立つ発掘に追われていた。総勢一五人ほどがひしめく二階調査課の部屋の片隅で、纒向遺跡の報告書の校正が、石野氏と当時私と同じ嘱託だった関川尚功《せきがわひさよし》氏とで進められていた。報告書は九月二一日、研究所の創立記念日に合わせて刊行される予定だった。この間、夜な夜な古式土師器の編年案や古墳発生の問題、祭祀土坑《さいしどこう》の意味などを聞かされた。私のなかで「纒向」がふたたび息を吹き返してきた。

その年の夏には運よく、研究所古参の久野邦雄《くのくにお》氏のもとで纒向石塚古墳《まきむくいしづか》（以下、石塚古墳と略記。纒向遺跡内の他の古墳もこれに準ずる）の範囲確認調査（第三次調査）に参加することができた。調査区は予想どおり墳丘南側の括《くび》れ部にあたり、周濠《しゅうごう》底から土器とともに多数の建築部材や木製品を検出した（写真3）。石塚古墳が前方後円形であることが確定した瞬間であり、箸墓古墳より古い築造であることも決定的となった。しかしそれは後述するように、いずれからを「古墳」と呼ぶか、またいつからを「古墳時代」とするかという、現在もつづく論争のはじまりでもあった。

私が入所した一九七六年は、こうした課題の探究において一つの飛躍をもたらす年となった。

写真３　石塚古墳の第３次調査　上段は南側括れ部の発掘風景（1976年７月、寺沢撮影）。下段は周濠内の遺物検出状況。右の高まりが前方部（奈良県立橿原考古学研究所提供）

じつは一九六八年に、宮内庁書陵部は箸墓古墳で二重口縁壺《にじゅうこうえんつぼ》や、「弧帯文《こたいもん》」と呼ばれる文様を付した特殊《とくしゅ》器台《きだい》と特殊壺《つぼ》を確認していた。その情報は研究者の間をかけめぐったが、長らく公表されるにはいたらなかった。それに先立って岡山では六七年に、近藤義郎《こんどうよしろう》氏と春成秀爾《はるなりひでじ》氏が吉備《きび》の弥生時代末の特殊器台・壺の型式変遷を整理し、それらが古墳の円筒埴輪《えんとうはにわ》の起源であることを学術誌に発表していたのである［近藤・春成、一九六七年］。

一九七六年になって箸墓古墳の出土品がようやく公表され［中村・笠野、一九七六年］、同年にはじまる岡山県倉敷市楯築墳《たてつきふんきゅうぼ》丘墓の調査では、最古の特殊器台・壺の供献《きょうけん》が確認された。こうして課題の探究は大きく前進することになった。

しかも私がかかわることになる一年前、一九七五年の石塚古墳の周濠調査（第二次調査）では、多くの木製品のなかから、弧帯文様が刻まれた木製の円板（「弧帯文円板《こたいもんえんばん》」と呼ぶ）が出土していたのである（八六ページ、写真17－①参照）。その文様構成は楯築墳丘墓の特殊器台の弧帯文様よりは新しいが、箸墓古墳の弧帯文様よりは古いものだった。

こうしたなかで一九七六年初秋、弧帯文円板の紹介もふくめて報告書『纒向』が刊行された［石野・関川編、一九七六年］。纒向遺跡は俄然《がぜん》、古墳出現の時期や背景、そしてヤマト王権誕生の経緯という二つの大きな課題を解明するための鍵《かぎ》を握る遺跡として注目を集めることになったのである。

ヤマト王権最初の大王宮か

その後、一九七九年に桜井市教育委員会に調査の主体をゆだねるまでの三年間、さいわいにも纒向遺跡の調査を担当することができた。個人住宅の開発にともなう調査や遺跡の範囲確認調査が主で、規模は小さかったが、方形周溝墓域《ほうけいしゅうこうぼいき》や居住域、河道などの調査、東田大塚《ひがいだおおつか》古墳の測量調査を進めつつ、空いた時間は調査に参加した学生たちと手分けして遺跡を徹底的に踏査した。こうして遺跡の旧地形を再現し、遺構や遺物の分布状況の分析を進めるなかで、私のなかに纒向遺跡＝ヤマト王権最初の都宮という着想が具体的なかたちをとっていった。

橿考研では創立から区切りとなる周年ごとに『論集』を刊行する。四〇周年にあたる一九七九年

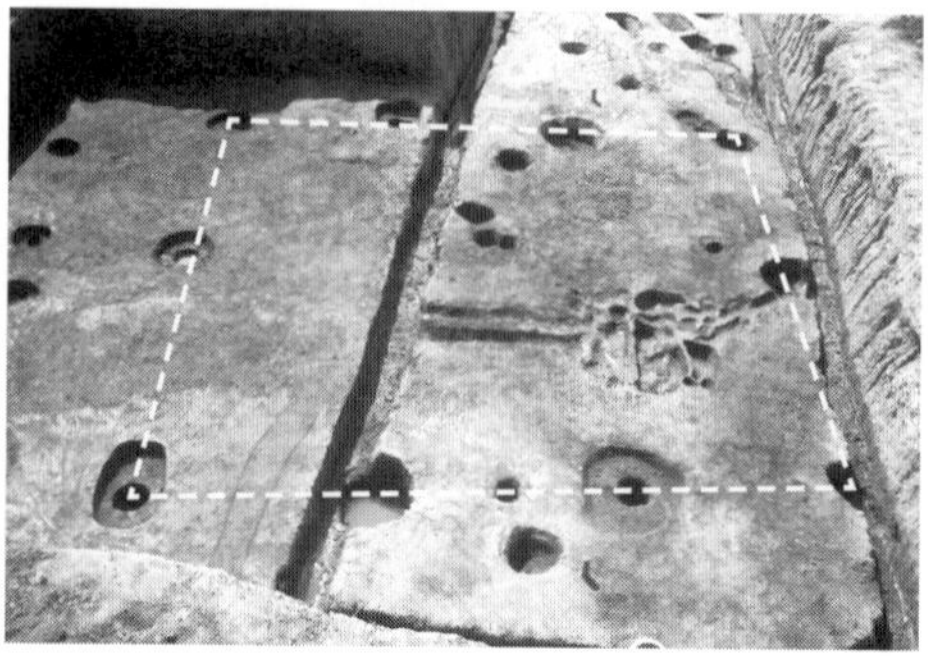

写真4　1978年調査時の建物Bの検出状況（奈良県立橿原考古学研究所提供）

の『論集』第四に、私は「大和弥生社会の展開とその特質」と題する論文を発表した。そこでは、纒向遺跡が忽然《こつぜん》と現れる庄内式期の初めに、奈良盆地の弥生時代の拠点的な大集落の多くが衰退し、集落が小規模分散化することに注目して、ヤマト王権の最初の都宮である纒向遺跡の出現は、大和弥生社会の内部的発展の延長ではなく、外部勢力も加わった大きな時代のうねりのなかで達成されたと論じたのである［寺沢、一九七九年］。そして四五周年にあたる八四年の『論集』第六には「纒向遺跡と初期ヤマト政権」と題して、ヤマト王権大王都論を前面に据え、その系譜論をも積極的に展開した［寺沢、一九八四年］。

それまでにも重要な発掘に遭遇している。一九七八年夏には辻トリイノ前地区（第20・21次調査）で、庄内式期でも古相の小さな掘立柱《ほったてばしら》建物一棟（建物B）を検出している（写真4。九二ページ、図14参照）。建物は軸線をほぼ東西の正方位に置き、凸形の張り出し塀（柵）で囲まれていた。塀のすぐ外にも同じ方向に建てられた小さな掘立柱建物らしき柱穴群（建物Aなど）があった。

いまでこそ古墳時代の豪族居館が各地で発掘され、方形の区画のなかにコの字形に配置された建物は珍しくないけれど、このような建物配置はいまだに類例がない。私は一九八四年の論文では「宮殿や神殿のように、政治的かつ祭祀的色彩の強い建物のうちでも極めて高次元の〈場〉の一部」と書いた。まどろっこしい歯切れの悪い表現だが、纒向遺跡がヤマト王権最初の政治中枢と断言するにはまだまだ研究の初歩段階だったからである。

三一年後、桜井市教育委員会がこの建物の周囲を発掘して、さらに二棟の掘立柱建物（建物C・D）がみつかり、報道各紙の一面を大きく賑わした（写真5）。それまで国の史跡指定をめざして、

写真5　「ヤマト王権居館域」の調査　建物C・Dの第166次調査の際に、建物A・Bの位置も明示して西方上空から撮影。東側をJR桜井線の線路が横切る（桜井市教育委員会提供）

写真6　三輪山を背景とする第1次大王宮跡　現在の仮整備のようす（2018年4月、寺沢撮影）

古墳の確認調査ばかりが進んでいたが、集落居住地部分の調査が滞っている状況を懸念した文化庁から照会があったとき、その最重要地点として私が真っ先に候補に挙げたのが辻トリイノ前地区だったのである。

確認調査の成果を受けて二〇一三年、この場所は「大和政権と関わりのある」、「居館域」として国の史跡指定を受けた。その中心部分は桜井市によって用地買収が進み、いま仮の整備がなされている（写真6）。

タイムスケールを作る

橿考研に入っての最初の調査では東大寺西面大垣を担当したが、さいわい田原本町《たわらもとちょう》の唐古《からこ》・鍵《かぎ》遺跡と桜井市の纒向遺跡という、弥生時代と古墳時代前期の二つの大規模な遺跡の調査も手がけることができた。そこで真っ先に着手したのは、タイムスケールの作成である。曲がりなりにも奈良県で弥生時代から古墳時代の考古学をはじめようというのであれば、遺物から年代を決めるスケールが絶対に必要だからだ。

考古学の世界では、こうしたスケールはその分野の専門家が作成し、他の多くの研究者はすでに多用されている既存のものを選択して援用するという方法が一般的である。それは基礎的研究でありながら、扱う資料は膨大《ぼうだい》で、作業に時間と手間がかかる地味な仕事だからである。しかし、弥生時代後期の土器から古墳時代初めの古式土師器には、いまだ確たるスケールがなかったし、歴史研究で最も重要な要素である時間と空間にかかわる基礎部分の編年表は、みずからの手で作りたいというのが私の信念でもあった。

考古学のタイムスケールは、土器を編年の材料として使うことが一般的だ。可塑性《かそせい》のある土器には、製作者の技術や意識、その時々の流行が短期間にストレートに反映されやすいからである。「土器の様式（型式）編年」と呼ばれるこの手法は、発掘された遺構や層位ごとの膨大な一括出土土器をまず新旧に分別する。そして、そこから有意な範型を厳選して壺や甕《かめ》といった器種（形式）ごとの「型式」を抽出し、時間の経過とともに変化する「型式」を横軸上（あるいは縦軸上）に並べる。同時に、ある時間帯の複数の器種は「型式」の組み合わせとして縦軸上（あるいは横軸上）に並ぶことになる（図1）。それは実際にその時期に生きた人々の生活のスタイルを示すことになるから、私たちはこれを「様式」と呼んでタイムスケールとして使うのである。

しかしこの作業は「言うは易《やす》く行うは難《かた》し」で、大変な労力を費やすことになる。またその成果は、新たな資料によってつねにチェックされ更新されねばならない。しかも「様式」はきわめて地域性の高いものであるから、弥生土器や土師器なら旧国ほどの単位でスケールを作成する必要がある。さらに地域ごとのそれぞれの「様式」は、他地域のどの「様式」と同時期に存在したのか、地域間の併行関係をつなげていく必要もある。土器の編年はとどまることのない永遠の作業であり、有意であるかぎりは究極まで細分されていくべきものだと考えている。

私が最初に手がけたのは、大和の弥生時代後期の編年である。古墳時代に向けての胎動を事細かに整理していくためには、弥生時代後期の時間軸と空間軸の細分が必須であった。すでに何人かの試みはあったものの、きちんとした様式理論にのっとっての体系とは思えなかった。そこで私は後

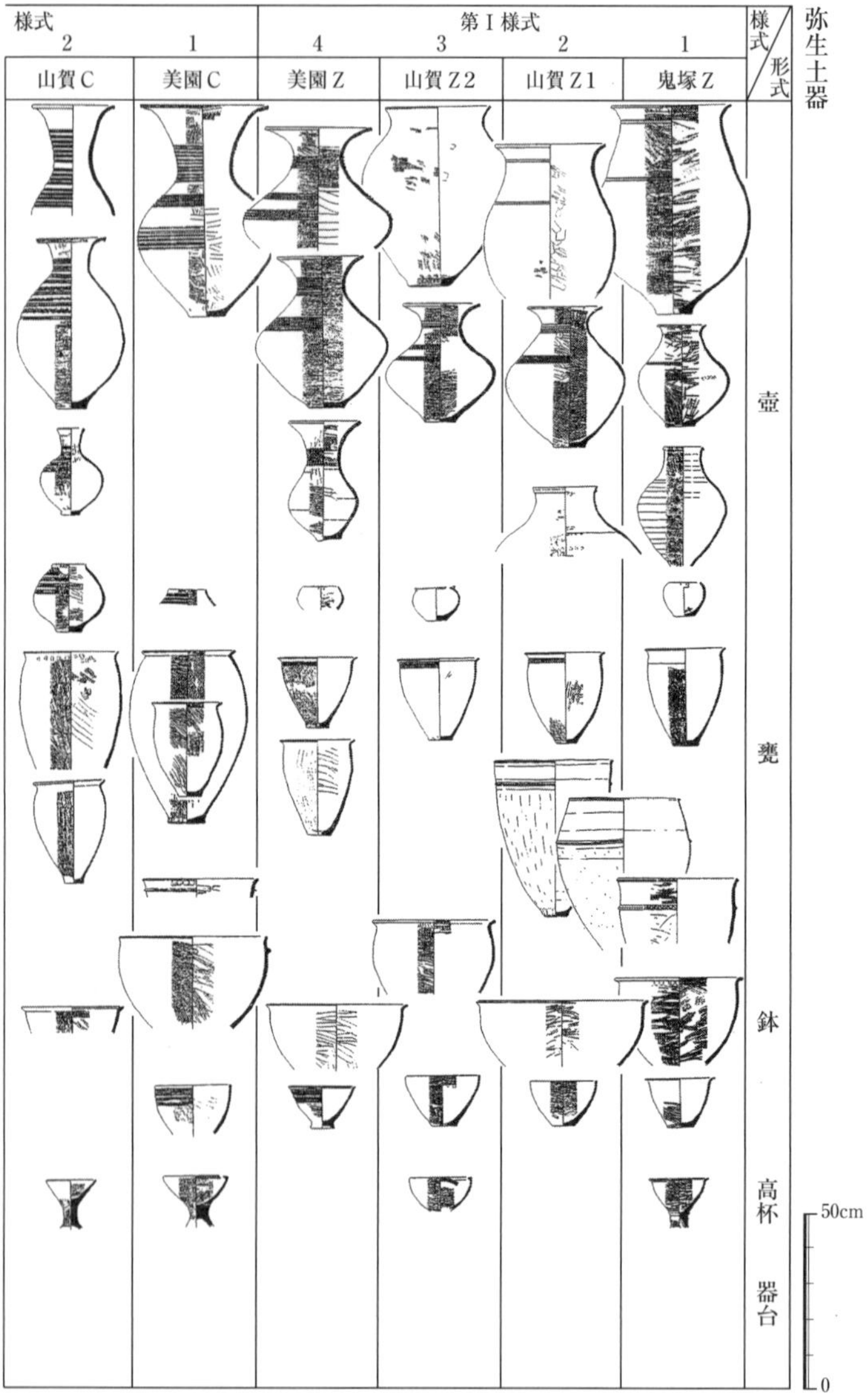

図1　弥生〜古墳時代前期初めまでの土器の変遷
河内地域の様式を例とした畿内の編年体系（寺沢、二〇一四年より）

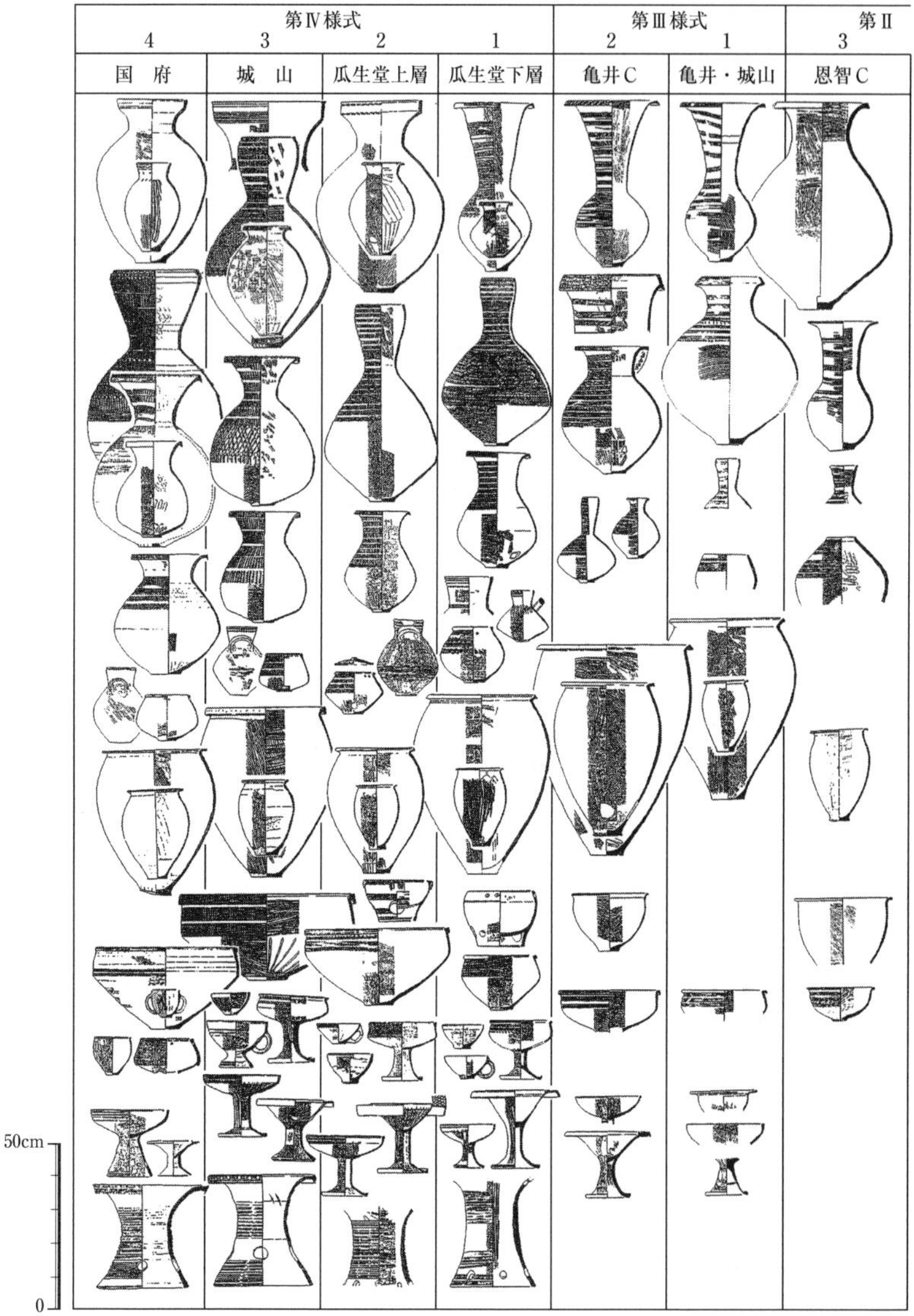
第Ⅳ様式
4
3
2
1
第Ⅲ様式
2
1
第Ⅱ
3
国　府
城　山
瓜生堂上層
瓜生堂下層
亀井C
亀井・城山
恩智C
50cm
0

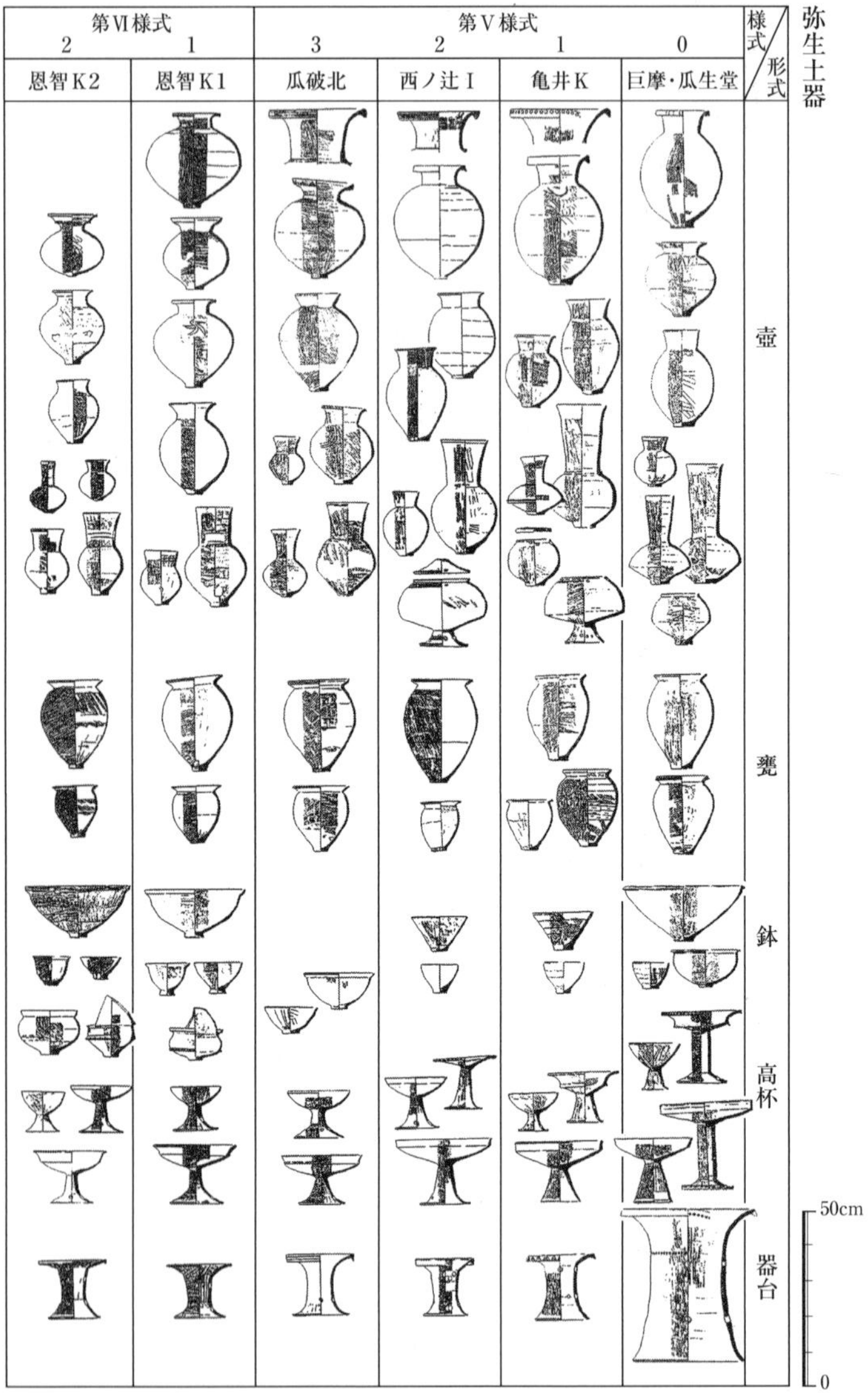
第Ⅵ様式
2
1
第Ⅴ様式
3
2
1
0
様式
形式
恩智K2
恩智K1
瓜破北
西ノ辻Ⅰ
亀井K
巨摩・瓜生堂
壺
甕
鉢
高杯
器台
50cm
0

弥生土器

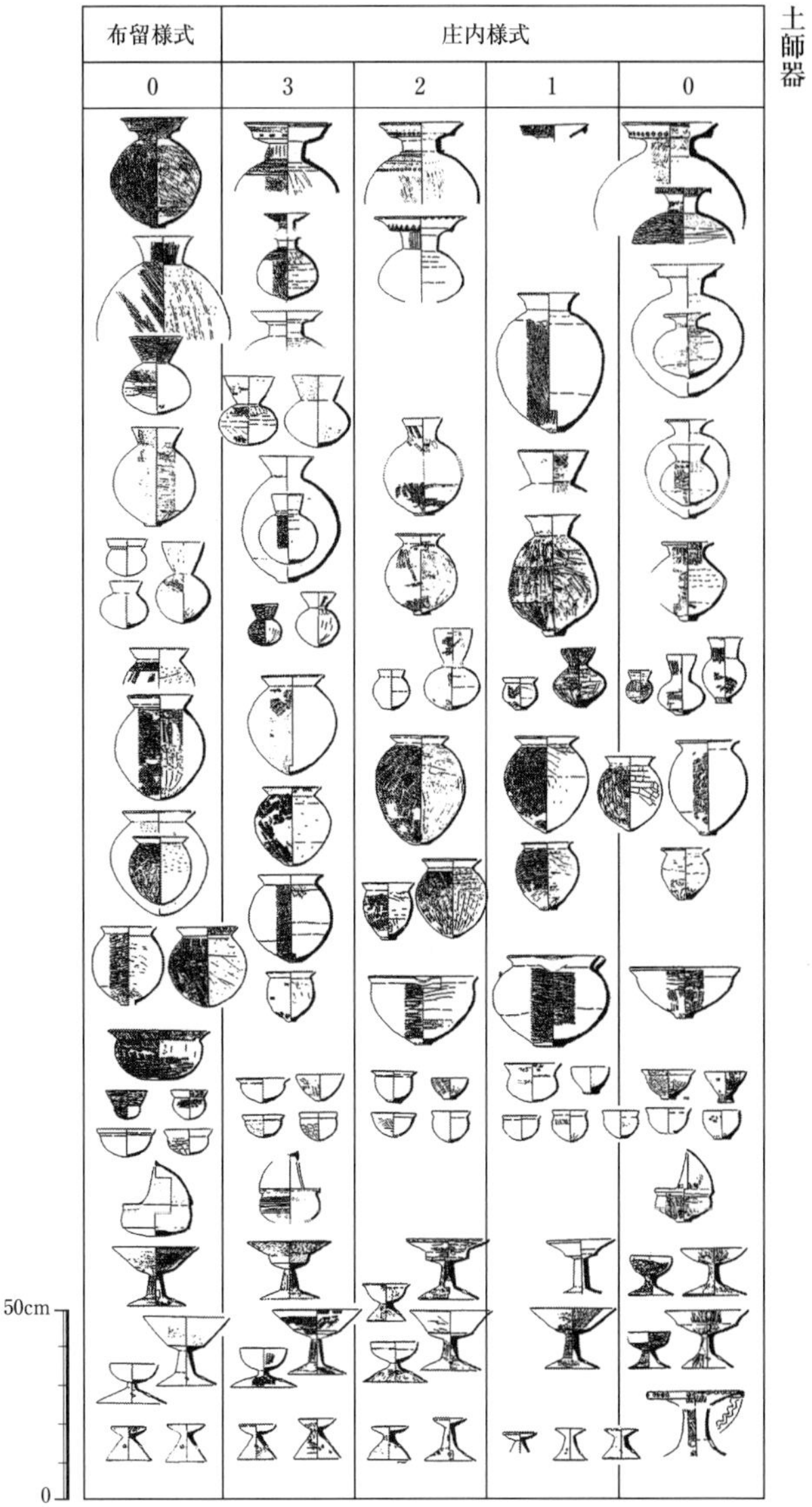
土師器
布留様式
庄内様式
0
3
2
1
0
50cm
0

期の集落遺跡である奈良市六条山遺跡の調査報告書において、様式理論と方法の私案を示したうえで、後期をまず二つの様式に大別し、さらにそれぞれを四つと二つの計六つの小様式に細別した［寺沢、一九八〇年］。

一九八九年には、今度は河内《かわち》地域の弥生土器の前期と中期を大別四様式、細別一三様式に分別して加えた。河内地域の弥生土器編年を完成させたとき、大和と河内に地域差はあっても、この二地域の様式編年が畿内中枢部の編年の核となることを私は確信した［寺沢・森井、一九八九年］。

じつは河内地域の弥生土器編年に先立つ一九八六年、私はすでに畿内の古墳時代前期（古式土師器）の編年を完成させていた。これが以後の私の纒向遺跡の調査と研究にとって、最も重要な基盤となった。先に紹介した『纒向』の報告書が七六年に刊行され、そこで示された「纒向編年」が畿内編年の代表として学界を席巻していたから、私も必死にその成果を吸収しようと熟読した。しかし、土器の一つ一つを点検し、編年の組み立て方を精査していくと、「遺構一括重視」をうたった先後配列でありながらも、型式変化に対する先入観が様式としての認識、ひいては資料操作にも影響していることに違和感をもち、みずからの様式編年を試みる必要性を感じたためである。

なお、このときの私の危惧は、のちに一九九一年の豊岡卓之《とよおかたくし》氏の『纒向』の再整理によって現実のものとなった。そこでは多くの資料の取り違えと資料操作の誤りが指摘され、豊岡氏による新編年の提示と、それに対する石野氏による追認という事態にまで発展した［豊岡編、一九九一年／豊岡、一九九九年］。

豊岡氏の纒向新編年は、土器の詳細な出土状況の再点検をおこなったうえでの類型論的再編をめざしたものであったが、それは「再発掘」とはいっても、現場とは離れた約二〇年後の机上の点検であったため、ここでも第三者には検証のしようがない資料操作の不透明さが残った。もはや『纒向』資料のみによる二つの纒向編年はペンディングとせざるをえない状況となった。

時間を元に戻すと、私は一九八〇年に担当した田原本町矢部《やべ》遺跡の調査資料をもとに、『纒向』資料をふくめた大和の古式土師器資料を渉猟《しょうりょう》して、それらをまず三つの様式に大別し、それぞれを四つ、三つ、三つの計一〇の小様式に細別した［寺沢、一九八六年］。さらに畿内全域の時空間を追うべく、各小様式との併行関係を網羅する編年表を完成させた。本書では紙幅の制約から、全期間を通じて一貫性をもち簡潔な、河内地域の弥生時代から古墳時代前期初めまでの様式編年の概略図（図1）を掲げたが、古式土師器編年の基礎となったのは、あくまで大和の古式土師器編年である。私にとって、河内編年はあくまで大和編年の比較・点検の意味合いが強い。

纒向遺跡には北九州から南関東までの各地の土器が大量にもたらされている。ヤマト王権の中枢と地方との関係を考えるためにも、まずは大和と全国各地の様式の併行関係の網羅は必須だ。三九ページの図2には現時点での私の考える枠組みを提示した。ただし様式の詳細な中身の修正やさらなる細分化など、この点検作業には終わりがない。

暦年代を与える

さらに重要なことは、こうして作り上げた様式編年に暦年代《れきねんだい》を与えることである。様式編年は考古学研究上の相対的な年代にすぎない。そこに絶対的な暦年代を与えなければ、考古学上の事象や

事件を歴史年表のなかに正しく配置することができない。とくに重要な東アジア世界の歴史との比較ができないのである。これがまた、大変な作業となる。

弥生時代から古墳時代には、中国製の青銅鏡や銭貨《せんか》などが北部九州を中心に大量にもたらされている。それらは型式を細かく分類することで、製作年代の幅を狭めることができる。そうした舶載品と一緒に出土したことが認められる土器を抽出してその様式を検討し、舶載品の各型式の流れと土器の様式変化とが矛盾なく暦年代の軸線上に並べられたとき、その暦年代に有意性が認められる。ただしこの場合もつねに、中国での製作・流通、この国への流入、そしてこの国での流通・保管というふうに、副葬されたり廃棄されるまでの間には降順する絶対的時間差が存在する。この時間差をどれほどに見積もるかという作業も、逐一修正を重ねなければならない。

地 域
500 400 300 200 100 (BC)(AD)
九州南部(大隅) 下 原 / 高 橋 1 2 / 入 来 I II / 吉ヶ崎 / 山ノ口 古 中 新
九州中部(肥後) 江津湖 / 斉藤山 I II / 久保 / 上の原 I IIA IIB / 黒 髪 古 中 新
九州北部 夜 臼 I IIa IIb / 板付I a b / 板付II a b c / 城ノ越 / 須玖I 古 新 / 須玖II 古 新 / 後期 0
四国南部(土佐) 中村II / I 1 2 3 4 5 / II 1 2 / III 1 2 3 / IV 1 2
瀬戸内西部(伊予) 大渕 / 今 市 / I 1 2 3 / II 1 (+) 2 / III / IV 1 2 3
瀬戸内西部(安芸) 黒土BII / 中山B / I 1 2 3 4 / II / III 1 2 / IV 1 2
瀬戸内中部(備中) 窪木河道I / 津島岡大II / 沢田 / I 1 2 3 4 / II 1 2 / III 1 2 3 / IV 1 2 3 4
瀬戸内中部(備前) 前池 / 津島岡大II / 沢田 / I 1 2 3 / II 1 2 / III 1 2 / IV 1 2
山陰西部(出雲) 三田谷I / 古市河原田 / I 1 2 3 4 / II 1 2 / III 1 2 / IV 1 2
山陰東部(因幡・伯耆) 井手胯 / 古市河原田 / I 1 2 3 / II 1 2 / III 1 2 3 / IV 1 2 3
瀬戸内東部(讃岐) 突帯文IIa / 突帯文IIb / 突帯文IIc / I 1 2 3 4 5 / II 1 2 / III 1 2 3 / IV 1 2 3
瀬戸内東部(阿波) 名 東 / I 1 2 3 4 / II 1 2 / III 1 2 3 / IV 1 2
近 畿(河内) 船 橋 / 長原 / I (+) 1 2 3 4 / II 1 2 3 / III 1 2 / IV 1 2 3 4
北陸中部(加賀) 長 竹 古 新 / 柴山出村 古 新 / 次場下層 / 矢木ジワリ / 小松 古 新 / 磯部 / 専光寺 / 戸水B 古 新
東海西部(伊勢) 天保E / 蛇亀橋 / I 1 2 3 4 / II 1 2 / III 1 2 3 / IV 1 2 3
東海中部(尾張) 馬見塚F / 馬見塚D / I 1 2 3 4 5 6 / II 1 2 3 / III 1 2 3 4 5 / IV 1 2 3 4 5
東海東部(遠江西部) 五貫森 / 麻生田大橋 / I (樫王) / II 1 2 3 / III 1 2 3 4 5 / IV
中部山岳部 女鳥羽川 離山 / 氷I 古 中 新 / 氷II / ほうろく屋敷 / (庄の畑) / 緑ヶ丘 / 松節 / 栗 林 古 中 新
関東南部(相模) 安行3d / 千 網 / I 1 2 / II 1 2 / III 1 2 3 / IV 1 2 3 4 5
関東北部(毛野) 安行3d / 千 網 / 沖II / 岩櫃山 / 上敷免 / 池 上 / 竜見町 古 新
東北東部(仙台・北上平野) 大 洞 C2 A1 A2 A′ / 青木畑 / 原 / 桝形 / 中在家南 / 十三塚

図2　各地の土器様式の併行関係と暦年代観（寺沢、2014年より）

こうした考古学の伝統的手法は、弥生時代の暦年代決定では当たり前のように採用されてきた。ところが古墳時代前期の暦年代決定では、第四章で述べるように、評価が一定しない三角縁神獣《さんかくえんしんじゅう》鏡《きょう》論や伝世鏡《でんせいきょう》論が障壁となって、検証が立ち遅れてきたことは否めない。私はこうした評価が一定しない前提にもとづく暦年代推定を排して、弥生時代からの中国鏡や銭貨の流入状況の検証の延長線上で、古墳時代開始期の暦年代を決定している。纒向遺跡が出現する庄内0式期を三世紀初めとし、纒向遺跡が盛行する庄内3式期から布留0式期を三世紀中頃から末に置く考えも、こうした手法で導き出した結果である［寺沢、二〇〇五年］。

また現在では、遺物そのものの放射性炭素の測定や、木材の年輪幅の測定、年輪内の酸素同位体の測定などから、統計的処理によってある程度の幅をもって暦年代を直接決定する方法が採用されはじめ、科学的で正確だとして無批判に受け入れられていく風潮にある。しかし、測定誤差、測定値を暦年代に置換するための方法、測定資料じたいの絶対年代と実際に埋められたりした時期との間に生じる時間差（製作→使用→廃棄にかかる時間差や二次的な転用）など、未解決の部分は大きい。いまはまだ、考古学的方法による成果と自然科学的方法による結果をクロスチェックしていく検証途上の段階にあると思っている。

まずは、二つの方法の間にズレが生じるのはどこに原因があるのか、そのズレは歴史解釈の際に無視できる程度のものなのか、それとも決定的な差を生じる性格のものなのかを真摯に議論すべきであろう。様式編年と暦年代観は、本書で歴史を叙述していくうえでの最も基礎的な拠りどころとなるものであるから、現時点の私案を図2にまとめておき、そのつど異説も紹介していくことにしよう。私の暦年代決定法の具体的な作業に興味のある方は、章末に掲げた参考文献［寺沢、二〇一四年、第二部］を参照していただきたい。

石塚古墳の築造年代と評価

一九八九年にはふたたび桜井市と共同で石塚古墳を発掘する機会に恵まれた。この第四次調査では北側の括れ部と前方部全体が明らかになり、周濠と墳丘のプランをほぼ確定できた（写真7）。墳丘の全長は九六メートル、後円部の径は六四メートル、前方部の長さは三二メートル。前方部が短く低い設計規格で、周囲に馬蹄形《ばていけい》の周濠をしつらえた、この時期では全国最大規模の墳丘をもつ前方後円墳である。周濠の北東隅には築造当初に設けられた導《どう》水溝《すいこう》も検出され、土器が出土している（写真8）。

写真7　石塚古墳の第4次調査と北半の墳形（桜井市教育委員会提供）

この石塚古墳の築造時期をめぐっては、関係者の間で議論が大きく分かれた。細かい話になるけれど、石野氏や関川氏は、墳丘南側の周濠底で出土した甕が弥生時代後期の粗い叩《たた》き技法で成形され、小さ

写真8　第4次調査で出土した土器　上段は周濠から、下段は導水溝から出土（寺沢撮影）

な底部を残していることから、この「弥生形甕の型式」を「纒向1式」と判断した。一方、私は括れ部南側と北側の周濠底や導水溝から「弥生形甕」とともに「庄内形甕」や庄内様式に通有な高杯《たかつき》なども出土していることから、「庄内2式ないし3式」と考えた。実年代の差は最大で五〇年ほどにもなろうか。石野氏とはその後、石塚古墳の築造時期について論文で何度か応酬したが、いまだに決着がついていない［寺沢、一九九九年／石野、二〇〇〇年／橋本ほか編、二〇一二年］。

未決着のおもな原因は二つある。わかりやすくいえば、石野氏は墳丘南側の周濠底で「弥生形甕の型式」だけが出土している事実を絶対評価し、括れ部南北の周濠底や導水溝の庄内様式土器の存在は、のちの追祭祀《ついさいし》の際などに上から落ち込んだ（混入した）と考える。対して私は、後者の様相こそがこの時期の土器組成の実態で、前者は庄内様式の器体がたまたまふくまれなかっただけと考える。

その背景には甕一つ取ってみても、様式組成の変遷観の相違があった。石野氏や関川氏は「弥生形甕の型式」（纒向1式）→「庄内形甕の型式」（纒向2・3式）→「布留形甕の型式」（纒向4式）というきわめて整然とした変化を考えるのに対して、私は「弥生形甕の型式」（庄内0式）→「弥生形甕の型式」＋「庄内形甕の型式」（庄内1・2・3式）→「弥生形甕の型式」＋「庄内形甕の型式」＋「布留形甕の型式」（布留0式）という変化を考えていたのである。私のこの様式組成の変遷案は、さきに紹介した一九八六年の『矢部遺跡』の報告書で実証され、多くの追認によっていまでは常識となっているものと思っている。

いま一つは、石塚古墳の墳丘にメスを入れた一九九六年の第八次調査で、墳丘の盛土《もりど》のなかから多数の古式土師器の破片が出土した。石野氏はそのなかに「庄内形の甕」が一切みられないと判断して、築造時期を「庄内式以前」（纒向1式）とした。しかし、私は盛土のなかにはわずか数点ではあるが庄内1式の甕や高杯、併行する時期の吉備の甕などがふくまれていると考えている。

しかし何よりも、墳丘内の土器とは築造時期の上限を示しているにすぎないのである。庄内0式（纒向1式）の包含層の土を運んできて盛れば、仮に築造（完成）が庄内3式期だったとしても、造成時の土器がほとんどふくまれないことは十分考えられる。近隣に築造される矢塚《やつか》古墳、勝山《かつやま》古墳、東田大塚《ひがいだおおつか》古墳、ホケノ山古墳がいずれも庄内2〜3式期以降であることは、石塚古墳の築造（完成）が庄内0式期にさかのぼる可能性の低いことを暗示している。

ただ石塚古墳の評価にとって重要な問題は、むしろそれを古墳のはじまりと考えるか否かの議論のほうにある。石塚古墳の調査からはじまった纒向の諸古墳は、それらを最古の前方後円墳として古墳時代の最初に位置づけるのか、それとも古墳以前の前方後円の形をした墳丘墓（周溝墓）として弥生時代の最後に位置づけるのかという時代区分論として、学界を大きく二分する議論となっている。

箸墓古墳の発掘

纒向遺跡の重要性を構成する要素の一つに、箸墓古墳の存在があることは誰もが認めるところであろう。全長約二九〇メートル、後円部の径約一六五メートル、高さ約二八メートル、前方部の長さ約一三五メートル、高さ約一八メートル。全国でも八、九位を争う規模をもつ巨大前方後円墳だ。円筒埴輪がみられないことや、前方部が先端に向かって撥形《ばちがた》に開くことなどから、早くから初期の前方後円墳と考えられ、とくに前にふれた特殊器台・壺や二重口縁壺の型式から最古の「定形型前方後円墳」とされてきたのである（「定形型」と「纒向型」については次項以下で述べる）。

『日本書紀』崇神《すじん》天皇一〇年の記事には、崇神天皇の大伯母（あるいは大叔母）で、三輪山の大物主神《おおものぬしのかみ》の妻となった倭迹迹日百襲姫《やまとととひももそひめ》が大市《おおいち》に葬られ、その墓が箸墓と呼ばれたという説話を載せている。このことから、宮内庁は箸墓古墳を彼女の墓に比定し、陵墓として管理している。説話をそのまま受け取ることはできないが、箸墓古墳がヤマト王権の初期の大王ないしは大王に近しい人物の墓であることを物語るような説話である。しかし残念なことに、発掘調査はもとより立ち入りさえできない現状では、箸墓古墳の築造年代が古墳の発生論や時代区分論の鍵を握っていながらも、それを詳細に詰めることはむずかしい状況だったのである。

だから「箸墓古墳の発掘」と書くと、いぶかしく思われる方も多いだろう。状況を大きく展開させたのは、一つの変哲もない発掘調査であった。一九九四年秋、箸墓古墳の前方部北側に接する大池の池堤改修工事の通知書が農水省からもたらされた。堤防の裾《すそ》から基礎を立ち上げて、護岸を貼り直すのだという。農作業のための春先の貯水までには時間もなく、泥土のなかでは工事に先行する調査はむずかしいと判断されたためか、事前調査の予定には入れられず、調査員は全員ほかの発掘現場に出払っている。

しかし、ここは何が何でも工事に先立って発掘をおこなわなければならない。この機会を逃すと箸墓古墳の周濠の存否はもとより、築造時期を知る手がかりを得る可能性ははるかに遠のいてしまうと感じたからである。橿考研ではすでに現場を離れた身にあったけれど、仕方なく（？）みずから出向くことにした。まず硬化剤を入れて泥土を固めた。パワーショベルを池中に投入して、堤防基礎の幅二メートルの掘削予定部分を発掘する方法をとった。

写真9　箸墓古墳の発掘　トレンチの向こうに葺石と前方部北側がみえる（寺沢撮影）

発掘は墳丘から離れた地点からはじめたが、前方部の北七〇メートル付近で、墳丘に向かって落ち込みがあるのを確認した。落ち込みはどんどん深くなっていく。「すわ周濠か」という思いで掘り進むと、深さ二メートルを超えたあたりで一度立ち上がり、その後ふたたび深くなったと思うと、ついには石列に突きあたった。現在、宮内庁が管理する箸墓古墳の前方部裾の境界からは一二メートルも

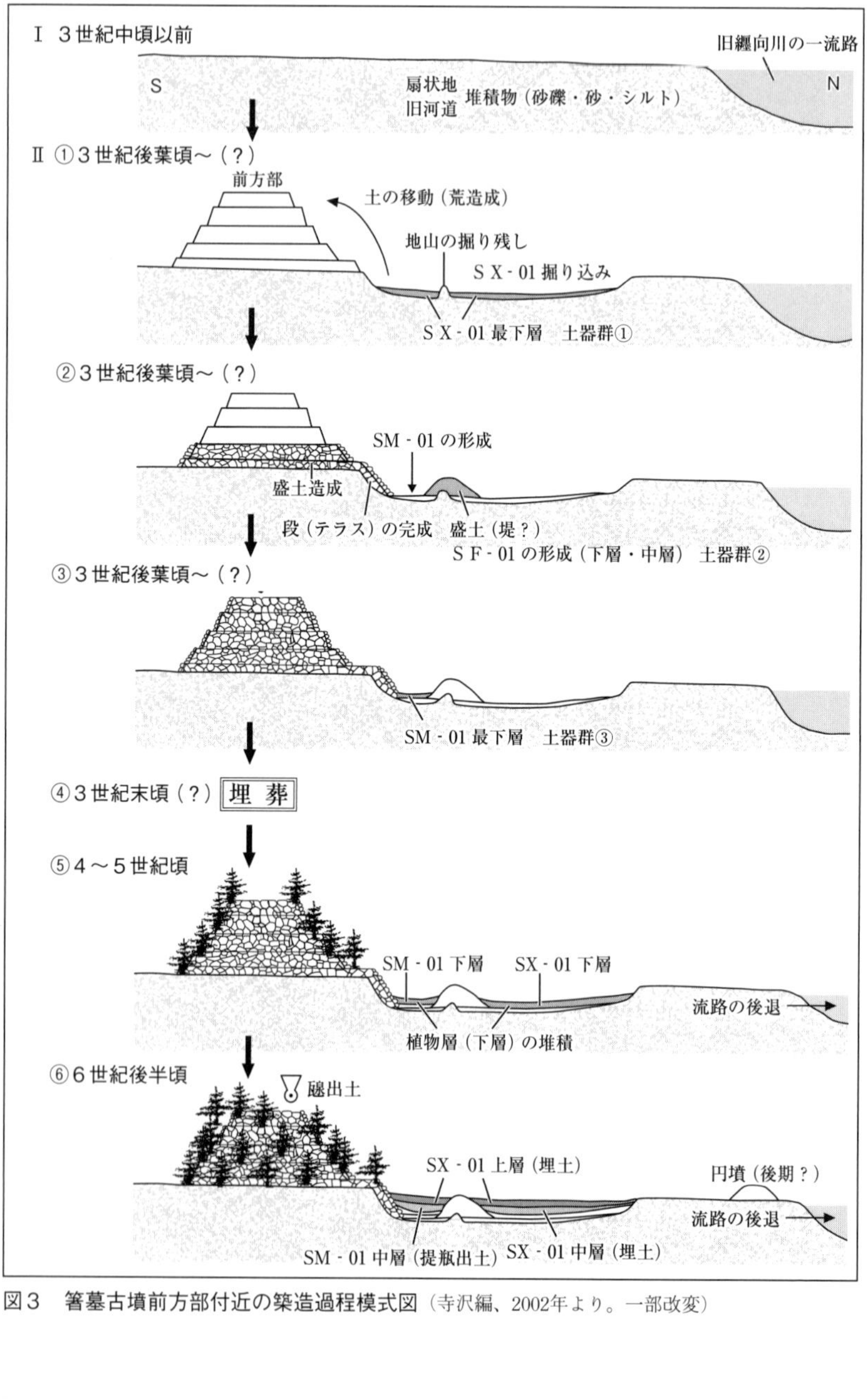

図3　箸墓古墳前方部付近の築造過程模式図（寺沢編、2002年より。一部改変）

北の地点である。それが箸墓古墳前方部の最下段の葺石《ふきいし》であることは難なくわかった（写真9）。すぐに細かい手作業に切り替える。前方部北側の葺石はみるみるそのすがたを露呈した。葺石の手前一〇メートルほどの立ち上がりは、高さ二メートル以上の盛土と確認された。これを中堤らしき周堤《しゅうてい》とすれば、結果的に周濠は外濠と内濠の二重構造であることも初めて判明したのである［寺沢編、二〇〇二年］。

築造の手順を模式化すると、図3のようになる。重要なのはその時期だ。築造の最初に掘られたSX-01（外濠）の最下層には土器と木製品が捨てられている。その上に盛土されたSF-01（中堤）のなかにも土器が混じっている。そして、結果的にできたSM-01（内濠）の最下層にも土器が堆積する。つまりその時期は、SX-01（外濠）→SF-01（中堤）→SM-01（内濠）と変遷したことになる。その土器を分析すると、おしなべて布留0式の古相を示すが、内濠の土器にやや新しい様相がみられることは、層位関係や築造の順序と整合性がある。

このことから、箸墓古墳は布留0式古相期に築造が開始され、同じ布留0式古相期のなかで築造が終わっていた可能性が高いことがわかったのである。おそらく埋葬じたいも布留0式古相期の最後頃におこなわれたのであろう。最古の定形型前方後円墳だろうとされてきた箸墓古墳は、ようやく布留0式古相期という詳細な相対年代の一ポイントを獲得することができたのである。

「纒向型前方後円墳」の提唱

箸墓古墳の発掘に先立つこと六年の一九八八年、纒向の諸古墳をどう位置づけるか、時代区分を

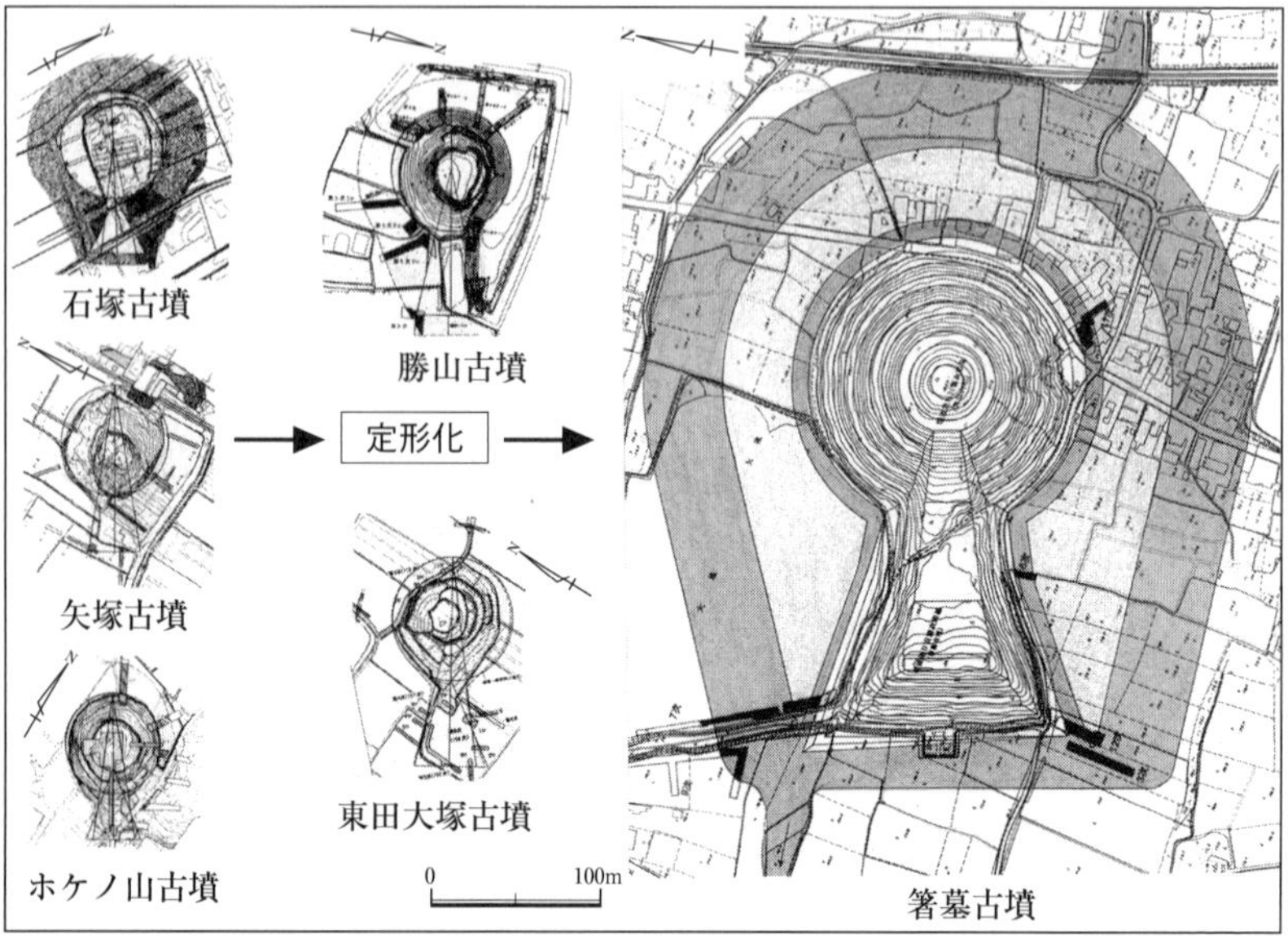

図4　「纒向型」から「定形型」へ（寺沢、2018年より）

めぐる議論の渦中で、私は一つの提案をおこなっている。「纒向型前方後円墳」の提唱である［寺沢、一九八八年］。纒向型前方後円墳とは纒向遺跡の石塚古墳、矢塚古墳、ホケノ山古墳を代表例とする、全長：後円部径：前方部長の比率が三：二：一で企画され、前方部が低くて短い前方後円墳の総称である。

前方後円墳出現の地、纒向遺跡ではそれらの築造はおおむね、「纒向型」の石塚古墳・矢塚古墳・ホケノ山古墳→勝山古墳・東田大塚古墳→「定形型」の箸墓古墳の順で進行することが明らかになった。勝山古墳と東田大塚古墳は纒向型の前方部が長くなったもので、いずれもその分だけ全長も長くなって一一八メートルとなる。しかし、前方部は相変わらず低いままである。私はこれらの古墳を「定形化」前方後円墳と呼

写真10　ホケノ山古墳の発掘調査　北東上空から撮影。「纒向型」の墳形と埋葬施設が確認できる（奈良県立橿原考古学研究所提供）

ぶ（図4）。

「纒向型」を提唱した頃には、箸墓古墳にはじまる「定形型」こそが前方後円墳だと主張する人たちから、纒向型にはきちんとした規格性がないとか、定形型のような葺石をもたず、後円部が三段に築成されていないとか、埋葬施設や副葬品に画一性がないとか、埋葬頭位が北向きでないとかの批判がなされた。何よりも纒向型は、中央（ヤマト王権）と地方首長との政治的連合（同盟）関係を表徴するほどに広く全国展開しているわけではないから、前方後円墳とは認められないのだという「近藤、一九八六年／都出、一九八九年／松木、一九九八年など」。私のいう纒向型前方後円墳は、ヤマト王権成立以前の、弥生時代末のヤマトを盟主とする、おもに西日本各地の政治連合が前方後円の形をした墳丘墓を採用したにすぎない、との意見が多かったのである。

しかし、纒向遺跡で唯一、埋葬施設の発掘がおこなわれた纒向型のホケノ山古墳は、葺石をもつ三段築成であったし、埋葬施設も北頭位であった（写真10）。木槨《もっかく》を囲む石囲いは定形型の石槨《せっかく》の祖型とみることもできるし、副葬品の中国鏡や多数の鉄製品も定形型のもつ画一性と大差ない。

そもそも定形型といえども、竪穴式《たてあなしき》石槨に割竹形木棺《わりだけがたもっかん》をしつらえ、中国鏡と鉄製品・玉類を多数副葬する前方後円墳が、箸墓古墳の時期にどれほどあるだろうか。畿内地方以外ではまれといわねばならない。時間とともに定形化と画一化は確かに進行するが、出現時を決める要素としては理念上の絵に描いた餅といわざるをえない。

さらに、纒向型はその候補もふくめると、いまや初期のものだけでも、その数は一〇〇基を超える。箸墓古墳築造以前の庄内式の段階でも、北九州から南関東まで列島規模で広く拡散していることが明らかになった。中央（ヤマト王権）と地方首長との政治的連合（同盟）関係を表徴していることが、前方後円墳であることの第一の条件だとするのであれば、これは決定的な事実だ。ヤマト（おもに纒向古墳群）のものが築造時期は最も早く、規模も最大で、地方のものは五分の四、四分の三、五分の三、二分の一、三分の一サイズと小さく造られる。地方のものは二次的な規格で、王権との階級的格差は明らかだ。ヤマト王権の中央 - 地方の政治関係は、定形型に先立って纒向型の段階ですでに達成されていたのである（図5、6）。

纒向型は拡散先の地方でも定形型に先行する。神奈川県海老名《えびな》市の秋葉山《あきばやま》古墳群では纒向型の二・三号墳が定形型の四号墳よりも古いし、千葉県市原市の纒向型の神門《ごうど》三・四号墳は付近のどの定形型よりも古い。これらの地域は律令時代にそれぞれ相模《さがみ》国府と上総《かずさ》国府が置かれた重要地点だ。

東北の会津盆地の交通の要《かなめ》である福島県河沼《かわぬま》郡会津坂下町《あいづばんげまち》でも、纒向型の臼ヶ森《うすがもり》古墳が定形型の

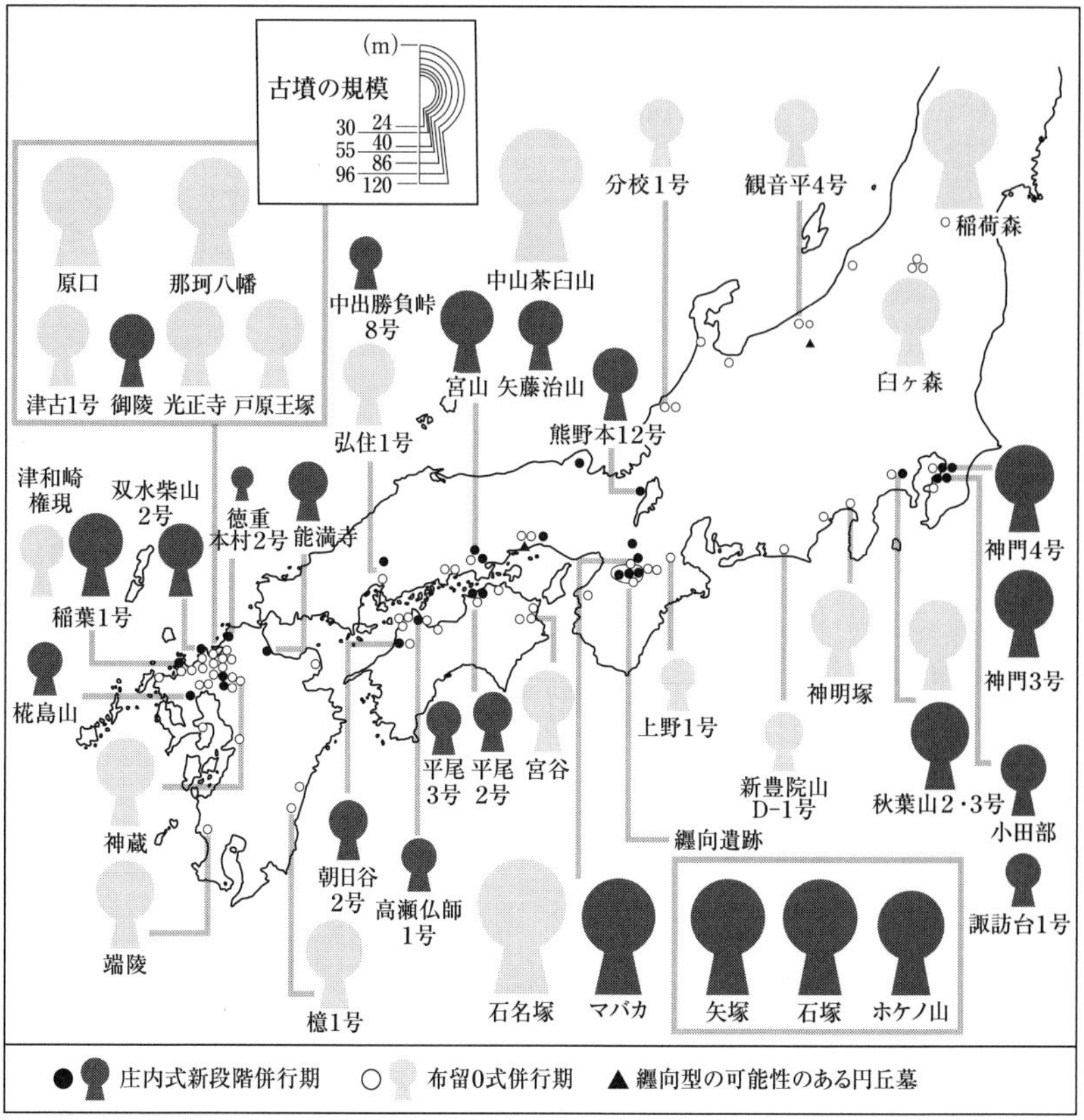

図5　纒向型前方後円墳の分布（寺沢、2011年より。一部改変）

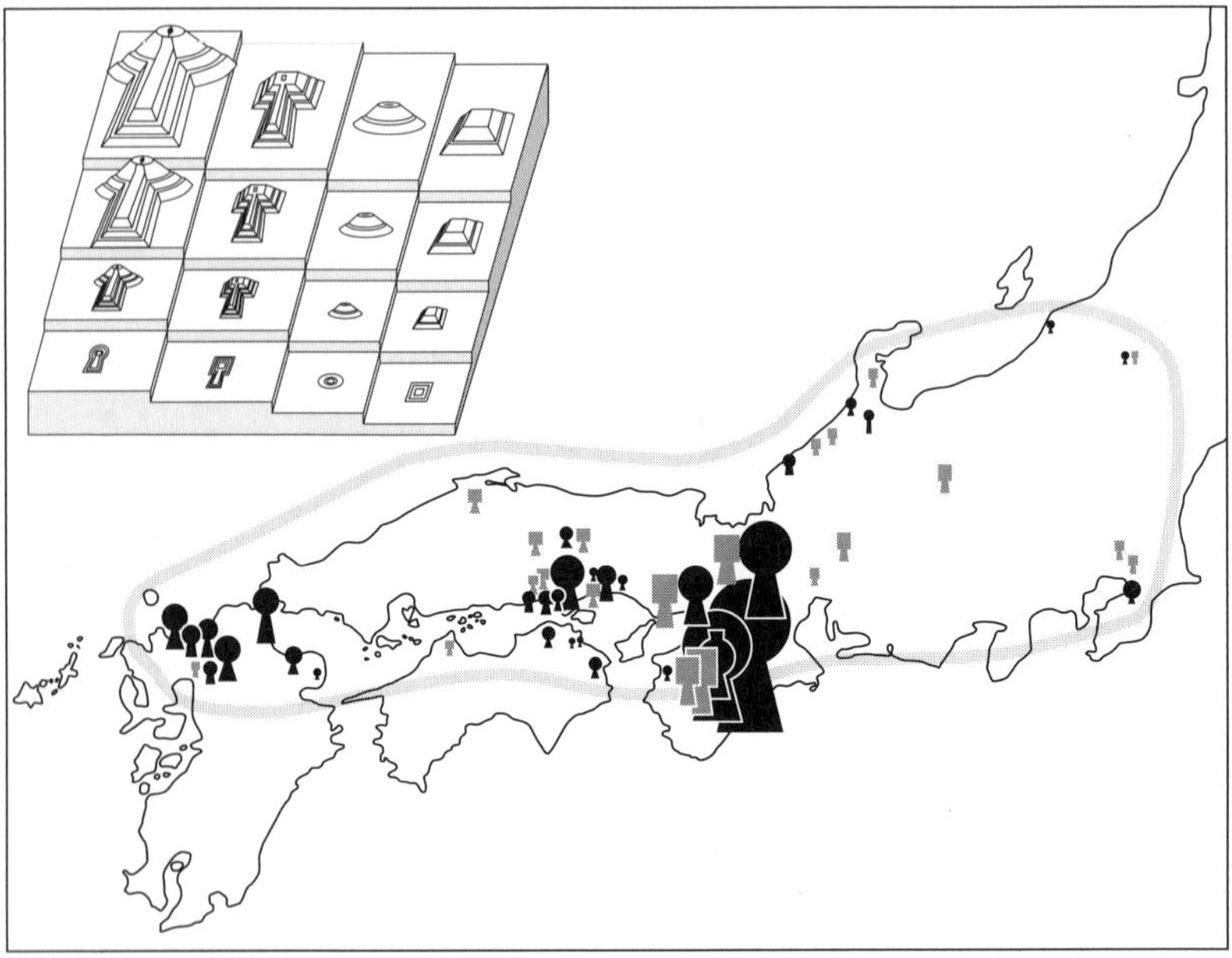

図6　定形型前方後円（方）墳の分布（松木、1998年より）

杵《きね》ケ森《がもり》古墳に先行する。各地の律令時代の政治的拠点は三世紀にはすでに重要地点となっていて、ヤマト王権とその地域の首長との間に政治的関係がととのっていたことになる。

　北部九州でも、『魏志』倭人伝の奴《な》国《こく》の玄関口だった那津《なのつ》に面する福岡市那珂《なか》八幡《はちまん》古墳が纒向型と定形型の中間にあたる「定形化」段階で最古の例だし、最近では伊都国《いとこく》でも糸島市泊大《とまりおお》塚《つか》古墳が糸島地域最古の纒向型前方後円墳の可能性をもつものとして注目されている［岡部・中牟田、二〇一八年］。前者は「定形化」の勝山古墳と同規模、後者は纒向型の石塚古墳や矢塚古墳のちょうど五分の四にあたる。こうした事例は瀬戸内海沿岸部、北陸、東海など枚挙にいとまがない［寺沢、二〇一一年、第二部第四章」。

定形型か纒向型か

それでもなお、箸墓古墳に代表される定形型の出現をもって前方後円墳の成立とみなす、という声はやまない。とくに文献による古代史研究者たちが描くヤマト王権論は、当たり前のように纒向型を除外し、定形型のみを前方後円墳とする説を前提としている。

あとで踏み込んで述べるけれど、多くの文献研究者は「ヤマト王権」という概念のなかに、『記《き》紀《き》』(『古事記』『日本書紀』)で描かれるような男性大王の系譜のイメージをもっているようだ。ところが最近の考古学の成果によって、纒向型前方後円墳の出現時期が遅くとも三世紀中頃へとさかのぼることが明らかになったために、女王卑弥呼の治世の三世紀前半が「ヤマト王権」の初期と重なりあうことになってしまった。邪馬台国九州説はもとより、畿内ヤマト説であっても、女王卑弥呼の治世は何としても「ヤマト王権」から除外したいからだろうと、私は推測している。

纒向遺跡における纒向型の出現から定形型の成立までの時間差は、わずか一、二世代ほどだ。王権の中枢部で纒向型前方後円墳の設計図が引かれ、築造されるや、次々に前方部が拡張されて新型式が生まれ、ついに前方部が後円部に匹敵するほどに巨大で高い、小山のような箸墓古墳が短期間で誕生したことになる。その背景に、ヤマト王権による権力の急速な整備と拡大があったことは間違いない。だからといって、権力の伸張の結果として誕生した定形型こそが最初の前方後円墳だ、箸墓古墳こそがヤマト王権のはじまりを象徴するものだといってよいのだろうか。

写真11　テレビ塔の変遷　左より日本テレビ塔、東京タワー、スカイツリー（左は読売新聞社提供。中央と右は寺沢撮影）

堂々めぐりになりそうなこの判断を、最近、私はテレビ塔の出現を例にとって説明することにしている。写真11は三つのテレビ塔の写真だ。左は一九五三年に日本で最初に建てられた麴町《こうじまち》の日本テレビ放送網の塔（一五三メートル。一九八〇年に解体）。真ん中は誰もが知る芝の東京タワー（三三三メートル）。わずか五年後の五八年に完成した。右は二〇一五年に完成した押上のスカイツリーで、日本最高の六三四メートルを誇る。

　日本テレビの塔の高さは東京タワーの半分以下。あまり見栄えがしない。それに比べて東京タワーはフォルムといい色彩といい、テレビ塔の原点とも誕生ともみなしたいのはやまやまだ。そう、例えてみれば、日本テレビのテレビ塔は纒向型前方後円墳、東京タワーは箸墓古墳、スカイツリーはさしずめ大仙陵《だいせんりょう》古墳（宮内庁管理の仁徳《にんとく》天皇陵）といったところだろうか。

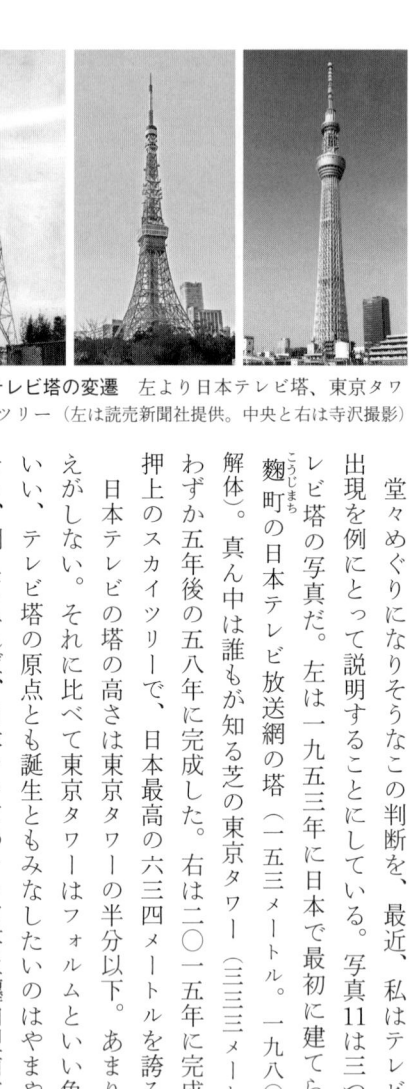

　しかしよく考えてほしい。初めてのテレビ塔の出現は、電波放送の主流がこれまでのラジオ放送からテレビ放送に切り替わり、新たな情報化社会へと舵《かじ》を切った瞬間を告げているのだ。新時代到来の瞬間とは、テレビ各局の総合塔としての東京タワーが建設され、テレビ放送がいよいよ広く一般に普及しはじめたときではないはずだ。

　ならば前方後円墳の場合もまた、それまでの弥生的なマツリを払拭し、新たな政治と祭祀のシンボルとなった前方後円形の墳丘をもつ纒向型が政権中枢に出現して、ヤマト王権という一元化された社会にシフトした瞬間こそが重要なのではないか。前方後円墳体制が整備され、次なる飛躍をとげたときではないはずである。前方後円墳は纒向遺跡の纒向型前方後円墳の設計と築造をもってはじまったといわなければならない［寺沢、二〇一八年］。

しかも前項でみたように、纒向型は北九州から南関東まで、初期のものだけでもその数はいまや一〇〇基を超える。そもそも前方後円墳の条件は、ヤマト王権の中央と地方との政治関係を表徴するものであることとされ、その規模も規格もヤマトを最上位として全国に拡散する現象にこそ本質があるとされたのではなかったのか。

纒向型を前方後円墳とするかしないか、それを古墳時代にふくめるか否かは、たんに前方後円墳という遺構論を超えて、文化総体論としての社会史、そして政治史の課題として、大いに議論すべきテーマである。にもかかわらず、一般の概説書には詳しい説明もなく、当然のように「前方後円墳出現前夜のヤマトの最終末期の墳丘墓」であり、「邪馬台国の象徴」だとまで書かれる［木下、二〇一三年］。

古墳時代の考古学を学ぶ者たちの手引き書として刊行された講座本にも、巻頭の「編集の基本方針」に、「古墳時代は原則として箸墓古墳の築造以降とし」、「古墳時代の開始を箸墓古墳より前とする明確な立場がある場合は、「古墳時代早期」などを使って混乱を避けるように配慮する」と掲げられている［一瀬・福永・北條編、二〇一一年］。とはいえ、このような簡潔さはかえって各執筆者の間に混乱を生んでいるようで残念である。時代区分論にかかわり、王権系譜論にまで派生するこの問題は、まずきちんと双方の議論を提示すべきであろう。

第二節　纒向大王都論

奈良盆地の弥生時代の地域構造

纒向遺跡は三世紀の初めに忽然として三輪山北西麓に現れた。古式土師器の様式でいうと、庄内0式という時期である。前節で述べたように、この時期を弥生時代後期の最後と考える研究者もいるが、私は古墳時代の最初に置く。

また、庄内0式期の暦年代は、前に述べた自然科学的な測定方法では、較正値《こうせいち》が二世紀の後半にシフトすることもあって、纒向遺跡出現の暦年代を二世紀末頃に置く考古学者が多い。しかし、放射性炭素による年代測定値は、較正（放射性炭素の半減期の推移が直線や正規曲線を示さないために、年輪年代測定によるクロスチェックで作成された較正曲線への落とし込みによって確率的に暦年代を推定する）が必須であったり、年輪年代の測定値と土器様式の暦年代との整合性は未確定であることなどから、むしろ私は、自身の考古学的な手法による推定を優先させ、これら自然科学的な測定法で得られた数値の許容範囲の下限をとって、三世紀初め頃と考えている。

さて奈良盆地では、盆地の西端、南北ほぼ中央の亀の瀬と呼ばれる渓谷に向かって三方から多くの中小の河川が集まり、大和川となって河内平野に流れ出る。弥生時代は農業を主たる生業として発展した生産経済社会であるから、人々の集団は河川からの取水を拠りどころとして集まって生活拠点や生産の場を確保した。そこにはおのずから血縁集団を超えたまとまりが生まれ、農業生産の開発と経営、消費や生活を共有する集落、ひいては集落の集まりとしての地縁性の高い社会集団（共同体）が生まれる。

一九七九年に私は、奈良盆地の各河川の上流、中流、下流ごとに集落遺跡が集中して分布する状況を遺跡群としてとらえ、それを「小共同体」と呼んで二三群を抽出した［寺沢、一九七九年］。

その三七年後、発掘された遺跡は倍増し、遺跡の内容もいっそう詳細にわかるようになったことや、各河川の弥生時代の流路がより鮮明に復元できるようになったことから、水系ごとの小共同体のまとまりを見直して、三八群の小共同体に復元しなおした［寺沢、二〇一六年］。それはおよそ長辺三〜五キロほどの領域で、人々がたがいに見知り、日常的に顔を合わせることの可能な広さである（図7）。

さらに小共同体は水系ごとに上流と下流でまとまる。それは川を利用して行き来し、同じ川の水利を介して開発や生産を共有するからである。また、なかにはいくつかの小さな支流が合流して、一つの水系を形成する場合もある。そして時に協力し時に争いながらの日常的な調整と調和から生じた一体感は、より大きな共同体意識を生む。私はこれを「大共同体」と呼ぶが、国家の最も原初

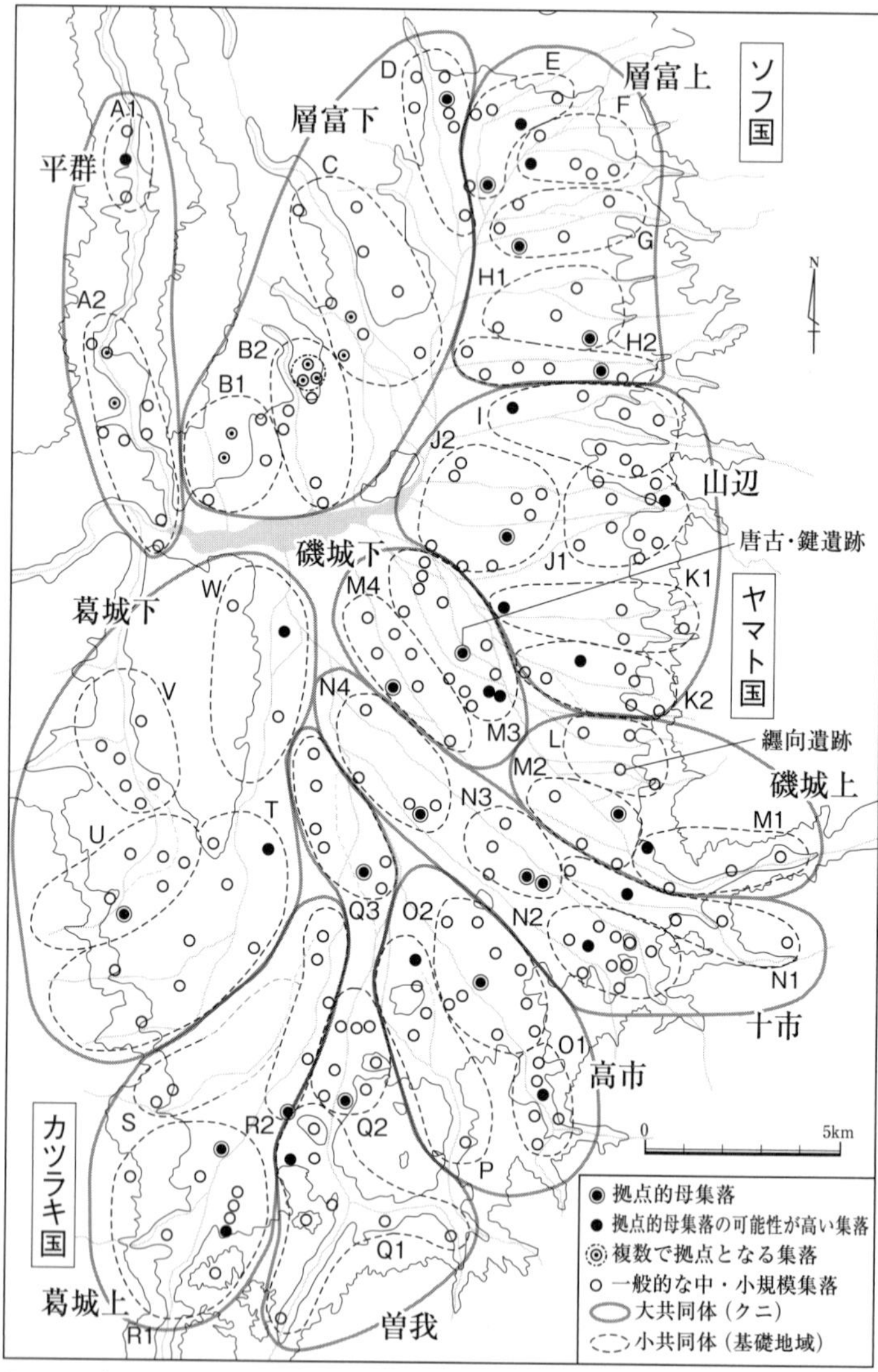

図7　奈良盆地における弥生時代の遺跡の分布と地域社会構造（寺沢、2016年より）

的な形態と認識することから「部族的国家」（クニ）とも呼んで、国家の初現の最小単位と考えている。

大共同体（クニ）を水系ごとにまとめる理由は他にもある。律令制下の「郡」の範囲をみると、大きな河川の上流と下流に展開する場合と、いくつかのやや小さな支流をまとめた場合とがあるからだ。そうした後世の歴史的産物としてのまとまりも参考にする必要がある。こうして奈良盆地では一一の大共同体（クニ）にまとまるのである。私は大共同体（クニ）には律令制下の郡名や、それよりも古い時期の県《あがた》名を付けて呼ぶことにしている。それは唐の貞観《じょうがん》一〇年（六三六）に成立した『隋書《ずいしょ》』巻八一の東夷伝倭国条が語る「軍尼《くに》」の原型そのものである。

小共同体には原則として拠点となる集落がある。この拠点集落は細胞の核のように一つあり、領域内を時期ごとに他の集落へと移動する例もあるけれど、奈良盆地では弥生時代の全期間を通じて一つの拠点集落が同じ場所で環濠をめぐらし、大規模に発展していく例が多い。それだけ自然環境も社会・経済的条件も安定していたということなのであろう。

拠点集落は共同体に属する人々の血縁や地縁の拠りどころとなるだけでなく、交易や経済の中心でもあり、また共同体全体のマツリが執行される場でもある。集落が周辺に拡散していくうえでの核となる母村でもあるから、私は「拠点的母集落」と呼んでいる。

こうした拠点的母集落は、発展の過程で二重の環濠によって外区と内区とに区切られ、内区には特定方形区画が設けられて、大形の掘立柱《ほったてばしら》建物が中心を占める。それは神聖な稲を保管する大形の倉庫であり、来年の種籾《たねもみ》に宿る霊（穀霊《こくれい》＝稲魂《いなだま》）を銅鐸《どうたく》などの祭器とともに祀《まつ》る祠《ほこら》（穂倉）としての祭殿でもあったろう。このような場は、小共同体の拠点的母集落にはおおかた存在したと考えられ、それが大共同体（クニ）の拠点的母集落ともなれば、区画も建物も大規模で立派なものとなるのは当然のことである。

ヤマト国の王都、唐古・鍵遺跡

環濠集落の唐古・鍵遺跡は「初瀬川《はせがわ》下流北」小共同体（図7のM3）の拠点的母集落であり、「磯《し》城下《きのしも》」大共同体（クニ）の拠点的母集落でもある。時期の異なる特定方形区画のなかに、それぞれ大形の掘立柱建物が建てられていた。中期前葉のものは二間《けん》×五間（「間」は柱と柱のあいだ。柱間《はしらま》）以上の屋外棟持柱《むなもちばしら》をもつ建物だった。中期後葉のものは二間×六間の屋内棟持柱をもつ建物で、柱は直径八〇センチにもなるケヤキの巨木が使用されていた［藤田、二〇一二年］。

興味深いことに、中期後葉の大形建物を区画する溝からは褐鉄鉱《かってっこう》の入れ物が出土し、内部の空洞には四センチもの翡翠《ひすい》の大形勾玉《まがたま》二点を潜ませていた（写真12）。中国の後漢から三国時代に書かれた漢方書『神農本草経《しんのうほんぞうきょう》』に記載されている神仙の妙薬、「太一禹余粮《たいいつうよりょう》」「禹余粮」に関係するのではないかと考えられている。褐鉄鉱の内部に自然に生成された空洞に溜まった液体が、不老不死につながると考えられたためであろうか、褐鉄鉱を割ってその液体を取り出したのちに勾玉を入れて鎮《しず》め、埋納したものに違いない。褐鉄鉱が採取された第四紀の地層は、奈良盆地では北部の地域に露頭する大阪層群と呼ばれる地層である。

唐古・鍵遺跡ではマツリの場面を描いた土器が多数出土し、全国でも最多を誇る。そこに描かれた動物は、マツリには必須の穀霊を運ぶと考えられたシラサギ、地霊《ちれい》を表象するシカが多い。なかには、シラサギ（穀霊の表象）のすがたに扮《ふん》したシャーマンや、悪霊と戦う武装シャーマンを描いた、まさにマツリの一場面を表現したと思われるものもある。またマツリの場に建つ、棟には呪《じゅ》飾《しょく》が施された立派な祭殿を表現したものも多くみられる。

楼観《ろうかん》を描いた土器も出土している（写真13）。棟や軒先には渦巻き状の呪飾がしつらえられ、鳥が描かれる。高床の二階部分に梯子《はしご》を渡し、さらに三階部分を造作した祭祀的性格をもつ高楼である。中国漢代の豪族屋敷の楼閣《ろうかく》をイメージしたものだとの説もあるが、この地からの使者が中国で見聞してきたとか、中国人が渡来してそのイメージを描いた（あるいは伝えた）とかいう想像は、あまりに突飛にすぎるだろう。

そもそも私は中国の楼閣とは性格が異なるものだと考えている。中国の少数民族の水田稲作民の集落には、カミが降り立つ祭祀のシンボル塔としての高楼がいまでも残っている（写真14）。そうした稲作農耕民に共通する観念のもとに建てられた「カミの去来する塔」の原型が、唐古・鍵遺跡には実在していたと考えるほうが資料に即した理解であろう。

こうしたことからも、唐古・鍵遺跡はたんなる小共同体の拠点的母集落とは考えられない。少なくとも「磯城下」大共同体（クニ）の拠点的母集落でもあったことになる。ここで

写真12　唐古・鍵遺跡出土の褐鉄鉱容器と翡翠製勾玉（田原本町教育委員会提供）

は多数の鋳型や鋳造具が出土しており、銅鐸をはじめとする各種の青銅器が生産され、奈良盆地の外部にも供給されていたことがわかっている。また木製品の加工はもとより、二上山《にじょうさん》や淀川水系、紀ノ川水系などから石器の材料を手に入れ、加工して製品として送り出すこともしている。その量は多くはないけれど、北九州から東海地方までの土器も持ち込まれている。唐古・鍵遺跡は長らく奈良盆地随一の物流の拠点であり、畿内有数の交易センターであったと私は考えている。

　そうした唐古・鍵遺跡の中枢にあってマツリと政治をリードしていたのは、首長と呼ばれる人物やその周囲にいた首長層である。つまり唐古・鍵遺跡の首長層は「初瀬川下流北」小共同体の首長層であり、同時に「磯城下」大共同体（クニ）の首長層でもあったことになる。

　後期になると、「磯城下」大共同体（クニ）の周辺では、マツリの場で用いられた銅鐸の性格が変化する。それまでのような金色に輝き、鳴らして荘厳な音色を奏でる「聞く銅鐸」ではなく、

写真13　楼観を描いた絵画土器（田原本町教育委員会提供）

写真14　中国雲南省景洪の少数民族の集落にそびえる楼観（1991年９月29日、寺沢撮影）

赤銅色《しゃくどういろ》で装飾性が高く、大形化・重量化して祠に静かに安置するだけの「見る銅鐸」に変わるのである。その分布は「磯城下」「磯城上《しきのかみ》」「十市《とおち》」と、「高市《たけち》」「山辺《やまのべ》」の一部にかぎられる。この大共同体（クニ）のまとまり、すなわち私のいう「ヤマト国」は、直木孝次郎《なおきこうじろう》氏が明らかにした本来の、狭義の「やまと」の領域に重なっている［直木、一九七〇年］。

奈良盆地東南部の「ヤマト国」は、北部の「ソフ国」（層富県《そふのあがた》）、南西部の「カツラキ国」（葛木県《かつらきのあがた》）と並ぶ古い国であった（図7参照）。唐古・鍵遺跡はこうした大共同体（クニ）の緩やかなまとまりである「ヤマト国」の王都でもあったと考えられるのである。なお、大共同体を「クニ」、「クニ」が統合された大共同体群を「国」と表記する私の考え方については、あらためて次章で述べることにしよう。

地域社会の解体と纒向遺跡の出現

ところで、纒向遺跡が形成された初瀬川上流の「纒向川扇状地《まきむくがわ》」小共同体（図7のL）には、弥生時代の拠点的母集落はおろか、集落といえるほどの遺跡がない。自然林に覆われた空閑地に突如として纒向遺跡は出現したのである。

纒向遺跡の第一の特徴は、弥生時代にはほとんど人の手が入らなかった地域に、三世紀になって突然、人が集まりはじめて巨大な集落を形成し、一〇〇年もたたないうちに急速に衰退する点にある。この短期間における消長は、私が纒向遺跡はたんなる自然村つまり巨大な農耕集落などではなく、計画集落つまりは都市だと考えるきっかけになった。

これに関連して重要なのは、纒向遺跡の突如の出現と同時に、奈良盆地のそれまでの地域構造が一気に崩れることである。それはとくにヤマト国で顕著だ。唐古・鍵遺跡は弥生時代の後期末から庄内0式期の頃、環濠には大量の土器が捨てられ、本来の機能が停止する。庄内式期の新しい段階になると、ほとんど埋没した環濠が排水のためか一部浚《さら》えられるが、その後、布留0式古相期の頃にはふたたび土器が捨てられ、環濠は完全に埋没するのである。かつてのヤマト国の王都、唐古・鍵遺跡は、纒向遺跡の出現と呼応するように衰退して往時の繁栄はみる影もない。

こうした現象は唐古・鍵遺跡にとどまらない。奈良盆地のほとんどの拠点的母集落は同じような衰退をたどっている。そして庄内式期にはその周囲へと小規模な集落が分散していき、四世紀になってようやく、大規模な集落が新たに出現するようなのだ（図8）。

地域社会のこのような解体現象を、私はヤマトや畿内の在地勢力以外の、外部の諸勢力の意思が強く働いた結果だと考えた。ヤマト王権の中枢と考えられる纒向遺跡には、広く内外から多くの集団が集まり、あるいは強制的に集められ、ひいては地域社会全体を大きく変えるほどの大改造がなされたのだ。

しかし、これとは違うストーリーを描く人たちもいる。プロローグでもふれたように、ヤマト国や奈良盆地のクニ・国が集まって、より大きな新たな国へと成長したために、みずから内部再編をおこなった結果だと考えるのである。こうした「ヤマト中心主義」にもとづくヤマト王権論は、おおかた、弥生時代の奈良盆地内の勢力が継続的・発展的に拡大することでヤマト王権を誕生させたという思考に拠っている。

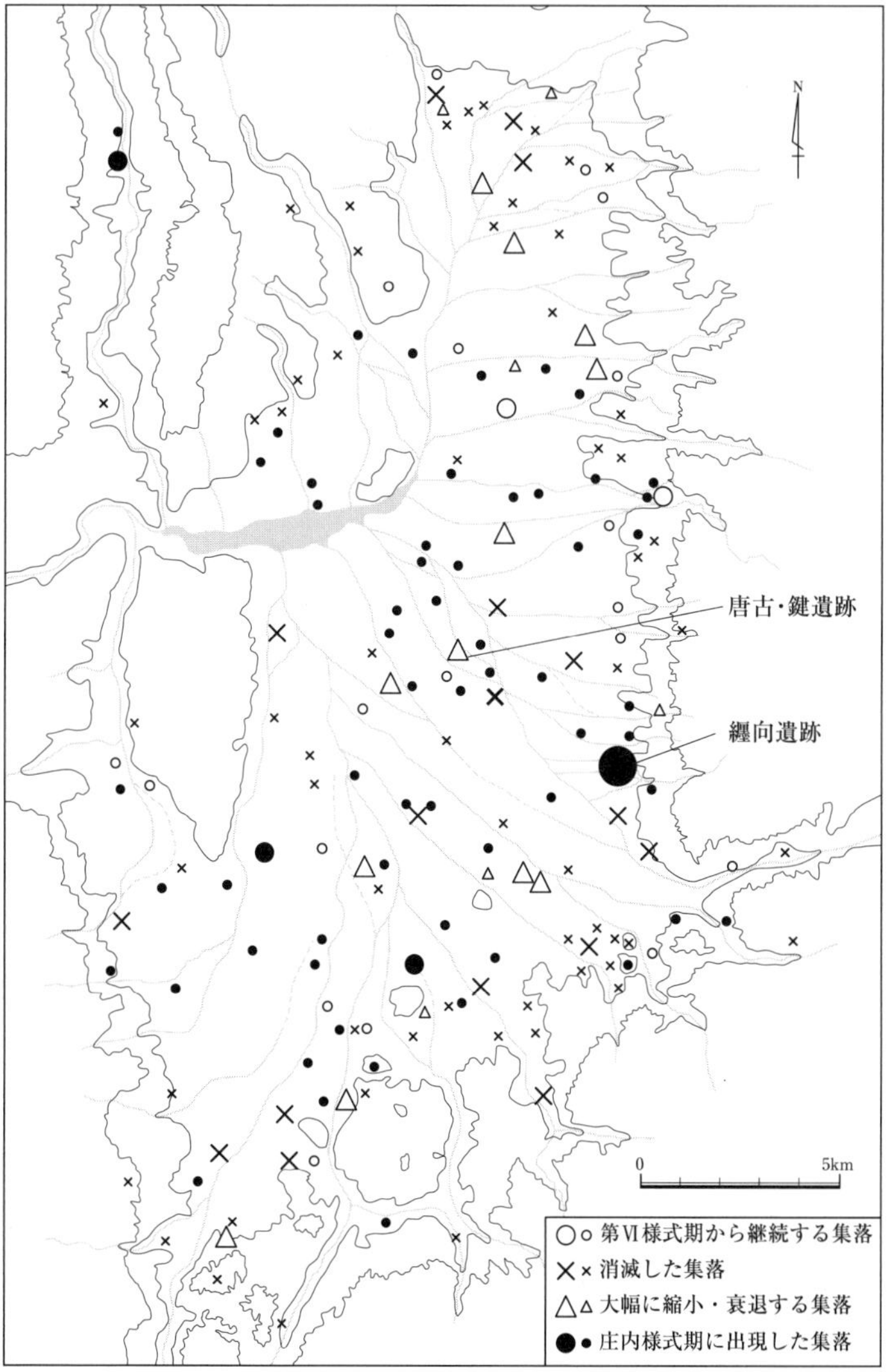

図８　奈良盆地における庄内様式期の集落の衰退と再編（寺沢、2016年より）

しかもこうした思考は、邪馬台国ヤマト説の人たちにかぎったことではなく、邪馬台国九州説の人たちにも蔓延《まんえん》しているから、ことは重大である。前者では邪馬台国がそのままヤマト王権に発展的に解消されたと考えるし、後者では九州の邪馬台国はのちにヤマトからのし上がってきたヤマト王権に屈服したと考えるからである。いずれも「ヤマト優越史観」であることに違いはない。

確かに、纒向遺跡の出現によってそれまでの奈良盆地の地域社会が崩壊したという現象だけにかぎれば、その理由の説明はどちらでも可能かもしれない。しかし、弥生時代の奈良盆地やその周辺の勢力が、わずか数十年の間に各地の諸勢力を従え、前方後円墳体制による一元化された政治権力(ヤマト王権)を作り上げたというのであれば、その考古学的な証拠を示す必要がある。一元化された政治権力を短期間で作り上げるほどの潜在的原動力を、はたして前段階のヤマトやその周辺勢力はもっていたのだろうか。それが厳しく問われなければならない。この問題はヤマト王権成立の経緯、その権力系譜を考えるうえできわめて重要であり、本書の大きな柱でもあるから、次章以降で詳しくみていくことにしよう。

纒向遺跡の規模

纒向遺跡の特徴に話を戻そう。纒向遺跡は纒向川扇状地全体に広がっている。その「纒向川扇状地」小共同体は、のちの律令制国家の磯城郡大市郷《おおいちごう》にあたる。分布調査によって田畑に土器の散布が確認された範囲をあらかじめマークしておき、その行政上の「周知の遺跡」のなかで開発行為があるごとに、私たちはそれに先立って発掘調査をおこなってきた。すでに二〇〇か所を超える。

その結果、東西約二キロ、南北約一・五キロの扇状地のほとんどの地点に、古墳時代前期の遺構や遺物が存在することがわかってきた。広さは少なく見積もっても一・五平方キロ。唐古・鍵遺跡などの弥生時代最大級の環濠集落が六つも入る大きさだ。

仮に纒向遺跡が農耕集落だとすると、これ以降、現在にいたるまで、これほどの規模の農耕集落はこの国に存在しないことになる。つまり規模からみて、纒向遺跡は農耕集落ではないという観点

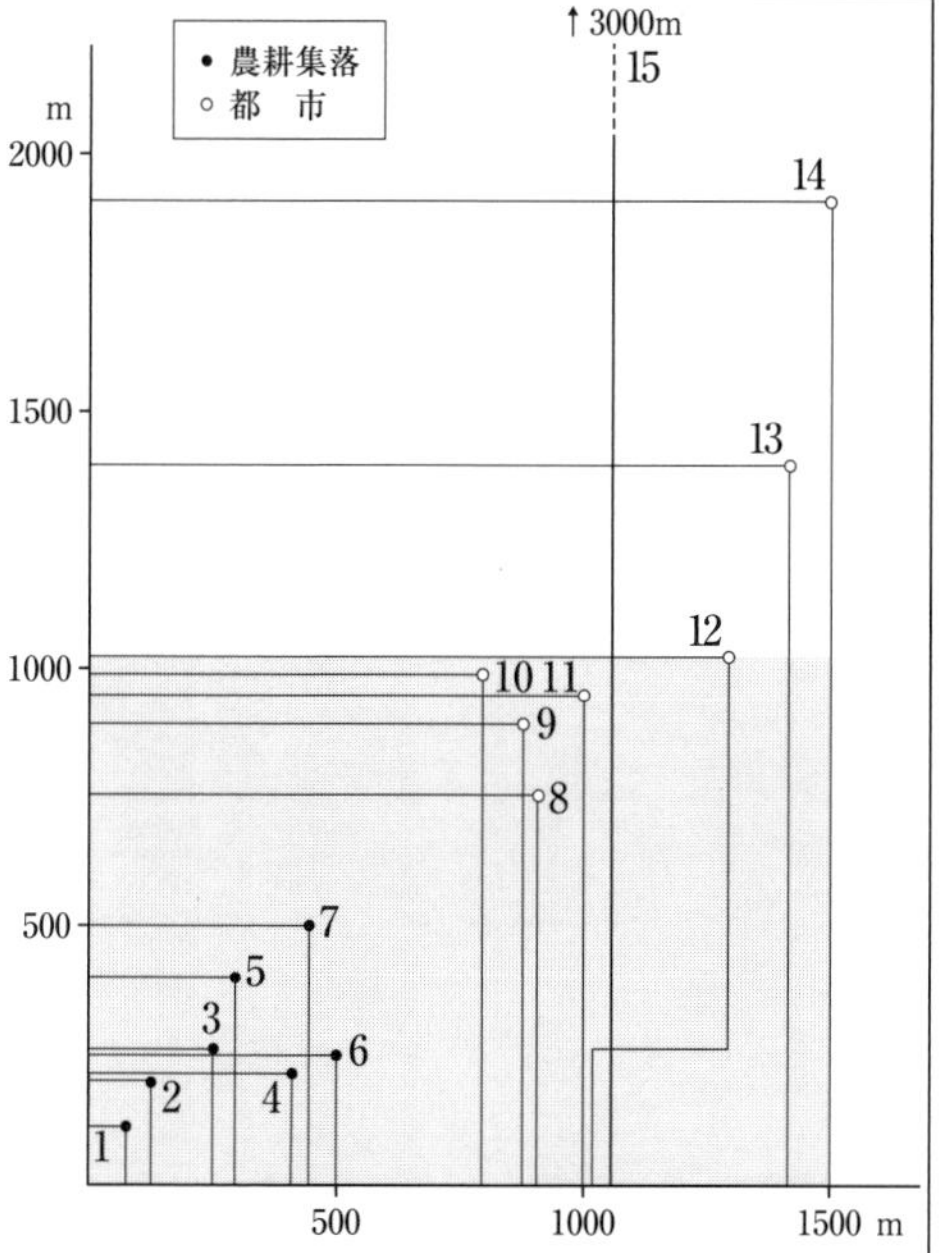

1 板付遺跡（福岡県、弥生時代前期）
2 大塚遺跡（神奈川県、弥生時代後期）
3 稗田環濠集落（奈良県、中・近世）
4 須和田遺跡（千葉県、古墳時代後期）
5 池上遺跡（大阪府、弥生時代前期～後期）
6 船田遺跡（東京都、古墳時代前期）
7 唐古・鍵遺跡（奈良県、弥生時代前期～後期）
8 多賀城（宮城県、奈良時代）
9 国府方八丁の規模（奈良時代）
10 平野郷町（大阪府、中世）
11 藤原宮（奈良県、飛鳥～奈良時代）
12 平城宮（奈良県、奈良時代）
13 郡山城下町（奈良県、近世）
14 奈良町（奈良県、中世）
15 堺町（大阪府、中世）

図９　出現期の纒向遺跡の規模（グレー部分）とその比較（寺沢、1984年より。一部改変）

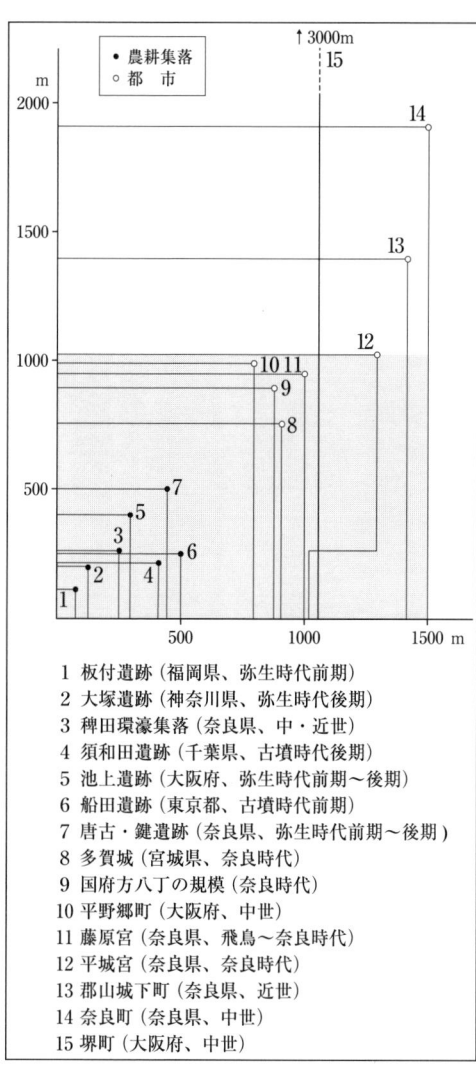

から考える必要があるということだ。

古代では「方八丁《ほうはっちょう》」（一丁は約一〇九メートル）とされる各地の国府はもとより、藤原宮《ふじわらきゅう》や平城宮《へいじょうきゅう》よりも広い。中世では一六世紀の博多や堺にはとうていおよばないものの、大和の奈良町《ならまち》や郡山《こおりやま》城下、摂津《せっつ》本願寺、尾張清洲《おわりきよす》城下、豊後府内《ぶんごふない》などに匹敵する広さである。こうしてみると纒向遺跡は弥生時代の農耕集落の延長線上にはなく、都市として考えるべきだということになる（図9）。

もちろん遺跡の広さだけで都市というわけにはいかない。人口や密集度が重要な要素となろう。纒向遺跡には少なくとも五本の主要な旧纒向川が手の指状に流れ、その間の四つか五つの微高地に人々が生活していたことがわかっている。だから同じ面積の古代や中世の都市に比べるとはるかに人口規模は小さく、河川部分を除いたとしても密集度は低い。纒向遺跡を都市と呼べるかどうかは、別の角度からもさらに検討しなければならない。

持ち運ばれた土器

纒向遺跡の第二の特徴は、この時期の遺跡としては他の地域から搬入された土器が異常に多いという点にある。報告書『纒向』によれば、搬入土器は平均一五パーセント、最も多い纒向3式（おおむね庄内3式〜布留0式に相当）では一七〜一八パーセントを占めるという。

その搬入元は瀬戸内海沿岸部、山陰、近畿各地、北陸、伊勢湾沿岸部、わずかだが北九州や南海道、東海道、南関東にもおよぶ。三世紀では搬入土器の比率の高さと搬入元の範囲の広さにおいて、他の追随を許さない。纒向遺跡は日本列島の物流と交易の中心とも考えられるようになった。

ところがその後、この時期の遺跡の調査が全国的に進むにつれ、「纒向遺跡に匹敵する」という事例が次々と報告されるようになった。こうした物流・交易センターといえる遺跡は、各地方の中心地には普遍的に存在するとの見方も出てきた。

例えば、纒向遺跡から初瀬川、大和川を下った河内湖（現在の上町《うえまち》台地を形成する砂嘴《さし》によって仕切られた古代の潟湖《せきこ》）のほとりに立地する大阪府八尾市中田《なかた》遺跡群や久宝寺《きゅうほうじ》遺跡群、河内湖への関門にあたる吹田市垂水南《たるみみなみ》遺跡と大阪市崇禅寺《そうぜんじ》遺跡、濃尾平野の愛知県一宮市八王子《はちおうじ》遺跡群、吉備の中心にあたる岡山県倉敷市と岡山市に広がる足守川《あしもりがわ》遺跡群、そして三世紀の奴国の港湾王都で、古代那津《なのつ》のはじまりともいえる福岡県福岡市の比恵《ひえ》・那珂《なか》遺跡群などはその典型である。纒向遺跡だけが三世紀の倭国の物流・交易センターであるわけではないことは、もはや確かだろう。それは現代でも、舶来品や全国各地の物産が首都東京の銀座や丸の内だけでなく、横浜や大阪、博多でも氾濫《はんらん》するのと同じことである。

しかしそれでもなお、纒向遺跡の搬入土器はその比率の高さと、搬入元が列島規模の広がりをもつ点で卓越している。各地の物流・交易センターの搬入元をみると、西日本を中心とする遺跡と東日本を中心とする遺跡に大きく分けられ、おもに中距離程度のエリアで持ち運びされることが多い。ところが纒向遺跡の場合は、東西の中距離エリアの土器がまんべんなく流入するだけでなく、遠距離エリアの土器も持ち込まれている。奈良盆地が西と東の接点にあたるからだという指摘もあるけれど、ならば、北陸や東海のセンターには近畿や関東の土器がもっと入らなければならないし、大阪のセンターには伊勢湾や東海の土器がもっと入らなければならない。地理的位置関係だけに理由を矮小化するのは合理的ではない。

近年、土器の型式から搬入元を推定するだけではなく、土器の胎土《たいど》から製作地を特定する分析方法が広がり、纒向遺跡でもより詳細で、より広範な搬入元が推定されるようになった。リストに挙がっているのは、瀬戸内海ルートでは吉備を中心に、讃岐《さぬき》、阿波《あわ》、播磨《はりま》、伊予《いよ》、周防《すおう》ないし長門《ながと》、そして筑紫《つくし》。山陰ルートでは出雲《いずも》、伯耆《ほうき》、因幡《いなば》。畿内では河内を主体に、摂津《せっつ》、南山城《みなみやましろ》、和泉《いずみ》。北陸ルートでは近江《おうみ》、越前《えちぜん》、加賀《かが》。また伊勢湾沿岸の伊勢《いせ》、尾張《おわり》、美濃《みの》。東海道ルートでは三河《みかわ》、遠江《とおとうみ》、駿河《するが》、相模《さがみ》ないし上総《かずさ》など。そして新たに伊勢・紀伊《きい》南部から阿波、土佐《とさ》の南海ルートの土器も判明しつつある。

また最近の統計分析では、発掘地点によって搬入率にバラツキがあること、多いところでは三〇パーセントを超えること、その搬入元も吉備、讃岐、播磨などの瀬戸内中・東部地域が卓越する地点、山陰地域が卓越する地点、伊勢湾沿岸部地域が卓越する地点などがあることもわかってきた（図10）［寺沢編、二〇〇二年／橋本、二〇一二年］。

さらに胎土分析をおこなうことで、各地特有の土器型式で作られながら、纒向周辺の粘土を用いている土器が多数あることも明らかになった。つまり、纒向遺跡には各地で作られた土器が多数持ち運ばれただけではなく、各地の人々が纒向遺跡に定着して、故地の型式の土器を作っていたということだ。こうした土器は時間がたつにつれて増えていく傾向にある。しかもそのなかには、後述する「キビ」の特殊器台・壺のような、各地の首長たちが執りおこなう祭祀の場や王墓に供献される土器までがふくまれている。

なお、本書ではこれ以降、たんに地域を示す場合の旧国名は漢字で、「キビ連合」とか「イヅモ政権」などのように政治勢力（政権）の存在やまとまりを意識して使用する場合には、その時代性も勘案して旧仮名づかいのカタカナで表記することとする。

こうしてみると、纒向遺跡に全国各地から多数の土器が運ばれたのは、物流と交易のセンターと

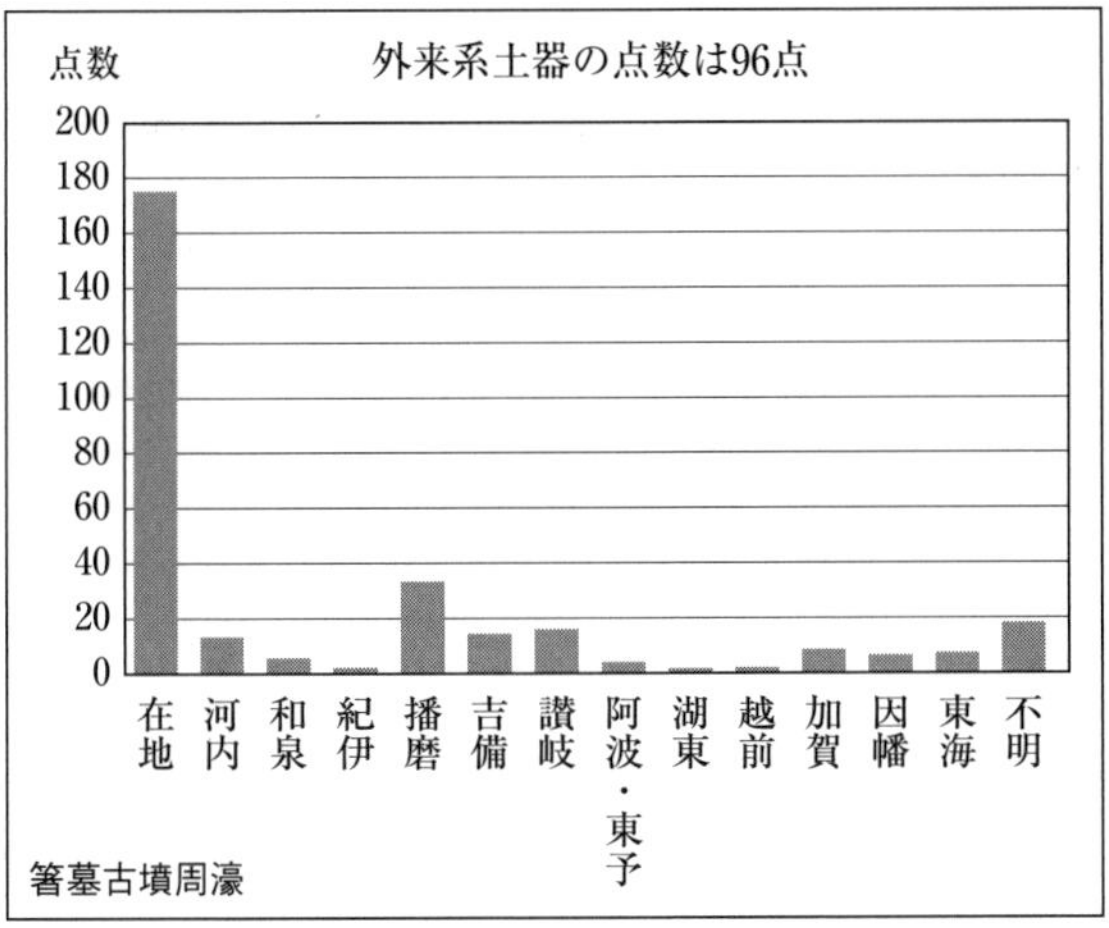

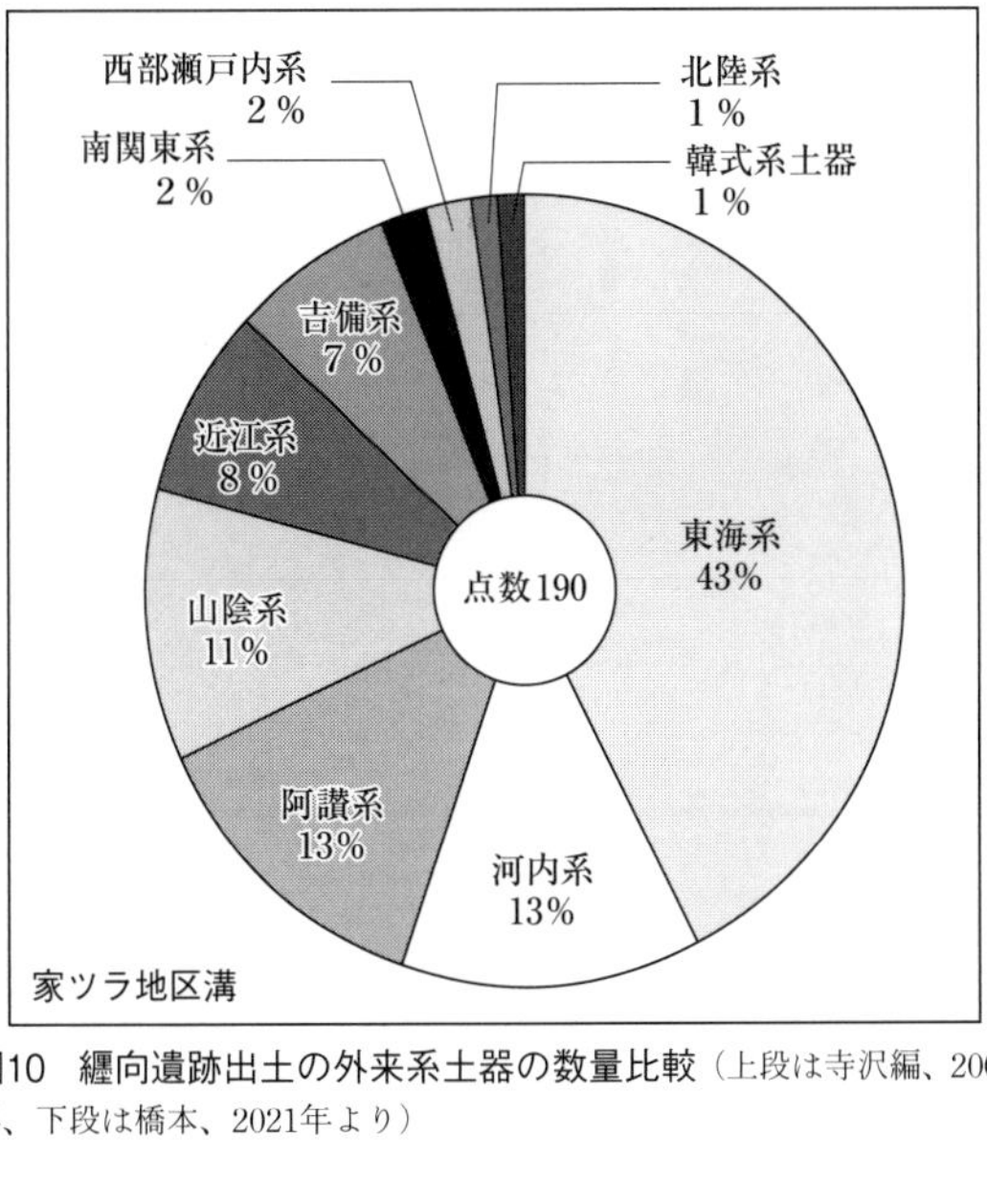

図10　纒向遺跡出土の外来系土器の数量比較（上段は寺沢編、2002年、下段は橋本、2021年より）

いうような経済的理由からだけではなかったことがわかる。纒向に集まった各地の人々のなかには首長層をふくむ集団が存在し、彼らが何世代にもわたって常駐して、その規模を拡大していった可能性がある。ちょうど、のちの藤原京や平城京のなかに各国郡の出張所が設置され、税の徴収や文書の伝達を円滑化するための調整をおこなっていたように、さらに時代を下れば徳川幕藩体制下の諸藩江戸屋敷のように、はたまた現在の霞ヶ関の道府県東京事務所のように、三世紀の纒向には、すでにそうした中央－地方の政治・行政を担当する出先機関が組織されはじめていたのではないか。

奈良盆地の東南部には、各地の旧国名・地名がきわめて数多く残っている。これまでは律令制段階の地方からの徴用などによる定着民の居住区だとか屯倉《みやけ》との関連で理解されることが多かったが、「筑紫」「吉備」「越《こし》」など、より古い呼称のものもある。私はこれらの地名のなかには、三世紀にさかのぼる移住民の痕跡を示すものも多いのではないかと思っている。

搬入土器の内容や量、その比率の高さ、搬入元の列島規模の広がりは、たんなる物流・交易センターの枠を超えた、三世紀の倭国内における纒向遺跡の政治的中心性を前提としなければ理解することができない、というのが私の主張である。いずれこの遺跡の地点ごとの搬入土器の多寡や搬入元の詳細が明らかになれば、各地の出先機関の所在地を特定することも可能になるのではないか。しかし、それにはまだまだ途方もない時間と労力が必要だ。胎土分析もふくめ、こうした統計的調査は緒《しょ》に就いたばかり。発掘調査そのものが遺跡全体のまだ三パーセント程度にしかおよんでいない現状を考えれば、「百年の大計」ということになるのかもしれない。

巨大な農耕集落か都市か

纒向遺跡の第三の特徴は、農耕的な色彩が乏しいことである。二〇〇か所におよぶ発掘にもかかわらず、水田や農業にかかわる遺構はいまだに発見されていない。

本章の冒頭で述べたように、一九七一年の最初の発掘でみつかった幅五〜六メートルもの直線的な水路は矢板で護岸されていた。それは纒向大溝と呼ばれ、農業用水路と考えられてきた。しかし、矢板の敷設という相当の労働力を必要とする手の込んだ工事であること、そして遺跡内の旧纒向川の各流路を横断して初瀬川につながる直線水路であることから、私は運河と考えるべきだと思う。世界史的にみても古代都市や王墓を建設する際、運河の開削は物資運搬のために最初に着手する事業だからである。大溝の掘削が遺跡の出現する庄内0式期の段階で真っ先にはじまり、遺跡が盛行する庄内3式期頃からしだいに機能を低下させ、箸墓古墳が完成する布留0式期をもってその機能が完全に停止し埋没している事実は、大溝が運河であったことを裏書きしているように思われる。

遺物のうえでも農耕の痕跡はほぼ見当たらない。農耕集落であれば農耕具と収穫具は必須である。農耕具は基本的に鋤《すき》と鍬《くわ》とに分かれる。表1は弥生時代から古墳時代にかけての農耕集落と纒向遺跡における鋤と鍬の比率を示したものである。

大規模な集落ほど鋤の比率が高まるとはいえ、弥生時代後期の唐古・鍵遺跡と古墳時代前期から後期の滋賀里《しがさと》遺跡で鋤と鍬が同率となっているほかは、鍬の比率が圧倒的に高いのである。こうした現象は戦前までのこの国では一般的なことだった。水田の土壌や立地環境に応じて、鍬は機能的にすがたを変えるのである。江戸時代の『百姓伝記』には多様な鍬の有効性が説かれ、『農具便利

表1　遺跡出土の鋤・鍬の比率（寺沢、1984年より。一部改変）

遺跡名（所在地、時代）	鋤（%）	鍬（%）
唐古・鍵遺跡（奈良県、弥生時代前期）	30	70
池上遺跡（大阪府、弥生時代前期）	40	60
納所遺跡（三重県、弥生時代前期）	27	73
大中の湖南遺跡（滋賀県、弥生時代中期）	12	88
池上遺跡（大阪府、弥生時代中期）	35	65
唐古・鍵遺跡（奈良県、弥生時代後期）	50	50
登呂遺跡（静岡県、弥生時代後期）	25	75
辻田遺跡（福岡県、弥生時代後期〜古墳時代前期）	5	95
長越遺跡（兵庫県、古墳時代前期）	30（60）	70（40）
纏向遺跡（奈良県、古墳時代前期）	91（95）	9（5）
湯納遺跡（福岡県、古墳時代前期）	33（38）	67（62）
滋賀里遺跡（滋賀県、古墳時代前期〜後期）	50	50
菅生遺跡（千葉県、古墳時代後期）	27（39）	73（61）

（　）内はナスビ状農具を鋤とした比率を示す

論』には「鍬ハ国々ニて三里を隔《へだて》ずして違ふものなり」という。一方、鋤は農業に使う場合でも水田の溝切りや畔塗《あぜぬ》りに利用する程度であろう。耕起具には適さない。日本の農業は鍬の農業なのだ。

こうしてみると、纏向遺跡のあり方がいかに特異かがよくわかる。鋤が九一パーセント（四二点）を占めるというのは、農耕集落とは考えられない様相だ。纏向遺跡では鋤はほとんど溝や古墳の濠から出土する。だから鋤は農耕具ではなく、土木具と考えたほうがよい。

わずか九パーセント程度（四点）の鍬さえも、祭祀土坑や井戸から焼けた状態で出土したり、あとの第四章で紹介するように「首長霊」の顔を表現したと考えられる木面に転用されている（二四一ページ、写真5参照）。纏向遺跡にあっては、鍬は農耕儀礼にかかわる祭具なのである。また、三世紀にはもはや収穫具としての石庖丁《いしぼうちょう》はまれだろうが、それに代わる木製穂摘具《ほつみぐ》や鉄鎌、鎌の柄《え》などの出土も、農耕儀礼の祭具として以外は皆無である。

さらに花粉分析の結果は、私たちに纏向遺跡の環境を教えてくれる。わが纏向学研究センターの共同研究員でもある金原正明《かねはらまさあき》・正子《まさこ》夫妻の分析結果によれば、唐古・鍵遺跡の環濠堆積土壌から得られた花粉量は、一次林のイチイガシやシイの照葉樹とエノキやミズキなどの落葉樹が卓越し、畑地や水田の雑草に混じって近隣の水田のイネ花粉が一定量認められた。一方、纒向遺跡では樹木は二次林のアカガシ程度で、ヨモギ、イラクサなどの草地雑草が卓越し、イネ花粉はみられないという。そこから予測されるのは、自然林を伐採して人為的に平地化し、近隣には水田のない開発環境である。ただし山手の巻野内《まきのうち》地区には、イネ属型花粉がまとまって認められる地点がある。金原氏は倉庫や脱穀場など、穀類が集積された場の存在が予想されるという［金原、二〇一三年］。

これらから得られる結論は、纒向遺跡では農業はおこなわれていなかった可能性が高いということだ。そこに唐古・鍵遺跡のような巨大な農耕集落との決定的な違いが存在する。第一次産業従事者の欠如は纒向遺跡の第三の特徴であり、それは都市としての重要な条件の一つを満たしたことにもなる。

花粉は語る

纒向遺跡には同時期の他の遺跡ではみられない稀少《きしょう》な遺物がいくつか存在する。それがこの遺跡の第四の特徴である。いったいどのようなモノなのかと、読者の方々は興味津々だろうが、じつは肉眼にはみえない遺物である。

考古学ではこれまで土器や石器、金属器といった人為物を研究対象とすることが多かった。しかし現在では、人間が意識して製作したモノだけでなく、生活痕跡のなかに自然に紛れ込んだモノが重要な考古資料として活用される例が増えてきた。前項でみた花粉分析による環境の復元もその一つといえよう。自然科学との連携、学際的な研究の広がりは、歴史学の一方法論としての考古学がもつ豊かな可能性であり、大きな魅力でもある。

今日の発掘調査の現場では、遺跡を覆う堆積土や、住居跡、溝、土坑（穴）などのいろいろな遺構のなかの土を層位ごとに採取し、篩《ふるい》や網に通したり水洗したりして、土中の自然遺物を抽出する作業がごく普通におこなわれている。人々の生活とともに堆積した植物の種子や、昆虫・動物の残骸、生活残滓《ざんし》（ごみ）などを分析するためである。

また採取した土壌を化学処理して、顕微鏡により微細な遺物を探し出す方法も定着してきた。その探究の矛先は、花粉分析、プラントオパール（植物珪酸《けいさん》）分析、寄生虫分析と、とどまるところがない。多くは当時の生活環境や自然環境を知る手がかりを得るためであるけれど、時としてその結果が遺跡の際立った重要性を示唆してくれることもある。纒向遺跡におけるベニバナとバジルの花粉の発見は、まさにその典型的な事例となった（写真15）［金原正明・金原正子、二〇一五年］。

ベニバナもバジルも西アジアを原産とする。本来この国で自生することはないから、シルクロードを経由し、中国から海を越えて纒向に将来されたと考えざるをえない。

ベニバナは染料、あるいは化粧品の紅としての利用が一般的である。発掘の際、ベニバナ花粉は石塚古墳のすぐ南、王宮推定地の建物群からは二〇〇メートル下流の、建物群と同時期（庄内3式期）の大溝からまとまって検出された。その状況から、栽培されていたベニバナの花粉がたまたま大量に大溝に入り込んだとは考えられない。紅玉や精製される過程の紅の残渣《ざんさ》が投げ込まれたと推測される。高貴な絹織物の染料や化粧品として使用されたのであろうから、纒向にそうした階級、階層の人々が存在したことになる。

近年、奴国の福岡市那珂遺跡の土坑からも、同時期の可能性のあるベニバナ花粉が発見された。奴国が『魏志』倭人伝に登場する大国であること、そして中国からの将来ルートにあたることを考えれば、この遺跡からの発見は当然のことでもあろう。

ベニバナ花粉は六世紀末の桜井市上之宮《うえのみや》遺跡の園池遺構と、斑鳩町《いかるがちょう》藤ノ木《ふじのき》古墳の石棺内からも発見されている。前者は聖徳《しょうとく》太子が厩戸《うまやど》皇子として幼年時代を過ごした「上宮《かみつみや》」と考えられており、後者は穴穂部《あなほべ》皇子と宅部《やかべ》皇子などの皇族墓説が有力視されているから、王権と関係の深い遺跡、遺構からの出土にかぎられている。

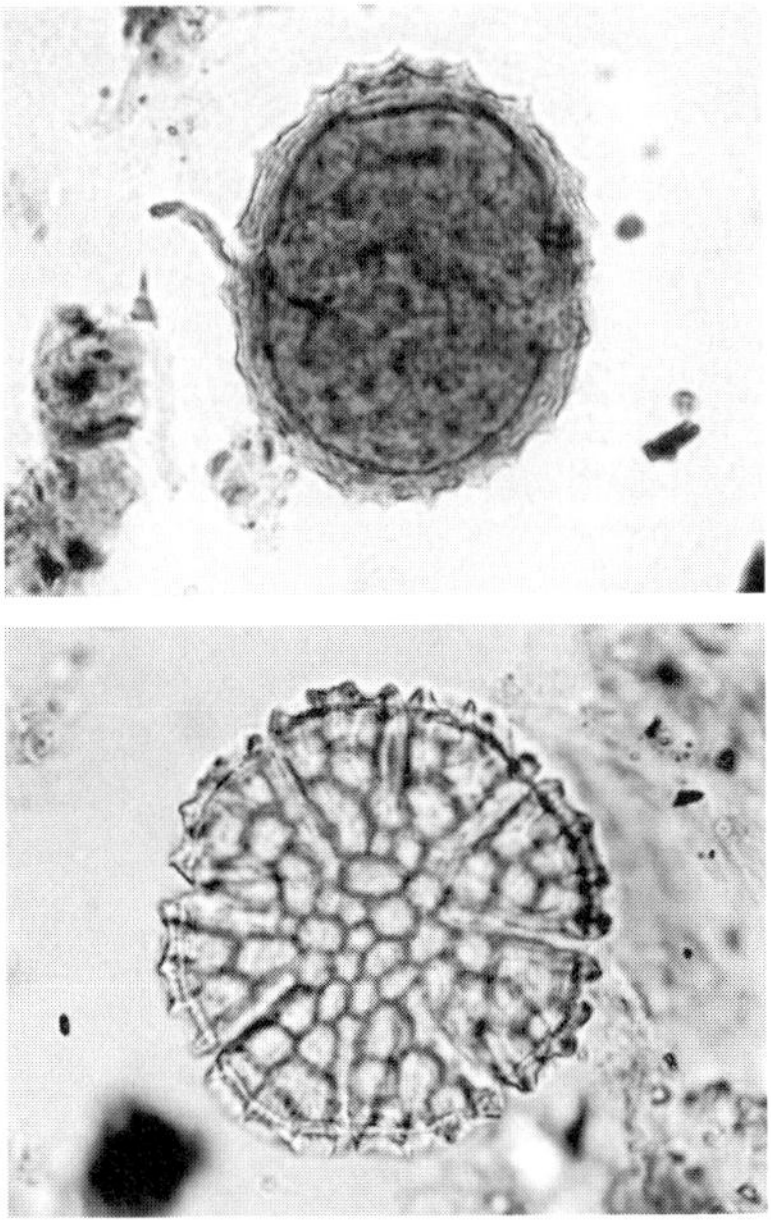

写真15　ベニバナ花粉（上段）とバジル花粉（下段）（金原正明氏撮影。桜井市教育委員会提供）

一方のバジルは香辛料や薬として使用されたと考えられる。これも一般の人々には無縁な代物であろう。興味深いのは、纒向で発見されたバジルの花粉は八分割体で、ヨーロッパやシルクロードに広がった六分割体とは異なり、おもに東南アジア方面に定着しているという。ならば、「海のシルクロード」を東進して中国に入ったバジルが、やはり三世紀に将来されたと考えるのが妥当だろう。いずれにせよ、肉眼では確認できないこれらの微細な資料は、貴重な品々が中国との外交を通じて製品、半製品として纒向の首長層にもたらされた可能性の大きいことを語っているのである。

一つの絹製品からの情報

自然科学的分析の成果といえば、玉房《たまぶさ》状の巾着《きんちゃく》についても書いておこう。

この巾着は巻野内尾崎花《おざさばな》地区の発掘調査で、布留0式新相期の溝から出土した。尾崎花地区は遺跡北東方の珠城山《たまきやま》の北一帯にあたる。高さは三・四センチほど、手のひらに載るくらいの小さく軽い袋の織物である（写真16）。漆が塗布されていたこともあって、発見されたときにはすでに真っ黒に変色していたが、一九九一年の発見当時から、袋のなかにいったい何が入っているのかが興味の的であった。

約二〇年が過ぎてから、あらためて袋の織物の材質と中身を調査することになった。とはいえ、袋を裁断して中身をみるわけにはいかない。現状を維持するかたちで、袋の中身は通常のX線撮影と医療用CT・MRI装置を用いた撮影をおこない、その解析を試みた。織物の材質については繊維のごく一部を採取して、電子顕微鏡による観察とタンパク質質量解析をおこなうことにした。

前者は奈良県立医科大学の田中康仁《たなかやすひと》氏の協力を得ておこなわれた。しかし期待していたような固形物は見いだせず、多くの空気の層が螺旋《らせん》状に認められた。何やら繊維のようなものが詰まっているようだが、たんなる玉房の中身として詰められたものなのか、それとも重要な植物性の繊維物なのか、謎の解明は将来へのお預けとなった［田中、二〇一三年］。

一方、袋の繊維からは新たな発見があった。奈良女子大学の中澤《なかざわ》隆《たかし》氏の協力を得て、織物の材質は予想どおり絹であり、タンパク質質量解析によるアミノ酸配列の照合の結果、その絹が家蚕《かさん》ではなく天蚕《てんさん》の繭《まゆ》から取り出された生糸によるものであることがわかったのである［河原・六車・宮路・中澤、二〇一三年］。

弥生時代の絹織物は北部九州に集中する。中国の華中《かちゅう》や楽浪《らくろう》系の家蚕の絹製品だけではなく、養蚕の技術も伝播《でんぱ》したと考えられているが、天蚕の絹は確認されていない［布目、一九八八年］。天蚕の絹となれば、それは国産に違いないのである。纒向遺跡での天蚕による絹製品の発見は、この製品と纒向遺跡の特殊性を如実に示すことになる。

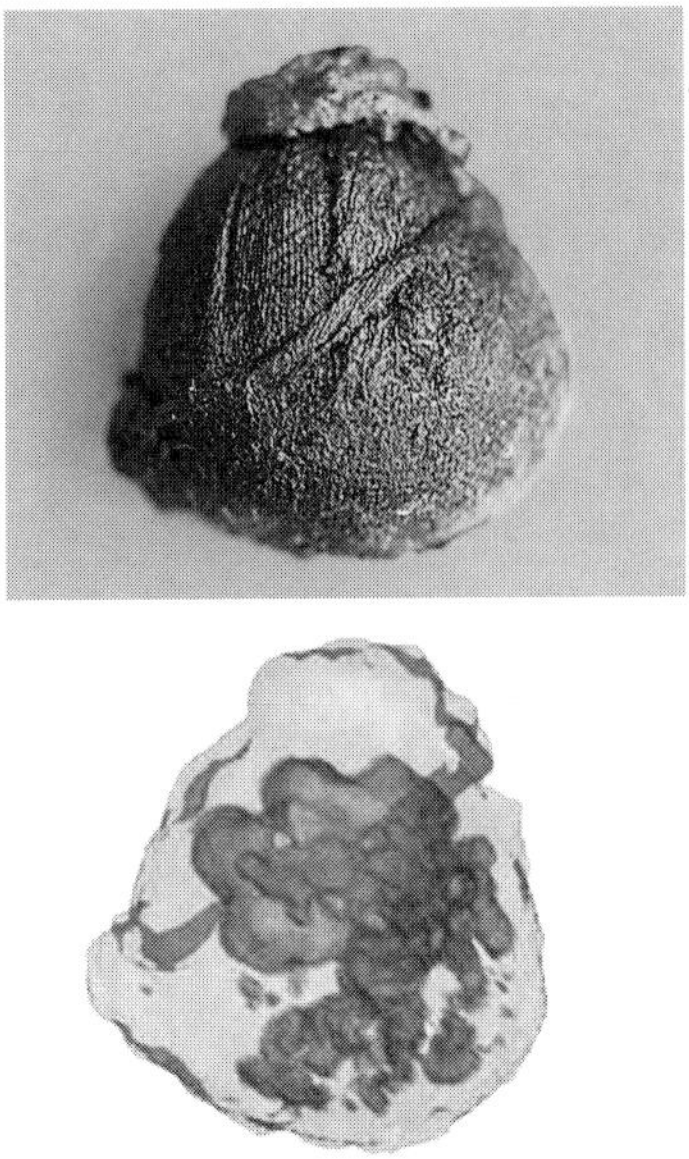

写真16　玉房状の巾着　実物大。下段のようなＣＴの３Ｄモデルによって内部の空気（暗い部分）が螺旋状になっているのがわかる（下段は田中康仁氏撮影。いずれも桜井市教育委員会提供）

『魏志』倭人伝の「景初《けいしょ》二年（二三八）」（「三年」の誤りか。詳しくは第五章で述べる）の卑弥呼の外交記事には、中国から下賜された多種多様の豪華な絹織物とは対照的に、倭国からは「班布《はんぷ》」（苧麻《ちょま》や麻で織ったまだら文様の布か）を献上したことが記されている。しかし「正始《せいし》四年（二四三）」の朝貢の際には、「倭錦《わきん》、絳青縑《こうせいけん》」「帛布《はくふ》」が献上されたことが記されており、遅くともこの年には国産の絹織物や絹布が生産されていたのであろう。

あまりに専門性が高く、一般の目を惹《ひ》く報告ではなかったためか、この事実に注目する人は少ない。邪馬台国九州説の人たちは、弥生時代（二世紀末まで）の北部九州における絹製品の圧倒的な量を根拠に、古墳時代（三世紀以降）の畿内ヤマト説を否定しようとする。しかしこれは明らかに筋違いの論法であって、比較すべきは三世紀の状況のはずだ。しかも、弥生時代の絹製品が人骨や鏡などの副葬品に付着して遺存していることを考えれば、人骨の残存度が北部九州の一〇〇分の一にも満たない東方の地域における出土がまれであるのは当然だろう。

纒向遺跡で発見された巾着が天蚕による最古の国産絹製品となれば、邪馬台国九州説にとっては憂うべき資料だろう。この巾着もまた、纒向遺跡の第四の特徴を補強する事例に加えておこう。

前方後円墳の創出

第五の特徴は、すでに前節で詳しく述べてしまったが、前方後円墳がほかならぬ纒向遺跡で誕生したという事実そのものである。この事実こそ、纒向遺跡の性格を最もストレートに物語っているといってもよい。つまり、ヤマト王権のシンボルである前方後円墳が最初に築造された纒向遺跡は、ヤマト王権の最初の政治中枢が置かれた場所、すなわち大王都ということになる。じつに単純明快な論理である。

「纒向型」が誕生する以前には、当然ながら列島のどの地域にも前方後円墳は存在しない。したが

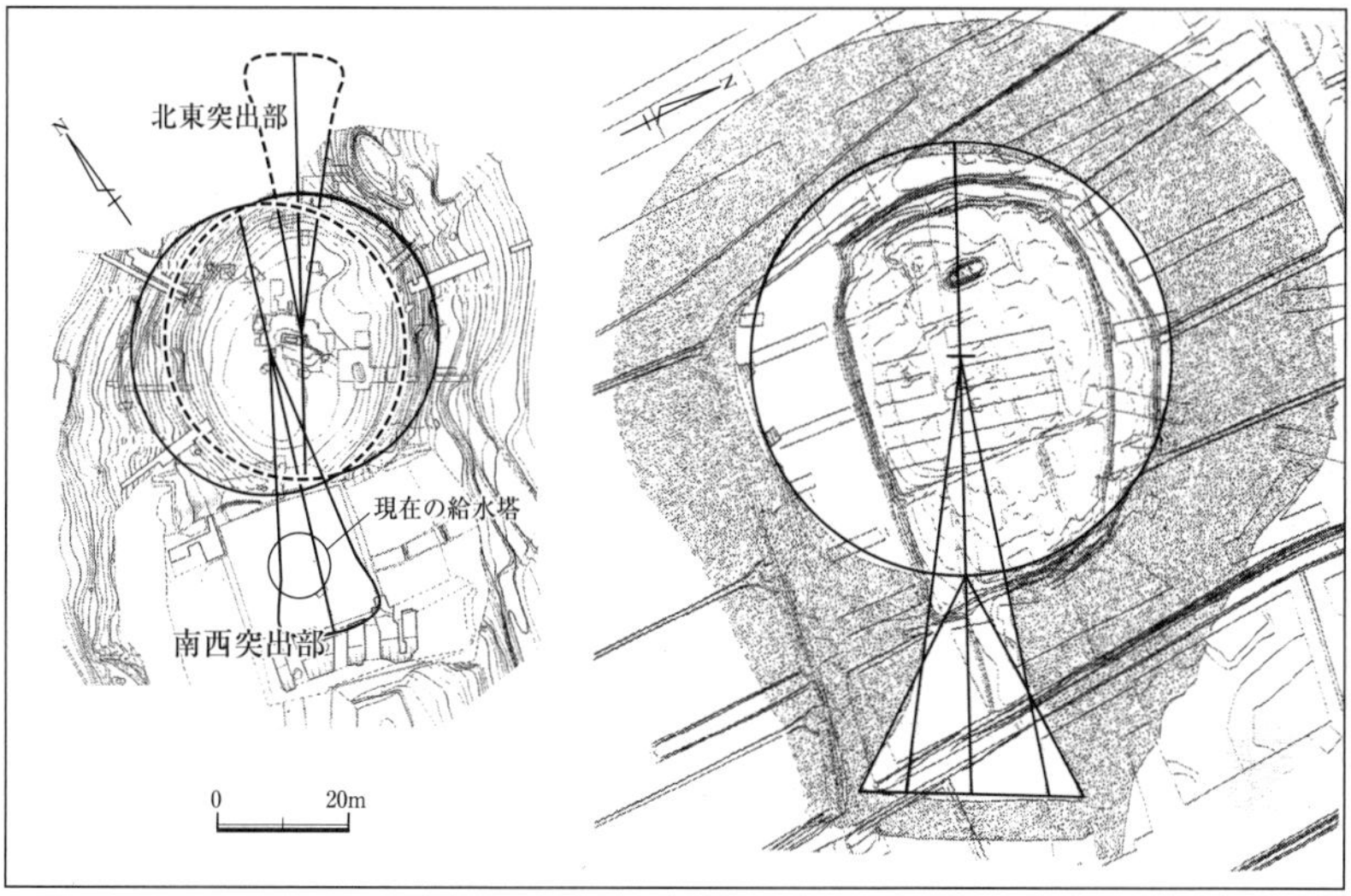

図11　楯築墳丘墓（左）と纒向型前方後円墳（右、石塚古墳）　円丘部と突出部、後円部と前方部の比率はともに２：１である（左は近藤編、1987年に加筆。右は寺沢、2011年より）

って、どこか特定の地域の権力者が創出した巨大構築物が、そのままヤマト王権のシンボルとして移入されたのでないことは明らかだ。前方後円墳という新たな王権のシンボルは、ヤマト王権を構成する主要な勢力の主導者たちによって、紛れもなく纒向で案出され設計されたのである。

ただし、その原型となったであろう墳丘墓を築造していた地域はいくつか存在する。前方後円墳は円丘を主とし、それに楔《くさび》状の方形部（矩形《くけい》）を付設した形をしている。纒向遺跡が出現する直前の段階で、円丘に何らかの突出部が付設された墓は吉備、讃岐、阿波、播磨にのみ存在するから、前方後円という形のルーツはこの地域に求めることができそうである。

なかでも吉備は、弥生時代後期末（二世紀末）に楯築墳丘墓という他に類のない巨大な王墓を築造している。径約四二メートルの円丘の前後に、長さ約二一メートルずつの突出部を付設したもので、全長は約八四メートルにもおよぶ。突出部の片方を取ると、残りは全長六〇メートルほどの纒向型前方後円墳の規格そのものなのである（図11）。私が前方後円墳のルーツの第一候補に楯築墳丘墓を挙げるのはそのためである。

ところが考古学者のなかには、畿内やヤマトにも前方後円墳が自然に誕生する契機があったと説く人もいる。円形周溝墓の溝の一部が途切れて陸橋《りくきょう》（道）となり、その部分がしだいに広がって前方部状になり、さらに発達すると前方後円墳になると考えるのである。最近では、奈良県橿原市瀬田《せた》遺跡（藤原宮下層）で調査されたSZ4500と呼ばれる墓が、纒向型前方後円墳の祖型になるのではないかとの提議がなされた［山本、二〇二〇年］。

しかし、陸橋部がやや発達しているとはいえ、その長さは円丘部径の二分の一にはほど遠く、盛土もなければ、その前面も溝で遮断されてはいない。周溝の平面形も円形だから、あくまで円形周溝墓の範疇《はんちゅう》なのである。円丘部径は一九メートルと、弥生時代でもとりたてて大形とはいいがたい。とうてい纒向型前方後円墳の直接のルーツにはなりえない。報告者は周濠で出土した土器から庄内0式期と考えているようだが、私の見立てでは庄内1式期に下る公算が大きい。いずれにせよ、纒向遺跡の出現に先行するものではない。

前方後円形にかぎらず、方形周溝墓の溝の一部が途切れると前方後方形にみえるし、四隅が途切れると四隅突出方形にみえるだろう。周溝が途切れ、ある程度発達した陸橋部があたかも前方部や四隅突出部にみえるような例は、むしろ全国いたるところに存在しているといわねばならない。しかしそれらのなかに、前方部長が後円部径の二分の一に企画された纒向型へとつながることを示す資料は微塵もない。前方部に盛土が確認できた例もない。

弥生時代後期に円形周溝墓がみられる瀬戸内海沿岸の中・東部から大阪湾沿岸部にかけての地域のうち、とくに前方部が発達した纒向型の祖型は、さきに述べたように、いまのところ吉備、讃岐、阿波、播磨にのみ存在する。とはいえ、纒向型前方後円墳の誕生はそれらとは隔絶した突然の飛躍なのであって、巨大墳丘墓としての規模やしつらえといい、築造規格の共通性といい、その系譜を直接にたどることができるのは楯築墳丘墓をおいて他にない。

ここでは前方後円墳が纒向遺跡で創出され、纒向から列島各地へと広がっていったことをあらためて確認し、前方後円墳の本質や誕生の経緯については第四章でふたたび述べることにしよう。

弧帯文を刻んだ呪具

纒向遺跡では「弧帯文」と呼ばれる文様の刻まれた呪具が、キビの王墓祭祀から引き継がれて、前方後円墳などの祭祀に多用された。前方後円墳誕生の背景と関連して注目すべき第六の特徴である。

弧帯文とは、弧線と直線を組み合わせた単位文様を帯状に連続させたり反転させたりして構成した、哲学的とも形容しうる文様である。古墳時代の鏡や楯、刀装具などに付けられた「直弧文《ちょっこもん》」の原型にあたる。このもととなる文様原理は、銅鐸のマツリ圏では弥生時代中期末から単発的に発生しているけれど、それを首長（王）個人の墓の祭儀用に弧帯文として様式化したのはキビである。

新たに生み出した特殊器台・壺の器面に、文様を帯のように連続してめぐらしている。直弧文の原型をあえて弧帯文と呼ぶ理由もそこにある。

弧帯文の本質は、まさに直線と曲線（弧線）の融合にある。相反する二元的な物質や観念の融合にこそ、万物が生じる世界のはじまりがあると考えられた。このような二元的世界観は人類の歴史の始原にさかのぼる普遍的な思惟であろうが、古代中国では「陰陽合和《ごうわ》して万物生ず」（『淮南子《えなんじ》』天文訓《てんもんくん》）という陰陽思想として体系化された。陰陽思想がこの国に移入されてマツリの根幹を占めるようになったのは、弥生時代中期頃からである。そこでは銅鐸が最も典型的な呪器であり、マツリの祭器であった。

私は、キビの特殊器台はこの銅鐸の生まれ変わりだと理解している。だから弧帯文も、それまで銅鐸では別々に分けて付けられていた陰陽（直曲）二元的な文様が、特殊器台の器面で融合したものだと考える。かつてクニや国の民衆の安寧と発展のために、マツリは首長によって主宰され、共同の祭器であった銅鐸は首長によって管理されていた。その銅鐸が廃され、新たに首長個人の権力と権威の増強を実現する呪器として特殊器台と弧帯文が誕生したのである。それらが供献された最初の王墓こそ、二世紀末に築造された楯築墳丘墓であったのだ（図12）。

その弧帯文がわずか二、三〇年後には、纒向遺跡で木製や石製の呪具に写し込まれて再現される。石塚古墳の周濠から出土した木製弧帯文円板はその典型だ（写真17－①）。さらに遅れて、キビの特殊器台・壺そのものが運ばれて箸墓古墳の後円部頂に置かれる頃には、纒向遺跡周辺でも特殊器台・壺の製作を開始している。

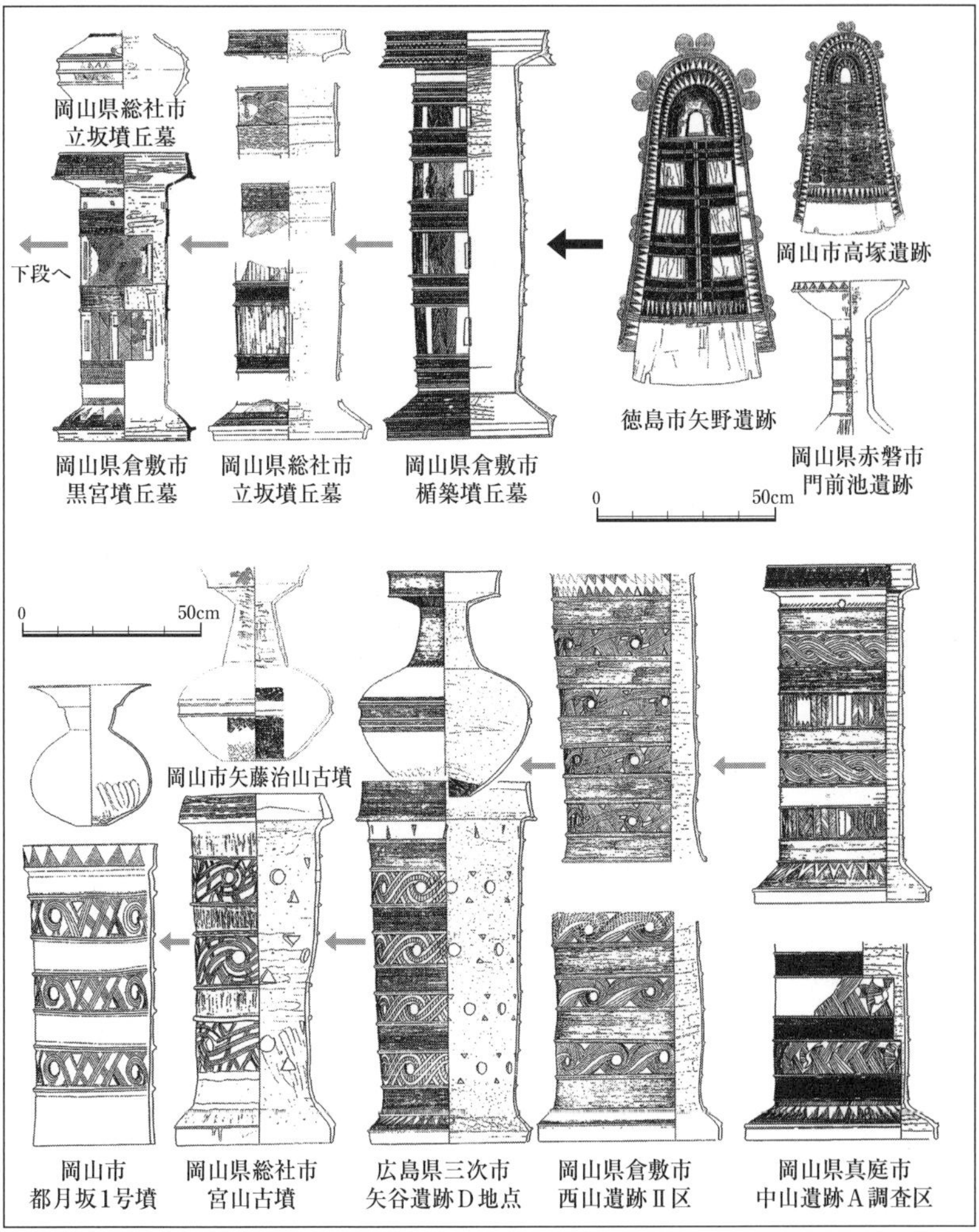

図12　銅鐸から特殊器台へ（寺沢、2010年より）

楯築墳丘墓から出土した最古の特殊器台と弧帯文は「立坂型《たてざかがた》楯築類型」と呼ばれる。これにつづく「向木《むこうぎ》見型《みがた》」弧帯文は、石塚古墳の弧帯文円板のほか、東田地区の溝から出土した弧帯文石（写真17－②）、巻野内家《いえ》ツラ地区の溝から出土した弧帯文板（写真17－③）にみられる。つづく「宮山《みややま》

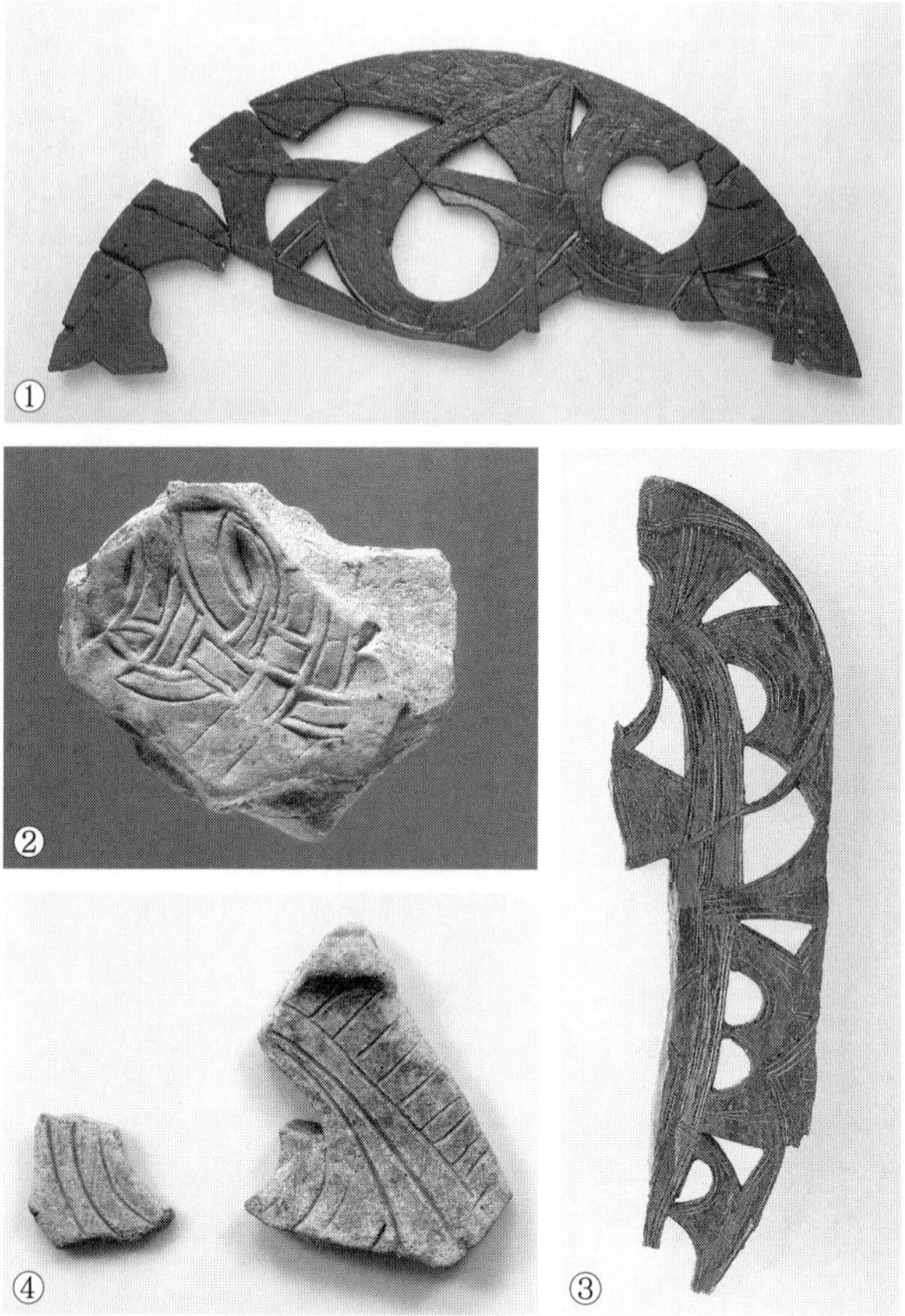

写真17　纒向遺跡出土の弧帯文を刻んだ呪具　①石塚古墳出土の弧帯文円板（奈良県立橿原考古学研究所提供）　②弧帯文石（桜井市教育委員会提供）　③弧帯文板（桜井市教育委員会提供）　④「都月型」特殊器台片（奈良県立橿原考古学研究所附属博物館提供）

型《がた》」と「都月型《とつきがた》」特殊器台は箸墓古墳に置かれる。この「都月型」特殊器台の破片は集落内の河道からも発見されている（写真17－④）。その文様や特殊器台の型式変化と纒向への流入時期とは整然と対応しているのである。

そしてこの弧帯文様は以後、直弧文として王権の各種威信財や祭祀の呪器に刻まれて、畿内中枢（ヤマト）から各地の首長たちへと広がっていく。キビにルーツをもつとはいえ、それを再体系化・定形化し、新たに列島各地へと発信した纒向遺跡の歴史的な性格と意義は他に例をみない特徴といえるだろう。

火と水の祭儀

次に述べる纒向遺跡の第七の特徴は、前項の弧帯文とも無関係ではない。「導水遺構《どうすい》」と呼ばれる祭祀施設が纒向遺跡で成立して、ここから各地へと広がる発信拠点となった可能性である。「可能性」と書いたのは、他の遺跡にも時期的に横並びの遺構があり、現時点ではまだ纒向遺跡に最古の事例がみつかっていないと考えるからである。

導水遺構とは井戸などの湧水地や河道から、溝や木樋《もくひ》で水を引いて木槽《もくそう》に集め、その周囲で何らかの祭祀をおこない、ふたたび木樋を通して溝などに放水する施設である。最も遺存状態のよい五世紀後半の奈良県御所《ごせ》市南郷大東《なんごうおおひがし》遺跡では、葛城《かつらぎ》山麓の斜面に作られた導水遺構の周りに囲いを設け長椅子をしつらえて、閉鎖された空間のなかで数人が秘儀を執行したさまが彷彿とする。出土した祭具などからも、葛城氏の重要な祭儀が執りおこなわれたものとみられている。

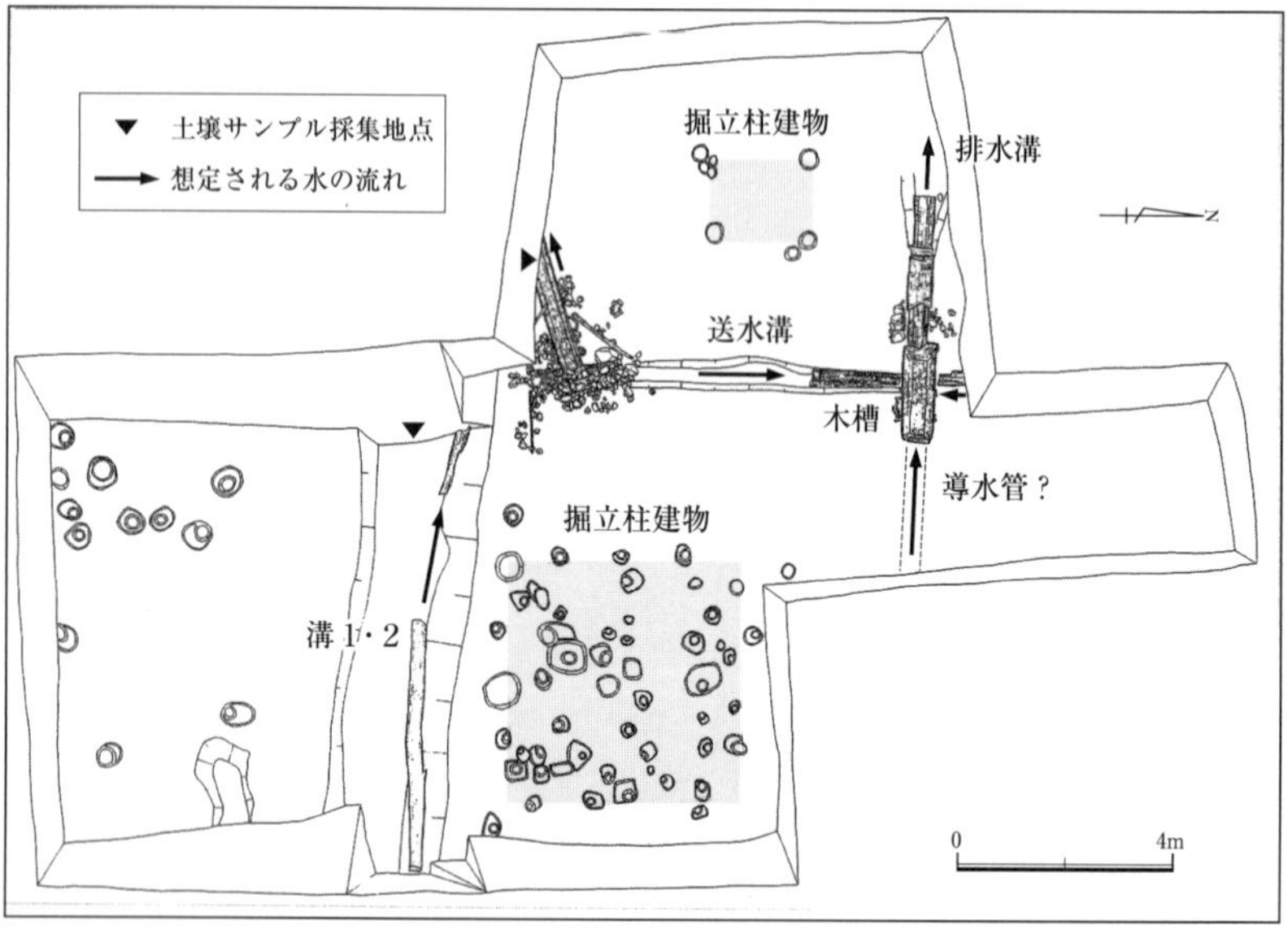

図13　纒向遺跡の第50次調査で検出された導水遺構（橋本編、1997年に加筆）

纒向遺跡の導水遺構は、王宮とされる特殊な建物群から北東約五〇〇メートルの巻野内家ツラ地区で発見された。布留0式段階（三世紀後葉）のもので、三方から小溝（木樋か）で水を引いて木槽に集め、その後、下流に流している（図13）。すぐ上流の取水した溝からは韓式系土器や弧帯文を刻んだ呪具である弧帯文板が、さらにその一五〇メートル上流では前に述べた玉房状の絹製品が出土している。

発掘当時、小溝の堆積土中から寄生虫卵が大量に発見されたことから、便所説、産《うぶ》屋《や》説、殯屋《もがりや》説、スサノオ（素戔嗚）神話を参考にした糞便撒き散らし祭祀説などが唱えられたが、寄生虫卵は施設の廃絶後に流入した可能性があり、現在では水にかかわる王権祭祀の場だったという考えが一般的である。その地域を潤す水を象徴的に制することで、首長としての地域支配を強固なものにする祭祀を実修した施設だというのだ。

水にかかわる王権祭祀説に収斂していった理由は以下のようなものだ。四世紀前葉以降になると各地の大形古墳では、形象埴輪が立て並べられるようになる。そのなかに囲形《かこいがた》埴輪と呼ばれる埴輪があり、五世紀前葉の大阪府藤井寺市狼塚《おおかみづか》古墳（写真18）、八尾市心合寺山《しおんじやま》古墳、兵庫県加古川市行者塚《ぎょうじゃづか》古墳、三重県松阪市宝塚《たからづか》一号墳では、塀の囲いのなかに建物が置かれ、さらにそのなかに導水遺構を模した設備がみつかったからである。大形古墳の造り出し部や洲浜《すはま》状張り出し部に並べられた形象埴輪群像は、亡き首長（王）が生前に執行していた重要な儀礼のいくつかをパノラマのように再現したものだと私は考えている。導水遺構もまたそうした重要な儀礼の実修の場であったといえるだろう。

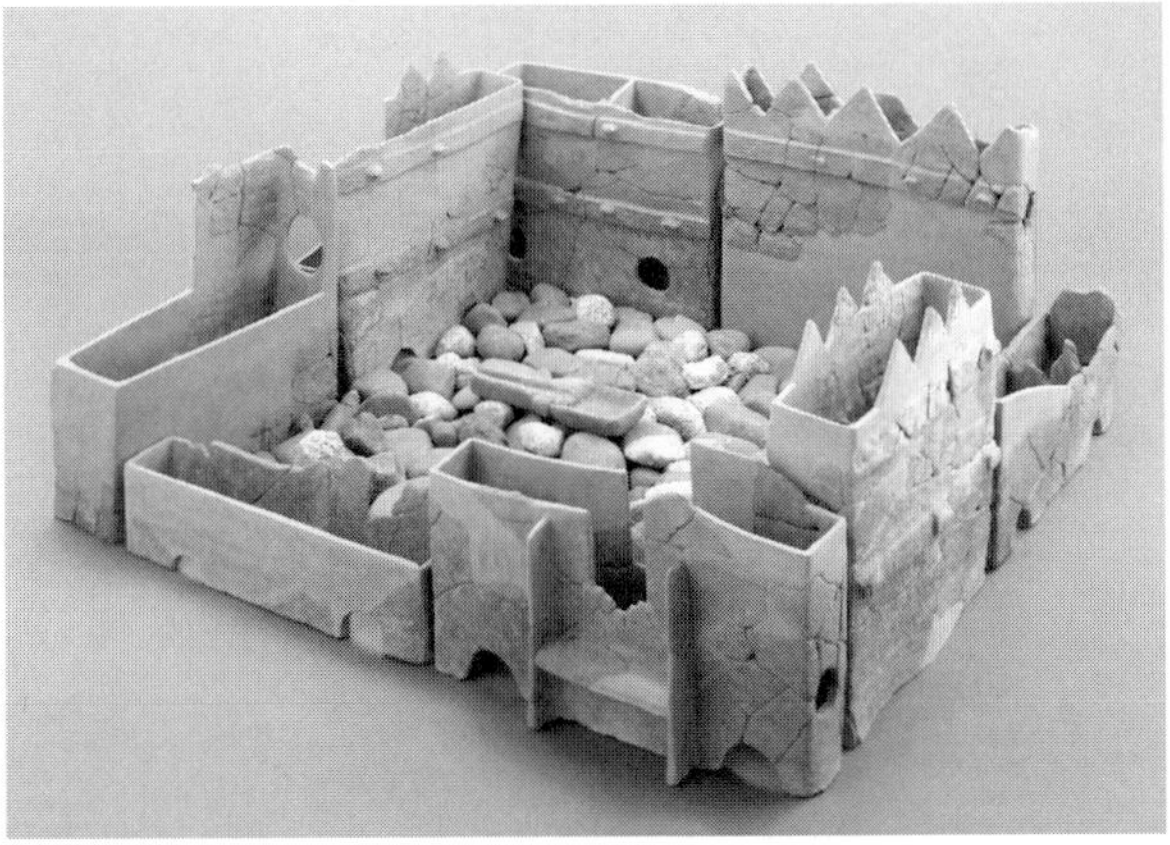

写真18　狼塚古墳の囲形埴輪（藤井寺市教育委員会提供）

ただし私は、導水遺構を王が水の支配にかかわる祭儀をおこなった施設だと考える大方の意見には賛成しない。導水遺構をみるとき、多くの人々は水を集めて木槽にためる祭儀しか想定しない。しかし現場をよくみると、周囲にはたくさんの炭片や焼土が散っている。祭具も焼け焦げているものが多い。祭儀が夜間におこなわれたからだという人もいるが、祭具にまで火をつける理由はなかろう。何より炭片や焼土の量は尋常ではない。祭儀は深夜におこなわれただろうが、火の使用にはもっと別の理由があるはずだ。

私は導水遺構は火と水の祭儀が執行された場であり、囲形埴輪はその舞台をかたどったものだと考えている。土地に浸透した聖水を集め、火を焚《た》いて木棒や祭具に火をつけ、それを聖水に潜《くぐ》らす。火と水は陰陽五行《ごぎょう》思想では「対中の理」といって最も反発しあう物質とされる。それをあえて融合させる。「陰陽合和して万物生ず」という哲理は、ここでも王権祭祀の神髄なのである。王がこの行為をおこなうことで、クニ・国の平穏は保証され、国力（王の権力・権威や生産力）は増大する。秘儀が深夜（おそらく丑《うし》の刻、午前二時前後）におこなわれたと考えるのも、陰陽五行の火と水の配置から時間の境界性を意識したものに違いない。私はこの秘儀が執行された場所も、特別な意味をもつ集落や居館、あるいは領域の境界だったのではないかと考えている。導水遺構や囲形埴輪の各地への波及は、国家安寧と発展を祈願する王権祭祀の地方首長への配布の結果なのである。

纒向遺跡では遺跡の出現当初から継続して祭祀土坑と呼ばれる大きな穴が掘られており、遺跡北端の草川《くさかわ》微高地の祭場に集中してみられる。穴を掘って湧水させ、祭儀の際には火を焚いて木棒や祭具を燃やし、それらを供献具（土器、稲米《とうまい》、魚など）とともに水中に投じ、終わったあとは埋棄する。その行為は導水遺構における祭祀と同じだ。これらの祭祀土坑は石野博信氏が新嘗《にいなめ》・食国《おすくに》儀礼との関連を指摘しており、遺跡全体のなかで年次ごとの農耕祭祀がおこなわれていた可能性が高い［石野、一九七七年］。

導水遺構はその最も象徴的で核心となる祭儀の場であり、即位のときに王自身がそこで一世一代の祭儀を執りおこなった可能性も考えられる。となれば、時期をほぼ同じくする一つの導水遺構と多数の祭祀土坑とは一人の王の在位期間でセットとなるだろう。そして祭祀土坑が遺跡の出現当初から継続して掘られているのであるから、今後発見されるであろう導水遺構が庄内0式期にまでさかのぼる可能性はいっそう高まる。纒向遺跡は前方後円墳での祭祀だけではなく、土地支配と生産と権力の増大にかかわる、いま一つの王権祭祀も体系化して地方へ発信していったことになるだろう。

特殊な建物群との再会——それは大王宮か

纒向遺跡の第八の特徴は、すでに前節（二八～三〇ページ参照）でふれたように、辻トリイノ前地区で発見された特殊な掘立柱建物群である（図14）。

これらの建物群は二〇〇九年からはじまった範囲確認調査では、当初、A～Dの掘立柱建物が東西の軸線上に整然と並ぶと考えられていたが、二〇一二年の第一七六次調査によって、建物Aは軸線の北側で収まる小さな建物で、同じ場所で繰りかえし建て替えられていたことがわかった。また、軸線の南側では井戸が発見されているが、これも複数の作り替えがあり、祭祀土坑と同様に最終的には祭具をともなって埋棄されていた［橋本編、二〇一三年／森、二〇一三年など］。

建物Bはこの建物群発見の契機となった二間×三間の掘立柱建物で、塀か柵で囲まれて西へ突出した部分である。建物Cは屋外棟持柱で支えられた二間×三間の掘立柱建物。建物Dは西半分を六

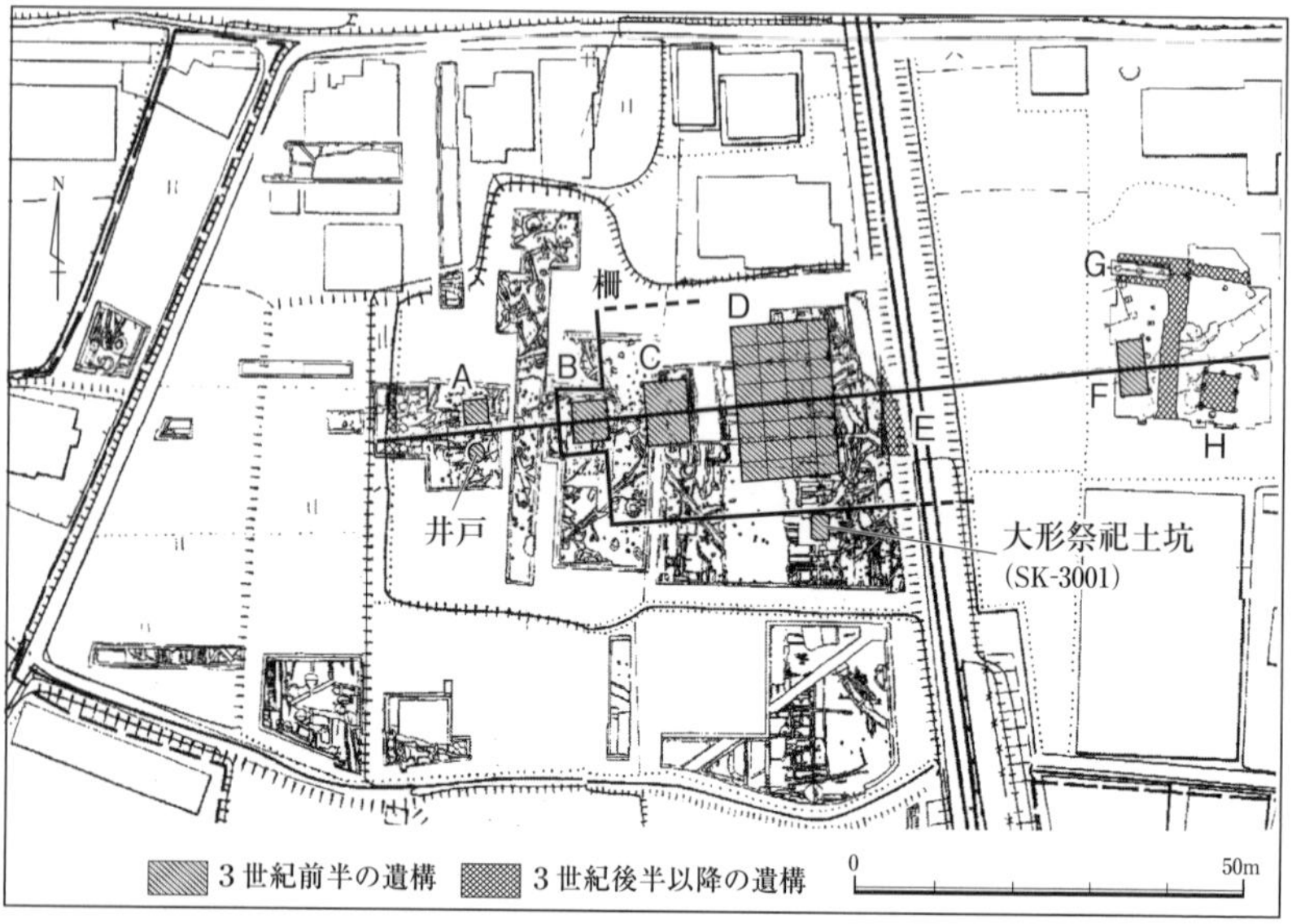

図14　纒向遺跡の第1次大王宮の全体像（橋本編、2013年などに加筆）

世紀の石貼り溝で壊されていたが、建築史を専門とする神戸大学の黒田龍二《くろだりゅうじ》氏によって東西四間×南北四間（一二・四×一九・二メートル）の総柱《そうばしら》の掘立柱建物に復元されている。その床面積は二三八平方メートルにおよび、三世紀では全国最大、古墳時代でも石川県七尾市万行《まんぎょう》遺跡の巨大倉庫に次ぐ二番目の規模となった。

纒向学研究センター設立の準備を進めると同時に、二〇一一年からは国の史跡指定をめざして周辺の範囲確認調査がはじまった。私たちは塀で囲まれた一群を内郭（宮室）と考え、その周辺に外郭（宮城）が存在する二重構造を想定していたから、外郭線の検出と外郭内の施設構造の解明が急務であった。しかし期待は完全に裏切られる結果となった。予測していた南の外郭線は農道と水路に阻まれ、外郭推定地内にも何一つ三世紀の遺構は発見できなかったのである。

落胆するなかで、それでも二つの前向きな解釈が浮かび上がった。一つは、今回は明確な外郭線の検出にはいたらなかったものの、敷地の北側、南側、西側には旧纒向川河道が存在し、外郭推定地全体が明らかに一段高い場所にあり、建物遺構面の水準からみて、もともと盛土整地されていた可能性があること、いま一つは、外郭内にまったく同時期の遺構が存在しないことが、逆にこの建物群の聖域としての機能と性格を物語るのではないかということである。

建物の復元をおこなった黒田龍二氏は建物Bを楼観風、建物Cを伊勢神宮系の神殿風、建物Dを出雲大社系の神殿の機能をもつ宮殿と考えている［黒田、二〇一二年］。私は建物Aと井戸を土地神と農耕のための祭儀用施設、建物Bを楼観、建物Cを神殿、建物Dを大殿（宮室）と考えている。

調査はJR桜井線の線路を越えておこなわれ、建物Dから東へ約四〇メートル離れた地点の二間×三間の建物Fも、この東西主軸上に置かれていることが明らかになった。さらに東五〇メートルには、古代の官道である上ッ道《かみつみち》に比定される道路がいまに残る。

こうして、内郭約二六×一〇〇メートル、外郭約一〇〇×一五〇メートルの東西に長い広大な居館遺構が推定できたのである。外郭は東の入り口が上ッ道に面し、三方を川と河原で囲まれ、内郭はそのなかにひっそりと佇《たたず》む、塀で囲まれた空間である。肝心の建物D（大殿）と前殿ともおぼしき建物Fの中間が調査できない憾《うら》みは残るけれど、あたかも伊勢神宮本殿の瑞垣《みずがき》（内郭）と内玉垣《うちたまがき》・外玉垣《とのたまがき》・板垣《いたがき》（外郭）を彷彿するようなこの聖なる空間こそ、ヤマト王権の最初の大王宮にふさわしい立地環境と構造ではないか。

これらの建物群は、取り壊しの際に祭祀の道具や供物をまとめて埋棄したと考えられる大形祭祀土坑（SK－3001）が布留0式期の直前のものであったことから、庄内3式期の最後まで機能していたことが明らかである。建設が開始されたのは、整地をおこなう前の下層遺構の時期から庄内2式期頃ではないかと考えているが、その詳しい時期や、下層に存在する前身の建物群の実態（最初の大王宮であれば、第一次Ⅰ期ということになる）は今後明らかにしていく必要がある。

調査当時は慎重にも、これらの建物群を「ヤマト王権の政治と祭祀の中枢の〈場〉」とか「大形居館遺構」と呼んでいた。しかし、纒向遺跡をヤマト王権最初の大王都と考えるようになったいまでは、その変遷が重要な意味をもってくる。予断との誹《そし》りはあるかもしれないが、将来、この場所で下層と上層の二時期の大王宮が確認される可能性は十分にある。いまは庄内3式期までの上層の大王宮をⅡ期、下層の建物群をⅠ期と呼んでおこう。

さらに、すでに述べたように、纒向遺跡の盛期はむしろ布留0式期にかけてであるから、辻トリイノ前地区のこれらの大王宮（第一次大王宮）につづく第二次大王宮が必ず存在するはずである。第一次大王宮の上層（Ⅱ期）の建物DとFの近くでは、わずかに方位を違えた建物EやHなどが検出されているが、布留0式期よりも新しい可能性が高く、同じ時期の整然とした建物配置もみられない。私は、布留0式期の第二次大王宮は、導水遺構が発見された家ツラ地区の山側一帯の可能性を考えているが、これもまた将来の大きな課題である。

第一次大王宮の建物群が整然と東西主軸に載って建てられていることも重要だ。弥生時代の特定方形区画内の建物や古墳時代の首長居館にコの字形の配列はあっても直線的な配列はない。直線上に建物が並ぶ配置は、七世紀末の天武《てんむ》天皇の飛鳥浄御原宮《あすかきよみはらのみや》以前には他にみられない。後世の大極《だいごく》殿《でん》などに一般的な奇数柱間ではなく、建物Dの正面柱間（四間）が、飛鳥浄御原宮正殿①②の柱間（八間）と同じく偶数であることも重要だ。

飛鳥浄御原宮では南門、前殿、正殿①、正殿②が南北主軸上に並ぶ。天空の北極星が見かけ上不動であることから、中国では天帝の居所と考えられ、北方位が重視された。飛鳥浄御原宮の建物の配置は、新たに移入された「坐北朝南」（天子は南面する）という天帝思想にもとづいて建造されたものだ。

纒向遺跡の大王宮の東西軸線は、現在の経緯座標からは五～六度北にふれる。それはちょうど春分と秋分の日の、日の出の方角にあたり、穴師山《あなしやま》（弓月岳《ゆつきがたけ》あるいは斎槻岳《ゆつきがたけ》とも呼ばれ、もと穴師坐《あなしにます》兵主《ひょうず》神社と巻向坐若御魂《まきむくにますわかみたま》神社が鎮座していたという）を指す。ちなみにこの時の日没は二上山北麓の大坂山《おおさかやま》の方角となる。三世紀の大王宮は太陽の運行を基準に設計されたと考えてよいだろう。こうした王権の日神信仰は二世紀末の「イト国」での王墓の祭祀と深い関係にあるが、これもまた詳しくは第四章と第六章で述べることにしよう。

『記紀』に現れる「纒向」の大王宮

最後に第九の特徴として、纒向の地がこの国の初期の天皇の都宮が置かれた場所として伝承されてきたという歴史的重要性を挙げよう。

『日本書紀』には、第一〇代崇神天皇の磯城瑞籬宮《しきみずがきのみや》、第一一代垂仁《すいにん》天皇の纒向珠城宮《たまきのみや》、第一二代景行天皇の纒向日代宮《ひしろのみや》とあり、『古事記』では、御真木入日子印恵命《みまきいりひこいにえのみこと》（崇神天皇）の師木水垣宮《しきみずがきのみや》、伊久米伊理毘古伊佐知命《いくめいりひこいさちのみこと》（垂仁天皇）の師木玉垣宮《たまがきのみや》、大帯日子淤斯呂和気天皇《おおたらしひこおしろわけのすめらみこと》（景行天皇）の纒向日代宮と書く。纒向は師木（磯城）に包括される地域であるから、垂仁の纒向珠城宮が師木玉垣宮であるならば、崇神の磯城瑞籬宮は纒向水垣宮であったとも考えられる。

初代神武《じんむ》天皇および第二～九代までの欠史八代《けっしはちだい》とされる天皇の実在性が疑われるなか、第一〇代の崇神天皇が「ハツクニシラス」と呼称され、実在する初代天皇としての実績が伝承されていたものとみれば、初期三代の都宮が纒向に造営されたという伝承をもつことじたいに重大な示唆がふくまれている。

「水垣宮」は水（河川）で囲まれた宮であり、「玉垣宮」は河川敷の河原石に囲まれた宮であり、そのイメージは纒向遺跡で発掘された居館遺構のイメージそのものである。さらに「日代宮」は、「玉垣」を「珠城」とも書くように、「檜城《ひしろ》」に通じるのではないか。檜造《ひのきづく》りの豪壮な宮殿を檜の太柱が丸太垣として囲む宮というイメージなのであろう。二〇一〇年に桜井茶臼山《さくらいちゃうすやま》古墳の再発掘調査にかかわり、埋葬施設の周囲を密着させた太い丸太の垣で囲繞《いにょう》していることが判明したとき、この考えはより確かなものとなった。

「まきむく」という地名の由来についても、最近、わが研究センターの森暢郎《もりのぶろう》氏が文献をさかのぼって渉猟したが、結論を出すにはいたらなかった。しかし集積された史料をみると、「まき」はやはり「真木」と考えることが妥当と思われる［森、二〇二〇年］。槇《まき》の木は王墓の木棺に多用される大樹である。神聖と繁栄を象徴することから、崇神の御真木入日子印恵命の和風諡号《しごう》にも使われている。となれば、「むく」は「無垢」かもしれない。「神聖にして清浄、繁栄をもたらすような王権の拠りどころとなる地」といった意味なのではあるまいか。

はたして、崇神、垂仁、景行、三代の天皇の都宮が実際の纒向遺跡の居館遺構とどのような関係にあったのかは不明である。そもそもこの三代の天皇の実在性や時間性そのものが文献史学のなかで保証されているわけではないのだから、三世紀前半期のこれらの建物群が『記紀』に記された三代の誰の宮かを詮索することにさしたる意味はない。

ただ、前項までに述べてきた纒向遺跡の八つの主要な特徴と、『記紀』が描く纒向のこうした歴史的環境を重ね合わせたとき、もはや、纒向遺跡は私たちが古代史上「ヤマト王権」と呼んできた政体の政治的拠点である大王宮が最初に置かれた場所である、とだけはいえるであろう。纒向遺跡はヤマト王権の誕生とともに造営された大王都だと考えざるをえないのである。

そして、その後の時間の経過にともなう纒向遺跡の展開のようすを逐一追ったとき、重大な歴史的契機はその突如の出現と一〇〇年足らずのちの急速な衰退にこそあったことがわかる。けっして規模の増大や人口の増加、箸墓古墳の築造にみる前方後円墳の巨大化といった発展の半ばに歴史的画期があったわけではない。言い方をかえれば、纒向遺跡の出現そのものが、三世紀初めにヤマト王権がそこに誕生していたことの証明であり、古墳時代の始まりを告げるものでもあったのである［寺沢、二〇一一年、第二部］。

参考文献

石野博信　一九七二年a　「「古代纒向川」の調査」『青陵』第一九号
石野博信　一九七二年b　「奈良県纒向（まきむく）遺跡の調査──三輪山麓における古墳時代前期集落の問題」『古代学研究』第六五号
石野博信　一九七七年　「四・五世紀の祭祀形態と王権の伸張」『ヒストリア』第七五号
石野博信　二〇〇〇年　「奈良県纒向石塚古墳、墳丘盛土内の土器群に対する評価──寺沢氏の批判に答える」『古代学研究』第一五〇号
石野博信・関川尚功編　一九七六年　『纒向──奈良県桜井市纒向遺跡の調査』奈良県桜井市教育委員会
一瀬和夫・福永伸哉・北條芳隆編　二〇一一年　『『古墳時代の考古学』編集の基本方針』『古墳時代の考古学1　古墳時代史の枠組み』同成社
岡部裕俊・中牟田寛也　二〇一八年　「青柳種信が見た泊大塚古墳──『筑前国続風土記拾遺』に記された糸島半島の古式前方後円墳」『糸島市立伊都国歴史博物館紀要』第一三号
金原正明　二〇一三年　「纒向遺跡の植物遺体群集の産状と植生、環境、生業の変遷と画期」『纒向学研究』第一号
金原正明・金原正子　二〇一五年　「纒向遺跡における開発と植生」『纒向学研究』第三号
河原一樹・六車美保・宮路淳子・中澤隆　二〇一三年　「纒向遺跡出土巾着状布製品の質量分析」『纒向学研究』第一号
木下正史　二〇一三年　『日本古代の歴史1　倭国のなりたち』吉川弘文館
黒田龍二　二〇一二年　『纒向から伊勢・出雲へ』学生社
近藤義郎　一九八六年　「前方後円墳の誕生」『岩波講座日本考古学6　変化と画期』岩波書店
近藤義郎編　一九八七年　『倉敷市楯築弥生墳丘墓発掘調査概要報告　第Ⅴ次（昭和六〇年度）・第Ⅵ次（昭和六一年度）』楯築弥生墳丘墓発掘調査団

近藤義郎・春成秀爾　一九六七年「埴輪の起源」『考古学研究』第一三巻第三号
田中琢　一九六五年「布留式以前」『考古学研究』第一二巻第二号
田中康仁　二〇一三年「纒向遺跡にて発見された巾着状布製品に対する医療用CT装置ならびにMRI装置を用いた検討」『纒向学研究』第一号
都出比呂志　一九八九年「前方後円墳の誕生」『古代を考える　古墳』吉川弘文館
寺沢薫　一九七九年「大和弥生社会の展開とその特質――初期ヤマト政権成立史の再検討」『橿原考古学研究所論集』第四、吉川弘文館
寺沢薫　一九八〇年「大和におけるいわゆる第五様式土器の細別と二、三の問題」『奈良市六条山遺跡』奈良県立橿原考古学研究所
寺沢薫　一九八四年「纒向遺跡と初期ヤマト政権」『橿原考古学研究所論集』第六、吉川弘文館
寺沢薫　一九八六年「畿内古式土師器の編年と二、三の問題」『矢部遺跡』奈良県教育委員会
寺沢薫　一九八八年「纒向型前方後円墳の築造」『考古学と技術』同志社大学考古学研究室
寺沢薫　一九九九年「纒向石塚古墳築造年代のゆくえ」『東アジアの古代文化』第一〇〇号
寺沢薫　二〇〇五年「古墳時代開始期の暦年代と伝世鏡論（上・下）」『古代学研究』第一六九・一七〇号
寺沢薫　二〇一〇年『青銅器のマツリと政治社会』吉川弘文館
寺沢薫　二〇一一年『王権と都市の形成史論』吉川弘文館
寺沢薫　二〇一四年『弥生時代の年代と交流』吉川弘文館
寺沢薫　二〇一六年「大和弥生社会の展開とその特質（再論）」『纒向学研究』第四号
寺沢薫　二〇一八年「前方後円墳の創生――纒向型か定形型か」『実証の考古学――松藤和人先生退職記念論文集』同志社大学考古学研究室
寺沢薫編　二〇〇二年『箸墓古墳周辺の調査』奈良県立橿原考古学研究所
寺沢薫・森井貞雄　一九八九年「1河内地域」『弥生土器の様式と編年　近畿編Ⅰ』木耳社

豊岡卓之　一九九九年『纒向――奈良県桜井市纒向遺跡の調査』（第五版）補遺篇、奈良県立橿原考古学研究所附属博物館
豊岡卓之編　一九九一年『大和考古資料目録』第一八集、奈良県立橿原考古学研究所附属博物館
直木孝次郎　一九七〇年「〝やまと〟の範囲について――奈良盆地の一部としての」『日本古文化論攷』吉川弘文館
中村一郎・笠野毅　一九七六年「大市墓の出土品」『書陵部紀要』第二七号
布目順郎　一九八八年『絹と布の考古学』雄山閣出版
橋本輝彦　二〇〇二年「纒向遺跡巻野内家ツラ地区における土器様相」『纒向学研究』第九号
橋本輝彦編　一九九七年「纒向遺跡第九〇次発掘調査概要報告」『桜井市平成8年度国庫補助による発掘調査報告書』桜井市教育委員会・桜井市立埋蔵文化財センター
橋本輝彦編　二〇一三年『纒向遺跡発掘調査概要報告書――トリイノ前地区における発掘調査』桜井市纒向学研究センター・桜井市教育委員会
橋本輝彦ほか編　二〇一二年『史跡纒向古墳群　纒向石塚古墳発掘調査報告書』桜井市教育委員会
藤田三郎　二〇一二年『唐古・鍵遺跡――奈良盆地の弥生大環濠集落』同成社
松木武彦　一九九八年「「戦い」から「戦争」へ」『古代国家はこうして生まれた』角川書店
森暢郎　二〇一三年「纒向遺跡第176次調査」『桜井市纒向学研究センター年報』第一号
森暢郎　二〇二〇年「「マキムク」地名小考」『纒向学研究』第八号
山本亮　二〇二〇年「円形周溝墓SZ4500の発見とその意義」『藤原京右京九条二坊・九条三坊、瀬田遺跡発掘調査報告』国立文化財機構奈良文化財研究所

第二章　日本国家の起源を求めて

第一節　国家と戦争

国家とは何か

前章では、三世紀になるや突然出現した奈良県桜井市の纒向《まきむく》遺跡が、私たちが「ヤマト王権」と呼んできた政体の最初の大王都であったことを明らかにした。それでは、ヤマト王権はどのような経緯をへて、纒向を大王都として誕生したのか。ヤマト王権の実体とはどのようなものだったのか。本書の柱の一つでもあるこの課題に迫るためには、まずヤマト王権誕生以前のこの国の政治状況、つまりこの国の国家起源の問題を避けて通るわけにはいかない。

そこで、冒頭から少し遠回りになるけれど、まず国家とは何かを説明しなければならない。国家の定義については当然、いろいろな学説や考え方がある。研究分野によってもその視点や切り口は異なる。だからここで、国家の一般的な定義や常識的な考え方を取り上げることはしないし、諸説を比較しながら逐一ていねいに説明する余裕もない。本書を読み進めていただくための私なりの最低限の視点と切り口、理論的な前提の素描と考えてほしい。

私は、国家とは何かを考えるには、普遍的な国家の本質や原理を時空を超えて追究する視点と、そうした理論上のみずからの立場を明らかにしたうえで、国家とはどのようにして生まれ発展していくのかという、国家の起源や形態を歴史的に追究する視点があると思っている。私たちの研究分野である考古学は歴史学としての一方法学であるから、まさに後者のカテゴリーの最前線に位置することになる。

この二つの視点にもとづく探究は、どちらが重要かという問題ではない。たがいに関連しあい影響をおよぼしあい、チェックされ修正されながら進行していくべきものである。だから、考古学が対象とする後者の歴史的国家の初現形態を考える際にも、ひとまず国家の本質と原理をきちんと見極めたうえで具体的な個別研究に入る必要がある。国家とはこうしたものなのだという視点と切り口を明確化し、考古学から得られた大量のデータのなかから有意で整合性の高いデータ群を整理して、最初の歴史的国家としての実体を体系的に提示しなければならないのだ。

ところが、考古学のデータや文献史料を積み上げていけば、おのずと国家はいつどのようにして出現したのかはわかってくるはずだと漠然と考えている研究者は少なくない。昨今の歴史学の国家形成論は、その偏狭な世界に迷い込んでいるようにも思える。そこでまず、国家をどのようにとらえるか、本書の視点と切り口を説明する前に、歴史学や考古学の国家論の現状を簡単にみておこう。

七・五・三論争

いま古代史研究者の間では、日本列島で国家が誕生したのは七世紀末から八世紀初め頃とする考え方が大勢を占めている。「日本」という国号が初めて現れるのは、『令集解《りょうのしゅうげ》』公式令《くしきりょう》一条の古記から判断して、大宝《たいほう》元年（七〇一）に施行された大宝律令においてであろうと多くの歴史家が考えるからである。吉田孝《よしだたかし》氏は、制度的にはおそらく持統《じとう》三年（六八九）施行の飛鳥浄御原令《あすかきよみはらりょう》において「日本」が国号とされていたのではないかと述べている［吉田、一九九七年］。

『旧唐書《くとうじょ》』には、粟田真人《あわたのまひと》を遣唐執節使《けんとうしっせつし》として大宝二年（七〇二）に出航した第八次遣唐使が、翌年長安で則天武后《そくてんぶこう》（唐高宗《こうそう》の皇后だが、簒奪《さんだつ》して国号を周としていた）に謁見し、厚遇を受けたことが記されるが、このとき、問題の「日本」の国号もすんなりと承認された（七三六年に成立した『史記正義《しきせいぎ》』など）。また、一行に加わった山上憶良《やまのうえのおくら》が帰国に際して意気揚々と、「いざ子ども（さあ諸君）早く日本へ」と詠んだ歌もその証左とされている。私自身はむしろ国号の宣言は、飛鳥浄御原令にさかのぼる可能性を考えているが、いずれにしても飛鳥が日本国家誕生の舞台であったという多くの国民的認識は、こうした歴史的事情に沿ってかたちづくられている。

しかし当然のことながら、それは「日本」国号の起源ではあっても、この国（地理的な日本列島における歴史的な国家）の起源ではない。「日本国」を名乗る以前に、この国の国家は「倭」とか「倭国」と呼ばれ、みずからもそう名乗って、東アジア世界のなかで息づいてきたのである。『日本書紀』天武天皇三年（六七四）三月七日条には「対馬国司守忍海造大国《つしまのくにのみこともちのかみおしぬみのみやつこおほくに》の言《まを》さく、「銀《しろかね》始めて当国《このくに》に出《い》でたり。即ち貢上《たてまつ》る」とまをす。（中略）凡《おほよ》そ銀の倭国《やまとのくに》に有ること、初めて此《こ》の時に出づ」と記載されている。少なくともこの時点では、まだ「日本」の国号は成立しておらず、「倭国」と呼ばれていたと考えられる。

「倭国」は『魏志』倭人伝によれば三世紀には存在し、『後漢書《ごかんじょ》』東夷伝によれば二世紀初めにまでさかのぼる。文献史料によるかぎり、そのとおりである。しかし、「倭国」じたいがはたしてこの国の国家のはじまりなのだろうか。日本列島という全体像がおぼろげながらも意識される以前の時代に、国家はほんとうに存在しなかったのであろうか。

日本の歴史学界では、長らくF・エンゲルスの『家族、私有財産および国家の起源』〔一八八四年〕(以下、『起源』と略称する)が歴史的国家の起源を考察する際のバイブルとされてきた。社会には財産をもたず労働によって生活する人々(階級、権力)と、土地や資本をもち労働力を搾取して富を蓄積する手段を有する人々(階級、権力)がある。国家とは、この二つの経済的階級がたがいの闘争によって社会全体を崩壊させてしまうことがないように、闘争を経済的範疇のなかで解決するように調整する機関だという。国家権力を第三権力と呼ぶ理由がそこにある。

エンゲルスは国家には四つの指標があるという。それは、①地域による国民の区分、②公的強力の設置と強化、③租税の徴収、④官吏の存在である。①は人民の定着場所での公的権利・義務を達成するための管理・掌握手段、②は国家内部の階級対立や国家間の対立を処理するための警察や軍隊といった暴力的手段、③は国家という公的権力を維持するための財政的手段、④はそうした公的強力や徴税権を行使し、社会の機関でありながら社会の上に立つ官僚と行政機関の存在だという。

これらの指標がそれぞれ、いつどのようにして形成され整備されていったのかを明らかにすることが歴史学の役割だ。それぞれの指標のうち、どの要素は整備されているが、どの要素は未熟だ、といった個別的で具体的な様相を見極めるにも歴史学は証明を期さなければならない。世界の特定地域の国家がいつどのように起源したか、どのように発展していったかの解明は、まさに歴史学の個別実証研究が鍵を握っているわけである。戦後日本の歴史学はこのエンゲルスの指標に沿って、国家の起源を探し求めてきた。

その結果、この国の国家の起源を七世紀末頃と考える主流派以外に、六世紀後半説、六世紀初め説、五世紀後葉説、五世紀初め説、四世紀説など、研究者によって多くの線引きが唱えられることになった。歴史上の事件や事項を逐一取り上げ、それらが指標たりうるかを議論にかけ、その成熟の度合いを検討したうえで、どの段階からを国家とするのかを総合的に線引きしようとするかぎり、さまざまな説が唱えられるのは当然の帰結であろう。そして最近では、たったこれだけの指標では国家の条件に関する正確な議論はおぼつかない、もっと多くの重要な構成要素をふくめて考えるべきだという意見も出されるようになった。

例えば欧米人類学を学んだ研究者の間では経済的視点や、外部との交流を管理・掌握する機関の出現や整備を重視する視点などがさかんに取り入れられる。極端な例では、社会条件を構成する多数の指標を設定して、その重要度を点数化し、積算された数値の多寡によって国家形成段階の線引きをしようという試みまで現れた［植木編著、一九九六年］。しかし、指標の数が増えれば増えるほど線引きはむずかしくなる。グレーゾーンはひたすら膨れ上がり、その結果、グレーゾーンは細分化されていく。こうして欧米人類学の研究が進むと、エンゲルスの「国家」と「部族社会」の間のグレーゾーンに「首長制社会」という概念が生まれ、さらに「国家」と「首長制社会」の間に「初期国家」という概念が生み出された。はたしてそれは国家論にとって進展なのだろうか、それとも混沌なのだろうか。

欧米人類学の初期国家論をこの国の歴史学界に紹介した都出比呂志《つでひろし》氏は、七世紀末を成熟国家の段階としながらも、初期国家の出現を本書にも深くかかわる三世紀にまでさかのぼらせた［都出、一九九一年］。考古学者のなかには賛同する人も増えはじめた。日本列島における国家形成をめぐる「七・五・三論争」のはじまりである。

滝村国家論との出会い

この国に国家と呼べる政体がいつ出現したのかをめぐる議論は、なかなか決着がつかない。なぜならば、前項でみたように、これまでの国家論はエンゲルスの指標に沿って、国家の内的な要素や特質、構造などを取り上げ、それが出現する時期や整備されていくようすを総合的にとらえようとする議論だったからだ。四つの指標に対してさえ、研究者それぞれの線引きが異なるのに、指標の数の追加や内容の細分化までも議論されるようになったのである。

ところで、エンゲルスがマルクスの死後にその「遺言」としてまとめたという『起源』は、二人の理論の集大成だと考えられてきた。この本が戦後日本で邦訳され、新しい歴史学界で重視されてきた理由もそこにある。

しかし、じつはマルクスもエンゲルスもともに『ドイツ・イデオロギー』（一八四五～四六年執筆）などの初期の研究では、国家に対する捉え方や視点は、『起源』とはかなり異なっていた。エンゲルスはのちの『オイゲン・デューリング氏の科学の変革（反デューリング論）』［一八七八年］で

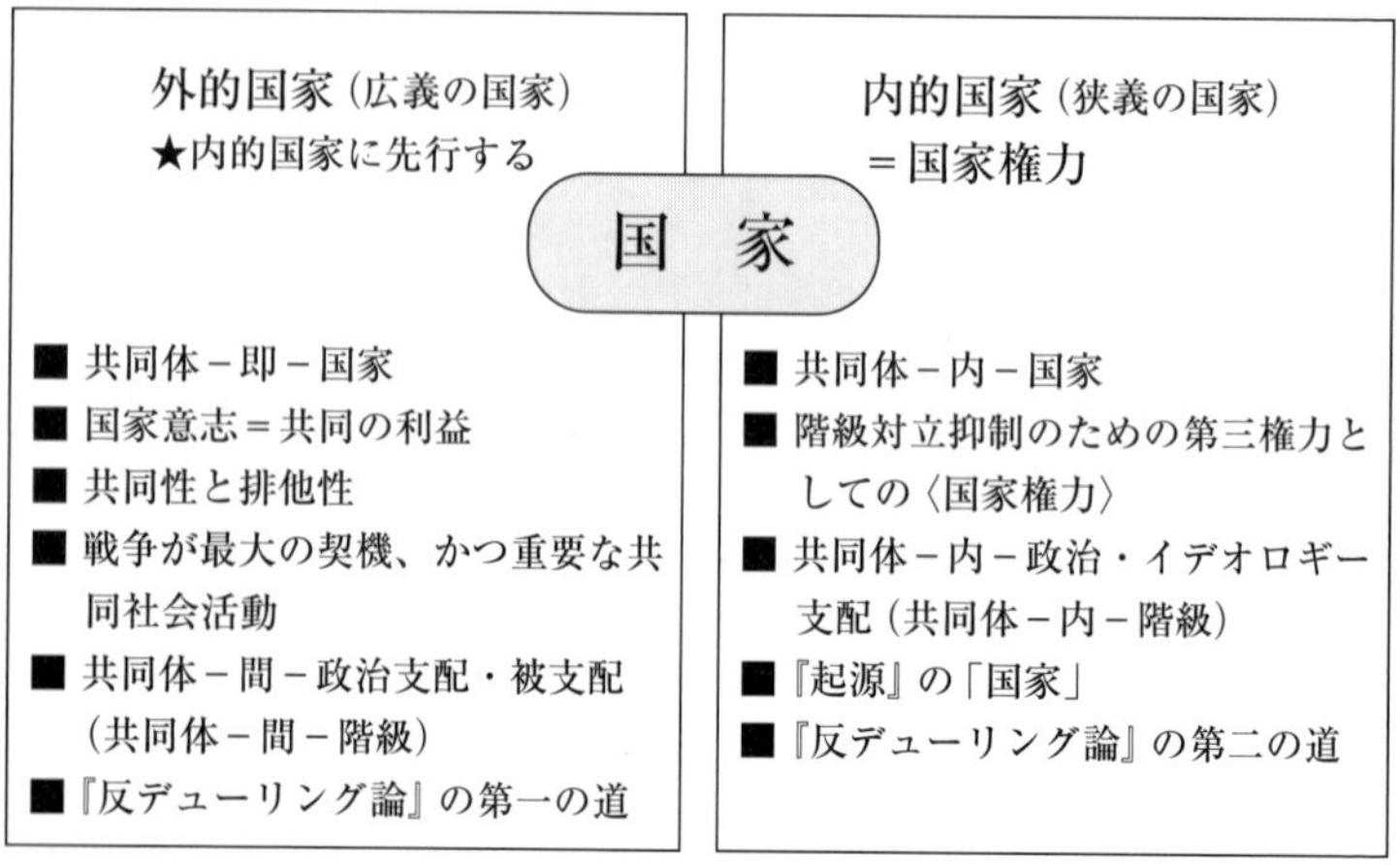

外的国家（広義の国家） ★内的国家に先行する	内的国家（狭義の国家） ＝国家権力
国 家	
■ 共同体－即－国家 ■ 国家意志＝共同の利益 ■ 共同性と排他性 ■ 戦争が最大の契機、かつ重要な共同社会活動 ■ 共同体－間－政治支配・被支配（共同体－間－階級） ■『反デューリング論』の第一の道	■ 共同体－内－国家 ■ 階級対立抑制のための第三権力としての〈国家権力〉 ■ 共同体－内－政治・イデオロギー支配（共同体－内－階級） ■『起源』の「国家」 ■『反デューリング論』の第二の道

図1　「国家」の二面性（寺沢、2018年より。一部改変）

も、次のように述べている。「国家というものは、同一部族に属する諸々の共同体の自然発生的な諸群が、はじめはただその共同の利益（例えば、東洋における灌漑）をはかり、外敵を防御するだけを目的としてつくりあげたものなのだが、このとき（社会内部に階級分化と対立が生まれたとき＝寺沢注）以後、国家は、それらの目的と並んで、支配する階級の生活および支配の諸条件を、支配される階級に対抗して暴力によって維持することをも同様に目的とするようになる」（傍点は寺沢）。

『起源』の国家論は、従来考えられてきたように、マルクスの死後に両者の理論の集大成としてエンゲルスによって代弁されたものではけっしてない。その国家起源論はエンゲルスによってアジア的な国家形成という重要な視点が閑却《かんきゃく》され、狭隘化《きょうあいか》され歪曲《わいきょく》された国家権力論なのだ。このことに真っ先に気づいて、本来のマルクス主義国家論を打ち立てようとしたのが政治学者の滝村隆一《たきむらりゅういち》氏である。

滝村氏は、国家の本質には二つの面があるという。一つは『起源』で定義されたような「狭義の国家＝内的国家」、もう一つは『ドイツ・イデオロギー』や『反デューリング論』で書かれたような「広義の国家＝外的国家」である。内的国家は「国家権力」と言い換えてもよく、国家の内部の核心部分ではあるが、歴史的国家はまず外的国家の枠組みが形成され、そして内的国家（国家権力）が生成され徐々に整備されていく、その逆ではないのだという（図1）［滝村、一九七一年／滝村、一九七四年／滝村、一九八一年］。

マルクスとエンゲルスの研究のプロセスを正しく追ったうえでの、滝村氏の新たな視点の提起によって、歴史的国家形成の議論は大きく変わらなければならない。私たち考古学や古代史を学ぶ者が歴史的国家の形成を究明するにあたって、内的国家がどのように生成され整備されていくかを実証的に追う従来からの試みは、もとより重要な作業ではある。しかし、こと国家というものの起源を明らかにするためには、まずこの国において外的国家の枠組みがいつどのように形成されていったかを実証することからはじめなければならない。人類が生んだ国家という得体の知れぬ代物を可視化するためにも、まずは外的国家という枠組みの探究から出発する必要がある。

外的国家とは何か

自然発生的な共同体（社会構成体）がみずからの利益を守り、社会全体から疎外され滅びてしまわないために、初めて外部へ向けて権力を発動するとき、その主体となる政体こそ滝村氏のいう外的国家の原初形態である。では、その表徴は何に求めればよいのだろうか。

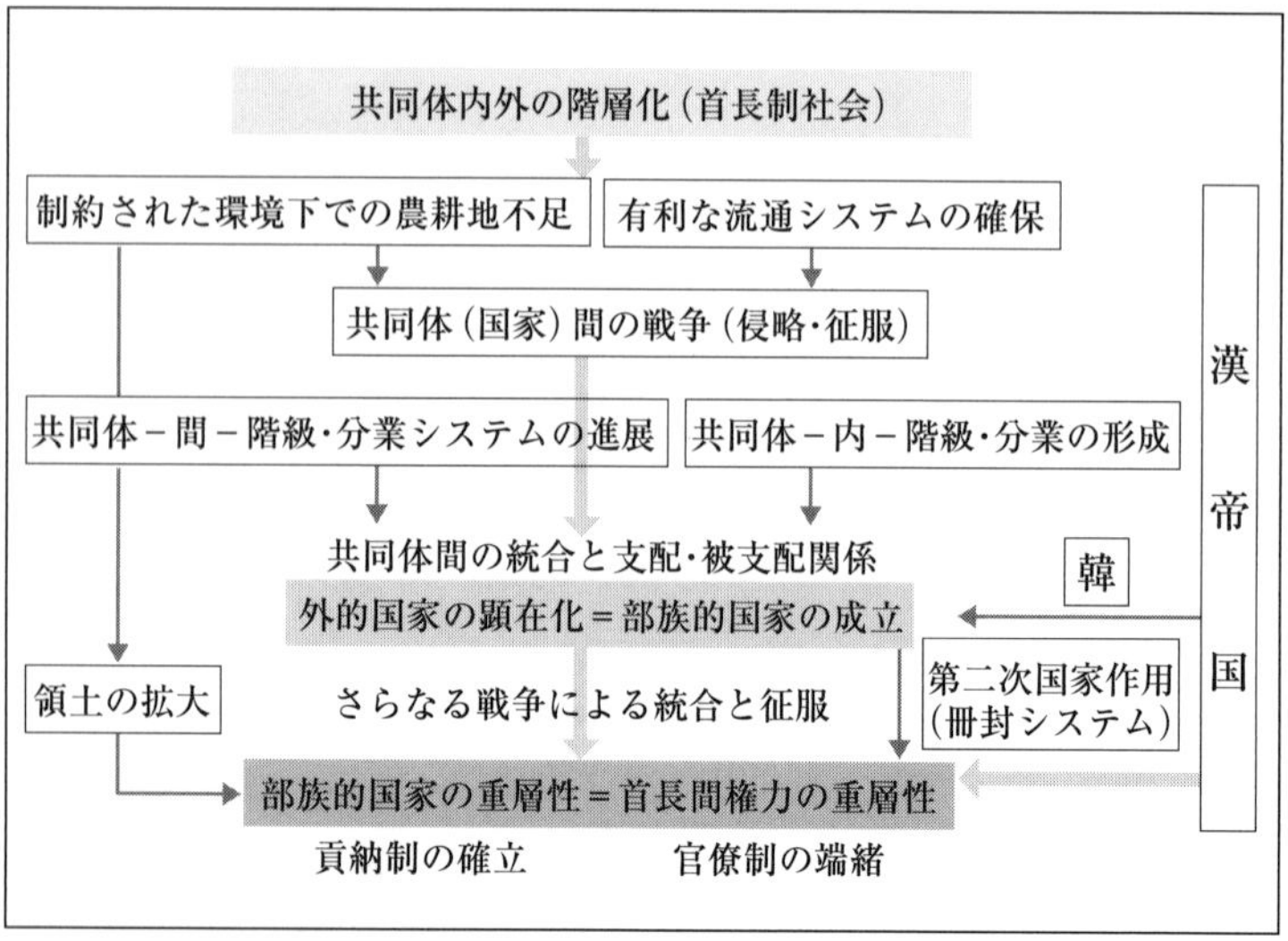

図２　北部九州における部族的国家の形成過程（寺沢、2018年より。一部改変）

これまで多くの研究者が国家出現の契機をシミュレーションしてきた。人口モデル、灌漑モデル、長距離交易モデル、階級対立モデル、戦争モデルなどさまざまだ。こうしたモデルはどれか一つというわけではなく、たがいに連関しあいながらも、どこに国家形成の本質的な契機を見いだすかというかたちで議論されてきたのである。

ある共同体が外部の共同体に対して権力を行使する場合、その最も露骨で顕在化した極限のすがたは、やはり戦争であろう。この憎むべき行為こそが、皮肉にも人間が食糧を生産し農耕を開始して以来、人類史を国家形成の歴史へと舵を切らせたといっても過言ではない。

そこで、人類学や社会学、政治学、そして心理学や哲学までをふくめて、さまざまな分野の研究者が戦争の起源や原因を探りつづけてきた。戦争は人間が生来的にもつ生存のための闘争本能の発現であるとか、避けがたい運命であるとの根強い説がある一方、戦争とはきわめて社会的な行為であり、人類が一定の発展段階（農耕の開始）に到達して以降に発生したものだという説も強く主張されている。私はもちろん後者の立場をとる。

こうしたなか、人類学のR・カーネイロは一つの戦争モデルをシミュレーションした。可耕地の制約が戦争の増加を生み、その結果、勝者と敗者の間に社会的支配－服従関係が生まれ、酋長制社会が成立する。さらに階層化が進むと、貢納物の管理や軍隊組織の必要から中央集権化した機構としての国家が誕生するという［植木、一九九六年］。カーネイロの所説には外的国家という視点が欠けているため、社会的支配－服従関係が存在する状況を国家段階とはみなさないという欠点はあるけれど、既存のモデルのなかでは滝村国家論の援用を可能にするものであり、本書の立場に近い。カーネイロの戦争モデルを参考にしながら、次節で具体的にみていく北部九州の「部族的国家」（この用語については一二一～一二二ページであらためて定義する）の形成過程を示しておこう（図２）。

外的国家という視点の現代的意義

国家とは何かを考える際に、この外的国家という視点をもつことの有効性は、現代の国際状況をみれば一目瞭然であろう。『起源』を絶賛して『国家と革命』を発表し、ロシア革命と共産主義国家の樹立を先導したレーニン（V・ウリヤーノフ）も、それを教条的に強化していったJ・スターリンも、所詮、国家を消滅させるどころか、国家権力（内的国家）をいっそう強大化する結果しか生み出さなかった。そのあとを追った中国や北朝鮮をみても、それは明らかであろう。共産主義国家への道は、国家の死滅というバラ色の未来へのプロセスなどではありえなかった。

さらに共産主義国家が崩壊したあとも、国家の死滅とは逆方向に動いた。これも二〇世紀史が明らかにしたことだろう。巨大なソビエト連邦の崩壊は、その後の旧連邦諸国の分断と対立となって現れた。私は、歴史的国家の形成過程における外的国家のベクトルが、統合から分離・独立へと逆方向に作用した事例だとみている。社会主義連邦に参画したかつての小国は、ふたたび民族や宗教、歴史、文化の違いという外的要因によって独自の国家として歩みはじめたのである。もちろん国家の形態も政治体制も、内的国家としての成熟度も、まったく次元の異なることなのだが、原理的にいえば、歴史的国家の原像である「部族的国家」への回帰ともいえる現象である。

二一世紀の今日では、学際的で横断的な研究が進められ、人類史においてもようやく新しい視野を見いだしつつある。そのなかで政治学のI・ブレマーは、世界で次々に勃発する戦争や抗争、そして集団差別の根底に、人間が生来的にもっている自他の差別意識があるという。"Us vs. Them"(俺たち対あいつら)という人類の根底にある意識がいま、いたるところに噴出しているというのだ[I・ブレマー、二〇一八年]。それは滝村氏のいう「外的国家」の本質を人類史的視野のなかに置き換えた発想であるといってもよいだろう。

また進化生物学のJ・ダイアモンドは、そうした差別意識や仲間意識は動物としての人類が生得的に受け継いだ遺伝子によるという[J・ダイアモンド、一九九二年]。はたしてそうした意識や行動が生物学的なものであったとしても、人類社会の進化と発展のなかで再生産され、しだいに社会的に増幅され定着していったのだと私は考えている。戦争という社会的行為と外的国家という社会的産物が、現代の私たちの前にも立ち現れているのである。

いま世界の各地で、既成国家の枠組みの内外で戦争や紛争が頻発している。それが国家間の戦争や紛争であれば、近代国家どうしの最も露骨な外的権力の発動のすがたとしてとらえることができるだろうし、国家内部の戦争や紛争であれば、既成国家権力（内的権力）の争奪戦として理解されるだろう。しかし現実はその枠組みを超えて、民族、宗教、歴史、文化の違いを淵源とする"Us vs. Them"という意識が噴出している。ＩＳ（イスラミック・ステイト）を典型として、無数の外的国家が出現しては消え、統合と分裂を繰りかえしつつ、既存の規範にはみられなかった世界の構図を描き出しているのだ。

当然のことながら、国家というものは人類とともに誕生したのではない。だから"Us vs. Them"という心理も、そして外的国家の実像も、国家が歴史的にどのようにして生まれたのかという具体的なプロセスをみていくなかで、より鮮明になるだろう。マルクスとエンゲルスが構想し、滝村氏によって理論化された外的国家という概念は、いまようやく、人類史における歴史的国家の形成を考えるうえでの最も重要な視点として評価されはじめたといってよいだろう［寺沢、二〇一八年／寺沢、二〇二一年］。

第二節　歴史的国家の起源

外的国家と戦争

それでは、人類史において外的国家はいつ、どのようにして誕生したのだろうか。ここからが歴史学、とくに考古学の本領である。

ある共同体が外部の共同体に対して権力を行使する場合、その最も露骨で顕在化した極限のすがたが戦争であることは前節で述べた。戦争は共同体を外的国家へと変貌させる最も端的で典型的な契機であろう。ならば、戦争の発生こそが外的国家誕生の最も有効な指標ということになる。

"Us vs. Them" という深層心理と同様に、戦争は人間が動物から受け継いだ闘争本能の発現だという考えと、戦争は人類が獲得した社会的な行為であって、人類史の一定の発展段階で出現するものだという考えに二分されて、決着がつかない。このテーマは国際人類学会でも取り上げられて大きな話題となった［M・フリード、M・ハリス、R・マーフィー編、一九六八年］。私が後者の立場をとることも前に述べた。

しかし同じ後者の立場であっても、戦争を農耕社会の産物と考えるか、それとも狩猟・採集社会から存在すると考えるかは、これまた大きく意見の分かれるところだ。だがこの問題は、「戦争」

と「抗争」を明確に区別することで解決できるように思う。それでは何をもって戦争だと判断するのか、戦争の定義とは何か。

私は戦争とは計画的、集団的・組織的で、体系的・構造的なものだととらえている。同一の共同体に属するという幻想を共有する集団が、戦争を遂行するために計画性をもって武器や防具を調達し、防御施設を構築する。戦闘集団を組織して、勝つためのシミュレーションをおこなう。しかるのちに時を定め、共同体の存亡をかけて決行するのである。その意味では社会的・政治的なものでもある。これに対して抗争とは、非計画的、個別的・単独的で、偶発的・一時的な色合いが濃い。現在の民族事例でも集団間の抗争はしばしば発生し、時に集団殺人へとエスカレートすることも珍しくない。

戦争のはじまり

戦争をこのように規定したうえで、次にこれらの条件が満たされていることを証明するための考古学的な物証を考えてみよう。第一に、戦闘のための武器や防具が開発され、準備されていること。第二に、戦争を有利に運ぶための防御施設が構築され、情報網と命令系統が整備されていること。そして第三に、実際に戦争が頻発していたことの生《なま》の証拠、つまり殺傷された人骨の数の多さと受傷の内容である。

日本列島では、戦争は弥生時代にはじまった。このことを最初に強調したのは、国立歴史民俗博物館の館長だった佐原真《さはらまこと》氏である［佐原、一九九九年］。狩猟具だった小さく扁平《へんぺい》な石鏃《せきぞく》は、戦争が頻発したことによって大形化・重量化する（図3）。防具を貫く刺突力が必要になったためだと考えられている。また実戦用の石剣《せっけん》、石槍《いしやり》などの整備や大形化、投弾の出現なども武器開発の一環だろう。前期の終わり頃には、朝鮮半島から移入された剣・矛《ほこ》・戈《か》といった青銅製の武器も登場する。そして鉄器化は、いち早く武器から広がった。縄文時代には存在しなかった殺人用の武器が矢継ぎばやに開発され、導入されていったのである。

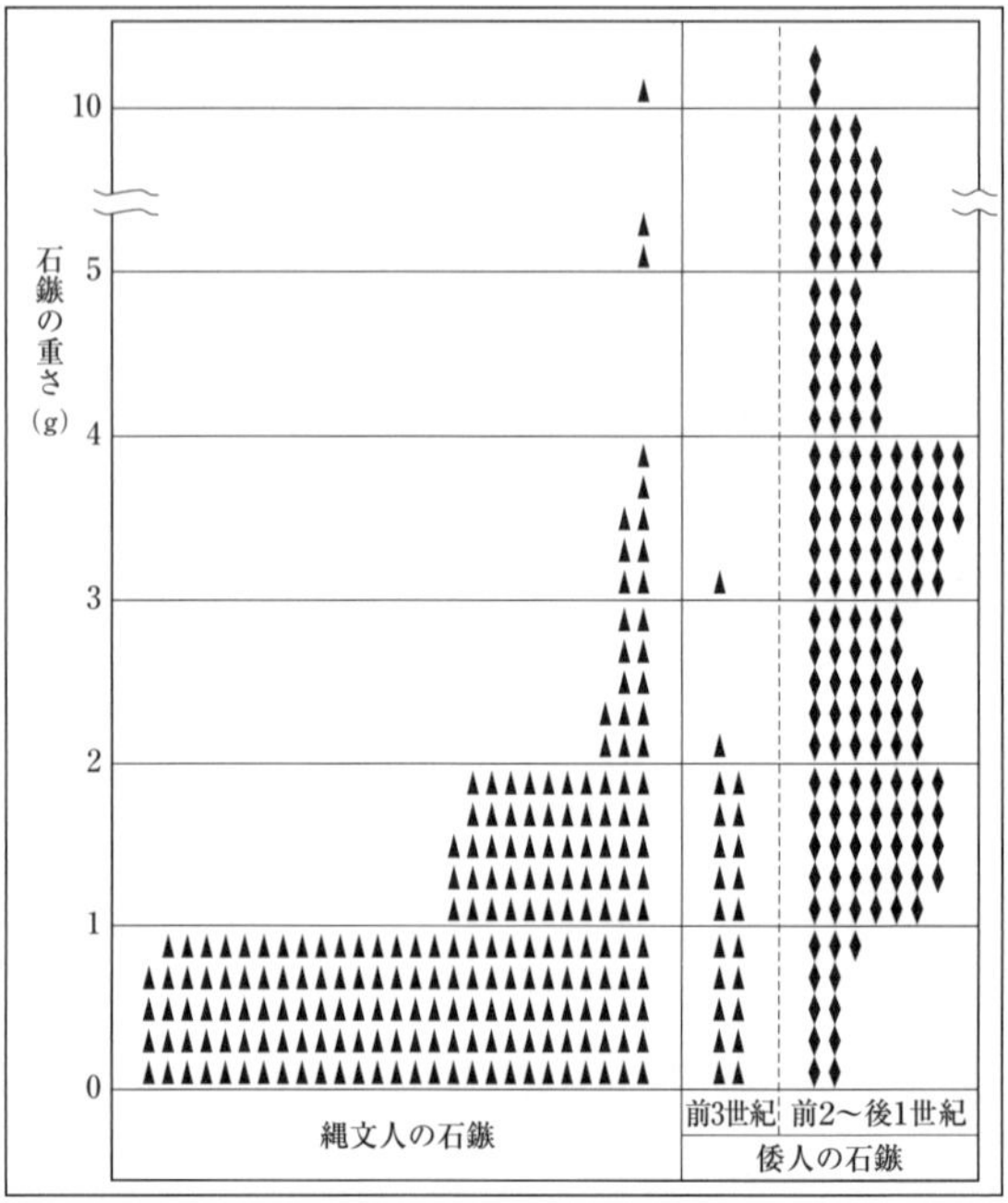

図3　石鏃の大形化・重量化（田中、1991年より）

武器が開発されると、防具も強化が図られる。甲冑《かっちゅう》一式が出現するのも弥生時代からだろう。実戦用の皮革製品は遺存が悪いので、しばしば出土する木製儀礼用のものが裏付けとなる。

楯《たて》も弥生時代から出現する。木製の置楯《おきたて》はすでに一二例が知られ、滋賀県守山市下之郷《しものごう》遺跡の中期後葉の環濠から出土した置楯は持ち棒や全体がよくわかる例だ（写真1）。岡山市南方《みなみがた》遺跡の中期中頃の置楯は、石鏃の先端が八ミリめり込んだ状態で発見され、戦闘の激しさを伝える（写真2）。集団戦を物語る証拠であろう。手持ちの楯は「戦うシャーマン」を描いた絵画土器のモチーフにもたびたび登場する。

写真1　下之郷遺跡出土の置楯の裏面（守山市教育委員会提供）

写真2　南方遺跡出土の楯に突き刺さった石鏃（岡山市教育委員会提供）

環濠集落は弥生時代の地域拠点となるような大規模集落に普遍的にみられる。これも戦争の存在を示す根拠となる。丘陵上のものは堅固なV字形の空堀を、低地のものは何重もの水濠をめぐらす例が多く、集団戦のための土塁や柵を付設する。出入り口を鉤形《かぎがた》に作ったり、そこに門舎を設けたものもある。佐賀県吉野ヶ里遺跡などで明らかなように、環濠の所々に中国の戦国時代の城郭にみられるような突出部（馬面《ばめん》や甕城《おうじょう》）を作って物見櫓《ものみやぐら》を建てた例もある。拠点集落は堅固な城でもあった。

　中期後半になると、こうした防御施設はいっそう顕在化して、丘陵の頂や山腹に営まれた中世山城的な集落が出現する。これらは高地性集落と呼ばれる。西日本に顕著であるけれど、後期には東日本にまで広がっていく。戦争の頻発化と拡散によって危機感が恒常化していたのだ。実際の戦闘に使用された形跡は少ないものの、立地を利用して軍事情報を伝達する拠点であり、有事の際には地域集団の逃げ城ともなる。情報網と命令系統の整備をうかがわせる資料である。

一方、殺傷人骨は縄文時代にも見受けられ、殺傷武器も存在することから、戦争の起源を前倒ししようという意見がある。しかし、弥生時代の戦死者の数は現在判明しているだけで一五〇人を超える。これに対して、縄文時代の出土人骨に占める殺傷人骨の割合は、弥生時代の一〇分の一にも満たない。縄文時代の殺傷人骨の多くは、晩期の三河湾沿岸に集中する。そこは農耕文化が東進し、弥生社会と縄文社会との間に大きな軋轢《あつれき》を生じたと考えられる地域なのである。殺傷武器といっても、弥生時代のように戦闘専用に開発されたものではない。あくまで狩猟などに用いる日常用具の転用だ。当然、防具も存在しない。外敵に対して防御を施したとみられる集落や施設もないのである。

殺傷の激しさにも格段の差がある。縄文時代にも頭蓋を割られたり、矢を射込まれた例はあるけれど、鋭利な刃物で首を切断されたり、切り傷が骨にまで達するケースはほとんどない。戦争は弥生時代に水稲農耕が定着するとともに頻発化したと考えてよいだろう［寺沢、二〇一八年、第二部第一章］。

戦争と外的国家と階級的首長

だから私は、この日本列島にあって「国家」と呼ぶべき政体は、戦争の頻発化とともにすでに弥生時代の早い時期から誕生していたはずだと考える。そして、その最も典型的で顕在化したすがたを、弥生時代の「北部九州」地域（福岡県や佐賀県を中心とする九州北部の地域を、部族的国家の形成の早さや階級的重層性の著しさから、とくにこのように呼ぶことにする）に見いだすことができるのである。

玄界灘《げんかいなだ》沿岸の地域では、水稲農耕が定着した縄文時代晩期の末（研究者によっては弥生時代早期と呼ぶ）から戦争の痕跡が見て取れる。この段階には早くも磨製《ませい》の石鏃や石剣、石矛などの武器が登場し、環濠集落が出現する。戦死者の埋葬も確認されている。ただし武器や防具がととのい、戦争が本格化するのは、やはり青銅製武器類が出現する前期末からである。

図4は殺傷人骨の時期別の分布を示したものである。玄界灘沿岸地域では前期後半以降に急増し、中期後半には内陸部や西日本に広がっていくようすが見て取れる。首の切断という悲惨な扱いを受けた人骨も中期後半に多い（写真3）。

頻発する苛烈な戦争は何をもたらすのか。前節から繰りかえしているように、戦争という社会的行為は、"Us vs. Them" という人間心理の奥に潜む差別意識の究極の発現であり、最も直接的で熾《し》烈《れつ》な権力発動のかたちである。共同体は戦争に勝利し外部の共同体に対して優位に立つべく組織を整備する。そして勝者となった共同体は、敗者の共同体を傘下に収め、優位‐劣位の関係を構造化するために共同体間の再編成をおこなうであろう。日本列島における階級関係も、まず共同体間に起源するのである。こうして誕生した外的国家は、さらなる外的国家や共同体と対峙する運命にある。外的国家はいっそう強力な外的国家権力の獲得をめざす必然性をもつのである。

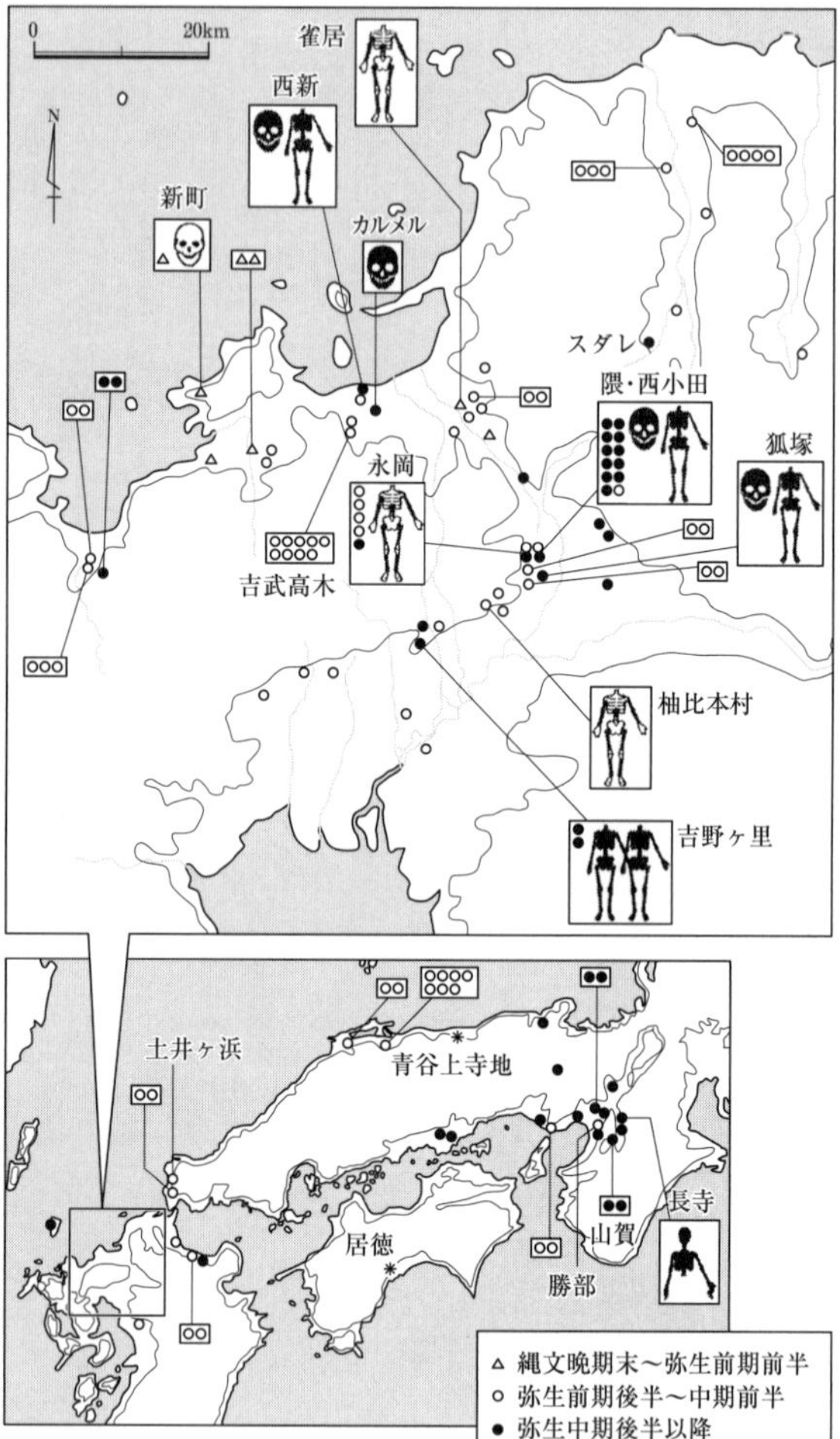

図４　殺傷人骨の分布（橋口、2007年／橋口、2011年／国立歴史民俗博物館編、1996年などにより作成）

縄文時代でも後半になると、出自や社会的能力によって「階層的な首長（Stratified Chief）」やその集団が析出され、共同体内部の上位を構成する社会構造がすでに実現していたと考えられる。そして弥生時代になると、共同体間の重層的な階級関係をより強固なものにするために、「階層的な首長」を擁する共同体は外部に向かって権力を行使し、過酷な戦争を勝ち抜くことで他の共同体を従属させる外的国家として君臨し、「階層的な首長」は「階級的な首長（Hierarchical Chief）」へと変貌をとげることになった。

次に外的国家はその権力の維持と強化のために、内的国家の充実を図ることになる。内部の政治・行政組織の整備、階層関係や慣習法などの体系化と固定化といった構造変革である。こうして首長の階級的権力は、内部にも向けられるようになる。軍事指揮官として戦争に勝利することを最も重要な職務としていた首長は、内部と外部の両方に対して、政治的、軍事的、祭祀的な首長へと変貌をとげるのである。

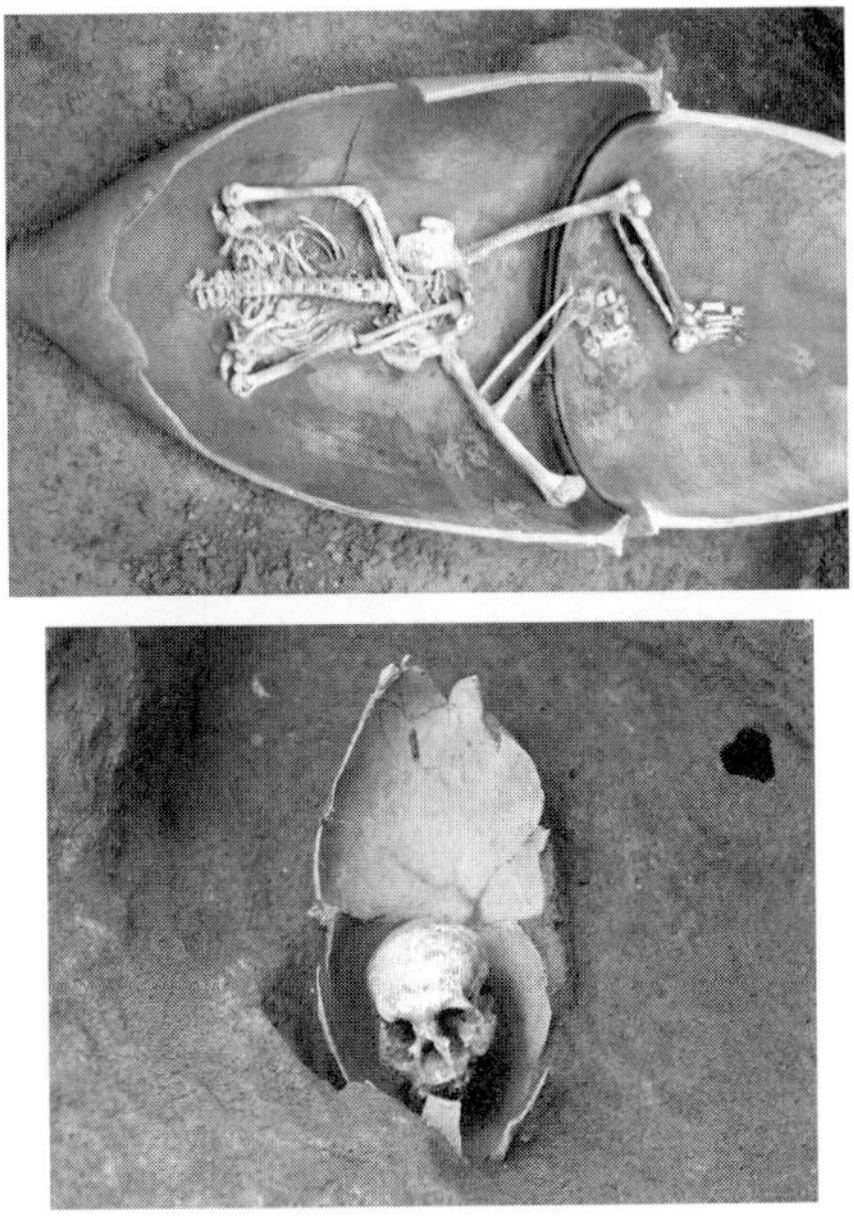

写真３　「首なし人骨」と「首だけ人骨」　上段は佐賀県吉野ヶ里遺跡志波屋四の坪地区ＳＪ0329号甕棺（佐賀県提供）。下段は福岡県隈・西小田地区遺跡群第６地点77号甕棺（筑紫野市教育委員会所蔵）

滝村隆一氏は、このような内的国家としての端緒が形成された外的国家を「部族国家」と呼んで、歴史的国家の起源（第一段階）に位置づけた［滝村、一九八一年］。私は、「部族」とか「部族社会」という社会構成上の発展段階を示す用語が人類学や歴史学では一般化していることから、内的国家のなかにそうした古い社会構成体の習俗や制

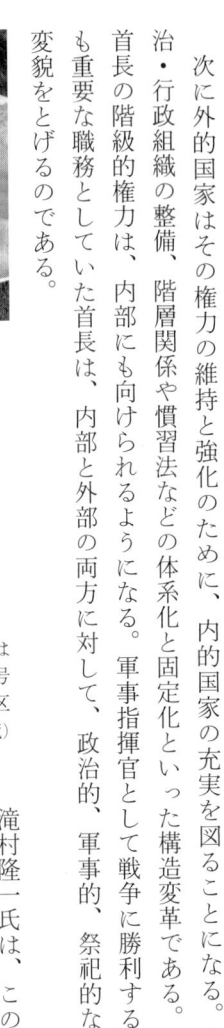

度をも多分に残している特徴をとくに重視して、歴史的概念としては「部族的国家」と言い直して使用している。

北部九州圏（中期までの段階では、現在の福岡県、佐賀県、長崎県・大分県・熊本県・山口県の一部を指す）の弥生時代の墓や副葬品のあり方をみると、前期の前半にはまだ縄文時代の首長墓とその分布や内容において大きな差はない。これに対して、前期の後半になると明らかに階級的首長が出現し、前期末にはいくつかの外的国家（部族的国家）を重層的に束ねた、より上位の階級的首長も登場していることがわかる。つまり北部九州においては、部族的国家の起源は弥生時代前期末をわずかにさかのぼるのである。それでは、北部九州の墓地資料をもとに、階級的首長のあり方から部族的国家の存在をみていくことにしよう［寺沢、二〇一八年、第二部第二章、第三部第三章］。

オウ族墓の出現と部族的国家

発生間もない最古の部族的国家の存在と実像については、考古学的にはいまだ不明な点が多い。しかし、あとで述べる部族的国家群の重層化や発展の度合いをみれば、最古の部族的国家が、のちに「伊都国」（糸島平野）や「奴国」（福岡平野）と呼ばれた領域のなかに存在したであろうことは想定にかたくない。

現在、弥生時代前期末にさかのぼる明らかな部族的国家は「糟屋《かすや》（裏糟屋《うらかすや》）」や「胸方《むなかた》（宗像《むなかた》）」の地域で知られている（以下、一三九ページの図10を適宜参照されたい）。

前者では、福岡県古賀市の馬渡《うまわたり》・束ヶ浦《そくがうら》遺跡（旧、糟屋郡古賀町）に群在する墓が調査されてい

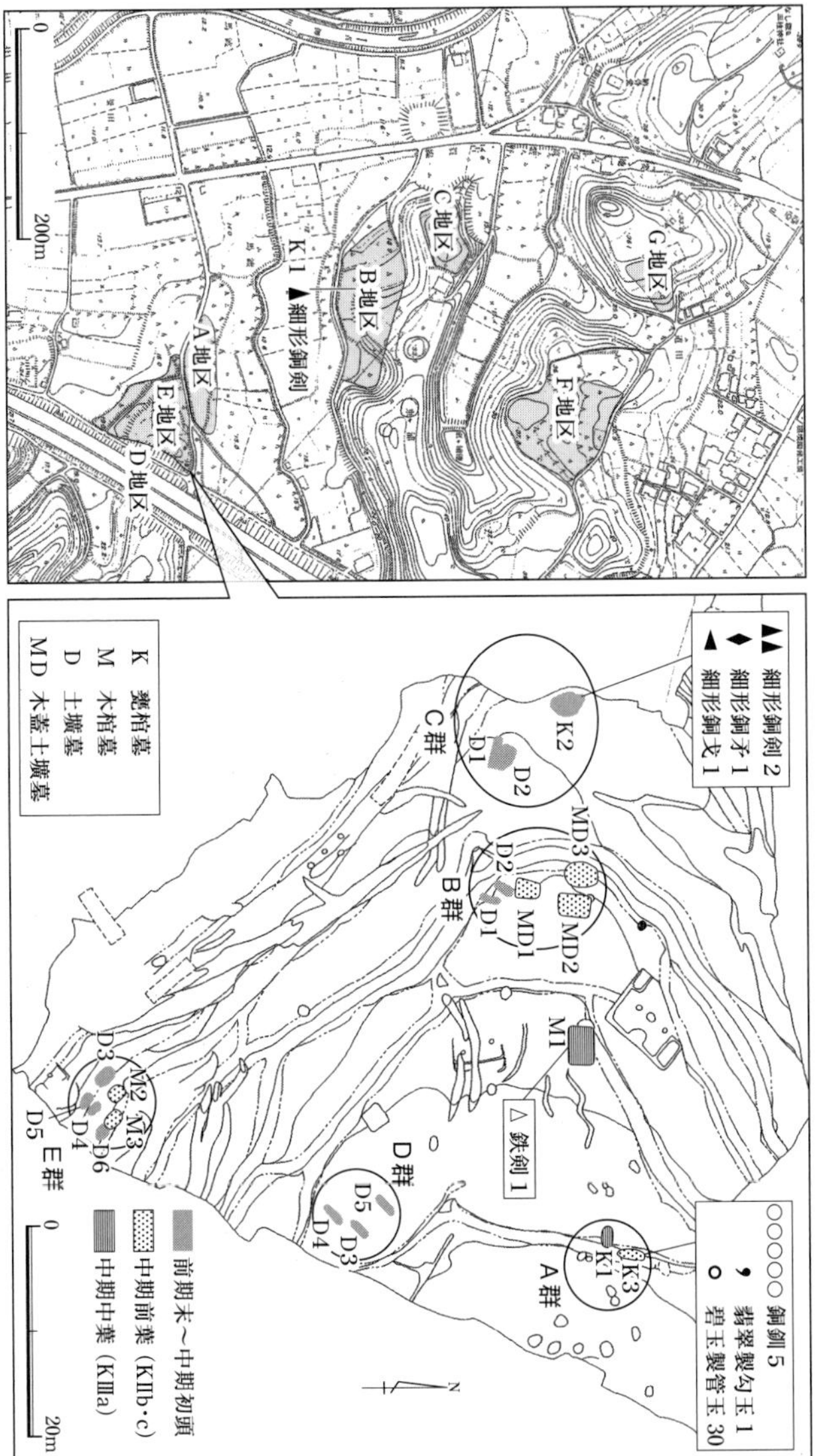

図5　馬渡・東ヶ浦遺跡の墓群構成と副葬品（井編、2003年／井編、2006年により作成）

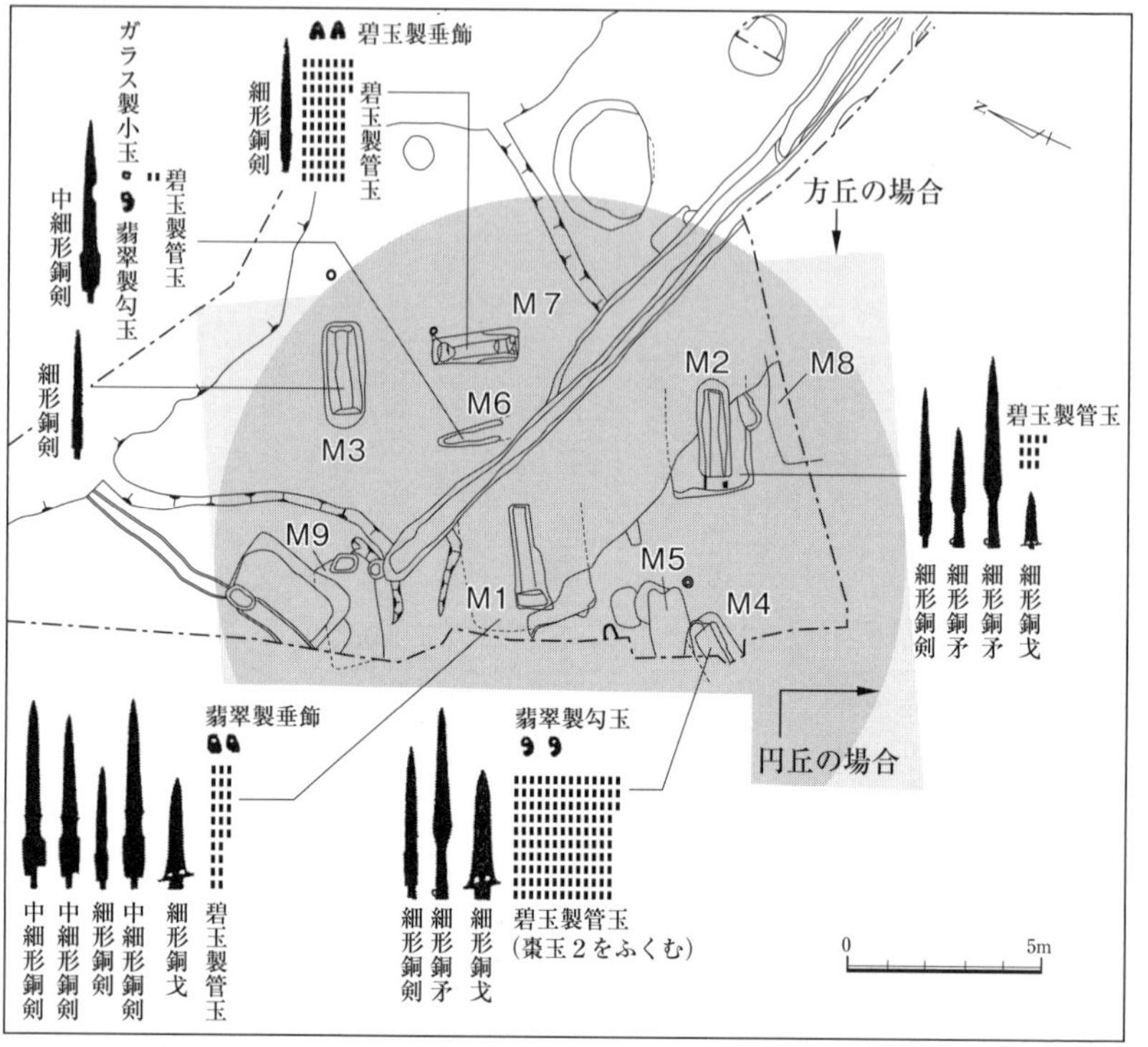

図6　田熊石畑遺跡の墓地構成と副葬品（山田編、2014年より。一部改変）

る。前期末から中期初めの、細形銅剣一を副葬したB地区一号甕棺《かめかん》と、細形銅剣二、細形の銅矛・銅戈各一を副葬したE地区C群の二号甕棺に、青銅製の武器が集中していた（図5）。

後者では、福岡県宗像市田《た》熊《ぐま》石畑《いしはたけ》遺跡の六基の木棺墓が調査されている。副葬品の総計は、細形銅剣五、中細形《なかぼそがた》銅剣四、細形銅矛三、細形銅戈三、翡翠製の勾玉《まがたま》三と垂《すい》飾《しょく》四、棗玉《なつめだま》二（珪素製《けいそせい》、碧《へき》玉製《ぎょくせい》）、碧玉製管玉《くだたま》二二三、ガラス製小玉一にもおよぶ。径または辺一八メートルほどの墳丘も想定されている（図

6)。

二つの遺跡の墓地の重要性は、副葬品にそれまで存在しなかった青銅製武器などの朝鮮半島製品がともなうという卓越した内容にとどまらない。遺跡内においてこれらの墓群は一般的な墓群から遊離した位置に存在すること、さらに、旧糟屋郡や旧宗像郡内ではこれらに匹敵するような副葬品をもつ墓が他にみられないことである。

つまり、こうした卓越した内容をもつ墓群は、律令国家の国郡制からの系譜をひく後世の郡ほどの領域に一つしか存在せず、しかも周辺の墓群とは隔絶して築造されたことが知られるのである。とすれば、こうした墓域に継起的に埋葬された人物（男女）は、前に述べた階級的首長たちとその家族の一部ではないかとの解釈が生まれるであろう。そしてこの郡ほどの広がりこそ、彼（彼女）が階級的権力を行使した範囲、つまり部族的国家の領域ということになる。

なお、本書で使用する「家族」とは、必ずしも一対の夫婦を核として生活する二、三世代からなるような現代の家族を意味しない。弥生時代は双系制であった可能性が高いから、さらに兄弟姉妹の夫婦や子供たちをふくむ複合家族、場合によっては配偶者の血縁者などもふくむ拡大家族までを視野に入れている。それは共同体の理論的研究における「世帯共同体」という概念に近い。日常的な生活を共有する血縁原理を基軸とした最小の単位である。

律令制下の北部九州圏には、およそ七〇もの郡が存在した。将来、発掘調査が進めば、主要な平野や盆地を擁する郡には、基本的にこのような首長一族の墓がまとまったかたちで発見され、部族的国家の存在が明らかになるはずだと思っている。

その出現時期は各郡によって多少の差があるようだ。佐賀平野の鳥栖《とす》市柚比本村《ゆびほんむら》遺跡や神埼《かんざき》市・吉野ヶ里町の吉野ヶ里遺跡の墳丘墓、佐賀市増田《ますだ》遺跡などは中期初めに下る。前期後半から中期にかけて頻発する戦争を契機に、北部九州では部族的国家が矢継ぎばやに誕生していったのである。

本書では、この核となる最小で単体の部族的国家を「クニ」と表記する。『漢書《かんじょ》』地理志に倭地が「分かれて百余国をなしていた」と記されるときの「国」とは、このクニを指していると考えるべきである。またクニの階級的首長を「オウ」と呼ぼう。そしてオウをふくむ家族の墓を「オウ族墓」と呼ぶことにしたい。オウ族墓はオウ一代で形成される場合もあるが、多くは数代にわたって累世的に同じ墓域や墳丘内に埋葬されつづける場合が多い。それはオウを輩出した一族の階級的権力の継続性を示すことにもなる。

弥生時代の部族的国家の名称については、仮に律令制下の郡名を考慮して呼ぶことにしよう。馬渡・東ヶ浦遺跡は「裏糟屋」のクニ、田熊石畑遺跡は「胸方」のクニ、柚比本村遺跡は「基肄《きい》」のクニ、吉野ヶ里遺跡は「神埼」のクニ、増田遺跡は「栄《さか》（佐嘉《さか》）」のクニといった具合である。考古学的にみて複数に分別したほうがよいと考えられる場合には、郡名に上下や四至（東西南北）などの位置関係を示す語を付け加えて呼ぶことにしている。

「マツロ（末盧）国」と王族墓

オウ族墓は唐津《からつ》平野と早良《さわら》平野でもみつかっている。

唐津平野では、松浦川《まつうらがわ》右岸の段丘上にある佐賀県唐津市宇木汲田《うきくんでん》遺跡で、前期後半から後期前半の一二九基の甕棺と三基の土壙墓が調査されている（図7）。私は五つの方形の墓域を想定する。どの墓域にも何らかの副葬品が認められるけれど、朝鮮半島製の青銅製の武器や鏡が多数副葬されるA・B・C群が、D・E群より卓越している。とりわけA群は墓域も広く、前期末から中心的な存在であったことがわかる。鏡は多鈕細文鏡《たちゅうさいもんきょう》と呼ばれる朝鮮半島製のもので、墓に副葬された例は北部九州にのみ六例しかみられない。A群全体の副葬品は、多鈕細文鏡一、細形銅剣六、細形銅戈一、中細形銅戈二、銅釧《どうくしろ》一三、翡翠製勾玉三、碧玉製管玉六〇以上、ガラス製管玉一にもおよぶ。クニのオウ族墓の内容を超える存在だ。

五つの墓域以外の多数の墓には、一切副葬品がない。しかもこの時期、松浦川流域にはせいぜい青銅製の武器を一本、玉類を数点程度副葬する墓しか見当たらない。

ところが宇木汲田遺跡が衰退する中期後半以降になると、松浦川右岸にはオウ族墓を超えるほどの墓は皆目見当たらないのに対して、左岸では後期前葉になると桜馬場《さくらのばば》遺跡というオウ族墓を超える内容をもつ遺跡が出現する。右岸と左岸、逆転の構図である。複数の甕棺に副葬された品々は、後漢鏡三、巴形銅器《ともえがた》五、有鉤銅釧《ゆうこう》二六、素環頭鉄刀《そかんとう》一、そして翡翠製勾玉、碧玉製管玉、ガラス小玉多数におよぶ（一三〇ページ、写真4）。

こうしてみると、唐津平野には松浦川の東西に二つのクニがあったのではないか。律令制下の「松浦郡《まつら》」は『古事記』では「末羅県《まつらのあがた》」に相当することから、私は松浦川右岸を「末羅東」のクニ、左岸を「末羅西」のクニと表現している。ただし、中期後半を境に右岸から左岸へと権力母体が入れ替わったのであれば、そもそも全体が一つの部族的国家となっていたとみるほうが理にかなって

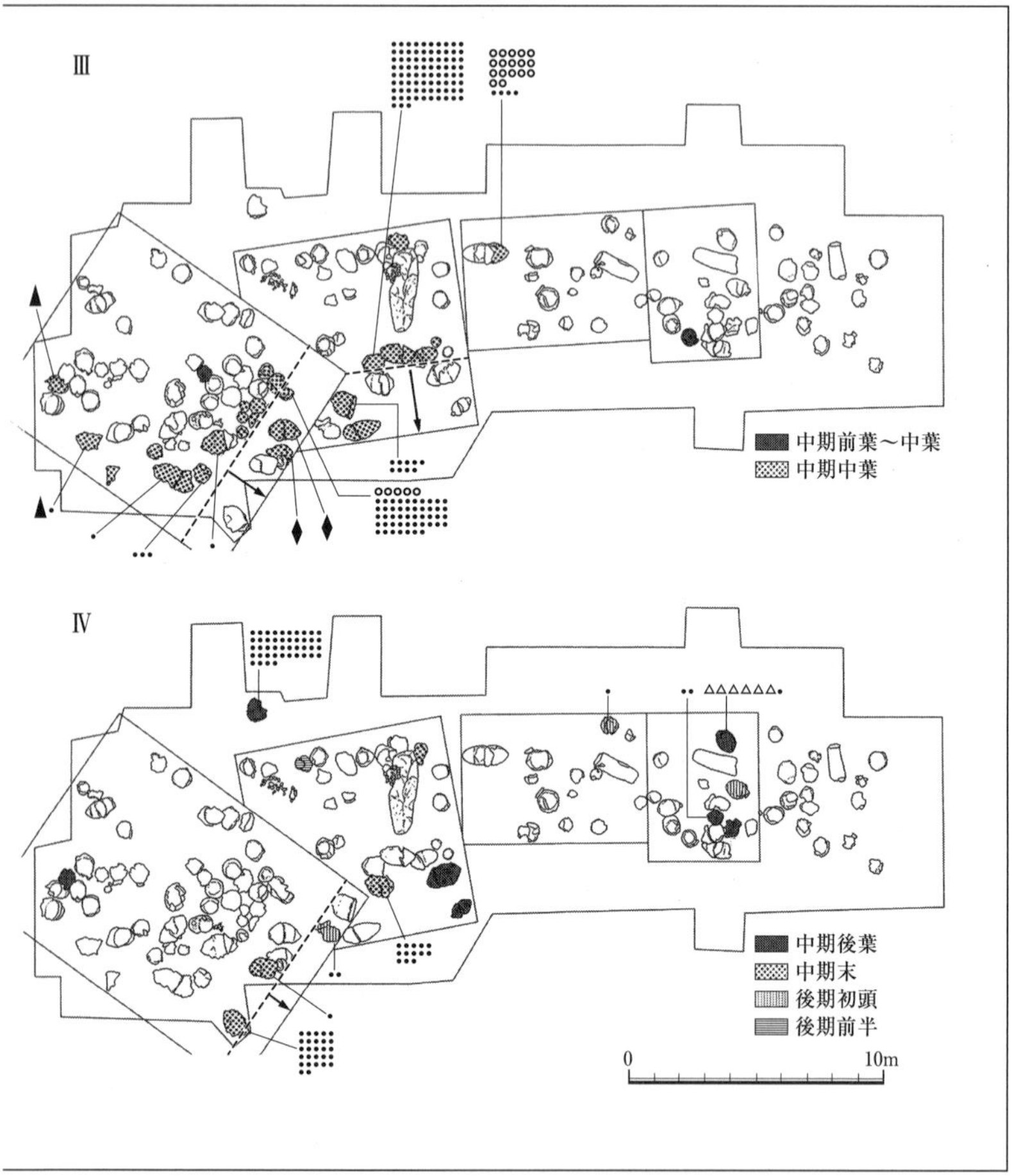
Ⅲ
中期前葉～中葉
中期中葉
Ⅳ
中期後葉
中期末
後期初頭
後期前半
0
10m

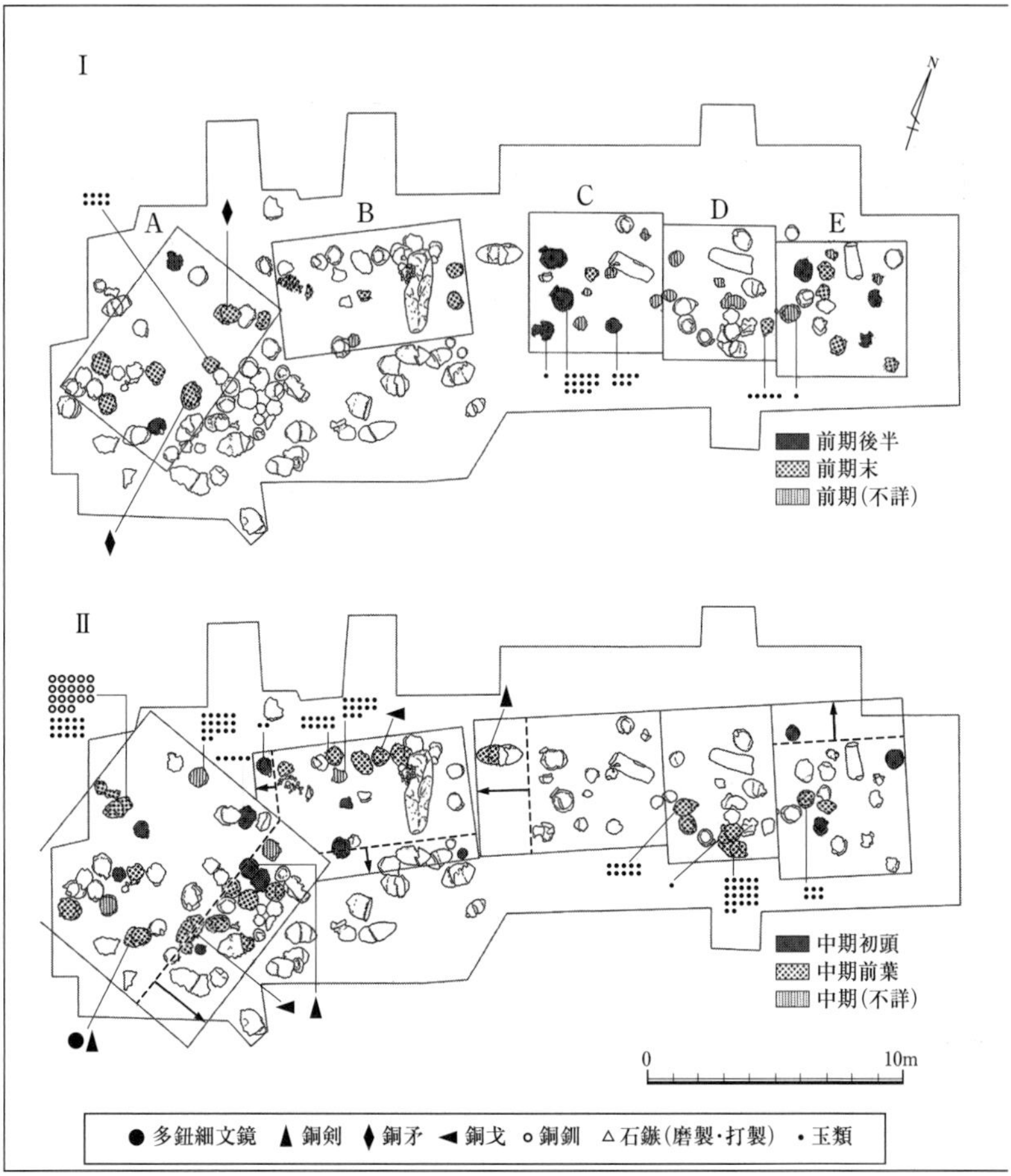

図7　宇木汲田遺跡の墓地変遷と副葬品の状況（森・岡崎・藤田・高島ほか、1982年により作成）

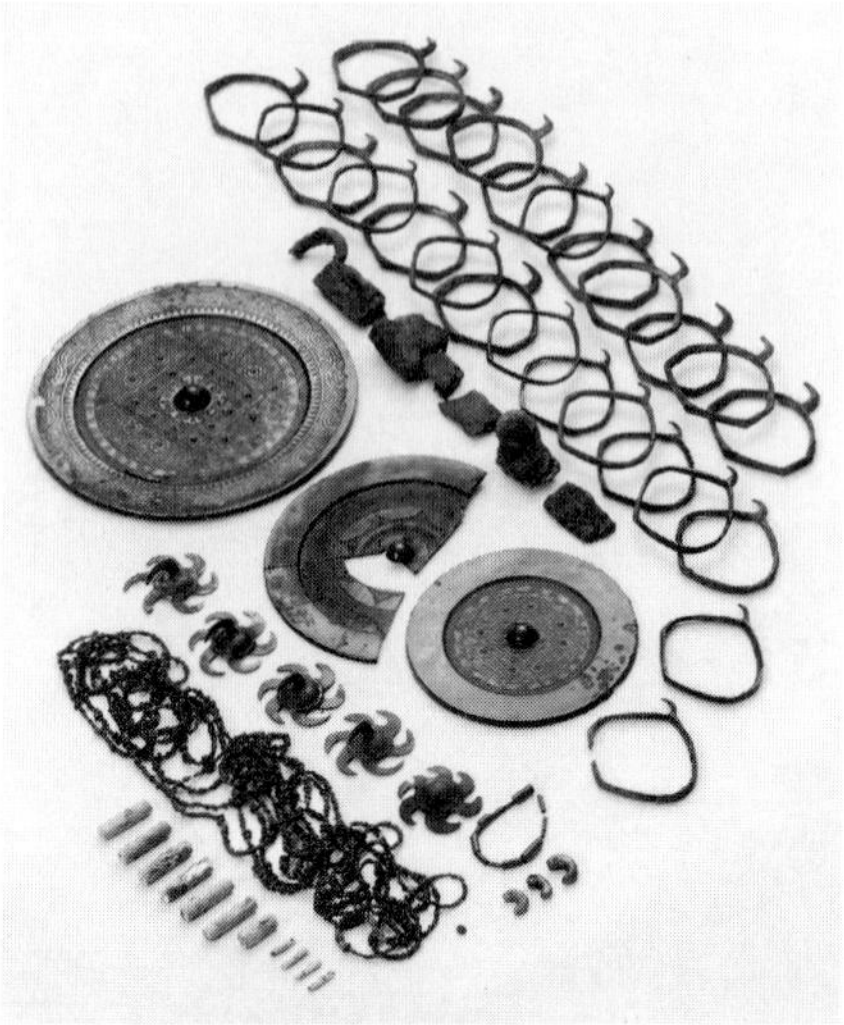

写真４　桜馬場遺跡の王族墓の副葬品（佐賀県立博物館・唐津市教育委員会提供）

いる。

『魏志』倭人伝では、唐津平野全体が「末盧《まつろ》国《こく》」と認識されていたようだから、私は部族的国家のクニが統合された、より大規模な部族的国家を「国」と呼び、その階級的首長を「王」と書き表すことにしている。つまり、宇木汲田遺跡に葬られた「末羅東」のクニのオウ族は、じつはさらに上位の「マツロ（末盧）国」の王族でもあったが、中期後半にはふたたびクニのオウ族クラスへと衰退の兆しをみせ、後期前葉になると新たに「末羅西」のオウ族が「マツロ国」の王族に君臨したということではないだろうか。なお、『魏志』倭人伝に登場する北部九州の「国」は、ほぼその位置が確定しているが、その前身となる二世紀以前の「国」については、あえてカタカナ表記とした。

「早良国」の王族墓

一方、早良平野の室見川《むろみがわ》左岸の福岡市早良区飯盛《いいもり》・吉武《よしたけ》遺跡群でも、吉武大石《おおいし》遺跡の中央墓群の五つの墓群のみに、青銅製の武器類一〇が副葬されている。ここでは北墓群と南墓群の同時期の墓には副葬品が一切みられない。中央墓群がオウ族墓であることは明らかだ。しかし、室見川右岸の岸田《きしだ》遺跡や東入部《ひがしいるべ》遺跡でも、青銅製の武器や玉類などを複数副葬する同等のオウ族墓がみつかっている。十郎川《じゅうろうがわ》流域の野方久保《のかたくぼ》遺跡や有田《ありた》遺跡でも、複数の青銅製の銅剣が副葬されているから、早良平野には三つのクニが分立していた可能性がある。

ところが、吉武大石遺跡と浅い谷を隔てた南東対岸一五〇メートルほどに位置する吉武高木《たかぎ》遺跡では、複数の埋葬施設を掘り込んだ復元径二八メートルの墳丘墓が発見された。そこには朝鮮半島製の青銅製武器と多鈕細文鏡、玉類などが多数副葬されていた（図8）。三号木棺の副葬品は多鈕細文鏡一、細形銅剣二、細形銅矛・銅戈各一、翡翠製勾玉一、碧玉製管玉九五、小形壺一で、その内容は宇木汲田遺跡に勝るとも劣らない。

早良平野では吉武高木墳丘墓に匹敵する内容をもつ墓は皆無だ。早良平野は律令制下の「早良郡」にあたる。私は吉武高木遺跡の被葬者たちは「早良西」のクニのオウ族であると同時に、仮称「早良国」の王族でもあったとみている。早良平野には室見川右岸にも前述した「早良東」のクニや「早良北」のクニも存在していたようだから、吉武高木墳丘墓の王族はその上に君臨していたことになる。

吉武高木遺跡墳丘墓から東へ五〇メートル離れた微高地の先端では、露台《ろだい》のある身舎《もや》四間×五間（九・六×一二・六メートル）の大形の掘立柱建物が発見されている。早良のクニグニのオウ族が集結して、国を挙げての始祖霊《しそれい》（祖霊）の祭祀を執行した祭殿なのであろう。前期末頃の玄界灘沿岸の主要な地域では、国‐クニという部族的国家の重層構造ができあがっていたのである。

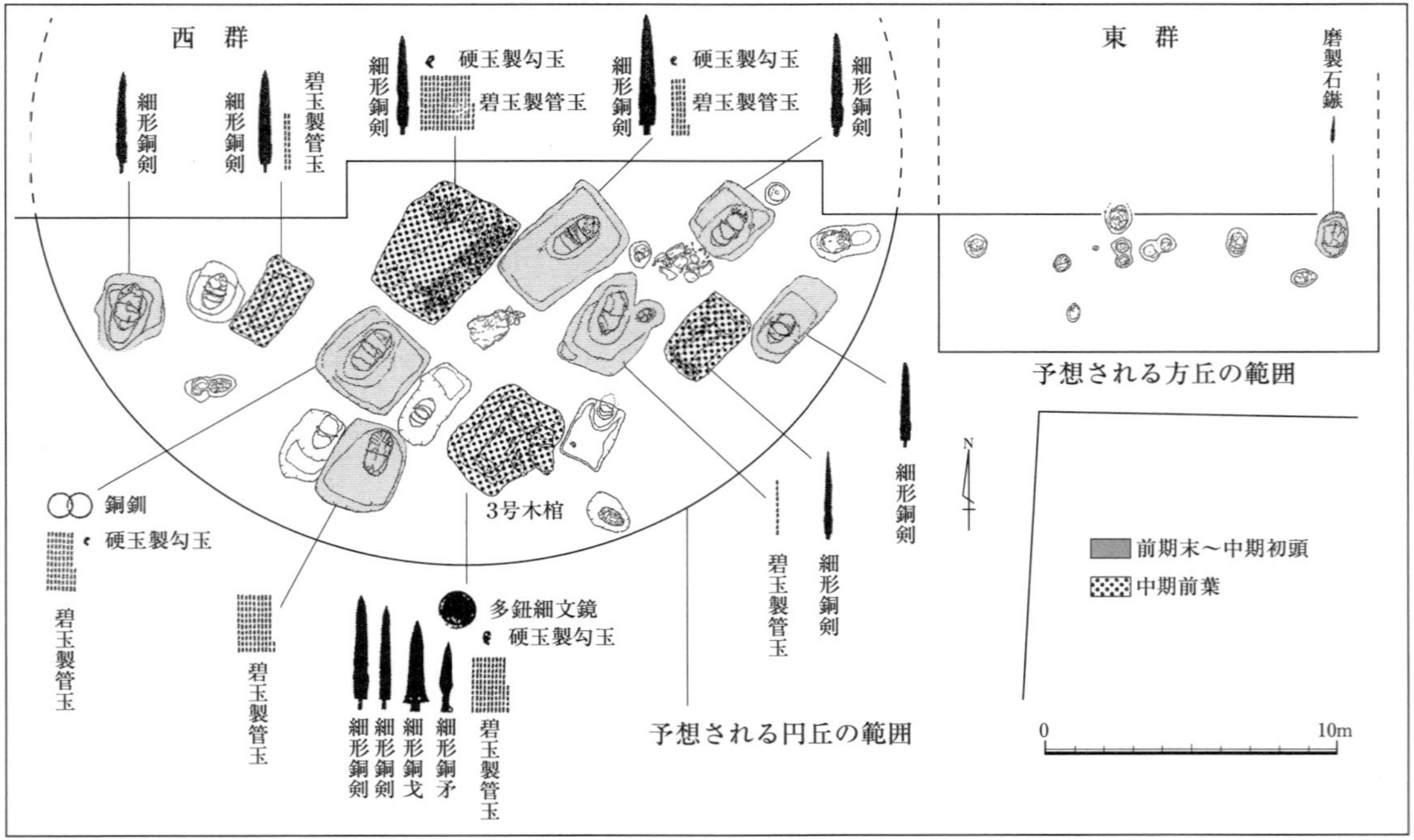

図８　吉武高木遺跡の墓域と副葬品の状況（塩谷編、1986年より。一部改変）

ところが、吉武高木墳丘墓は中期後葉になると埋葬者じたいが激減し、副葬品もみるべきものがない。吉武高木墳丘墓を墓地とした王族の家族集団はその権力を一気に失ったかのようである。代わってこの頃から、吉武大石遺跡と浅い谷を隔てた北東対岸一〇〇メートルほどに位置する吉武樋渡《ひわたし》遺跡に、前漢鏡一、青銅製の銅剣と鉄製の武器を一本ずつ副葬する墳丘墓が築造されて後期へとつづく。しかし中期後半以降の副葬品の内容は、他の地域と比較すると、オウ族クラスではあっても、とても国の王族とはいいがたい。早良平野にはこの時期以降の王族クラスの墓は今日まで知られていない。中期後葉以降、早良平野における国としての階級的な統合のあり方は不明瞭なのである。

「ナ国」連合と「イト国」連合——部族的国家の統合

中期後半になると、戦争の痕跡が筑紫平野や朝倉平野などの内陸部にまでおよぶ。これを受けて、「クニ」レベルの部族的国家の存在が次々と明らかになってくる。「御笠《みかさ》」のクニの福岡県筑紫野《ちくしの》市隈《くま》・西小田《にしおだ》遺跡の第一三地点墳丘墓、「安《やす》」のクニの同県朝倉郡筑前町《ちくぜんまち》東小田峯《ひがしおだみね》遺跡の二号墳丘墓（写真5）、「座《くら》」のクニの同県朝倉市栗山《くりやま》遺跡などでオウ族墓が発見されている。

遠賀川《おんががわ》上流域では、「鎌《かま》（嘉麻《かま》）」のクニのオウ族墓と考えられる福岡県嘉麻市の鎌田原《かまだばる》遺跡墳丘墓、「穂《ほ》（穂波《ほなみ》）」のクニのオウ族墓であり同時に仮称「嘉穂国《かほこく》」の王族墓でもある同県飯塚市立岩《たていわ》堀田《ほった》遺跡墳丘墓が出現している。

後者は径三〇メートルもの墳丘をもっていた可能性があり、四三基の副葬品の総計は、前漢の異《い》

写真5　東小田峯遺跡２号墳丘墓10号甕棺の副葬品（筑前町教育委員会提供）

体字銘帯鏡《たいじめいたいきょう》一〇、中細形銅矛一、鉄剣三、鉄戈二、鉄刀子《てっとうす》三、鉇《やりがんな》二、鉄鏃一、塞杆状《さいかんじょう》ガラス製品五、碧玉製管玉五五五、ガラス製管玉三四〜四五、ガラス製小玉一、ゴホウラ貝製腕《うで》輪《わ》一四におよぶ。

ところが中期末になると、さらなる上位の階級的首長が現れる。この時期の「ナ国」の中心地、福岡県春日《かすが》市須玖《すぐ》遺跡群の須玖岡本《おかもと》遺跡墳丘墓と、「イト国」の中心地、同県糸島市三《み》雲《くも》・井原《いわら》遺跡群の三雲南小路《みなみしょうじ》遺跡墳丘墓である。

須玖岡本墳丘墓と三雲南小路墳丘墓は、いずれも一辺四〇メートルもの方形の墳丘をもつ甕棺墓《かめかんぼ》である。この二つの墳丘墓がこれまでの墓と大きく異なるのは、棺が大きく、墳丘内の被葬者は多数ではなく一人か二人であること、そして比類なく豪華な副葬品をもつということである。前者は単独棺で巨大な墓石《ぼせき》をともない、後者は二棺並葬で副葬品の内容から男女の可能性が高い。副葬品の内訳は表1のように、ともに前漢鏡が三〇枚を超える傑出した王墓だ。ガラス製の璧《へき》や金銅製四《こんどうせいし》葉座金具《ようざかなぐ》はとくに、楽浪《らくろう》郡を通じて前漢王朝と交渉をもっていたことを示す象徴的な副葬遺物であろう。

表1　須玖岡本遺跡と三雲南小路遺跡の大形甕棺副葬品（寺沢、2018年により作成）

遺　跡	中　国　鏡	武　器　類	玉類・その他
須玖岡本遺跡墳丘墓甕棺	重圏四乳葉文鏡２／方格四乳葉文鏡１／重圏文「精白」銘鏡２／重圏文「清白」銘鏡３／連弧文「清白」銘鏡４～５／重圏「日光」銘鏡３／連弧文星雲鏡５～６／「清白」銘鏡４以上／蟠螭連弧文鏡１／草葉文鏡片数片／連弧文鏡系数点	中細形銅矛５／中細形銅戈１／多樋式銅剣１／銅剣残片	ガラス製璧残片２／ガラス製勾玉１／ガラス製管玉12
三雲南小路遺跡墳丘墓１号甕棺	重圏彩画鏡１／四乳雷文鏡１／重圏斜角雷文帯「精白」銘鏡１／重圏文「清白」銘鏡２／連弧文「清白」銘鏡11／連弧文「清白(?)」銘鏡５／「清白」銘鏡３／鏡縁８／鏡鈕２以上（『柳園古器略考』は計35面）	細形銅矛１／中細形銅矛１（以上、棺外）／有柄中細形銅剣１／中細形銅戈１	ガラス製璧８／ガラス製玉３／ガラス製管玉60以上／金銅製四葉座飾金具８／朱入り小壺／（朱大量）
三雲南小路遺跡墳丘墓２号甕棺	星雲鏡１／重圏「昭明」銘鏡１／連弧文「昭明」銘鏡４／連弧文「日光」銘鏡16以上		ガラス製垂飾１／ガラス製勾玉12／硬玉製勾玉１／（朱大量）

ここで「ナ国」と呼ぶのは、『魏志』倭人伝に現れる奴国の前身であり、『日本書紀』にみえる「儺県《なのあがた》」（仲哀紀《ちゅうあいき》）、「儺津《なのつ》」（宣化紀《せんかき》）に重なる。のちの律令制下ではほぼ「那珂《なか》郡」に相当するけれど、水系ごとの遺跡の密集度を考慮して、私は「儺西《にし》」「儺春日《かすが》」「儺席田《むしろだ》」の三つのクニが存在したと考えている。このうち「儺席田」のオウ族墓は未発見であるが、「儺西」のオウ族墓は福岡県那珂川《なかがわ》市の安徳台《あんとくだい》遺跡で発見されている。

安徳台遺跡のオウ族墓は、中期末から後期初めの一〇基以上の甕棺からなる墓群である。並列する二号（熟年男性）と五号（熟年女性）の被葬者は夫婦の可能性があり、二号には塞杆状ガラス製品二、ガラス製勾玉三、碧玉製管玉三三四、ゴホウラ貝製腕輪四三、鉄戈一、鉄剣一が、五号には塞杆状ガラス製品二が副葬されていた（写真6）。

須玖遺跡群はこの時期のナ国の王都である。須玖岡本遺跡墳丘墓は「儺春日」のクニのオウ族層

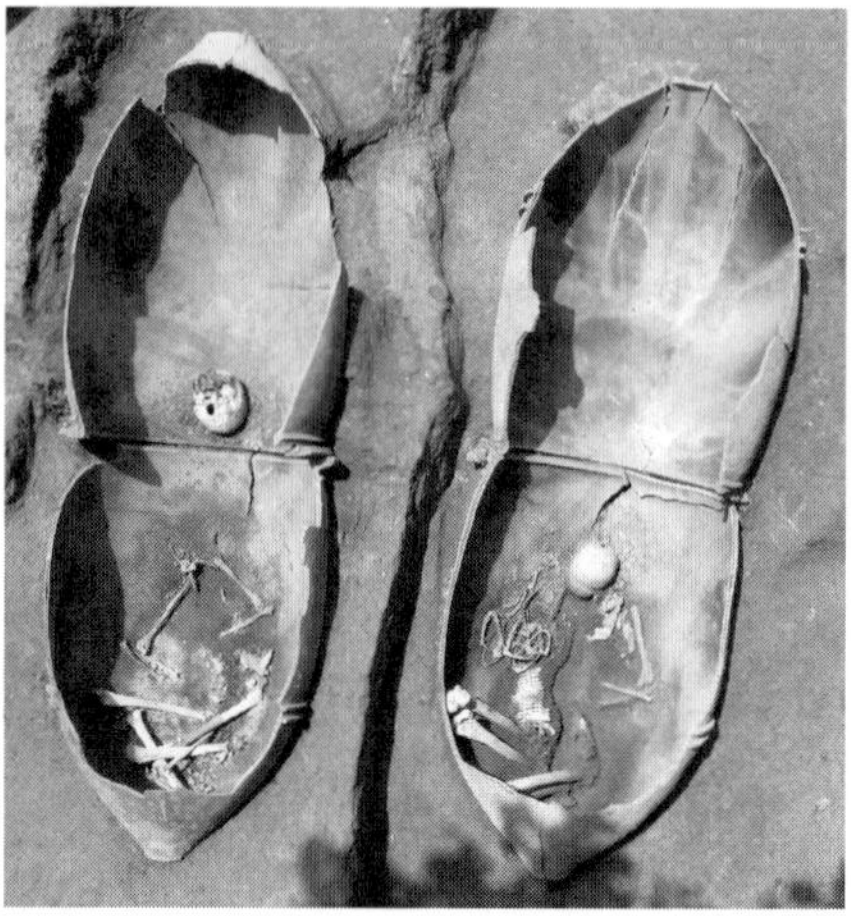

写真6　安徳台遺跡の並葬された甕棺の人骨と副葬品　右が2号甕棺、左が5号甕棺（那珂川市教育委員会提供）

の墓域の中心に造られたオウ墓であり、同時にナ国の王墓でもある。早良国王族墓やマツロ国王族墓と異なるのは、王が王族たちの墓のなかではなく、王族たちの墓に近接しながらも、単独で隔絶したすがたで埋葬されているということだ。しかもその周囲には他に一切の墓は造られていない。ナ国王は王族のなかでも唯一絶対の卓越した権力を保持していたのであろう。

しかし、ナ国王の階級的権力はこれにとどまらなかった。じつは宇木汲田遺跡のマツロ国も、吉武高木遺跡の早良国も、中期後半には明確な王族墓がつづかない。かつての国は衰退し、ふたたび複数のクニが分立したようなのだ。マツロ国は前にみたように後期前葉に復活したとしても、早良国のほうは地理的にみてもナ国に吸収されたものと私は考えている。

ナ国王墓の隔絶した墓域や副葬品の豊かさをみると、早良国だけではなく、「糟屋」や「胸方」などのクニグニをも巻き込んで、ナ国を盟主とする「ナ国連合」とでも呼ぶべきさらなる部族的国家のまとまりが形成されたと考えられるのだ。だから遅くとも中期末には、ナ国王やイト国王はそれぞれの国の王であるだけでなく、それぞれの部族的国家連合の盟主、つまり「王のなかの王」でもあったと私は考えている（図9）。

それから約半世紀ののち、こうしたナ国連合の成立を背景として、有名な「漢委奴國王《かんのわのなこくおう》」の金印が下賜されたのである。『後漢書』東夷伝は、

建武中元二年、倭奴国奉貢朝賀。使人自称大夫。倭国之極南界也。光武賜以印綬。

建武中元《けんむちゅうげん》二年（五七）、倭の奴国、奉貢朝賀《ほうこうちょうが》す。使人《しじん》自ら大夫《たいふ》と称す。倭国の極南界《きょくなんかい》なり。光武《こうぶ》、賜うに印綬《いんじゅ》を以《もっ》てす。

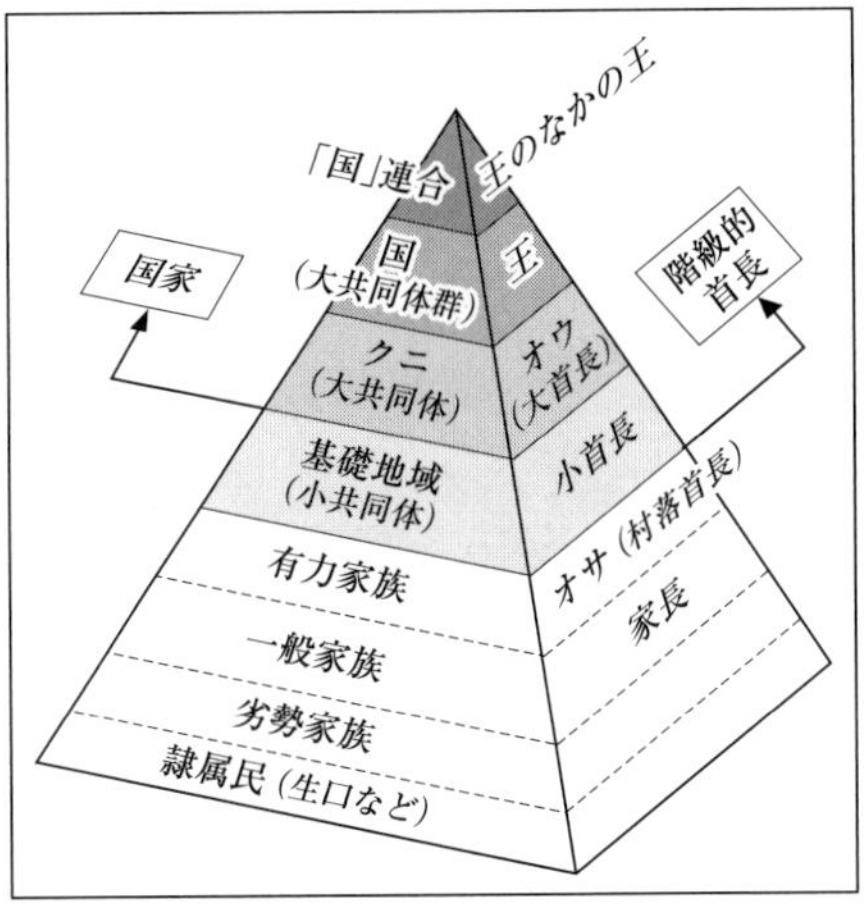

図9　部族的国家と首長の重層的な階級構造（寺沢、2000年より）

と伝えている。奴国王が建武中元二年に使いを送って朝貢した。これに対して、光武帝が印綬を授けたというのである。この印綬が、天明四年（一七八四）に百姓甚兵衛《じんべえ》によって博多湾に浮かぶ志賀島《しかのしま》で発見された金印であった（写真7）。

現在は福岡市博物館で公開されている国宝の金印は、発見後多くの憶測を呼び、最近まで偽造説はやむことがなかった。しかし、中国で「廣陵王璽《こうりょうおうじ》」金印（江蘇《こうそ》省揚州《ようしゅう》市甘泉《かんせん》二号墓出土）と「滇王之印《てんおうのいん》」金印（雲南《うんなん》省晋寧《しんねい》県石寨山《せきさいざん》六号墓出土）の兄弟印

が発見されたこと、これに加えて、蛍光X線分析による金属組成学的研究、さらに、3D計測やマイクロスコープ観察、CT撮影などによる金工技術や篆刻《てんこく》技術の研究などの諸成果を総合的に判断することによって、偽造説はほぼ払拭された［高倉、二〇〇七年／寺沢、二〇一五年／石川、二〇一八年／寺沢、二〇二一年］。

須玖岡本墳丘墓の甕棺に葬られたナ国王は、西暦五七年に遣使した「奴国王」の約半世紀前、すなわち二、三代前の王と考えられる。『漢書』王莽伝《おうもうでん》には、王莽が西暦八年に「新《しん》」を建てたとき、「東夷王度大海奉国珍（東夷の王、大海を度《わた》りて国珍《こくちん》を奉ず）」という記事がみえる。大海を渡って朝貢した東夷の王といえば、真っ先に北部九州の王が想起されるはずである。ナ国王かイト国王であろう。

このように考えれば、須玖岡本墳丘墓とまったく同等の副葬品をもつ三雲南小路墳丘墓の被葬者は、ほぼ同時期のイト国王であり、イト国連合の「王のなかの王」でもあった人物だろう。イト国は『魏志』倭人伝に現れる「伊都国」の前身で、糸島平野を擁する国だ。律令制以前には「伊覩《いと》県《あがた》」と「嶋県《しまのあがた》」に分かれる。私はやはり遺跡の密集度の高い糸島平野を二分して、「伊覩西」の

写真7 「漢委奴國王」金印 上段は蛇鈕の斜め上方（頭部）から。下段は実物大印影（2点とも福岡市博物館所蔵。画像提供：福岡市博物館／DNPartcom）

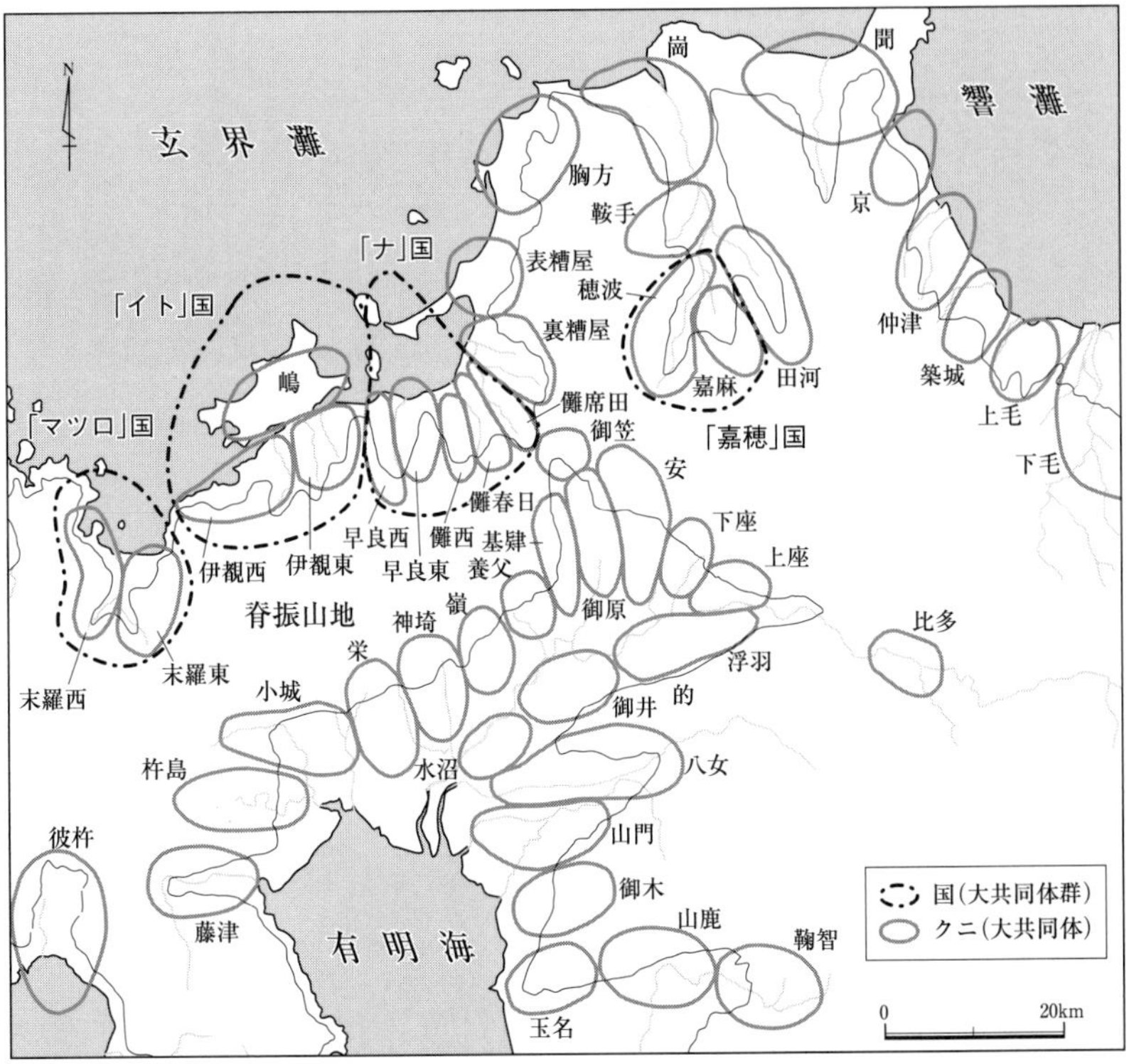

図10　紀元前後の北部九州の部族的国家群（寺沢、2018年より）

クニと「伊覩東」のクニに分け、「嶋」のクニをふくめてつごう三つのクニからなるものと考えている。

最後に、紀元前後の北部九州の部族的国家の林立状況と、玄界灘沿岸部の地域がしだいにイト国連合とナ国連合に収束していくようすを図示しておこう（図10）。

倭国の成立――「イト倭国」の提唱

ナ国ではいまのところ、後期以降の「王のなかの王」の墓はおろか、王墓級の墓もみつかっていない。王墓級はいずれ発見される可能性は高いと思っているけれど、「王のなかの王」墓級がみつかっていないのには、それなりの理由がありそうだ。というのはイト国では、引きつづき後期中頃（二世紀初め頃）と後期末（二世紀末頃）の、九州では唯一の「王のなかの王」の墓が認められるからである。

三雲南小路墳丘墓は三雲・井原遺跡群の中心に位置し、そのすぐ南に井原鑓溝《やりみぞ》遺跡がある。ここでも天明年間に、一つの大形甕棺（壺棺の可能性もある）から大量の後漢鏡などが発見された。現物はほとんど散逸してしまったが、さいわいにも福岡黒田藩の国学者青柳種信《あおやぎたねのぶ》が克明な模写と記録（『柳園古器略考《りゅうえんこきりゃくこう》』『怡土《いと》郡三雲村所掘出古器図考』）を残している。それによって、少なくとも後漢の方格規矩四神鏡《ほうかくきくししんきょう》二一、大形巴形銅器三、鉄製刀剣類と鎧《よろい》のような鉄板などの数々が副葬されていたことが知られる（図11）。

『後漢書』東夷伝には、奴国の朝貢記事のあとに、

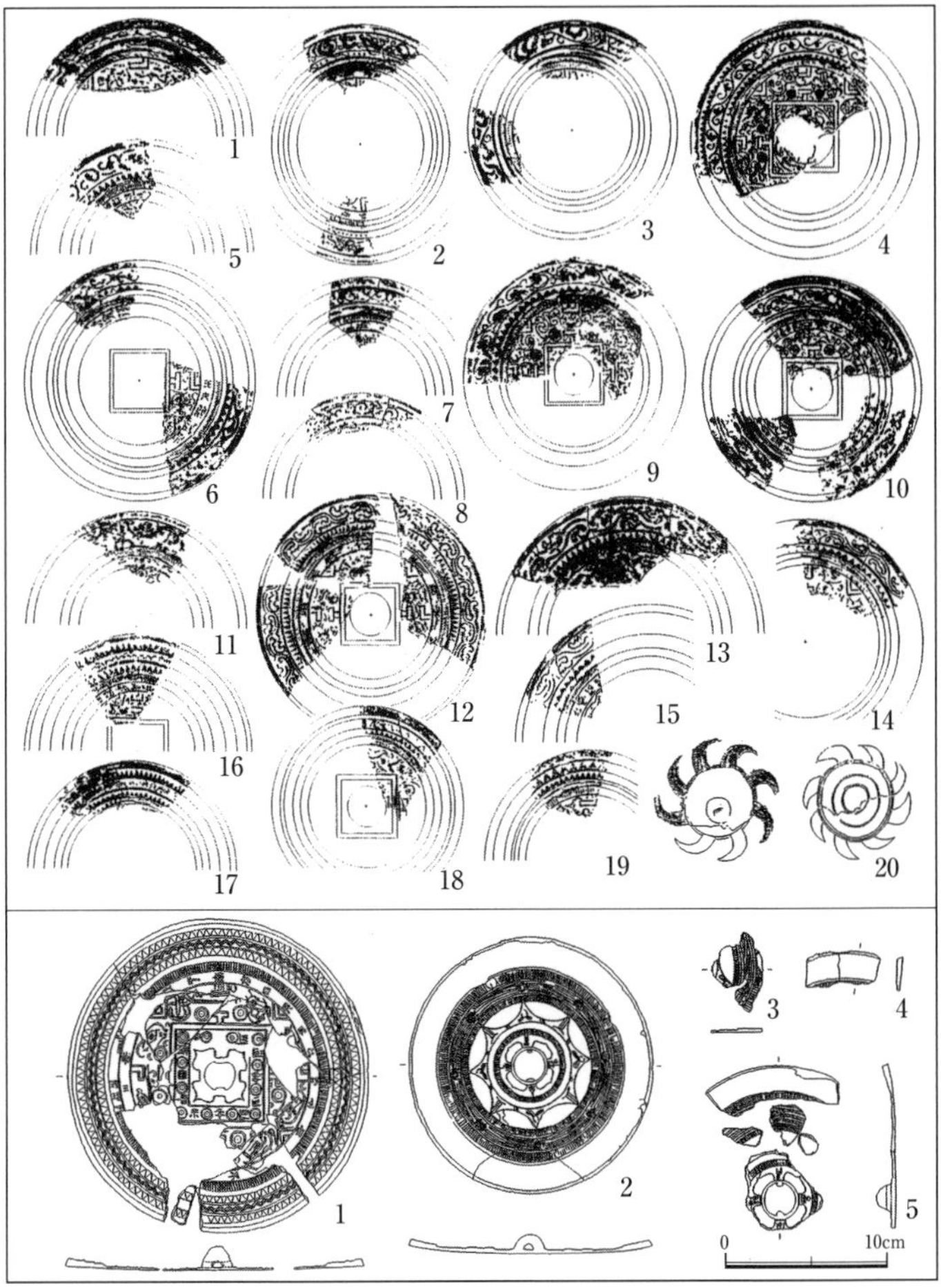

図11　井原鑓溝遺跡王墓と王族墓の副葬品　上段は青柳種信『柳園古器略考』（1823年）所載。1～19は方格規矩鏡の拓影、20は巴形銅器の模写。番号による分類は糸島市教育委員会の最新の研究による。下段はヤリミゾ地区の最近の範囲確認調査で王墓周辺から新たに発見された副葬品の一部（平尾編、2013年の江崎靖隆氏報告により作成）

安帝永初元年、倭国王帥升等、献生口百六十人、願請見。
安帝《あんてい》の永初《えいしょ》元年（一〇七）、倭国王帥升《すいしょう》等、生口《せいこう》百六十人を献じ、請見《せいけん》を願う。

との記事がみえる。「安帝本紀《ほんぎ》」の永初元年冬十月条にも「倭国遣使奉献（倭国、遣使奉献す）」とあり、内外を通じて初めて「倭国」が登場する文献である。

なお、『後漢書』を引用するのちの諸書に、「倭国王」が「倭面土国王」や「倭面土地王」、あるいは「倭面上国王」などとみえることから、「倭面土」をヤマトと読ませたり、「面土」は「回土」だとしてイトと発音させる等々、諸説紛々だ。これについて東洋史家の西嶋定生《にしじまさだお》氏は、范曄《はんよう》撰『後漢書』より五〇年前に編纂された東晋の袁宏《えんこう》撰『後漢紀《ごかんき》』に「倭国」とあることから、『後漢書』原本にはもともと「倭国」とあり、「倭面土国」（「倭面土地」や「倭面上国」はこの誤写とみる）は、『魏志』や『魏略《ぎりゃく》』以降の倭国＝邪馬台（ヤマト）国観から、さかのぼって作られた誤解の国名であると論じている［西嶋、一九九九年］。私も最も説得力のある理解だと考えている。

永初元年は西暦一〇七年にあたる。私は井原鑓溝遺跡の甕（壺）棺の暦年代を二世紀の第1四半期と推定し、その被葬者こそ帥升だと考えている。最初の倭国王である帥升は、連合する傘下の部族的国家の王やオウに推戴されたのであろうから、彼は経験豊富で老練な権力者であったに違いない。そうであれば、年齢から推して、彼の死は朝貢した一〇七年から遠からずのちのことであったと考えるからだ。列島の二世紀前半期では、他に類をみない豪華な副葬品の数々もこの推定を裏付けている。

糸島市教育委員会は近年、この井原鑓溝甕（壺）棺の位置を特定すべく調査をつづけている。後漢鏡や大量の玉類を副葬する土壙墓や甕棺、壺棺が、一定の範囲内から次々と発見されている。少なくとも二世紀初めには、みずからを「倭国」と呼び、後漢王朝や朝鮮半島の諸国からも「倭国」と呼ばれた部族的国家の連合国家が誕生していた。盟主国はイト国であり、「王のなかの王」のさらなる上位に君臨した倭国王はイト国王だったのだ。このような二世紀の段階の倭国を、のちに三世紀になって更新される倭国と区別するために「イト倭国」と称しておきたい［寺沢、二〇〇〇年／寺沢、二〇一八年、第三部第三章／寺沢、二〇二一年］。

中期末以降（紀元後）の北部九州では、首長の墓に副葬される鏡の大きさや数だけをみても、その人物の階級的ランクがおおよそわかる（図12）。「王のなかの王」には大形をふくむ中国鏡が数十面、王には中形の中国鏡が数面、オウには中・小形の中国鏡が一面、小共同体の首長クラスには中形中国鏡の分割鏡一面か小形仿製鏡《ぼうせいきょう》（日本製の小形鏡）が一～二面、集落の長（邑長）程度ではせいぜい小形の分割鏡か仿製鏡が一面といったところだ。

「分割鏡」とは、中国鏡を多数保有するイト倭国王や傘下の国の王たちが、一面の鏡を分割して配下の共同体首長らに分配したと考えられるものである。第四章で出てくる「破砕鏡」とは性格が異なるので注意しておいてほしい。鏡片を手に入れた首長たちは、後生大事に身につけ、日常的に磨いていたようで、破断面までがつるつるになっている。穿孔《せんこう》して紐《ひも》を通して懸垂することも珍しくなかったようだ。

また小形仿製鏡の場合は、小形の中国鏡の径一〇センチほどを超えることはない。倭国にも大形鏡を鋳造することのできる技術は当然あった。にもかかわらず、ほとんど径八センチ未満なのだ。北部九州では小形仿製鏡の鋳型の出土状況から、クニごとに製作されていた可能性が高い。中国鏡

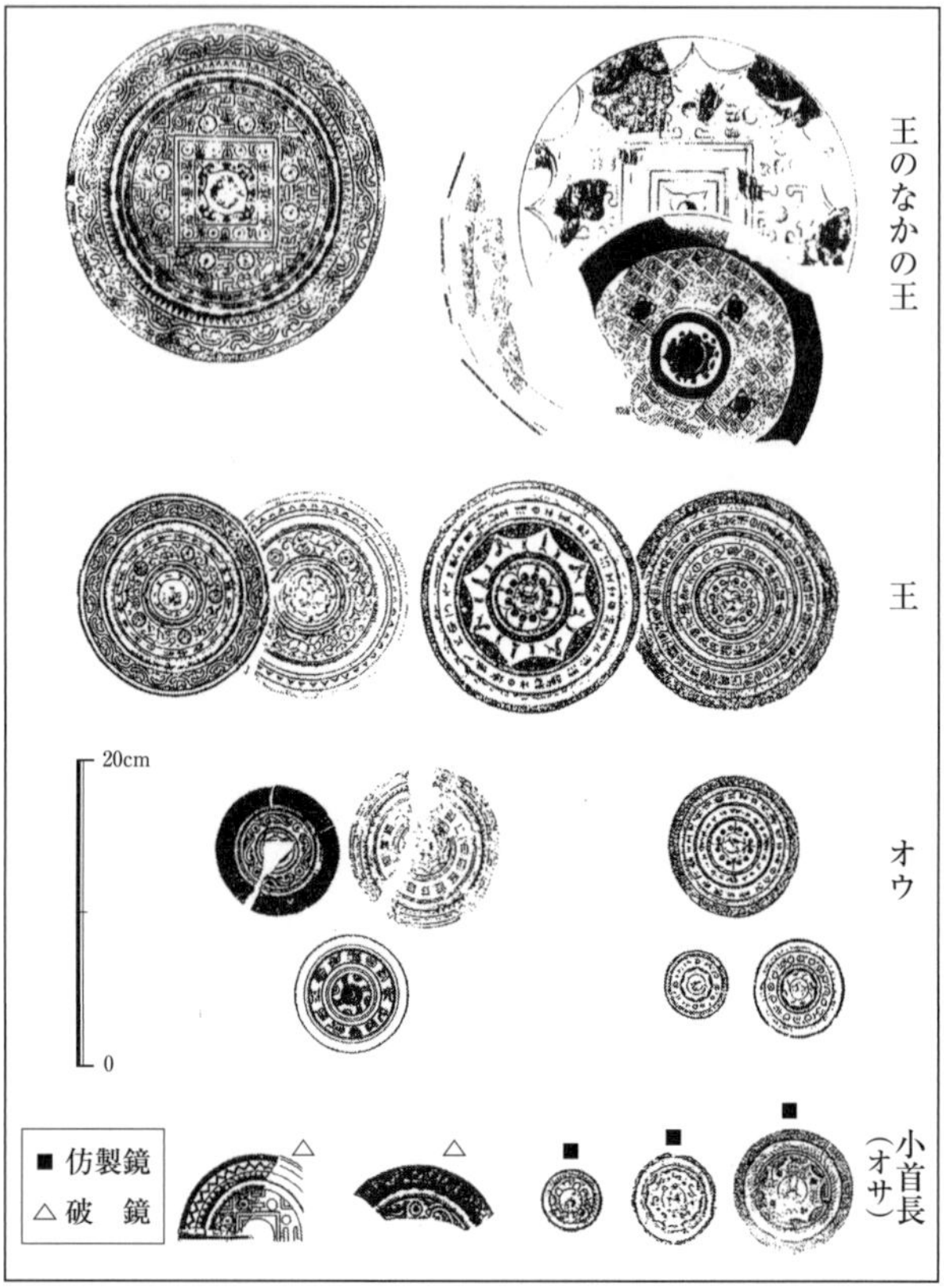

図12 鏡の大きさによる首長のランク（寺沢、2018年より）

の威信財としての社会的価値を担保し、所有する王たちの階級的ランクを明確に示すために、中国鏡の大きさだけでなく、イト倭国内における仿製鏡製作の面径規格にも強い規制がかかっていたと私は考えている。それほどに北部九州では、外的国家間の首長権力の階級構造は確固たるものがあった。

金印埋納の意味

二世紀のイト倭国の領域は、どれほどの広がりをもっていたのだろうか。それは後期後半の北部九州の部族的国家連合のマツリの広がり、つまり、マツリの最高の祭具である青銅製の広形銅矛・銅戈の分布範囲だと私は考えている。その具体的な領域とは、本節の前半（一二二ページ参照）でふれた中期までの北部九州圏から山口県を除き、代わって愛媛県と高知県の西部を加えた範囲である。イト倭国とは、この国に部族的国家が誕生して以来、消長と統合を繰りかえしながら最も成長し拡大したすがたなのである。

二世紀には成立していたイト倭国が、イト国を盟主として誕生したのであれば、ナ国に「王のなかの王」墓を超える墓が発見されない理由もおのずから明らかだろう。倭国王墓はピラミッドの唯一の頂点に位置しなければならないからである。

とはいえ、ナ国とイト国はほぼ対等の部族的国家だったと思われる。広形銅矛と銅戈の鋳型のほとんどはナ国の領域から出土する。イト倭国の王都はイト国の王都である三雲・井原遺跡群内にあったとしても、イト倭国のマツリの祭具はナ国製なのである。ナ国が青銅器や鉄器などの生産と交

写真８　**金印埋納地から南方の景観**　上段中央は能古島。左手はるかに福岡平野（ナ国の所在地）、右手に今津湾（イト国の玄関口）を望む（2013年11月15日、寺沢撮影）

易の拠点として、つまり経済的国家として繁栄したのに対して、イト国は政治・外交的国家として成長した。北部九州のこの二大部族的国家連合が手を組み、新たに「倭国」として東アジアの政治世界に躍り出たのだ。

　このように理解すれば、奴（ナ）国王が西暦五七年に下賜された金印が、一世紀後半頃（後期前葉）の奴（ナ）国王の墓（もちろん未発見であるが）に副葬されず、志賀島南端の叶崎《かなのさき》の高台に石を組んで埋納された理由にも、一つの解釈が生まれる［寺沢、二〇一八年、第三部第三章］。

　金印出土推定地はいま、福岡市の金印公園として整備されている。「海の中道」と呼ばれる陸繋《りくけい》砂洲《さす》によって陸行が可能だが、弥生時代は間違いなく博多湾の入り口に浮かぶ小島であった。甚兵衛の「口上書」にうかがわれる棚田の形状を今日に残す説明板前に立つと、眼前に博多湾が展開する（写真8）。すぐ正面には能古島《のこのしま》、左手遠方にはナ国の中心部、右手にはイト国の今津湾がかすかにみえる。「漢委奴國王」金印は、二大部族的国家連合が一体となって倭国を誕生させたとき、その証《あかし》として、ここに埋納されたのではないか。その時期は、帥升がイト倭国の王たちを随《したが》えて朝貢した一〇七年の直前ということになるだろう。

こうして二世紀のごく早い時期に倭国は成立した。その政体は、この節でみてきたように重層的な政治・経済的支配権力を基盤にもち、地理的に有利な環境と実績を生かして結んだ後漢王朝との外交関係を背景としていた。そして以後七、八〇年間、列島の政治経済と外交の主導権を握ることになるのである。

参考文献

石川日出志 二〇一八年「東夷印の中の「漢委奴國王」金印」『東アジア古代都市のネットワークを探る——日・越・中の考古学最前線』汲古書院

井英明編 二〇〇三年『馬渡・束ヶ浦遺跡——古賀グリーンパーク造成工事に伴う埋蔵文化財調査概要報告』古賀市教育委員会

井英明編 二〇〇六年『馬渡・束ヶ浦遺跡1——総合健康文化公園建設工事に伴う埋蔵文化財調査報告1』古賀市教育委員会

植木武 一九九六年「闘争・戦争モデル」『国家の形成——人類学・考古学からのアプローチ』三一書房

植木武編著 一九九六年『国家の形成――人類学・考古学からのアプローチ』三一書房
F・エンゲルス 一八七八年『オイゲン・デューリング氏の科学の変革（反デューリング論）』（菅原仰・村田陽一訳、『マルクス＝エンゲルス全集』第二〇巻、大月書店、一九七七年、第一六刷）
F・エンゲルス 一八八四年『家族、私有財産および国家の起源』（村井康男・村田陽一訳、大月書店、一九七九年、国民文庫版第四〇刷）
国立歴史民俗博物館編 一九九六年『倭国乱る』朝日新聞社
佐原真 一九九九年「日本・世界の戦争の起源」『人類にとって戦いとは1 戦いの進化と国家の生成』東洋書林
塩谷勝利編 一九八六年『早良王墓とその時代』福岡市歴史資料館
J・ダイアモンド 一九九二年『人間はどこまでチンパンジーか？――人類進化の栄光と翳り』（長谷川真理子・長谷川寿一訳、新曜社、一九九三年）
高倉洋彰 二〇〇七年「漢の印制からみた「漢委奴國王」蛇鈕金印」『國華』一三四一号
滝村隆一 一九七一年『マルクス主義国家論』三一書房
滝村隆一 一九七四年『増補 マルクス主義国家論――権力国家共同体の理論』三一書房
滝村隆一 一九八一年『国家の本質と起源』勁草書房
田中琢 一九九一年『日本の歴史2 倭人争乱』集英社
都出比呂志 一九九一年「日本古代の国家形成論序説――前方後円墳体制の提唱」『日本史研究』第三四三号
寺沢薫 二〇〇〇年『日本の歴史02 王権誕生』講談社
寺沢薫 二〇一五年「「漢委奴国王」金印贋作論の顚末」『森浩一先生に学ぶ――森浩一先生追悼論集』同志社大学考古学研究室
寺沢薫 二〇一八年『弥生時代国家形成史論』吉川弘文館

寺沢薫 二〇二一年『弥生国家論――国家はこうして生まれた』敬文舎
西嶋定生 一九九九年『倭国の出現――東アジア世界のなかの日本』東京大学出版会
橋口達也 二〇〇七年『弥生時代の戦い――戦いの実態と権力機構の生成』雄山閣
橋口達也 二〇一一年「戦争と地域社会」『講座日本の考古学5 弥生時代（上）』青木書店
平尾和久編 二〇一三年『三雲・井原遺跡Ⅷ――総集編』糸島市教育委員会
M・フリード、M・ハリス、R・マーフィー編 一九六八年『戦争の人類学――武力紛争と攻撃性の研究』（大林太良・蒲生正男・渡辺直経訳、ぺりかん社、一九七七年）
I・ブレマー 二〇一八年『対立の世紀――グローバリズムの破綻』（奥村準訳、日本経済新聞出版社、二〇一八年）
森貞次郎・岡崎敬・藤田等・高島忠平ほか 一九八二年「宇木汲田遺跡」『末盧国――佐賀県唐津市・東松浦郡の考古学的調査研究』六興出版
山田広幸編 二〇一四年『国史跡田熊石畑遺跡』宗像市教育委員会
吉田孝 一九九七年『日本の誕生』岩波新書

第三章　王権誕生への道

第一節　「倭国乱」の実像

「倭国乱」はいつのことか

前章では、この国の歴史的な国家形成が紀元前の部族的国家の誕生にはじまり、北部九州でそれが真っ先に、そして最も典型的なかたちで重層的な発展をとげたことを明らかにした。

一方、列島の他地域、例えば瀬戸内海沿岸地域や山陰・北陸地域、そして近畿や東海地域などでは、部族的国家の形成は北部九州に比べると漸進《ぜんしん》的で、きわめて緩慢なかたちで進行したのである。言い方をかえれば、北部九州以外の地域の部族的国家は、外的国家としての政治的・階級的要素が稀薄で、どちらかといえば経済的・祭祀的な要素に重心を置いた国家形成が進んでいたと考えられる。

いまその地域的諸相を一つずつ紹介する余裕はないけれど、邪馬台国論で北部九州とつねづね対置される、のちに畿内と呼ばれる近畿地方中枢でも、部族的国家間の重層性が顕在化することはなく、首長を頂点とする政治的権力や階級的権力がいちじるしく強化されることもなかったのである。

近畿地方中枢の経済面や文化・技術面での発展は、けっして北部九州に見劣りするものではなかったが、相対的に平穏で豊かな自然環境を享受する安定した社会のもとでは、外的国家意志のあからさまな発動である戦争は大規模化、頻発化することはなく、首長は軍事指揮官としての能力よりも、社会・経済面における指導力や、祭祀における共同幻想の集約力と拡大力が問われたのである。農業生産の増大を願う銅鐸のマツリへの特化がみられ、北部九州のような民衆とは隔絶した首長墓が存在しないのはそのためである［寺沢、二〇一八年、第二部第四章］。

さて、『魏志』倭人伝には、次の有名な記事が載る。

其国、本亦以男子為王、住七八十年、倭国乱、相攻伐歴年、乃共立一女子為王。名曰卑弥呼。

其《そ》の国、本《もと》亦《ま》た男子を以《もっ》て王と為《な》し、住《とど》まること七、八十年、倭国乱れ、相攻伐《あいこうばつ》すること歴年、乃《すなわ》ち一女子を共立して王と為す。名づけて卑弥呼と曰《い》う。

「其の国」とは邪馬台国を指すとみるむきもあるが、本文が倭国女王卑弥呼の共立にいたる経緯を述べる文脈中にあることや、倭人伝全体の記述意図から考えれば、倭国を指すと理解するのが正しい。「倭国はもともと男性を王とし、男王の治世が七、八〇年つづいた。しかし倭国は乱れ、何年にもわたってたがいに攻撃しあった。そこで、一人の女性を共に倭国王に推戴した。その名を卑弥呼という」。この卑弥呼共立の背景には、各地の首長たちによる会同と盟約の締結（会盟）があったはずである。倭国の大規模な再編があったことを想定させるに十分な記載なのだ。

「倭国乱《わこくらん》」を終息させるべく調停会議に集結したのは、従来のイト倭国のメンバーにとどまらなかったであろう。それ以外のクニ・国の首長たちも新たに加わったと私は考えている。『魏志』倭人伝は、陳寿《ちんじゅ》（二三三～二九七年）が二八〇年代の編纂時における事実と情報にもとづいて、「倭国乱」を記載しているのであるから、ここでいう「倭国」の領域は、イト倭国の範囲ではなく、卑弥呼共立以後の倭国の広がりを自明の前提としているのである。

つまり「倭国乱」をはさんで、倭国はそれまでのイト倭国体制から、新しい倭国女王卑弥呼の体制へと大きく舵を切ったことになる。私はその新体制を「新生倭国」と呼んで、それ以前のイト倭国とは厳に区別する。その領域は、新しくこの調停会議に参加したイト倭国以外の幾多のクニ・国をふくむ範囲へと拡大しているはずであるが、具体的な諸相はこれから適時詳しく述べていくことにしよう。

ただし『魏志』倭人伝は、「倭国乱」の実年代を明確には語っていない。一方、『後漢書』東夷伝は「倭国大乱」を「桓霊《かんれい》の間」（桓帝と霊帝の治世で一四六～一八九年）とし、『梁書《りょうしょ》』諸夷伝倭条や『北史《ほくし》』列伝倭条は「霊帝の光和《こうわ》中」（一七八～一八四年）と書く。

ほとんどの研究者はこの記載をもとに、卑弥呼の共立は二世紀末（一八〇年代）の出来事と考えてきた。しかし、文献にはうとい私でさえ、この年代観をそのまま受け取ることには大いにためらいを感じる。倭国のこの時代の政治状況を判断するには、卑弥呼共立の実年代が決定的に重要な意味をもっている。したがってその見極めには、卑弥呼共立という事件の背景を合理的に説明できる考古学のデータと関連史料の提示が必要であろう。

私がためらう理由は二つある。第一に、史書にみえる「桓霊」「桓霊の間」とは、桓帝（劉志《りゅうし》）、霊帝（劉宏《こう》）とつづく二代の皇帝の在位年代を正確に指し示すことを意識したものではなく、政治と社会が混乱を極めた、不徳の皇帝の暗澹《あんたん》たる時代を象徴する常套《じょうとう》的表現なのである。『三国志』においても、「魏書」東夷伝の韓条をはじめ、ほかにも何度か用いられている。この言いまわしは、王朝が急速に衰亡へと向かう後漢末期を概念的に指す、いわば代名詞にすぎないのである。第二に、『三国志』以外の史書は、いずれもずっとのちの五～七世紀に編纂されたものだから、原史料にもとづく情報のオリジナリティに乏しいと考えられることである。

ただし、以下の事実は確認しておきたい。「桓霊の間」の後漢王朝の混乱と衰退にともなう求心力の低下が、東アジア全域の秩序におよぼした影響は大きかった。「倭国乱」と史書に記された列島の混迷が、二世紀末頃に出現していたことは、他の周辺諸国でも起こっている同様の状況からみて、間違いないだろう。

卑弥呼共立の年代を見極める

前章の末尾でみたように、安帝の永初元年（一〇七）に朝貢した帥升《すいしょう》は、その直前に成立したイト倭国の最初の王と考えられる。そうであれば、帥升とそれにつづくイト国男王がイト倭国の王でもあった時間幅、すなわち『魏志』倭人伝にいう「住《とど》まること七、八十年」は、のちの『梁書』や『北史』に倭国が乱れたと伝える時期「霊帝の光和中」（一七八～一八四年）と、数字のうえではみごとに符合することになる。史書としての年代上のつじつまは、正確に合わされているのである。

しかし私は、古代史のキーポイントとなる卑弥呼共立の実年代の見極めは、そのような不確かな年代観にたよるべきではないと考えている。『魏志』倭人伝は「倭国乱」について「相攻伐すること歴年」と書く。『後漢書』や『隋書』東夷伝倭国条は「倭国大乱」あるいは「其の国（倭国）大乱」、「歴年主無《あるじ》し」と記す。『北史』にも「歴年主無し」という記載がある。つまり倭国の混乱がどれだけつづいたのか、正確にはわからないのである。仮に帥升擁立から「倭国乱」までの時間幅が「七、八十年」であったとしても、「倭国乱」の時間幅が正確にはわからないのだから、卑弥呼共立の厳密な実年代は保証されていないことになる。

「乱」、「大乱」、「歴年主無し」という表現の内実を、あらためて検証する必要がある。あとで述べるように、私は考古学上の成果と照らし合わせて、この時期、大規模な戦乱が繰りひろげられたとはまったく考えていない。「歴年主無し」とは、中国側からみて倭国王が定まらない、倭国を代表する外交窓口が存在しない状況が、かなり長期におよんだことをいうのである。

私は、卑弥呼共立の年代はむしろ『三国志』「魏書」東夷伝の韓条の以下の記載に求めるべきだと考えている。

桓霊之末、韓濊彊盛、郡県不能制、民多流入韓国。建安中、公孫康分屯有県以南荒地為帯方郡、遣公孫模張敞等収集遺民。興兵伐韓濊、旧民稍出。是後倭韓遂属帯方。

桓霊の末、韓・濊彊盛《わいきょうせい》にして、郡県制する能《あた》わず、民多く韓国に流入す。建安中《けんあん》、公孫康《こうそんこう》、屯有県《とんゆう》以南の荒地を分かちて帯方郡《たいほう》と為《な》し、公孫模《こうそんも》・張敞《ちょうしょう》等を遣わして遺民を収集せしむ。

兵を興して韓・濊を伐ち、旧民稍《ようや》く出づ。是《こ》の後、倭・韓は遂《つい》に帯方に属す。

ここでも朝鮮半島が混乱するのは、やはり「桓霊の末」である。「韓と濊の勢力が強くなり、郡（楽浪郡《らくろう》）やその配下の県ではそれを制することができず、民衆が多く南の韓へと流入してしまった。建安年間（一九六〜二二〇年）、公孫康は屯有県より南の荒地を割いて新たに帯方郡を設け、公孫模や張敞らを遣わして、遺《のこ》っていた漢の民を収め集めさせた。兵を起こして韓と濊を伐ち、もとの民衆はようやく韓を出て戻ってきた」というのである。そしてこのあとに注目すべき一文がつづく。「これよりのち、倭と韓は帯方郡に属した」。帯方郡の設置から間もなく、倭と韓は公孫氏が支配する帯方郡に臣属したのである。

公孫康が父の公孫度《たく》のあとを継いで遼東《りょうとう》太守となったのは、建安九年（二〇四）のことである。帯方郡が設置されたのは、その直後であろう。公孫康はさらに高句麗《こうくり》の王位継承をめぐる内紛に介入し、攻撃された高句麗の伊夷模《いいも》一派は二〇九年頃、丸都城《がんとじょう》（吉林省《きつりん》集安市《しゅうあん》）に逃れ、ここを都とした。この前後、魏の部将による高句麗、沃沮《よくそ》、濊への討伐がおこなわれていることから、山尾《やまお》幸久《ゆきひさ》氏は「魏書」東夷伝の韓条に記された公孫氏の軍事行動（「兵を興して韓・濊を伐つ」）もまた、それらと一連の出来事であったとみる。倭と韓が帯方郡に属したのは、これら一連の対外夷《がい》強硬策の帰結であるとして、二〇九年前後のことと考えている［山尾、一九七二年］。じつに妥当な見解であろう。

いままであまり注目されなかったこの事実を、私は重視したい。後漢王朝が衰退し、中国本土が動乱期に入った二世紀末から三世紀初め頃、それまで後漢の権威を背景として倭国（イト倭国）の政治と外交をリードしてきたイト国が牽引力を失いはじめ、倭国は盟主不在の混乱状態に陥っていた。このとき、西日本を中心とする主要なクニ・国が集まり、事態を打開するべく一女性を倭王として共立し、倭国の再編をめざした。新生倭国誕生のストーリーの大枠が、ここにみえてきたように思う。

そうであれば、卑弥呼共立の歴史的契機は、東夷伝の韓条に「遂に帯方に属す」と記された出来事をおいて他にないのではないか。卑弥呼が共立された背景には、おそらく国内事情だけではなく、新しく帯方郡を置いた公孫氏の思惑と働きかけがあった。そして共立は通説の二世紀末ではなく、三世紀のごく早い時期に実現したのである。

二世紀後半の東アジア情勢

ここでもう少し、「倭国乱」の遠因となった後漢王朝の混迷のようすをみておこう。

ちょうど倭国王帥升が安帝に朝貢した永初元年（一〇七）、光武帝の頃から甘粛《かんしゅく》・陝西《せんせい》に移住させられていたチベット羌族《きょうぞく》が、過重な徭役《ようえき》と兵役を賦課されたことから反乱を起こした。反乱は一二年間にわたり、軍事費の支出は二百四十余億銭にもおよんだという。順帝《じゅんてい》の永和《えいわ》五年（一四〇）に羌族はふたたび反乱を起こし、一〇年間にわたる羌族反乱の鎮圧に要した軍事費は八十数億銭におよび、国家財政を強く圧迫した「鶴間、二〇〇三年」。

桓帝の時代、鮮卑族の檀石槐《だんせきかい》が大人《たいじん》（大首長）に選ばれると、弾汗山《だんかんざん》（河北《かほく》省張北《ちょうほく》県）に本拠を置いて、強い指導力で諸部族を統合した。匈奴《きょうど》にかわってモンゴル高原のほとんどを制圧すると、桓帝の永寿《えいじゅ》二年（一五六）、中国北辺へと攻め入った。たびたび辺境を脅かされた桓帝は、延熹《えんき》九年（一六六）、檀石槐を鮮卑王に冊封して和親を結ぼうとするが、懐柔策はことごとく無視された。その後も侵寇《しんこう》はおさまらず、後漢王朝の権威は大いに失墜したのである。

さらに霊帝の熹平《きへい》六年（一七七）、檀石槐は三十数回もの侵寇を繰りかえし、食糧の収穫期を狙っての掠奪や殺戮《さつりく》は、辺境の農民を震えあがらせた。その影響は、それまで後漢側に与《くみ》していた烏《う》桓《がん》（烏丸）の離反と独立へと波及することになった。こうして周辺諸民族は玉突き的に、個々の部族的国家（クニ）の段階から、独自の連合体（国や国連合）の形成へと、動きを加速しはじめたのである。

東北方においても王朝の衰微は明らかであった。連合体形成に最も積極的な動きをみせていたのが高句麗である。和帝《わてい》の元興《げんこう》元年（一〇五）の遼東郡への侵寇を皮切りに、安帝（在位一〇六〜一二五年）の時代以降、鮮卑や濊貊《わいはく》、夫余《ふよ》などとともに、高句麗の侵犯はいよいよ盛んになり、遼東、玄菟《げんと》、楽浪の各郡におよんだ。順帝（在位一二五〜一四四年）のときには遼東の西安平《せいあんぺい》県を攻め、その途中、帯方令を殺戮し、楽浪太守の妻子を掠奪するという始末であった。『後漢書』郡国志によればこの当時、かつて『漢書』地理志にみえた楽浪郡の人口約四〇万は、二五万にまで激減している［窪添、一九八一年］。

一方、帝国の内部でも混乱がはじまっていた。新《しん》の王莽《おうもう》末期の内乱によって一千数百万人にまで落ち込んだ人口は、後漢の光武帝による王朝の再建以来、年二パーセントの順調な伸び率を示し、永寿三年（一五七）には可耕地に対する適正規模を超えて五六四八万六八五六人と過剰に転じた［岡田、一九七八年］。

こうした人口圧に加え、自然災害（水害、旱魃《かんばつ》、虫害、地震、疫病など）が発生した年の比率は、前漢代の二一四年中の三二年（一五パーセント）に比べて、後漢代の一九五年中の一一九年（六一パーセント）にまで高まり、世情は年を追うごとに悪化をたどった［鶴間、二〇〇三年］。災害の頻発は食糧生産を阻害し、飢饉と疫病、そして各地で勃発する動乱も加わって、増大した人口は黄巾《こうきん》の乱以降、一気に一〇分の一以下に激減した。三世紀の魏《ぎ》・呉《ご》・蜀《しょく》三国の合計は約五〇〇万人ともいう［岡田、一九七七年］。

順帝の頃から、民衆の不満は急激に高まった。幽州《ゆうしゅう》、青州《せいしゅう》、徐州《じょしゅう》、冀州《きしゅう》、揚州《ようしゅう》、荊州《けいしゅう》、交州《こうしゅう》などの広い地域で反乱が立てつづけに勃発し、中央政府はその鎮圧に大いに手を焼いていた。

加えて、和帝（在位八八〜一〇五年）以降の朝廷では、皇后や皇太后の外戚《がいせき》が幼帝を擁立して権勢をわがものとしていた。沖帝《ちゅうてい》（在位一四四〜一四五年）、質帝《しつてい》（在位一四五〜一四六年）、桓帝（在位一四六〜一六七年）と三代の幼帝を擁立して、長く専権をふるった外戚の梁冀《りょうき》は、桓帝の最初の皇后だった妹の梁女瑩《じょえい》が延熹二年（一五九）に亡くなると、ただちに桓帝によって誅殺《ちゅうさつ》された。

ところが今度は、宮廷で重用されていた宦官《かんがん》が実権を握ることになる。宦官による政権の壟断《ろうだん》に対して、これに不満をもつ儒家官僚や太学生《たいがくせい》（首都の官立学校の学生）らが批判運動を起こした。桓帝の延熹九年（一六六）、宦官側は批判勢力の中心人物二百余名を「党人」（徒党を組む不穏分子）として逮捕した。翌永康《えいこう》元年（一六七）、彼らはいったん釈放されたものの郷里に帰らされ、任官資格を終身剝奪される処分（禁錮《きんこ》）を受けたのである（第一次党錮《とうこ》の禁）。

この年の一二月に桓帝が崩御し、翌建寧《けんねい》元年（一六八）、霊帝が即位する。外戚の竇武《とうぶ》らは宦官勢力の一掃を計画するが、機先を制されて逆に殺された。そして翌年（一六九）には、党人百余人が逮捕・処刑され、多くの関係者が禁錮処分にあった（第二次党錮の禁）。

こうした一連の事件が引き金となって、霊帝の中平《ちゅうへい》元年（一八四）二月、張角《ちょうかく》がはじめた道教系の新興宗教、太平道《たいへいどう》の信徒たち三十余万人がいっせいに蜂起した。黄巾の乱である。反乱の主力はその年のうちに鎮圧されたものの、後漢の支配体制は大きな打撃を受け、これら宗教結社の農民救済活動はますます反体制の政治運動へと発展していった。

この間にも毎年のように鮮卑は北辺を脅かしつづけた。豪族の土地兼併《けんぺい》、宦官の収奪、頻発する災害や飢饉《ききん》によって、窮乏した農民は流民化する一方、宮廷内部は宦官と外戚の暗闘に明け暮れていた。『後漢書』東夷伝にいう「桓霊の間」とは、まさしくこのような帝国の崩壊過程のただなかだったのである。

そして事態はいよいよめまぐるしく展開する。中平六年（一八九）四月に霊帝が崩御すると、弘農王劉辯《こうのうおうりゅうべん》（少帝）が即位した。その母の何《か》太后を擁した兄の大将軍何進《かしん》は、名門の袁紹《えんしょう》らとともに宦官誅滅を企てる。計画は漏れて何進は殺されたが、袁紹は軍を率いて宮廷の宦官二〇〇〇人を殺戮したのである。このとき援軍としてあらかじめ何進に呼び寄せられ、并州《へいしゅう》を出て洛陽《らくよう》郊外に待機していた董卓《とうたく》は、混乱を極める首都に入城し、何進の軍を接収して実権を掌握した。そして保護していた少帝を廃し、その弟の陳留王劉協《ちんりゅうおうりゅうきょう》を帝位につけた。後漢最後の皇帝、献帝《けんてい》である。

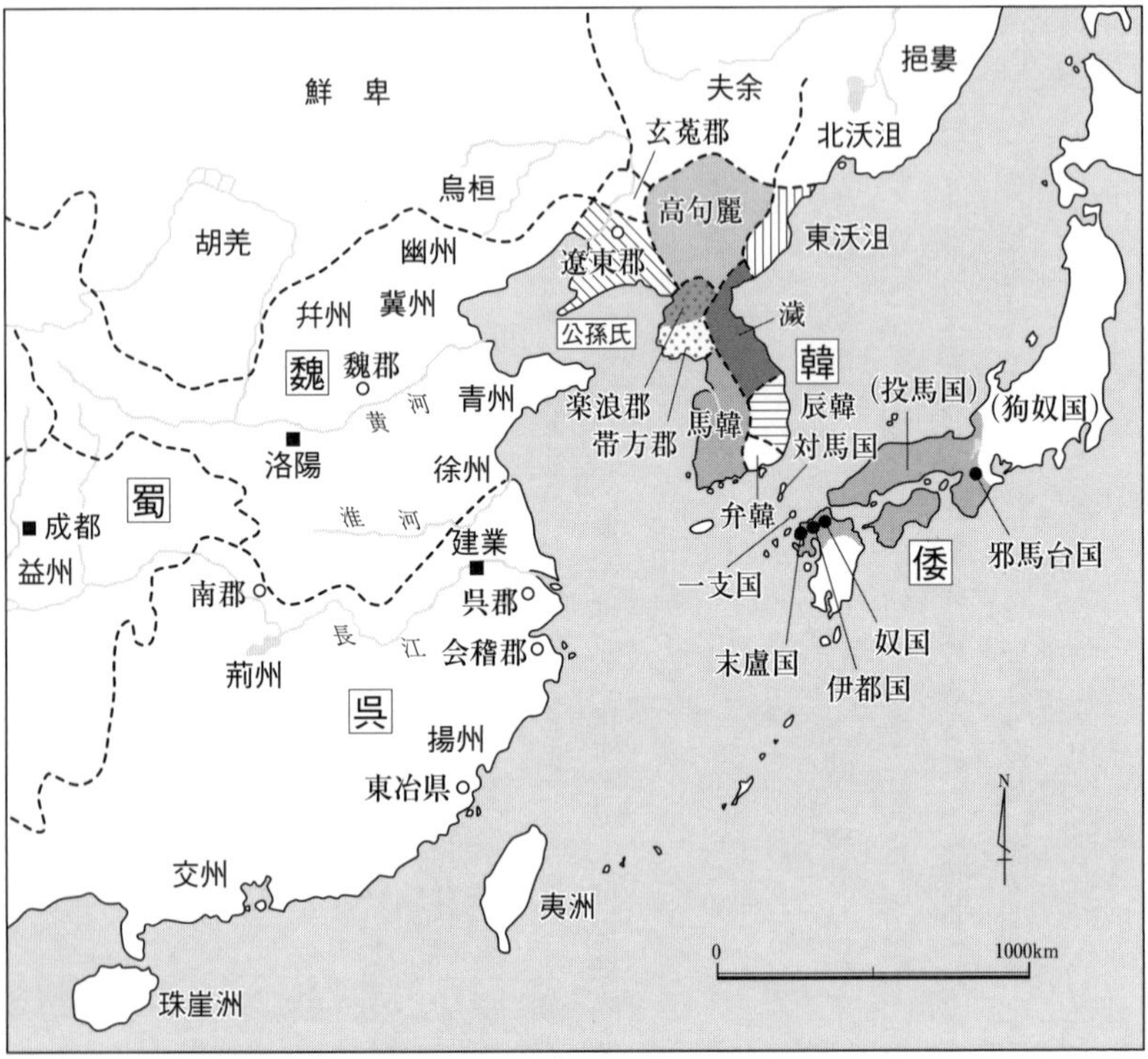

図1　２世紀末～３世紀初め頃の東アジアの政治的版図（寺沢、2000年より）

洛陽を占拠した董卓は政権を独占し、年号を初平《しょへい》（一九〇～一九三年）と改めた。これに対して、急遽《きゅうきょ》冀州に逃れた袁紹は董卓討伐軍を組織し、その盟主として洛陽へ進撃を開始した。董卓は初平元年（一九〇）三月、洛陽を焼き払って長安に遷都したが、のち側近の呂布《りょふ》に殺害される。ここに中央政府は壊滅状態となり、時代は群雄争覇《そうは》の「三国志の世界」へと突入するのである（図1）［金子、一九九八年など］。

公孫氏の台頭

初平元年（一九〇）は、東

海をへだてた辺境に位置する倭国にとっても、きわめて重大な事件が起こった年である。公孫度が事実上の独立を表明したのである。

遼東郡襄平《じょうへい》県出身の公孫度は、黄巾の乱につづく混乱に乗じて、董卓らの推挙で遼東太守の地位を得ると、高句麗と烏桓を討って威をふるった。初平元年の正月には、董卓が洛陽で献帝を擁して郊天《こうてん》の祭祀（天子が郊外で天をまつること）をおこなっている。中原《ちゅうげん》の騒乱を知り、王朝の命運が尽きようとしていることを察した公孫度は、遼東と玄菟の二郡を領有し、さらに渤海《ぼっかい》湾を越えて山東半島北岸の東萊《とうらい》郡の属県を占有して営州《えいしゅう》刺史《しし》を置いた。そしてみずから遼東侯・平州牧《へいしゅうぼく》（長官）を名乗ったのである。しかも、漢の高祖《こうそ》（劉邦《りゅうほう》）と光武帝（劉秀《しゅう》）の二祖廟《にそびょう》を立てて、郡都襄平城（遼寧《りょうねい》省遼陽《りょうよう》市）で天地を郊祀《こうし》し、籍田《せきでん》（宗廟《そうびょう》に供える祭祀用の穀物を天子みずから耕作する儀式）をおこなって、漢の制を踏襲した［金子、一九九八年など］。

当時の中国は一般に「三国志の時代」といわれるけれど、王権誕生前夜の倭国の動向は、公孫氏政権の存在を前提としなければ理解することができない。袁紹に従って董卓討伐の一翼を担った曹《そう》操《そう》はその後、急速に頭角を現し、建安元年（一九六）には、献帝を荒廃した洛陽から許《きょ》（許昌《きょしょう》）に迎えた。『三国志』「魏書」公孫度伝によれば、曹操は公孫度を推挙して武威《ぶい》将軍とし、永寧郷侯《えいねいきょうこう》に封じたが、公孫度は「我王遼東、何永寧也（我れ遼東に王たり、何ぞ永寧ならんや）」といって、印綬を武庫に放り込んでしまったという。

献帝の建安九年（二〇四）、公孫度が亡くなると、さきに述べたように、あとを継いだ子の公孫康が帯方郡を設置する。帯方郡は東方辺境との窓口となるが、後漢王朝は遼東より僻遠《へきえん》の地を「絶域」とみなし、「海外の事」として公孫氏に委ねたのである。公孫淵《えん》伝の裴松之《はいしょうし》による注には、かつて曹操が公孫氏に対して次のように命じたことを述べる史料が引かれている。「海北土地、割以付君、世世子孫、実得有之（海北の土地、割きて以《もっ》て君に付す、世世子孫、実《まこと》に之《これ》を有《たも》つを得ん）」。曹操も公孫氏による海北（遼東）の実効支配を認めていたのである。そこには南方の呉、西方の蜀と対峙している魏の、公孫氏に対する戦略的融和策があった。

一方、大国である魏と呉との間で活路を見いださねばならない公孫氏としては、魏と呉を牽制するために、いかに韓や倭を臣属させ自陣営に引き入れるかに躍起となっていたに違いない。帯方郡の設置後、公孫氏はただちに韓と倭に近づいて、外交関係を結ぶことを強力に求めてきたであろう。それは、「倭国乱」という政情を早期に収拾し、外交窓口を一元化したい倭国側の思惑とも一致し、倭国再編への契機となったはずである。

倭と公孫氏との具体的な通交は記録に残っていない。けれどもこれをきっかけに、三世紀のごく早い時期に、倭国は公孫氏との外交関係に踏み入ったことは確かであろう。はたして両者の間の通交はどのような形式をとるものだったのか、その政治・外交上の内実は文献からは知りようがない。だから文献史家のなかには、「是《こ》の後、倭・韓は遂《つい》に帯方に属す」の文言は、たんに倭との外交の所管が楽浪郡から帯方郡に替わったという事実を記しただけだという見方もある［西嶋、一九九九年］。この理解に立つ人は多い［西本、一九八九年／田中、二〇一四年など］。

しかしこの一文は、一九〇年に独立を表明して東アジア世界に躍り出た公孫度の遺志を引き継いだ公孫康が、東方経営と魏呉対策のために帯方郡を設置したという事件を受けて記されていることに最大限の注意を払うべきである。陳寿の言わんとするところを敷衍《ふえん》すれば、「倭と韓は魏の時代をへて、いま（二八〇年代の編纂時）は晋に属しているが、帯方郡を介するこうした中国王朝との関係は、倭と韓が公孫氏に属したこの時から始まっている」ということであろう。公孫氏政権との外交関係の実現は、倭の対魏晋外交の前段階として積極的に評価しなければならない［寺沢、二〇〇八年］。

二世紀後半の列島情勢

二世紀後半の後漢王朝の衰退は、その冊封体制下にあった倭国（イト倭国）の盟主イト国を取り巻く政治的環境に影を落としはじめた。帝国の求心力の低下は、イト国およびイト倭国の政治的支配力や外交的権威を揺るがせることになったに違いない。

私はその状況が考古学的事実にも反映しているとみている。二世紀後半にあたる弥生時代後期後葉から末にかけて、イト倭国以外の地域の首長墓や部族的国家のマツリに大きな変化が現れ、地域ごとの部族的国家群がアイデンティティを主張しはじめるからである。なかには部族的国家をあげての旧来のマツリを廃して、首長層がみずからの権力や権威を墓に誇示することで新たなマツリを模索しはじめた勢力もある。イト倭国を取り巻く列島各地でこうした気運が高まり、その運動が広がるのである。

図2は、後期後半の各地域のオウ（王）族墓やマツリにみられる特徴と独自性を示したものだ。北部九州、近畿、東海西部を中心とした地域では、弥生時代中期からの伝統的な部族的国家のマツ

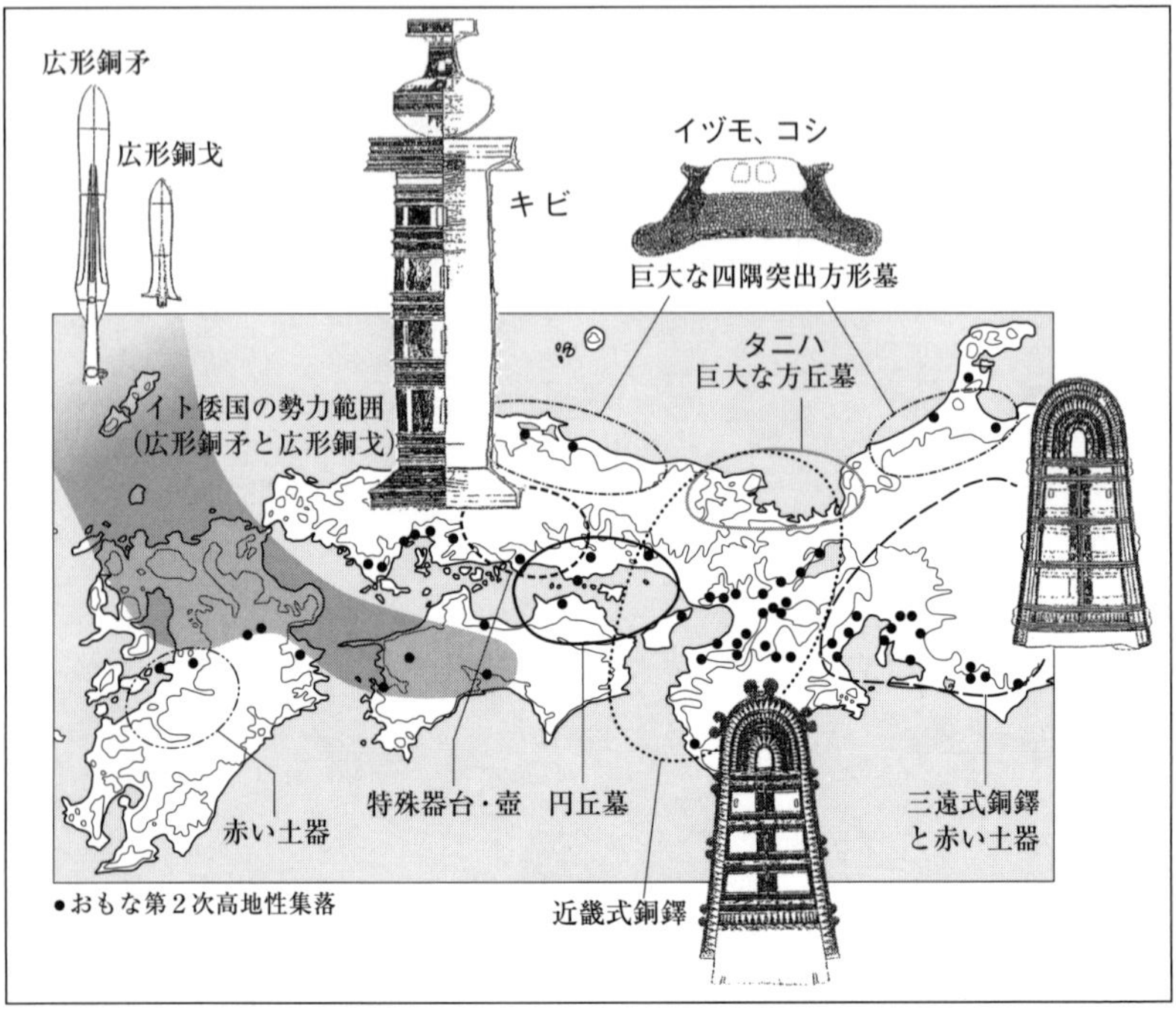

図2　「倭国乱」の頃の地域勢力とそのシンボル（寺沢、2000年より）

リをいっそう盛大におこなっていたようすが見て取れる。

イト倭国では青銅製の武器形祭器である銅矛と銅戈がますます巨大化し、それらはおもにナ国で生産されて、イト倭国傘下の各クニグニへと政治的に配布されていく。もちろんマツリを主宰し執行するのはオウや王であり、ここではオウ（王）族の祖霊を増大させ、イト倭国体制を強化することが目的化されている。

近畿では、近畿式と呼ばれるいっそう装飾性を高めた銅鐸が巨大化し、やはりクニ単位に流布していくようだ。ただし北部九州ほどには配布元の一元性は明瞭でなく、政治性は稀薄である。共通のマツリとシンボル（カミ）によって緩やかにまとまった共同幻想が維持されていたのであろう。東海西部では三遠式《さんえんしき》と呼ばれる型式の銅鐸が、近畿地方と同様の状況で分布する。近畿と東海西部でもマツリを主宰するのはオウや王であるけれど、祖霊の増大よりむしろ穀霊の増大や部族的国家の安寧と発展が目的化されている。

一方、山陰地域（広い意味でのイヅモ）では、もともと青銅製の武器形祭器である独自の出雲型銅剣（中細形銅剣C）と銅鐸とをマツリのシンボル（カミ）としていたが、後期中頃になると青銅製祭器によるマツリを廃して、部族的国家のオウ（王）族墓の造営にマツリの労力を投入するようになる。それはオウや王の祖霊こそが部族的国家の強化と発展をもたらすという北部九州的観念の導入でもあったが、青銅製祭器の大形化ではなく、独創的で巨大な墳丘をもつ墓を造ることに威信をかけたのである。

その墓は四隅突出方形墓《よすみとっしゅつほうけいぼ》と呼ばれる。石を貼った方形の墳丘の四隅に足のような突出部を付けた形で、中期初めには山陰や中国山地に出現し、しだいに突出部を拡張させて後期後半には巨大墳丘墓へと発展する。突出部の意味づけについては、方丘の四隅の境界辟邪《へきじゃ》であるとする説や、墳丘上への通路が発達したものとする説、また、霊界への接点・結界を表象するものと考える説などがある。その解釈はともかく、私は朝鮮半島の貼石方形墓《はりいしほうけいぼ》に起源があり、山陰地方に伝来して独自の発展をとげたものと考えている。

二世紀後半のイヅモの大形の四隅突出方形墓は、ほぼクニ単位に分布するオウ族の墓である。そのなかでもひときわ巨大な墳丘をもつのが、島根県出雲市西谷《にしだに》墳丘墓群と安来市塩津山《しおつやま》墳丘墓群、

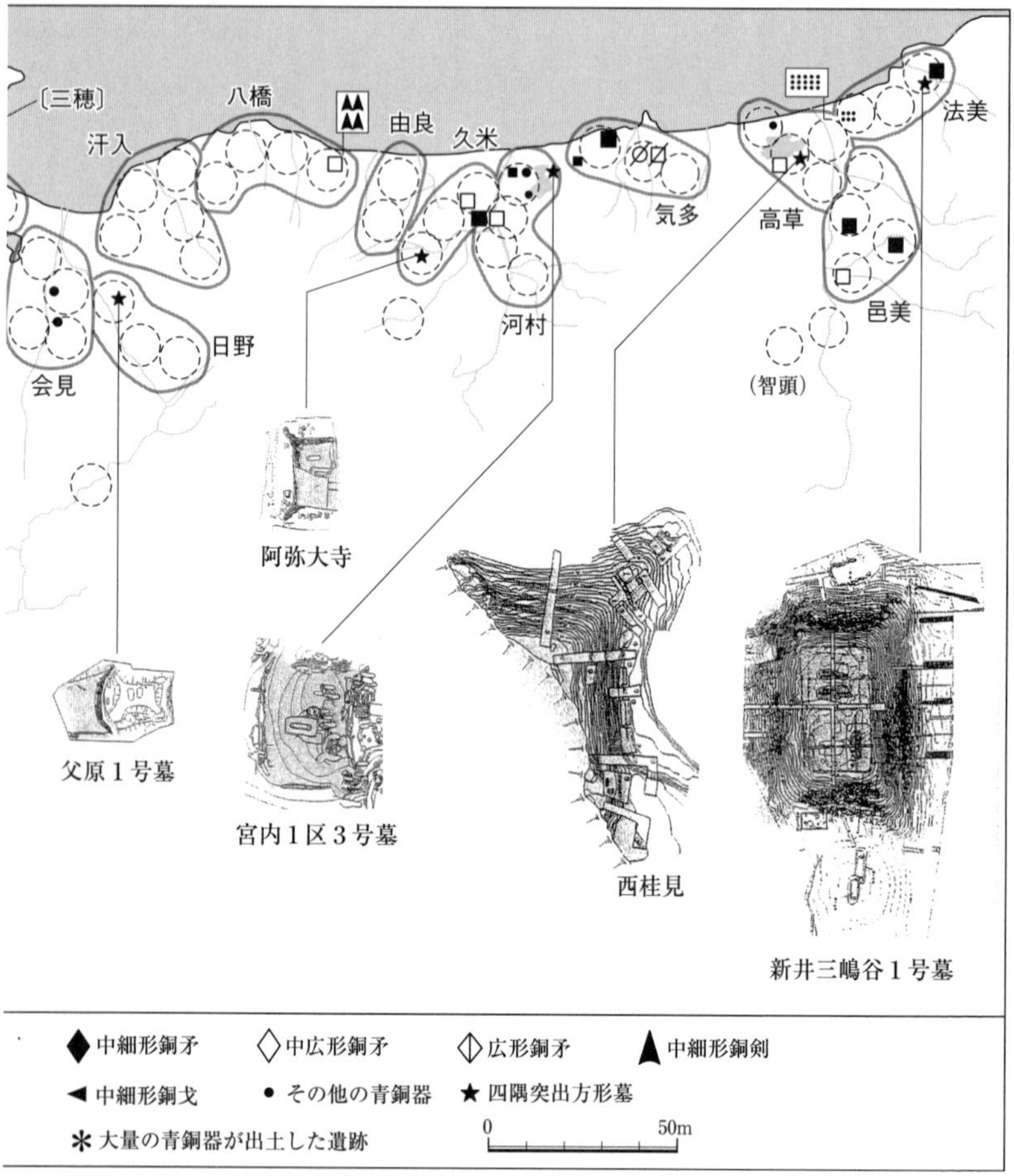
〔三穂〕
八橋
汗入
由良
久米
気多
高草
法美
邑美
河村
日野
会見
(智頭)
阿弥大寺
父原1号墓
宮内1区3号墓
西桂見
新井三嶋谷1号墓
中細形銅矛
中広形銅矛
広形銅矛
中細形銅剣
中細形銅戈
その他の青銅器
四隅突出方形墓
大量の青銅器が出土した遺跡
0
50m

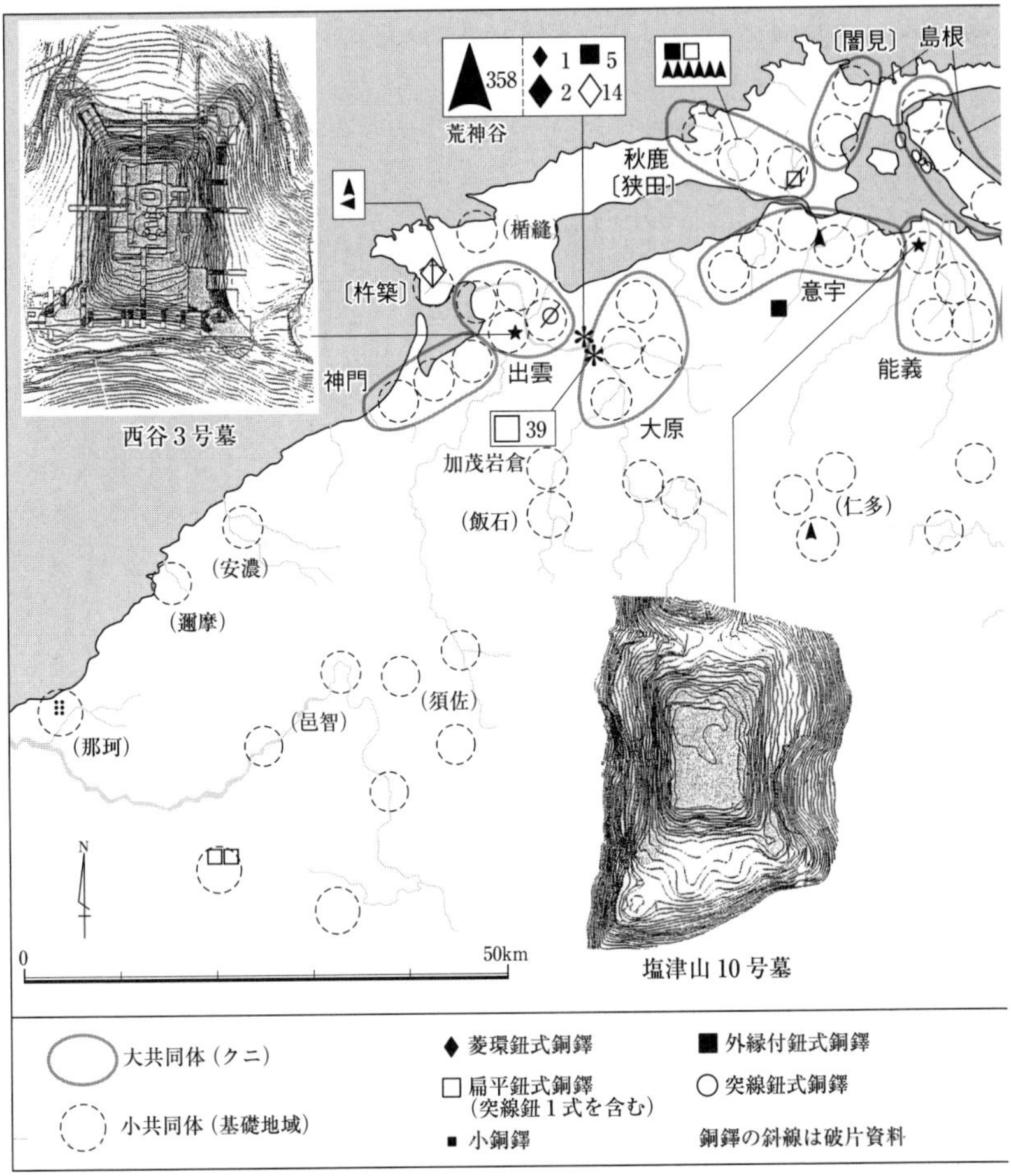

図3 「イヅモ」世界の部族的国家とオウ族墓 大共同体(クニ)の存在やその範囲が明確でない地域はやや小さな明朝体で( )内に示した。また〔 〕内は『出雲国風土記』の国引き神話に登場する四国である(寺沢、2010年より。一部改変)

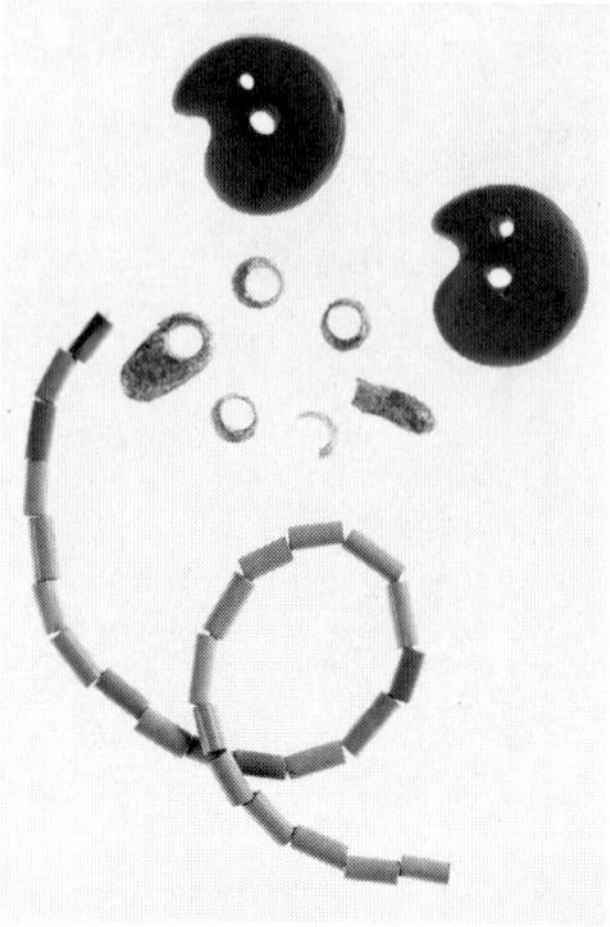

写真1　西谷3号墓第1主体部に副葬された装身具（島根大学法文学部考古学研究室所蔵。出雲弥生の森博物館提供）

鳥取県鳥取市西桂見《にしかつらみ》墳丘墓群で、それぞれ出雲平野、松江（意宇《おう》）平野、鳥取平野を基盤とした国の王族墓であろう（図3）。西谷墳丘墓群の重要性については次章であらためてふれるが、三号墓の第一主体に副葬された二点の異形ガラス勾玉は、深いマリンブルーの光沢を放つ（写真1）。現在のところ、米子平野や倉吉平野では巨大墳丘墓の発見はないものの、将来は国単位での分布が明らかになるはずである。

また瀬戸内海沿岸の中・東部地域（阿波、播磨、讃岐、吉備、伊予）では、平形《ひらがた》銅剣と呼ばれる扁平で独特の銅剣形祭器と銅鐸のマツリをおこなっていたが、後期の早い時期に平形銅剣の分布は西部地域へとシフトし、中・東部の一部に残った銅鐸のマツリもやはり後期中頃にはいっせいに放棄されて、オウ族墓の造営へとマツリのかたちが移行していく。弥生時代に普遍的な方形の区画や墳丘をもつ墓にまじって、円形の区画や墳丘をもつ墓が少なからずみえはじめる。オウ族墓には、一方に突出部をもつ例も出現する。前方部は未発達であるが、形態上は前方後円形といっても過言ではない。

しかしこの地域では、一般にオウ族の墓がとくに巨大化することはない。当然、それらから王族墓を考古学的に抽出することはむずかしい。ところが、唯一の例外がキビにある。二世紀末頃、突如出現した倉敷市の楯築《たてつき》墳丘墓である。円丘の双方に突出部を付設する独特な墳丘をもつだけでなく、全長は八四メートルに復元され、墳丘上の埋葬施設の周囲には巨大な列石をめぐらす。次章でさらに詳しく述べるけれど、楯築墳丘墓では特殊器台・壺と弧帯文《こたいもん》という呪的な文様が編み出され、新たな王墓祭祀を誕生させることになる。それは他のオウ族墓とは隔絶し、王墓をも飛び越した、キビ国の「王のなかの王」墓というにふさわしい巨大墳丘墓なのである。

また、タニハ（『和名抄《わみょうしょう》』にみえる「太邇波」）と呼ばれる北近畿でも、二世紀後半には銅鐸のマツリを脱して方形の大形墳丘墓の築造へと移行し、鉄製の武器や工具、ガラス玉などを多数副葬したオウ族墓が出現する。弥生時代後期末の京都府京丹後市の赤坂今井《あかさかいまい》墳丘墓や、与謝《よさ》郡与謝野町《よさのちょう》の大風呂南《おおぶろみなみ》墳丘墓は、一辺三〇～四〇メートルの墳丘をもつ王族墓である（図4）。

前者の中心にある巨大な埋葬施設は未発掘であるが、周辺の第四主体の船底形《ふなぞこがた》木棺には水銀朱《すいぎんしゅ》を敷き、大量のガラス玉や碧玉製の管玉で構成された頭飾りと耳飾りを付けた人物が埋葬され、さらに鉄剣一と鉇《やりがんな》一が副葬されていた（一七四ページ、写真2）。中心埋葬の王の副葬品はどれほど豪華なものかが想像される。

後者の一号墓の中心にある船底形木棺も水銀朱を敷き詰め、鉄剣一一、鉄鏃四、漁具などの鉄器多数と、北部九州に起源する有鉤銅釧《ゆうこうどうくしろ》一三や貝輪片一、緑色凝灰岩製管玉二七二、ガラス製管玉一〇、ガラス製ブレスレット一が副葬されていた（一七四ページ、写真3）。ブレスレットは重厚で、実用品ではない。マリンブルーのガラスは、中国産のアルカリ珪酸塩《けいさんえん》ガラスを原料としたものだが、中国での類例はなく、北部九州での鋳造ないしは再加工の可能性が高い製品である。

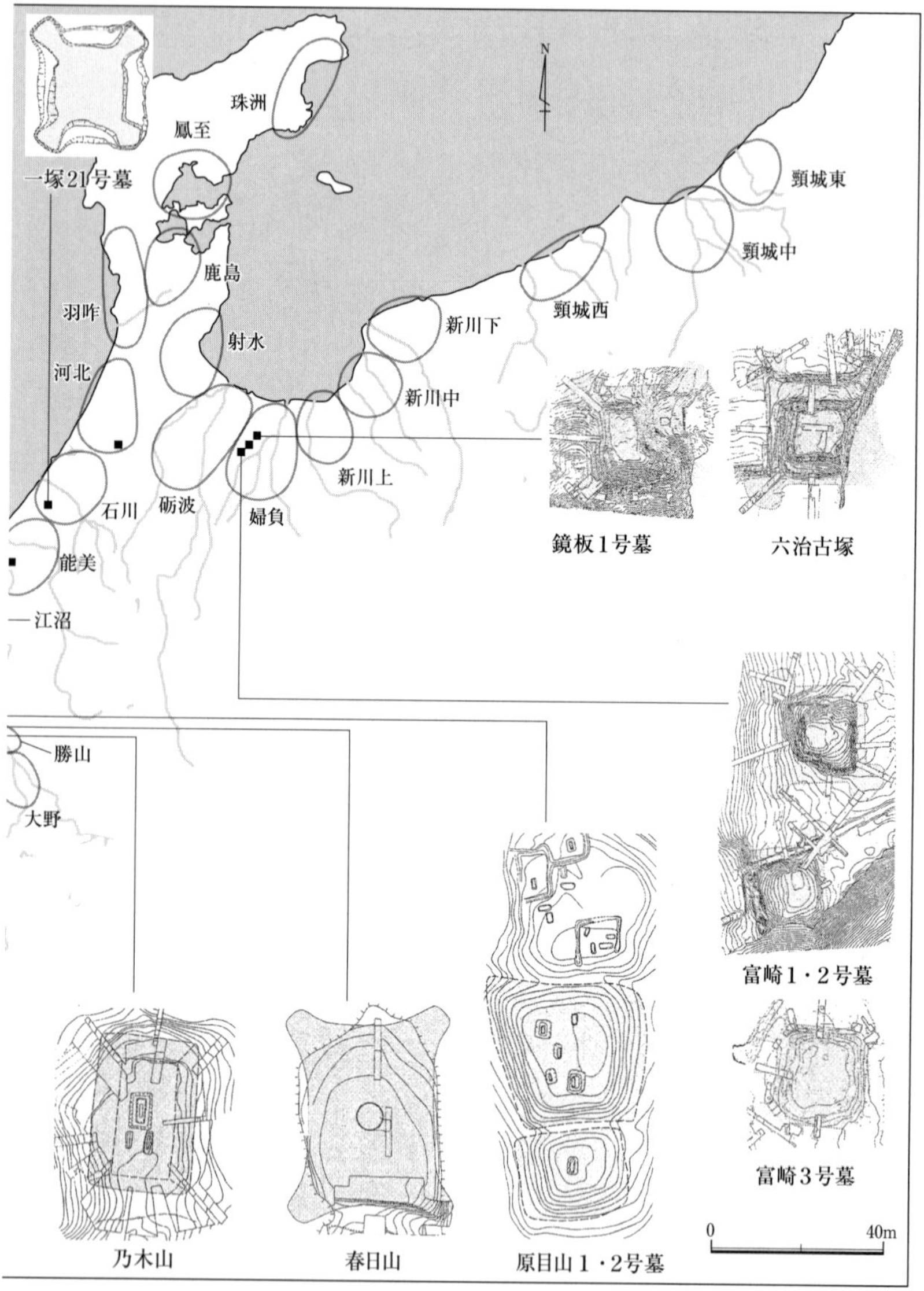

一塚21号墓
珠洲
鳳至
鹿島
羽咋
射水
河北
石川
砺波
婦負
能美
江沼
新川下
新川中
新川上
頸城東
頸城中
頸城西
N
鏡板1号墓
六治古塚
富崎1・2号墓
富崎3号墓
勝山
大野
乃木山
春日山
原目山1・2号墓
0
40m

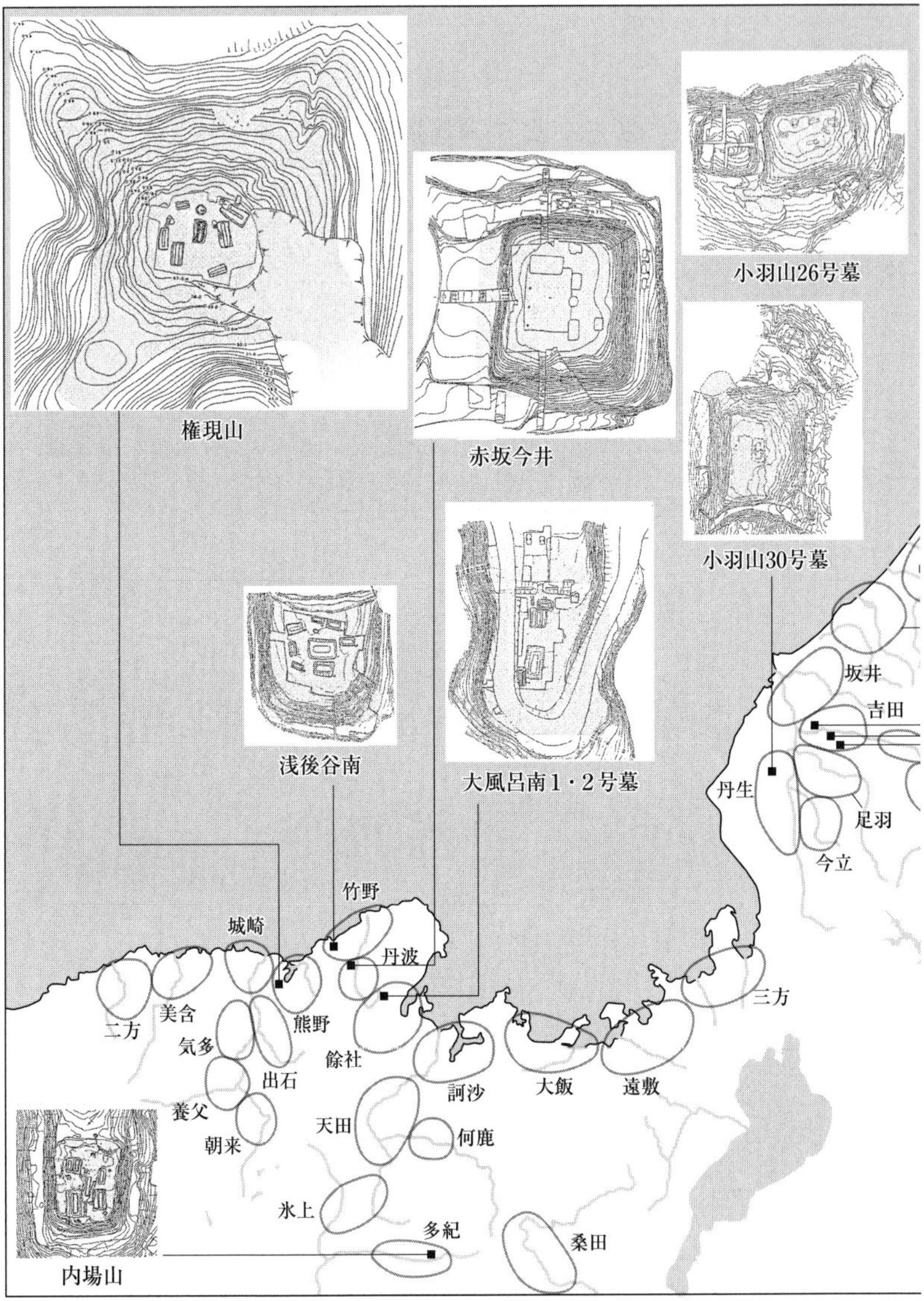

図４　「タニハ」「コシ」世界の部族的国家とオウ族墓（寺沢、2011年より。一部改変）

コシ（北陸）でも、西部に広がっていた銅鐸のマツリは後期の中頃には終息して、四隅突出方形墓がオウ族墓に採用されはじめるが、ここでは貼石は多用しない。

こうしてみてくると、「倭国乱」の頃、部族的国家のマツリは各地域ごとに、以前にも増して独自性を示しはじめたことがわかる。とくにイヅモ、キビ（サヌキ、ハリマ、アハなどもふくむ）、タニハ、コシなどの部族的国家群では、みずからの首長たちの墓の形を差異化し巨大化させて、首長墓のマツリの独創性に外的国家としてのアイデンティティを主張していったのである［寺沢、二〇一一年、第一部第一章］。

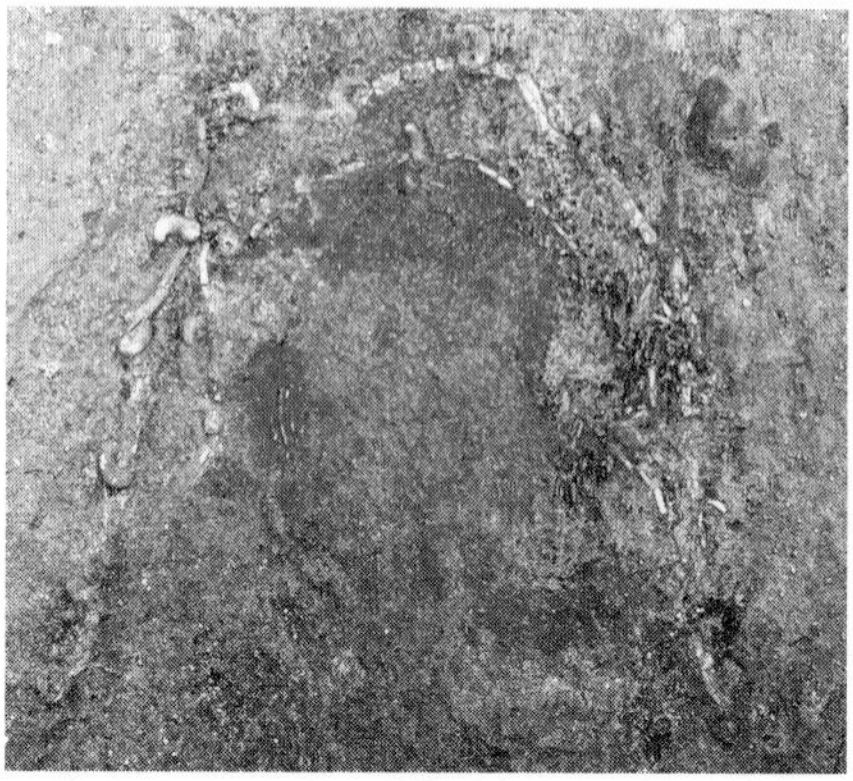

写真２　赤坂今井墳丘墓第４主体部で検出された頭飾り（京丹後市教育委員会提供）

写真３　大風呂南１号墓第１主体部とその副葬品（与謝野町教育委員会提供）

ところが、イト倭国ではこうした巨大な墳丘墓が生まれず、青銅製武器形祭器のマツリがつづいている。しかし、それはけっして盟主イト国の政治的支配力や外交的権威の喪失、軍事的な弱体化、階級的地位の失墜を意味するものではない。二世紀末頃のイト国の糸島市平原《ひらばる》一号墓は、方形の墳丘規模は小さいとはいえ、四〇面の鏡を副葬した比類のない内容を具えている。部族的国家群最高位の「王のなかの王」墓としての実質はまったく失っていない。

そもそも巨大墳丘墓の構築は、中国鏡などの威信財の入手がままならない東方の部族的国家の王たちが、イト倭国への対抗上、みずからの力量を視覚的に内外に誇示するために編み出した一つの方策でもあったと私は考えている。新しく誕生した巨大墳丘墓は、半永続的にその存在をみせつづける点で、次の時代を切り開くにふさわしいシンボルとなったのである。

「大乱」はあったか

一六六ページの図2には、私が「第二次」とする高地性集落の分布も示してある。前章でふれたように、高地性集落は情報通信施設であり、有事の際には地域集団の逃げ城ともなる。戦争や軍事的緊張の存在を裏付ける考古学的資料とされているが、じつは戦争が頻発した時期の北部九州には、典型的な高地性集落はほとんどみられない。むしろ弥生時代中期後半から後期初め（前一世紀後半～一世紀中頃）、北部九州の勢力拡大に対して危機感をもったであろう瀬戸内海沿岸部や大阪湾沿岸地域にこそ顕著である（第一次高地性集落）。弥生時代の高地性集落は実戦用の山城というより、有事に備えた危機管理施設なのである。

図2は、北部九州にイト国連合やナ国連合が生まれて以降、危機感が恒常化していた弥生時代後期の第二次高地性集落のうちでも、イト倭国の成立によってますます危機意識が高まった後半期の分布状況を示している。イト倭国の勢力範囲に接する中部九州や南四国、西部瀬戸内のほか、遠く東海西部へと社会的緊張が拡散した状況が見て取れる。しかしこの時期に、列島規模で戦争が繰りひろげられたという考古学的な証拠はほとんどない。つまり「倭国乱（倭国乱る）」とは、倭国が混乱したことをいうのであって、戦国的状況が勃発した「大乱」などではないのだ。

中国史書には「相攻伐すること歴年」（『魏志』倭人伝）、「更《こもごも》相攻伐し歴年主《あるじ》無し」（『後漢書』東夷伝）、「攻伐して定まらず」（『晋書《しんじょ》』四夷伝倭人条）などと記載されている。しかし「倭国乱」をイト倭国内における戦乱であるとか、鉄素材の入手ルートの奪取を目論む東方勢力とイト倭国側との大規模な戦争であるなどと想定しうるような事実は見いだせない。戦国的状況を彷彿させるようなイメージは払拭しなければならない。

確かに二世紀前半に比べれば、後漢王朝との外交はスムースとはいえなかったろう。イト倭国以外の地域の、弥生時代後期後半以降の鉄製品やガラス製品の増加をみれば、それぞれの地域勢力が間隙を縫って、それらを独自に入手しようと動きはじめたことは十分想定できる。しかし、この時期のイト倭国内の中国鏡、鉄製品、ガラス製品の出土量が減少していることを示す考古学のデータはまったく存在しない。後漢王朝の衰微によって、イト倭国の権威にも翳《かげ》りがみえたのは事実であろう。だがそれだけでは、数百年をかけて築きあげてきた巨大な部族的国家連合の政治権力と外交能力が、ただちに損なわれることはなかったのである。

各地の主要な部族的国家群は、政治的な結束力や領域の広がりはさまざまであったが、それぞれの仲間意識のもとに「外的国家」を主張しはじめた。あわよくば盟主イト国に取って替わって、外交や交易の主導権を握ろうと野心をいだく勢力も出現したかもしれない。やがて、イト倭国体制から新たな体制への転換（新生）という枠組みが共通認識として醸成されたとき、イト倭国の一極構造は崩れ、「倭国乱」の実態はいよいよ一筋縄ではいかない混沌へと突き進んでいったことは想像にかたくない。

結局、イト倭国は平原一号墓の造営ののち、部族的国家連合としていっそう拡大したすがたを歴史にとどめることはなかった。敵対的（物理的な強力）であろうが、融和的（観念的な強力）であろうが、イト倭国が東方に向けて外的権力を発動し、領域の拡張を図った直接的な形跡は見いだせないのである。もしそれが実現していたら、新しい倭国はいったいどのようなかたちをとることになったのか、じつに興味深いことではあるけれど、現実の歴史はそれとは違った道筋を用意したのである。倭国が選択した新たな国家形成の道程については、このあと第二節で明らかにしていきたい。

「倭人磚」は語る

この項ではしばらく話題を転じて、倭人と倭国にかかわるエピソードを紹介しておこう。後漢末期の中国大陸東部の社会状況を垣間見《かいまみ》せてくれる資料である［寺沢、二〇一一年、第一部第三章］。

一九七七年、安徽《あんき》省亳《はく》県（現、亳州市）元宝坑村《げんほうこうそん》で一基の古墳が発掘調査された。あとで述べるように亳県は曹操の一族の本拠地であり、一号墓と呼ばれるこの古墳の被葬者も一族の一人であるうと考えられていた。
一号墓は地下に塼《せん》（レンガ）を積み上げた塼室墓で、墓室の天井や壁に使われた塼から、文字を刻んだ一六四点もの「刻字塼」が発見された。そして、このうちの七四号字塼には「有倭人以時盟不」の七文字が陰刻されていたのである。「倭人塼」（倭人字塼とも）と呼ばれている資料である［李、一九七八年／田、一九七八年］。

塼室墓の壁面は石灰で上塗りが施され、そこに豪華な彩色画が描かれていたが、石灰の剝落によって内部の塼積みが崩壊し、発掘時には塼が散乱した状態だった。これらの刻字塼は、造墓工人が塼の乾燥作業中にヘラ状の工具で文字を走り書きしたものである。本来の墓の造営や埋葬に必要な工程ではない。それだけに、造墓にかかわった労働者たちの生活状況や、政治・社会に対する率直な反応、生の声がうかがえる資料として注目すべきものである。

さて問題の倭人塼は、長さは三六・五センチ、厚さは六・五センチ、上辺の幅二一センチ、下辺の幅一六センチ。上部が破損しているため「有」字の前句の有無は不明であるが、下部は塼の端面となっているから、文言が「不」字で終わっていることは明らかである。

その釈読には、殷滌非《いんできひ》氏の「有壁人伙□盟下」説や、殷氏自身の訂正案である「有佞人伙□盟否」説が出た［殷、一九八〇年／殷、一九八一年］。しかし、発掘を担当した亳県博物館の李燦《りさん》氏による文字の転写（図5）［李、一九八一年］と、実際に現地で観察をおこなった緒方勉《おがたつとむ》氏の報告や写真［緒方、一九八一年］が公表されるに及んで、「有[倭]人以時盟不」のうちの二字目を除く六字は確実であり、議論は肝心の[倭]を「倭」と読むか「佞《ねい》」と読むかに絞られた。

だが、李燦氏や森浩一氏もいうように、［倭］の旁《つくり》の上半が五画であるのに対して「佞」はわずかに二画である。

［倭］の字体は「俀」に近い。この「俀」について、中華書局標点本の『隋書』東夷伝百済条（百済伝）の本文に付された校勘記には次のようにいう。「「倭」はもと「俀」に作る。按ずるに、古くは「委」に従う字と「妥」に従う字があり、時には通用させることができた」。李氏はこれを受けて、古くは「俀」「委」「妥」がいずれも「倭」字と通用していたことは明白であると述べる［李、一九八三年／森、一九八四年］。

実際、版本の『隋書』帝紀（煬帝《ようだい》上）では「倭」「倭国」になっているにもかかわらず、同じ『隋書』の東夷伝などでは「俀」「俀国」「俀王」と刻されており、また北宋の太平興国《たいへいこうこく》八年（九八三）に成立した類書『太平御覧《たいへいぎょらん》』四夷部には「俀」の条を設けている。これらから、二字目はやはり「倭」と読むべきであろう。なお、「佞」の異体字に「侫」があるが、旁の一画目が縦に「丨」と入る点で異質である。

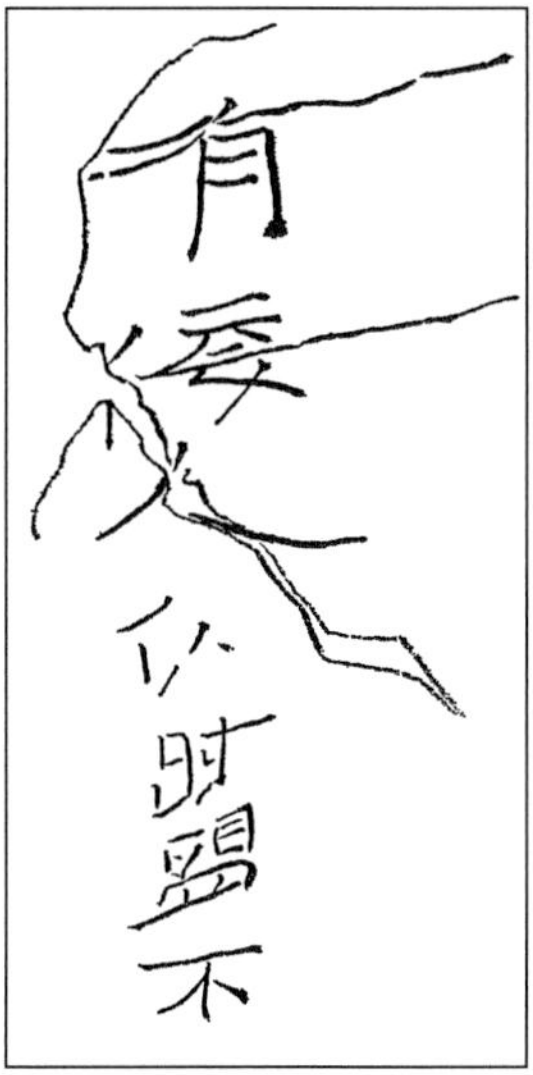

図5　元宝坑1号墓出土74号字磚（倭人磚）の文字の輪郭（李燦氏原図。森、1984年より）

七字目の「不」は「否」に通じ、文末に付いて疑問を示すから、倭人磚は「倭人の、時を以《もっ》て盟することは有りやいなや」、または「倭人有り、時を以て盟するやいなや」と読むのが最も自然である。どちらも意味は同じであるが、私はあとでふれる理由により後者の読み方をとる。

元宝坑一号墓の造営年代は、九号字磚に「建寧三年四月四日」とあることから、建寧三年（一七〇）を上限とする。

北魏の酈道元《れきどうげん》が著した地理書である『水経注《すいけいちゅう》』の陰溝水《いんこうすい》条には、曹操の父曹嵩《そうすう》、祖父曹騰《とう》、さらに一族の曹褒《ほう》、曹熾《し》、曹胤《いん》らの墓や、それらにともなっていた碑文についての記録があり貴重である。その『水経注』によれば、一一号字磚に記された「故潁川《えいせん》（太守）曹褒」は延熹九年（一六六）に卒し、一二号字磚と一三号字磚に記された「故長水校尉《ちょうすいこうい》曹熾」は三九歳で卒して、その墓碑は熹平六年（一七七）に造られたという。

これらを考証した田昌五《でんしょうご》氏は、元宝坑一号墓の被葬者を曹熾の弟の曹胤（熹平六年卒）に比定しており［田、一九八一年］、李燦氏もその説をおおむね支持している。一つの仮説ではあるが、曹胤は謁者《えっしゃ》の官職にあり、謁者は国家の儀礼・外交を掌《つかさど》る役職であることから、倭国や倭人に関する情報に接する機会は多かったと考えられる。

また三二号字磚には「倉天乃死」の文言があり、「倉」は「蒼」と通用するので、中平元年（一八四）の黄巾の乱の一斉蜂起のスローガン「蒼天已死、黄天当立（蒼天已《すで》に死す、黄天当《まさ》に立つべし）」とのかかわりが見て取れる。星宮恵一《ほしみやけいいち》氏は、蜂起の主力がこの年の内に制圧されたことから、一八四年を墓の築造年代の下限とみているが［星宮、一九八〇年］、森氏は一九〇年頃まで下る可能性を考慮するべきだとする。

安徽省亳県は後漢代の沛《はい》国譙《しょう》県にあたり、豫州《よしゅう》刺史の治所となった場所である。そこは曹氏一族の本拠地であり、また黄巾集団の主力がいた同じ豫州の潁川郡（現、河南省許昌市）にも近かった。曹氏の政治的・経済的基盤がここにあり、曹操が急速に地歩を固めていく契機がまさに黄巾の乱の鎮圧と、その残党の討伐・吸収にあったことを併せ考えれば、倭人磚に刻字された内容の歴史的背景を想像することも可能になりそうである。

なお現存する中国最古の地理書である『山海経《せんがいきょう》』以来、「倭」とは東北平原、朝鮮半島南部、日本列島の北部九州など、そして淮河《わいが》・長江《ちょうこう》下流域の四か所を指すと考えられていたという意見がある［井上、一九七三年］。しかしより古くにそうした事実があったとしても、『三国志』や『後漢書』の東夷伝をみるかぎり、二、三世紀には「倭」は日本列島を中心とする領域を指すようになっていたと考えるべきである。また倭人磚に刻まれた「倭人」とは当時、中国に滞留、あるいは移住した日本列島からの倭人集団を指すとする意見もある［星宮、一九八〇年］。おそらくそうした集団は存在したのであろう。だが二、三〇年後の倭国（日本列島）と東アジア世界との政治・外交関係のダイナミックな展開をみると、私は海を隔てた集団同士の交渉を想定するべきだと考える。

倭人と「盟約」を結ぶ相手とは、①後漢帝国、②曹氏一族（の何者か）、③造墓工人たちと関係の深い人民集団（黄巾集団）、④それらとは別の第三者集団など、候補としていろいろと思い浮かぶけれど、①はこれまでの朝貢の歴史を考えると、新たな盟約者とはいえないし、③は刻字の張本人が黄巾集団に思想的シンパシーをもつ者であれば可能性は残るが、しかし倭人が初期道教集団である太平道の信徒と盟約を結ぶというのは現実に期待できるような話ではない。②か④であろう。

字磚には年号や地名、人名、官職などが記されただけの磚と、刻字者の感情や意志、あるいはスローガンなどが表現された磚とがあり、明らかに刻字の際の意識が異なっている。倭人磚はもちろん後者に属する。

造墓の現場で働く人たちに、東海のかなたの倭国も同じような内紛状態にあるという情報は届いていただろう。想像をたくましくすれば、後漢末の社会を覆う閉塞感のなかにあって、その情報が話題に上ったとき、ある人がふと湧いてきた興味を刻みつけたのが倭人磚ではなかったか。現状を変革して東アジア世界に新しい秩序をつくり出すべく、倭人と盟約を結ぶことはできるだろうか、そこに一縷《いちる》の望みを託することは可能だろうか、と。

字磚の文字には、筆画の過不足による誤字の多い、粗雑な俗体で書かれたグループと、篆書《てんしょ》、隷《れい》書《しょ》、大草《たいそう》、章草《しょうそう》、行書《ぎょうしょ》などで書かれた優れた筆跡のグループとがある。刻字者のなかには、曹氏が派遣した工人や奴隷などのほかに、現場を指揮する官吏や技術者などの知識人層や、そうした階層でありながら罪を犯したため労役に服している受刑者などがふくまれていた可能性を示唆している。

私は、倭人磚の上部の「有倭人」と下部の「以時盟不」の筆致がまったく異なっていることに注目する。「有倭人」の三字は躍動感のある奔放な筆致で書かれている。伸びやかな横画にはうねりがあり、横画の間隔をそろえるなど、隷書の横長の結体の影響下にあるようにみえる。それに対して、磚の下端が決まっていてスペースに限りがあるとはいえ、「以時盟不」の四字はそれぞれ方形の範囲にこぢんまりと収まり、結体は明らかに硬化している。とても同一人物の作になるとは思えないのだ。

「有倭人」の前言の有無は不明だが、私は次のような場景を想像してみる。国外の情報に通じ、その動静に一家言をもつような知識人が、あるとき生乾きの磚に「……倭人有り」と刻みつけた。傍らにいた工人の識字者がそれを受け、「時を以て盟するやいなや」と問いかけをもって応じた――。

まさに「倭国乱」のとき、海をへだてた対岸の中国でも、後漢末の諸勢力と倭人のクニ・国とが盟約を結ぶことの是非が人々の大きな関心事となっていた。もし一号墓の築造年代が一九〇年頃まで下るのであれば、前述した④の第三者集団とは、呉の孫氏や遼東の公孫氏が意識されていた可能性がある。そして「倭国乱」の終結が、結果的に公孫氏政権と倭国女王卑弥呼の政権との「盟約」によって実現したとなれば、倭人磚に刻まれたわずか七字の文言が、海東の政治動向を予見していたかのような、妙な生々しさを帯びて伝わってくる。歴史的な因縁を覚えずにはいられない。

第二節　ヤマト王権の誕生と邪馬台国

新生倭国＝ヤマト王権＝卑弥呼政権論

ここまで述べてくると、第一章でみたヤマト王権最初の大王都である纒向《まきむく》遺跡の出現と、本章の

第一節でみた卑弥呼共立による新生倭国の誕生とが、三世紀初めという時間軸上でぴったりと重なり合うことに気づかれた読者は多いことだろう。

これまで、卑弥呼の共立は二世紀末の出来事だという先入観に左右されて、現在の暦年代決定法のもつ時間幅によって纒向遺跡の出現年代を強引に二世紀末まで引き上げようとしたり、あるいはまた、卑弥呼共立から纒向遺跡出現までの空白の二、三〇年間を「邪馬台国時代」と呼んで、そこにヤマト王権成立前夜の揺籃《ようらん》期を設定するといった解釈もとられてきた。後者の考え方は、女王卑弥呼の在位を弥生時代後期の最後のこととする理解とも無縁ではない。

前節で詳しく述べたように、中国史書の記載から導き出される卑弥呼共立という事件の背景と経緯は、それまでの倭国の体制が一新されたことを語っている。七、八〇年つづいた男王体制が行き詰まり、そこで、まったく新しい女王体制を打ち立てることによって政治的混迷から抜け出し、倭国は再生を果たしたのだ。

これを今日の考古学のデータと解釈に照らし合わせて言いかえると、次のようになる。二世紀初め頃に誕生した倭国（イト倭国）はイト国を盟主とし、その範囲は北部九州を中心に四国南西部までをふくめた地域だった。しかし二世紀末の政治的混迷のなかで各地の首長たちによる会盟が執りおこなわれ、その結果、三世紀初め、北部九州を遠く離れた奈良盆地東南部のヤマト国に新たな王都（纒向遺跡）が建設された。列島規模の広がりをもち、従来の体制を大きく転換した倭国（新生倭国）が誕生した。こうして部族的国家連合は混乱と女王共立というハードルを越えて、ついに「王国」という国家段階に達した、というのが私の描くストーリーなのである。

三世紀初め、この国はイト倭国体制から新生倭国体制へと大きく舵を切った。同じ「倭国」という名称であっても、歴史的国家形態からいえば、それは部族的国家連合の段階から王国という段階への飛躍であった。それに応じて倭国の王都も、イト国の三雲・井原遺跡群からヤマト国の纒向遺跡へと一気に東遷したのである。

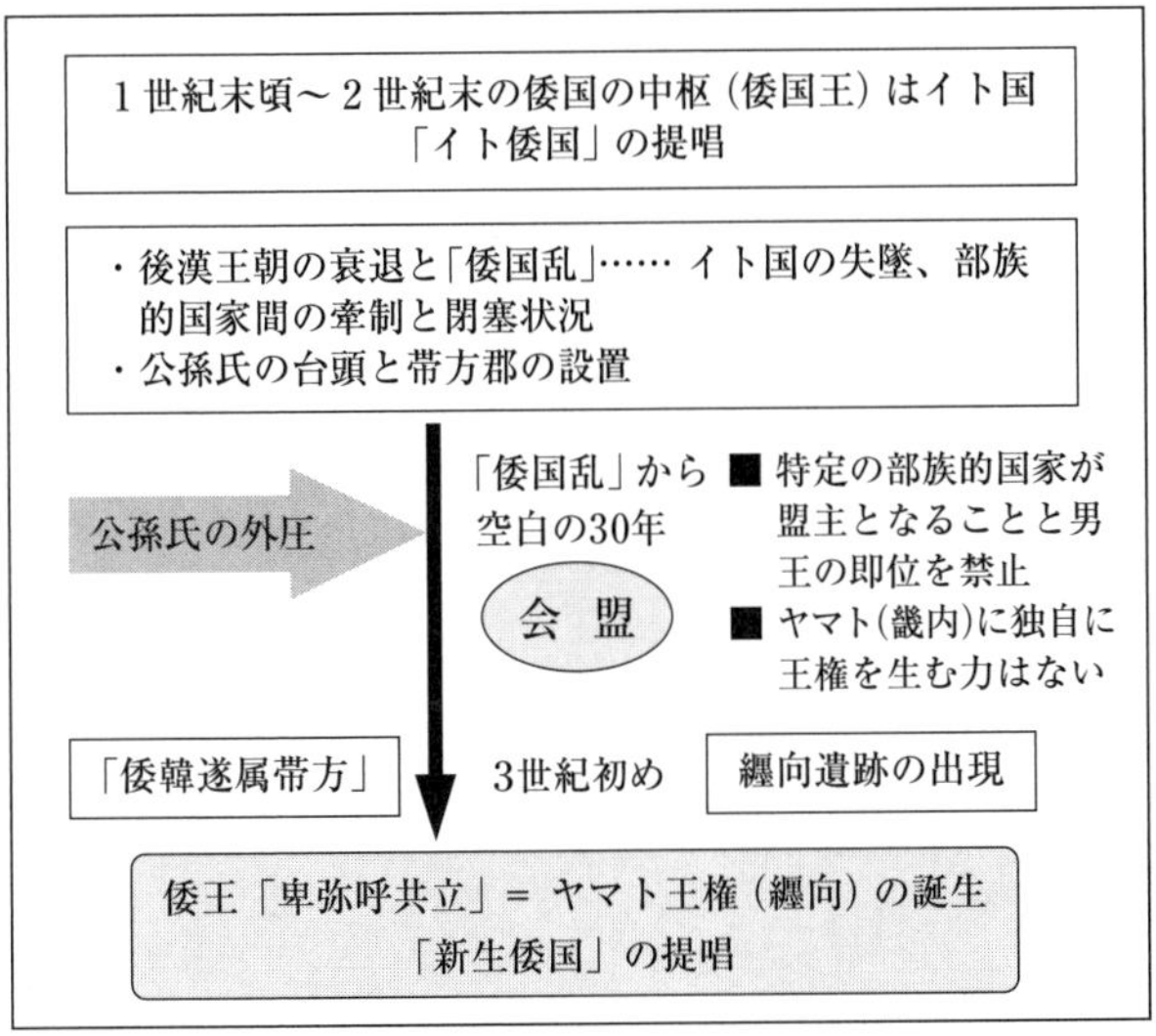

図6　王権誕生への道筋と政治状況

しかもこの二つの倭国には、決定的な違いがあった。つまり、イト倭国の王都が置かれていたイト国はまさに倭国の盟主国であったが、新生倭国の大王都が置かれたヤマト国は、けっして新しい倭国の盟主国ではなかったということである。詳しくは次章で述べるが、このことは本書の論旨の核心でもあるので、この後も必ず意に留めながら読み進めてほしい。

さて以上のように、中国史書の記載と考古学の成果から復元される新生倭国の誕生が、私たちがいままで「ヤマト王権」と呼んできた政体の誕生と一致するのであれば、新生倭国の実体である女王卑弥呼の政権とは、ヤマト王権そのものだったということになる。

じつは私のこのような主張は、従来の邪馬台国論やヤマト王権論の通説や常識からすると異端である。このような枠組みと論理でヤマト王権誕生のプロセスを描く研究者はごくわずかであろう（図6）。

ところが、邪馬台国九州説か畿内ヤマト説かという表面的で単純な議論では、私の主張は当然のように畿内ヤマト説のなかに一括されてしまう。王権の系譜論に関心のある人からは、邪馬台国東遷論者に名を連ねられたこともある。ヤマト王権＝卑弥呼政権論の扱われ方にいたっては、もっと悲惨だ。畿内ヤマト説の多くの研究者でさえ、邪馬台国女王卑弥呼の政権とヤマト王権を先後の関係として切り離すことを大前提にしているせいか、私もその枠組みのなかに封じ込められることさえあった。

こうした単純化する発想が議論を阻害している。白か黒かのレッテルをむりやり貼って、十把一《じっぱひと》絡《から》げで批判する。しかし一部分への批判にはなっていても、総体への整合的な批判にはなっていないことが多い。邪馬台国論争といわれるものが、いつまでたっても飛躍的な進展が得られない理由の一つは、研究者の単純化した思い込みや誤解による一方的な批判の存在なのである。

邪馬台国はどこか

これまで述べてきた論理と史料・資料にもとづいて、二、三世紀史の大枠を組み立てると、女王卑弥呼の居処（政治拠点）が纏向遺跡以外にあったとは考えられない。そして『魏志』倭人伝に、「南至邪馬台国。女王之所都（南して邪馬台国に至る。女王の都する所なり）」とある以上、纏向遺跡は倭人伝のいう「邪馬台国」の領域内にあったことになる。

つまり、邪馬台国の所在地は九州なのかそれとも近畿ヤマトなのか、と問われるならば、当然のことヤマトだというほかない。もう少していねいにいえば、邪馬台国とは私が奈良盆地の弥生時代遺跡群の分析から割り出した「ヤマト国」(五八ページ、図7参照)であり、直木孝次郎氏のいう「やまと」の範囲そのものだということになる。

こう書くと、それでもなお九州説を主張する人たちは、『魏志』倭人伝の「倭国乱」や「卑弥呼共立」はあくまで北部九州圏(私のいうイト倭国内)の話だから、纒向遺跡におけるヤマト王権の誕生とは時間軸では重なっても、空間軸は異なるのだという(①)。また一方では、纒向遺跡はヤマト王権の王都かもしれないけれど、その出現は三世紀の終わり頃の話だから、卑弥呼や邪馬台国とは時間軸も空間軸も異なる無縁の話だ、三世紀の政治的中心地は相変わらず北部九州なのだと言い張る人もいる(②)。

邪馬台国位置論は文献学上の研究と論争からはじまった。しかし、たかだか二〇〇〇字足らずの漢文史料だけにたよった解釈に、どれほどの説得力があるだろうか。一つの字句に対しても、九州説と畿内説とでは、読みや解釈がまったく異なるどころか、正反対になる場合さえしばしばある。そこには先入観による思い込み、我田引水の強引な立論、木をみて森をみない偏狭で末梢《まっしょう》的な議論が目につく。論争が三〇〇年を経過したいまでも決着をみないのはそのためである。

いま、邪馬台国位置論に発言力をもつのは、むしろ考古学の資料である。だが、直接決定権を発揮するような物的証拠の発見など、ほぼ期待できないだろう。考古学は実証の学とはいえ、有効な状況証拠を幾重にも張りめぐらして、その脈絡や因果関係の論理を固め、実証の要《かなめ》とするしかないのである。プロローグでも書いたけれど、まずは考古学的な事実関係とその解釈の整合性をきめ細かくチェックすることから出発する。そうして組み立てられた最も合理的で精緻な枠組みと、文献学的解釈の許容範囲が重なるところに、はじめて邪馬台国論は学問としての客観性を獲得することができる。

些細で膨大な九州説からの批判の数々をいま紐解いて、そのすべてに反証するなど、どだい無理だし意味のないことである。とはいえ根拠の薄弱な誤解を放置して、九州説vs.畿内ヤマト説が並立するかのような図式をいつまでも残しておくことは、考古学や歴史学への不信にもつながる。国民がみずからこの国の誕生のプロセスを思考するうえでも、議論の現状や正確な情報を広く伝える必要がある。そして本書では九州か畿内ヤマトかなどという論争は早々に切り上げて、次の段階の考察へと進みたいのである。

邪馬台国九州説の不毛

それでは前の問題に戻ろう。まず一つめ（一八七ページ、前項の①）。

邪馬台国や卑弥呼が北部九州圏（イト倭国内）の問題だというのならば、具体的にそれはどの地域の、どの遺跡なのかを明確に挙げる必要がある。しかもその候補は、二世紀までのイト国の王都である三雲《みくも》・井原《いわら》遺跡群や、ナ国の王都である須玖《すぐ》遺跡群（二世紀以降は比恵・那珂遺跡群か）をしのぐ大規模遺跡で、政治的・経済的・祭祀的な先進地といえる地域になければならない。なぜなら

『魏志』倭人伝で、三世紀の伊都国は次のように書かれ、もはや卑弥呼の政権下に内属していることが明らかなのだから。

世有王、皆統属女王国。郡使往来常所駐。
世《よよ》王有り、皆女王国に統属す。郡使往来するに常に駐《とど》まる所なり。

自女王国以北、特置一大率、検察諸国。諸国畏憚之。常治伊都国。於国中有如刺史。
女王国自《よ》り以北には、特に一大率《いちだいそつ》を置き、諸国を検察せしむ。諸国之《これ》を畏憚《いたん》す。常に伊都国に治す。国中に於《お》いて刺史《しし》の如《ごと》き有り。

少しでも考古学の事情に明るい者なら、そうした遺跡も地域も九州に存在しないことはわかっているはずだ。伊都国には代々王がいるが、みな女王国（卑弥呼の王権）に内属している。その伊都国にはとくに「大率」が置かれた。それは中国でいえば、地方の郡国の政績や治安を監察し、中央に奏報《そうほう》、弾劾《だんがい》する「刺史」のような存在である。だから諸国はそれを畏《おそ》れ憚《はばか》ったというのだ。

九州説ではこの根本にある事実をいったいどう説明するのだろう。逃げ道としてつねに使われるのは、「将来、発見される」というセリフだ。であれば、せめてその可能性のある地域を明示し、考古学的な根拠を掲げて論理的に説明すべきなのである。そうした手続きがなされないかぎり、畿内ヤマト説の細部問題をいくらあげつらって批判したところで、九州説を対等に主張するまでにはいたらないだろう。

二つめの問題（一八七ページ、前項の②）。纒向遺跡が出現するのはせいぜい三世紀でも終わり頃だから、時間的にも空間的にも邪馬台国問題とはふれ合うことがないという主張だ。しかしこうした主張をする人で、北部九州と近畿の土器の編年表をみずから編み上げ、考古学的手法と自然科学的手法にもとづく暦年代論を駆使して、きちんと纒向遺跡の暦年代を論じた文章を公表した人を、私は知らない。

第一章で紹介したように、いままでの編年作業の主要部分をまとめあげた研究書［寺沢、二〇一四年、第二部］があるので、興味のある方はどのようなものか図書館で覗《のぞ》いていただければありがたい。そのうちのごく一部分だけを取り出して批判したり、誤って要約して批判したりする人はあとを絶たないけれど、最終的には自己矛盾をきたしていることが多い。とくに、纒向遺跡が出現する庄内0式期が三世紀の終わり頃になり、箸墓古墳の築造などがピークを迎える布留0式期が四世紀の中頃まで下るなどという年代観は、私には卑弥呼や邪馬台国を北部九州に引きとどめたいがための策略としか思えないのだ。

じつは私にとっての暦年代論争は、むしろ逆の方向にある。年輪年代測定やAMS法（加速器質量分析法）による放射性炭素年代測定などの自然科学的手法に依拠して、纒向遺跡が出現する庄内0式期を二世紀中頃や後葉、布留0式期のはじまりを二四〇年頃に引き上げようとする人たちとの論争である。ただし、こちらは二〇〜五〇年の年代差をめぐる正攻法の戦いだ。そしてこの論争があとで述べる、私と邪馬台国ヤマト説「正統派」ともいえる大多数の人たちとの議論の起点にもなっていくのである。

以上のとおり、考古学的手法による論理的な枠組みからみれば、邪馬台国九州説を主張することはかぎりなく困難である。しかし、こうして卑弥呼の政権が纏向遺跡にあったことが明らかになり、邪馬台国ヤマト説が確定したとしても、私にとってはさらなる大きな議論が待っている。一つは卑弥呼の政権とヤマト王権との関係についての問題であり、もう一つは卑弥呼共立による新生倭国＝ヤマト王権を誕生させた主体者の問題である。九州説を排したところで、これらの問題が解決したわけではない。本書で私が最も強く主張したいこの二つの論点については、このあとの章でも詳しくみていくことにしたい。

王権とは何か――部族的国家から王国へ

ここまで私は「ヤマト王権」という用語をとくに定義することなく使ってきた。「ヤマト王権」とは戦後の古代史研究者がつくった用語で、文献に登場するわけではない。

かつては「三輪王朝」「初瀬《はせ》王朝」とも呼ばれた。「三輪王朝」の呼称は、崇神、垂仁、景行など実在性が高いと判断された初期の天皇の王宮が三輪山の麓に造営されたという『記紀』などの記載による。そして、これにつづく天皇の王宮が初瀬川上流域に集中することから、「初瀬王朝」とも呼ばれたのである。

また「大和王権（政権）」「倭《やまと》王権（政権）」の用語を使用する人は現在も少なくない。初期の大王墓級の前方後円墳が集中するオオヤマト古墳群（北から天理市の大和《おおやまと》古墳群と柳《やなぎもと》本古墳群、桜井市の纏向古墳群の総称）の考古学研究の進捗《しんちょく》にともない、その所在地とより広範な王宮の所在地とを包括して、「大和王権（政権）」の呼称を用いるようになったという経緯がある。しかし、「大和」は八世紀の『養老令《ようろうりょう》』の国郡制のもとで生まれた国名であるし、「倭」に「やまと」を当てるのは七世紀頃からである。「わおうけん」と読ませればよいという考え方もあるけれど、「倭国《わこく》」は二世紀のイト倭国にさかのぼる。

「やまと」の音韻には「夜麻登」「邪靡堆」などの字があてられるが、第一章第二節（六三ページ参照）で紹介したように、その本来の領域については、直木孝次郎氏のすぐれた研究がある。「やまと」は奈良盆地の東南部（磯城《しき》郡・十市《とおち》郡・山辺《やまのべ》郡と高市《たけち》郡の一部）を指し、その言葉の成立は三世紀頃までさかのぼる可能性が指摘されている。したがって「ヤマト（やまと）」に王権の政治的中枢を置く」という中央‐地方の政治構造に注目するのであれば、「倭《わ》」という当時の漠然とした広い領域を指す国名を付した用語より、「ヤマト（やまと）」を使用するほうが歴史的かつ構造的だと私は考えている。

こう書くと、カタカナやひらがなはより新しい平安時代に成立した表現だと茶々を入れる人もいそうだけれど、要は実体がともなう古い音韻で表現しようという主旨である。だから、最近は「ヤマト王権（政権）」と表記することが一般的となってきた。

「王権」と「政権」の使い分けも定かでない。「王権」については、歴史学、社会学、人類学の間でも「王の権力」、「王を王たらしめる構造と制度」、「王を頂点とする権力と権能」、「中心性と差異化を施した社会装置」などと、定義はじつにさまざまである。

考古学者で唯一、「王権」と「政権」を厳密に区別する白石太一郎《しらいしたいちろう》氏は、「ヤマト政権」は「邪馬台国連合」を母体として列島の広域に拡大した版図全体を指すのに対して、「ヤマト王権」はその中核となった近畿中央部の政治勢力を指すとしている［白石、二〇〇九年］。

しかし私には、カテゴリー的にはむしろ逆のように思われる。そして、この定義では「邪馬台国連合」が白石氏のいう「ヤマト王権」の前段階の母体そのものであるという個別的な歴史解釈が前提になっていて一般化しにくい。理論的な裏付けもないのでしっくりといかない。少々議論が先回りしてしまったが、「邪馬台国連合」なる概念に対する批判は、第五章第二節以下で述べることにしたい。

私は「王権」とは、国家が歴史的国家の第二段階である「王国」の段階にあるときの内的・外的権力全般を指し（つまり「王国」権力）、「政権」とは政治権力一般のことであり、あらゆる国家形態、政治形態を問わず、政治を掌握し執行する権力組織、権力母体を示す概念であると考える。

日本列島は三世紀の初めに、「部族的国家」「部族的国家連合」の段階から、ついに「王国」の段階に達した。「王国」と「部族的国家」や「部族的国家連合」との本質的な違いは、以下の三点にまとめることができるだろう。第一に、部族的国家群の外的国家としての意志（政治と祭祀。文化的・社会的・慣習的な要素をふくむ）の異質性を超え、共同作業として中央と地方の意志の一元化が図られたことである。第二に、外的国家としての領域が列島規模に拡大したことで、纒向遺跡を大王都として部族的国家群が再編され、以後長らくヤマトの領域に政権中枢を置く広範な中央‐地方の政治関係が樹立されたことである。「ヤマト王権」と呼ぶゆえんである。そして第三に、中央‐

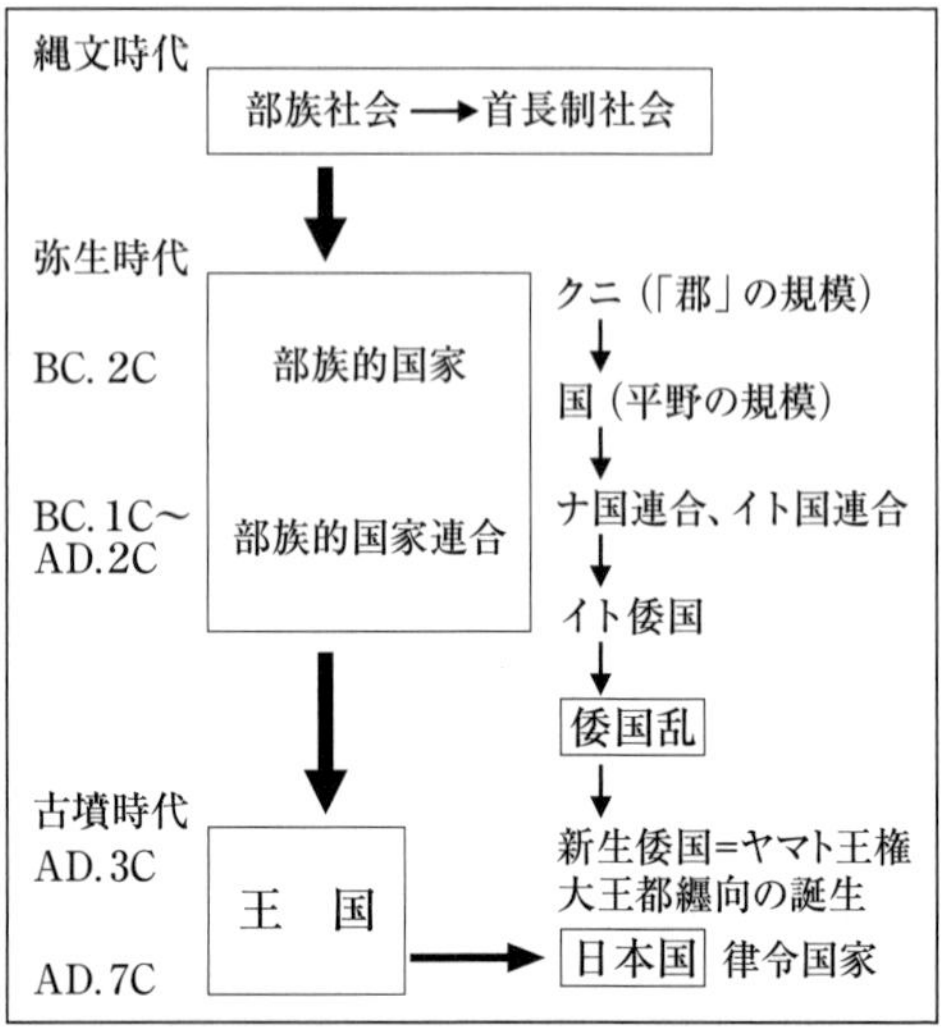

図７　日本列島の歴史的国家の形成過程（寺沢、2018年より。一部改変）

地方の支配構造の拡大にともなって、ヤマト王権が内的国家としての政治的・階級的体制づくりを強力に始動させたことである。

そしてもう一つ、この王国には注目すべき特徴があった。イト国を盟主とするイト倭国では、部族的国家群の政治的・軍事的・階級的な積み上げによって連合が形成されたのに対して、新生倭国はきわめてイデオロギー（祭祀）的要素の強い王国だったのである。「王国」という傘が、卑弥呼共立という政治判断によって、あるとき一気に列島に覆いかぶさった。言いかえれば、女王卑弥呼はそうした運命共同体の幻想の産物として共立されたのである。このことは、次章以下で卑弥呼共立の意味とその舞台裏を考えるうえでも、きわめて重要な視点となる。

ヤマト王権はその後いくつもの画期をへながら、律令国家への道を歩むなかで「日本国」を宣言することになる。いまある「日本国」は、文献学上では確かに七世紀末もしくは八世紀初めの飛鳥で誕生したかもしれないけれど、その出発点は間違いなく三世紀の纒向遺跡にあったと私は考えている（図７）［寺沢、二〇一三年］。

「大王」の時代

さらに付け加えると、「大王」という呼称もこのときから使用すべきだと思っている。王国の王（ヤマト王権の王）は、それまでの部族的国家王に比べて、その階級的地位をはるかに、そして一気に上昇させた。かつてのナ国王やイト国王、イト倭国王は最高位の部族的国家王であったから、私は「王のなかの王」と表現した。であれば、権力構造上、彼（彼女）らの上に君臨することとなった王国の王は、もはや「大王」と呼んでも差し支えないことになる。

文献による古代史研究者の多くは、五世紀後半以前にさかのぼって「大王」の呼称を使用することに懸念を表明する。しかし埼玉県行田《ぎょうだ》市稲荷山《いなりやま》古墳の後円部礫槨《れきかく》から「辛亥《しんがい》年」（四七一年か）、「獲加多支鹵《ワカタケル》大王」と金象嵌《きんぞうがん》で刻まれた鉄剣が発見されるまでは、「大王」号はせいぜい『上宮《じょうぐう》記《き》』の継体《けいたい》天皇に対する「大公王」、敏達《びだつ》天皇に対する「大王」にまでしかさかのぼらないとしてきたのではなかったのか。それまでは、熊本県玉名郡和水町《なごみまち》江田《えた》船山《ふなやま》古墳（五世紀末）出土の銀象嵌の「治天下獲□□□鹵大王世……」（「獲□□□鹵」はワカタケルか）の銘文も、和歌山県橋本市隅《す》田《だ》八幡《はちまん》神社蔵の人物画像鏡の「癸未年八月日十大王年……」（「癸未《きび》」には四四三年説、五〇三年説があり、「日十大王」には允恭《いんぎょう》天皇説、仁賢《にんけん》天皇説などがある）の銘文も等閑視してきたのではなかったのか。文献史学では文献に記録された文字史料だけが真実だったのである。だが今後、「大王」銘をもつさらに古い時期の考古資料が発見されないともかぎらない。「大王」号が五世紀後半をさかのぼらないと言い切ることはできないはずだ。

朝鮮半島では、甲寅年《こういん》（四一四）に高句麗の長寿王《ちょうじゅおう》によって建立されたとされる「広開土王《こうかいどおう》（好《こう》太王《たいおう》）碑文」から、「太王（大王）」の呼称が五世紀には成立していたと考えられる。広開土王の即位は碑文では辛卯年《しんぼう》（三九一）、『三国史記《さんごくしき》』や『三国遺事《さんごくいじ》』では壬辰年《じんしん》（三九二）とされるから、さらにさかのぼる可能性もある。

また、中国吉林省集安市の高句麗太王陵《たいおうりょう》から出土した「辛卯年」銘のある銅鈴《どうれい》は、四五一年の製作と考えられている。さらに、韓国慶州《キョンジュ》市新羅《シルラ》瑞鳳塚《ソボンチョン》古墳（五世紀中葉）出土の銀製の盒《ごう》の蓋《ふた》の内面と外底の双方に「延寿《えんじゅ》元年太歳《たいさい》在辛卯三月に、太王が銀三斤六両を用いてこの盒杅《ごうう》を作らしめた」という意味の刻字、同じく壺杅塚《ホウチョン》古墳（六世紀初め）出土の青銅の盒の外底にも「乙卯年国岡上広開土地好太王壺杅十」の刻字があり、前者の「辛卯年」は三九一年ないし四五一年、後者の「乙卯年《いつぼう》」は四一五年が有力視されている［東・田中編著、一九八八年／古江、一九八九年］。

仮に日本での「大王」号が「天王」号や「天皇」号が固定するまでの尊称として、ごく短い期間、限定的に使用されたという事情があったにしても、「大王」の用語をことさら個別歴史上の「大王」号の成立や制度上の実在性という問題に合わせて厳格に使用する必要はなかろう。

むしろ「大王」という用語は、国家論や権力論の視点から世界史的視野で位置づける必要を感じる。三世紀の初めに共立された倭国の女王であり、ヤマト王権の最高位の王でもあった卑弥呼は、王国段階に達した国家の最初の最高首長であるのだから、彼女にこそ最初の「大王」の呼称を与えることが論理的だと考える。この意味では、『後漢書』東夷伝が女王卑弥呼を念頭に「其大倭王居邪馬台国（其《そ》の大倭王は邪馬台国に居《お》る）」とあえて書いた意識は評価するべきであろう。「大王」という言葉は、王国の王の階級的ランクを示すグローバルな一般用語として使用するべきだと思っている［寺沢、二〇一一年、第二部第五章］。

参考文献

東潮・田中俊明編著 一九八八年『韓国の古代遺跡1 新羅篇（慶州）』中央公論社
井上秀雄 一九七三年「中国の古典に現れた朝鮮・韓・倭について」『日本書紀研究』第七冊、塙書房
殷滌非 一九八〇年「対曹操宗族墓磚銘的一点看法」『文物』一九八〇年第七期
殷滌非 一九八一年「曹氏元墓74号磚銘補正」『文物』一九八一年第一二期
緒方勉 一九八一年「中国亳県に倭人磚を訪ねて」『考古学ジャーナル』第一九一号
岡田英弘 一九七七年『倭国――東アジア世界の中で』中公新書
岡田英弘 一九七八年「『魏志東夷伝』を評す」『古代東アジア史論集』下巻、吉川弘文館
金子修一 一九九八年「二・三世紀の東アジア世界」『古代を考える 邪馬台国』吉川弘文館
窪添慶文 一九八一年「楽浪郡と帯方郡の推移」『東アジア世界における日本古代史講座3 倭国の形成と古文献』学生社
白石太一郎 二〇〇九年『考古学と古代史のあいだ』ちくま学芸文庫
田中俊明 二〇一四年「三世紀東北アジアの国際関係」『朝鮮学報』第二三〇輯
鶴間和幸 二〇〇三年「第八章 新・後漢」『世界歴史大系 中国史1』山川出版社
寺沢薫 二〇〇〇年『日本の歴史02 王権誕生』講談社
寺沢薫 二〇〇八年「「倭国乱」と「卑弥呼共立」――その実年代と東アジア史的実像」『王権と武器と信仰』同成社（のち『王権と都市の形成史論』吉川弘文館、二〇一一年、第一部第二章に改稿のうえ収

録）
寺沢薫　二〇一〇年『青銅器のマツリと政治社会』吉川弘文館
寺沢薫　二〇一一年『王権と都市の形成史論』吉川弘文館
寺沢薫　二〇一三年「日本列島における国家形成の枠組み——纒向遺跡出現の国家史的意義」『纒向学研究』第一号（のち『弥生時代国家形成史論』吉川弘文館、二〇一八年、第三部第三章に全面的に再構成のうえ収録）
寺沢薫　二〇一四年『弥生時代の年代と交流』吉川弘文館
寺沢薫　二〇一八年『弥生時代国家形成史論』吉川弘文館
田昌五　一九七八年「読曹操宗族墓磚刻辞」『文物』一九七八年第八期
田昌五　一九八一年「読《対曹操宗族墓磚銘的一点看法》有感」『文物』一九八一年第一二期
西嶋定生　一九九九年『倭国の出現——東アジア世界のなかの日本』東京大学出版会
西本昌弘　一九八九年「楽浪・帯方郡二郡の工房と漢人遺民の行方」『古代文化』第四一巻第一〇号
古江亮仁　一九八九年「慶州瑞鳳塚出土合杅の銘文についての2・3の問題」『朝鮮学報』第一三〇輯
星宮恵一　一九八〇年「亳県後漢墓「倭人」磚について」『古代学研究』第九三号
森浩一　一九八四年「曹氏墓出土の倭人字磚と二、三の問題——李燦氏の業績を中心に」『文化学年報』第三三輯
山尾幸久　一九七二年『魏志倭人伝——東洋史上の古代日本』講談社現代新書
李燦　一九七八年「亳県曹操宗族墓葬」『文物』一九七八年第八期
李燦　一九八一年「略述曹氏元墓74号字磚」『文物』一九八一年第一二期
李燦　一九八三年「倭人字磚——古代日本と中国との交流」（森博達訳）『歴史と人物』一九八三年一二月号

第四章　王権の系譜と継承

第一節　「ヤマト優越史観」批判

「ヤマト優越史観」とは何か

邪馬台国畿内ヤマト説、九州説にかかわらず、多くの研究者の間では、ヤマト王権を誕生させた政治勢力の母体はそれ以前から奈良盆地に存在したはずだというストーリーが、検証されないままに「常識」となっているようだ。文献による研究者であれば、神武天皇以来の大王宮や奥津城《おくつき》のほとんどが奈良盆地に営まれたと記されていることが、考古学者であれば、大王陵をふくむ初期の巨大前方後円墳が奈良盆地の東南部に集中していることが、無意識のうちに、そのストーリーの前提となっているのだろう。

戦後の歴史学では生産力論への関心が高まった。そして、安定したコメの生産が余剰稲《よじょうとう》を首長のもとに集積させ、首長は蓄積された経済的富によって支配権力を強大化し、国家形成への道を歩みはじめたという図式が描かれることになった。飛鳥・奈良時代の初期律令国家が水田開発を推し進め、広大な条里制の水田痕跡を今日に残す奈良盆地は、典型的で最もわかりやすい生産力論のモデルだったのである。

しかし、これはどう考えてもおかしな話だ。大王宮の所在地も巨大前方後円墳の分布も、そして律令制下の条里型水田遺構も、すべてヤマト王権誕生後の資料である。纒向《まきむく》遺跡が出現した三世紀初頭以降、奈良盆地が政治の中心であったという証拠にはなっても、ヤマト王権の前身が二世紀以前の奈良盆地に存在したという証拠にはならない。近世の江戸の繁栄を理由に、江戸開府以前から徳川政権の母体は江戸にあったというに等しいのである。

ヤマト王権の中枢を占めることになる政治勢力はどこに由来するのか、権力母体はどのようにして形成されたのか。権力系譜の実相は前段階の弥生時代、とりわけ王権誕生前夜の二世紀の状況によって見極めなければならないはずである。

かつては、大形の前方後円墳が集中する畿内南部（大和、河内、和泉）こそ、北部九州から伝わった水稲農業をいち早く定着させ、安定した自然環境と社会環境のもとで弥生時代前期末にはどこよりも高い生産力と技術力を育んでいたとされた。大規模な環濠集落を拠点に、生産・交易システムを介して共同体の統合と土器様式の一体化を推し進め、中期後半になると、北部九州勢力に対抗する前進基地としての高地性集落が西方へ西方へと進出するにいたり、その結束力をもとにヤマト王権を誕生させたというストーリーが語られたのである［佐原、一九七〇年／佐原、一九七五年／都出、一九七〇年］。

やがて纒向遺跡で石塚古墳の発掘調査が進み、最古の前方後円墳ではないかとの議論が出されると、その築造年代をむりやりに弥生時代の枠の最後尾に押し込んで、前方後円形をした墳丘墓だと主張する。そして、ヤマト王権最初の大王墓で最古の前方後円墳である箸墓古墳が築造される直前の弥生時代末の奈良盆地には、すでに強大な権力が形成されていたことの証《あかし》だというのである。

一九六八年、箸墓古墳において、キビで出現し古墳の円筒・壺形埴輪の直接の起源となる特殊器台・壺が発見されたときも（二六ページ参照）、畿内ヤマトの勢力が中心となってキビを連合に取り込み、ヤマト王権を打ち立てたという理解が大勢を占めることになった。さらに、畿内ヤマトの勢力がキビを制圧し服属させた結果、ヤマト王権の前方後円墳にキビの墳丘墓の要素が色濃く反映されることになったのだという解釈さえ唱えられたのである［春成、一九七〇年／岩崎、一九七五年］。しかし、制圧し服属させた相手国の王の祭祀を、はたしてみずからの王権祭祀の根幹に取り入れることがあるだろうか。

一九七六年には岡山県倉敷市の楯築《たてつき》墳丘墓の調査がはじまった。石塚古墳より古く、しかも円丘の双方に突出部を付設しており、規模も遜色なく、最古の特殊器台・壺が供献された事例であることが判明したときには、さすがにキビの勢力の大きさは衆目を集めた［近藤、一九七七年］。

全国各地で考古学の発掘調査が進展するにつれ、新たなデータが蓄積されはじめた。弥生時代、とりわけ後期後半の二世紀の状況が明らかになってくると、それまで弥生文化の最先進地だと考えられてきた畿内南部の「先進性」の内実も、各地の考古学の成果を視野に収めたうえで比較・再検討する必要に迫られた。

こうして考古学の探究が、この時期の地域文化の独自性や地域社会の構造の解明と比較という考古学本来の課題へと向かう一方、畿内については依然として巨大環濠集落の交易拠点性や経済的中心性が自明のこととされ、そのうえで、土器に施された文様の精緻さ、描かれた絵画にみられる芸術性と観念世界の充実、木器や石器、青銅器の製作技術の高さなどがことさらに強調される。そして「社会経済的・文化的先進性」が、相変わらず「政治権力の強さ」へとすり替えられるのだ。王権誕生の前提となる政治的・階級的権力の成長についてはまったく証明がなされないどころか、あえてふれないままに、こうした言説が拡散される。畿内優越論、ヤマト優越史観にもとづくストーリーは、いまも枚挙にいとまがない。

次項以下で検証する農業生産力と鉄器化に対する「過大評価」は、これまでのヤマト優越史観が自明のこととしてきたものである。読者の方々は、そこにどのような論理性や説得力を感じられるだろうか。ヤマト王権の誕生と伸長にまつわるヤマト優越史観は、未証明の希望的観測にすぎないにもかかわらず、「見えざる権力論」として戦前から変わることなく「常識」の壁を再生産しつづけているのである。

生産力論の弊害――コメは権力を生んだか

畿内優越論者は、農業生産力の大きさが王権の形成に直結すると考えて、弥生時代の奈良盆地の農業生産力は他地域よりも大きかったに違いないという先入観をもっている。弥生時代研究を牽引してきた佐原真氏は、奈良盆地に強大な王権が形成されたのはコメの力だと断じた［佐原、一九九五年］。しかし、コメの力が経済や社会に発展をもたらしたというのはあくまで発展史観の一般論であって、弥生時代のコメの生産力がどれほどであったか、奈良盆地の生産力がはたして突出して高かったのかについて、佐原氏は明らかにしていない。

長く定説となってきたこの佐原氏の図式を、水田の開発力という観点からバックアップしたのは、当時同じ奈良国立文化財研究所に所属していた八賀《はちが》晋《すすむ》氏である。八賀氏は弥生時代の奈良盆地の集落の立地と土壌の分布との相関関係を克明に調べた。そして、弥生時代前期にはグライ土壌（排水不良の湿田）の水田化がはじまり、中・後期には灰色土壌（排水可能な半湿田）、古墳時代に入ると灰褐色土壌（用排水が自在な生産性の高い乾田）、そして古墳時代中期（五世紀後半）には台地や段丘などの黄色土壌の開発もはじまり、いまに残る条里型水田の基礎になったのだとした［八賀、一九七一年］。

集落の立地と土壌分布との相関関係からみたこの開発モデルは、環境決定論的な弱点はあったけれど、弥生時代の後期には奈良盆地の低地の大部分が、古墳時代中期には丘陵地帯を除く盆地の大部分が水田化されて、のちの律令国家制度下における条里型水田開発の基礎になったことを跡づけたものとして、奈良盆地の生産力の高さを物語る証拠ともされた。

ところがその後、盆地内の水田跡の発掘が進むと、灰色土壌は一一世紀の、灰褐色土壌は一三世紀後半の水田土壌であることが判明した。しかも、その分布は『平安遺文《へいあんいぶん》』などに散見する荘園開発の記録とみごとに一致することも明らかになった。奈良盆地の水田開発に関する従来の見方は、大幅な修正を余儀なくされることになったのである。こうして、奈良盆地の水田開発は弥生時代から長い年月をかけた漸進的なものであり、一一世紀になっても開発の実態はモザイク状だったと考えられるようになった（図1）［寺沢、一九九一年］。

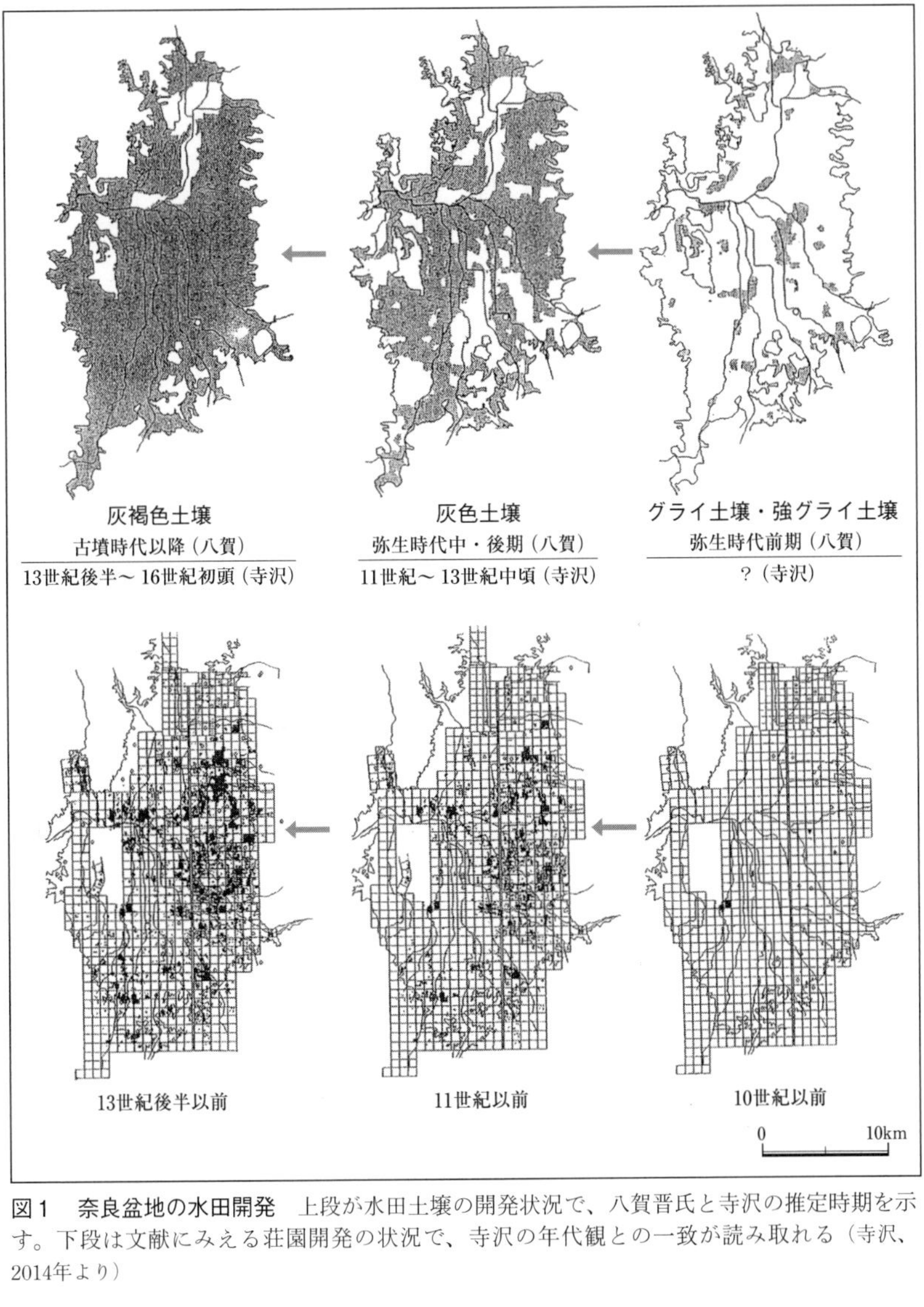

図1　奈良盆地の水田開発　上段が水田土壌の開発状況で、八賀晋氏と寺沢の推定時期を示す。下段は文献にみえる荘園開発の状況で、寺沢の年代観との一致が読み取れる（寺沢、2014年より）

一方で最近、奈良県御所《ごせ》市中西《なかにし》遺跡などで弥生時代前期の広大な水田跡が発掘されたことから、奈良盆地の生産力にあらためて注目が集まっている［岡田ほか編著、二〇一七年など］。

しかし、それはなにも奈良盆地にかぎったことではない。水田遺構の調査例の増加にともない、弥生時代の西日本ではすでに前期から灌漑設備や排水設備を駆使した半湿田、半乾田の開発がはじまっていたことが知られている。また、微妙な高低差のある微高地型水田や微低地型水田を、緩やかな傾斜に合わせながら次々と連続的に拡大していく方法は、平野部ではすでに普遍的な開発技術であった。つまり弥生時代を通じて、開発力の向上はきわめてゆっくりとしたものだったのである。だから、前期の広域におよぶ水田遺構も、たまたま現代の大規模な開発事業に遭遇したことがきっかけになって発見されたにすぎない。水田開発が次なる展開を迎えるのは、大規模な排水施設を駆使した広大な低湿地の開発がはじまる古墳時代からなのである［寺沢、一九八六年］。

農業生産力は開発力（水田面積）と生産性（単位あたり収量）の両輪で決まる。前者にかかわるのは土木技術力と労働の総量、後者にかかわるのは栽培技術力と労働の集約力である。労働の総量と集約力の双方にかかわる労働力の編成・投下方法などの生産体制を決定するのは、おもに首長権力である。首長権力は第一義的には政治的なものであるから、農業生産力の大小にかかわらず、生産力の低い社会でも専制的権力は出現しうるし、生産力の高い社会でも民主的権力が醸成されることはある。農業生産力の発展が首長権力の強大化に直結するわけではない。現代社会でさえ、GDP（国内総生産）の大小と特定個人や特定組織への権力の集中度に相関関係が存在しないことは明らかであろう。

弥生時代の水田開発の実態は、以上に述べてきたようなものだった。それでは開発力とともに農業生産力を決定するもう一つの要因であるコメの生産性は、どうであろうか。以下の方法で導きだされるコメの推定収量は、私たちが漠然と想像しているよりはるかに低い数値である。

写真1　イネの生育状況　上段左は現在の移植田。その下は現在の移植田での稲穂。上段右は2年放置田。その左下は2年放置田での稲穂。稲穂の写真は同一縮尺（以上4点は1980年10月、田原本町薬王寺にて寺沢撮影）。その右下は唐古・鍵遺跡出土の炭化稲束（寺沢撮影）

平安時代の『延喜主税式《えんぎしゅぜいしき》』や『令義《りょうのぎ》解《げ》』の記録から、玄米の収量を現在の面積あたりの斗量に換算すると、最も高い上田《じょうでん》では反《たん》（一一六六平方メートル）あたり五〇束《そく》、玄米にして九斗五升八合（約一二〇キロ）、最も低い下下田《げげでん》では反あたり一五束、玄米にして二斗八升七合（約三六キロ）だ。水田の環境による収量の高低差が大きいのも古代の特徴である。弥生時代の最大収量が平安時代の上田の収量を超えることはありえない。

アジアの原始的な水田や畑での収量を記録した民族調査資料や、実際に弥生時代の遺跡から出土した稲穂の成長具合、弥生時代と同じ環境下で実験的に栽培したコメの収量などから、私は弥生時代の玄米収量はせいぜい平安時代の中田《ちゅうでん》程度、つまり反あたり四〇束、玄米にして七斗六升六合（約九六キロ）を超えることはまれであったと試算した。現代日本の水田収量の四分の一以下である（写真1）［寺沢薫・寺沢知子、一九八一年］。

はたして弥生人は一日でどれほどのコメを摂取できたのだろうか。これについても、後期の広大な水田跡が発掘で明らかになった大阪府八尾市池島《いけしま》・福万寺《ふくまんじ》遺跡を例にとって試算したことがある。ここでは小さな畦畔《けいはん》で網の目のように区切られた多数の小区画水田が、より大きな畦畔によって大区画にまとまっている（図2）。仮にこの大区画を一世帯共同体（複合家族）の耕作地と考え、最も広い大区画Kの約五二〇〇平方メートル（約四・五反）を一世帯共同体の推定人数（一五～二五人）で管理し、収穫されたコメを消費したとしよう。

図２　池島・福万寺遺跡の弥生時代後期の水田区画（寺沢、2020年より）

この推定人数は、近くの八尾南《やおみなみ》遺跡の洪水で一気に埋もれた竪穴住居の同時存在数（世帯共同体の規模によって二～四棟に分かれて住んでいた）から割りだしたものである。この数字は弥生時代の家族としては大きめだが、乳幼児や老齢者がふくまれること、手作業のみで水田が管理されたことを考えると、耕地面積との相関関係は穏当なところであろう。

さて推定収量を右にみた平安時代の中田程度とすると、玄米では約三五斗の収穫だ。しかし四・五反分で最低二斗（籾換算では四斗）の種籾は保存しなければならない。残る三三斗を最低でも一〇人はいたであろう成人数で割ってみると、成人一人一日のコメ摂取量は一合（茶椀に軽く二杯程度）を大きく下回る［寺沢、二〇二〇年］。しかしこの数字は収量を上限におき、摂取する成人の数を最低に設定した試算だ。仮に収量が下田クラス（反あたり五斗七升五合で約二六斗）で、成人が一五人いたとしたら、一日の摂取量は半合になってしまう。過食のあげくダイエットのためにコメ離れした現代人にはピンとこないかもしれないが、生存に必要なカロリーの摂取を穀物に大きく依存していた時代では深刻な状況だ。

遺跡から出土したコメを調べると、多くの未熟米がふくまれていることもわかっている。しかもいまとは違って、収穫されたコメを一世帯共同体がすべて自由に消費できるわけではなかった。多くの集落では一角に共同の倉庫がある。集落首長や小共同体首長の指示によって、救荒用の備蓄、交易のための交換品としての備蓄など、収量のなかから、共同体の一員として供出する義務が課せられていたに違いない。こうして日々口にできるコメは一気に減少することになる。

先進地といわれる畿内であってもこのような状況だ。稲作をはじめた弥生人がコメをたらふく食べていたような幻想は見直さねばならない。雑穀やイモなどを混ぜた粥《かゆ》、場合によっては縄文時代とさして変わらぬ堅果類（ドングリなど）や根茎類から採ったデンプンの加工品が並ぶことも多かったに違いない。

こうしてみると、弥生時代の農業生産力を過大に評価してはならないことがわかる。奈良盆地が他地域よりも卓越した生産力を有していたため、コメの交易をとおして経済的富が首長のもとに蓄積され、その経済力を基盤として他地域に先駆けて強力な政治権力が形成された、それがヤマト王権が畿内ヤマトに誕生した背景だ、などという「常識」は、私には何ら実証性をともなわない絵空ごとに思えてならない［寺沢、二〇一四年、第一部第二章］。

鉄器化の「過大評価」――鉄のアイテムは権力を生んだか

畿内優越論者が拠りどころとするもう一つの柱は、道具や武器などの鉄器化に対する「過大評価」である。その主張は、おおかた次のようなものだ。

「二世紀中頃までの北部九州の鉄器保有量の優位は認めよう。しかし、二世紀後半の「倭国乱《わこくらん》」を契機に、新たな入手ルートを確保した畿内の鉄器量は一気に増え、北部九州を凌駕《りょうが》した。その結果、生産力と軍事力にまさった畿内ヤマトを中心とする勢力が北部九州勢力を制圧してヤマト王権を打ち立てたのだ」

近年ではもう少し踏み込んだ考え方もある。「倭国乱」とは北部九州と畿内・キビ連合との鉄資源争奪戦であり、事実上の政権争いであった。鉄資源の大量入手ルートを押さえた畿内・キビ連合勢力が北部九州に取って替わり、纏向にヤマト王権を樹立したというのだ［松木、二〇〇七年］。い

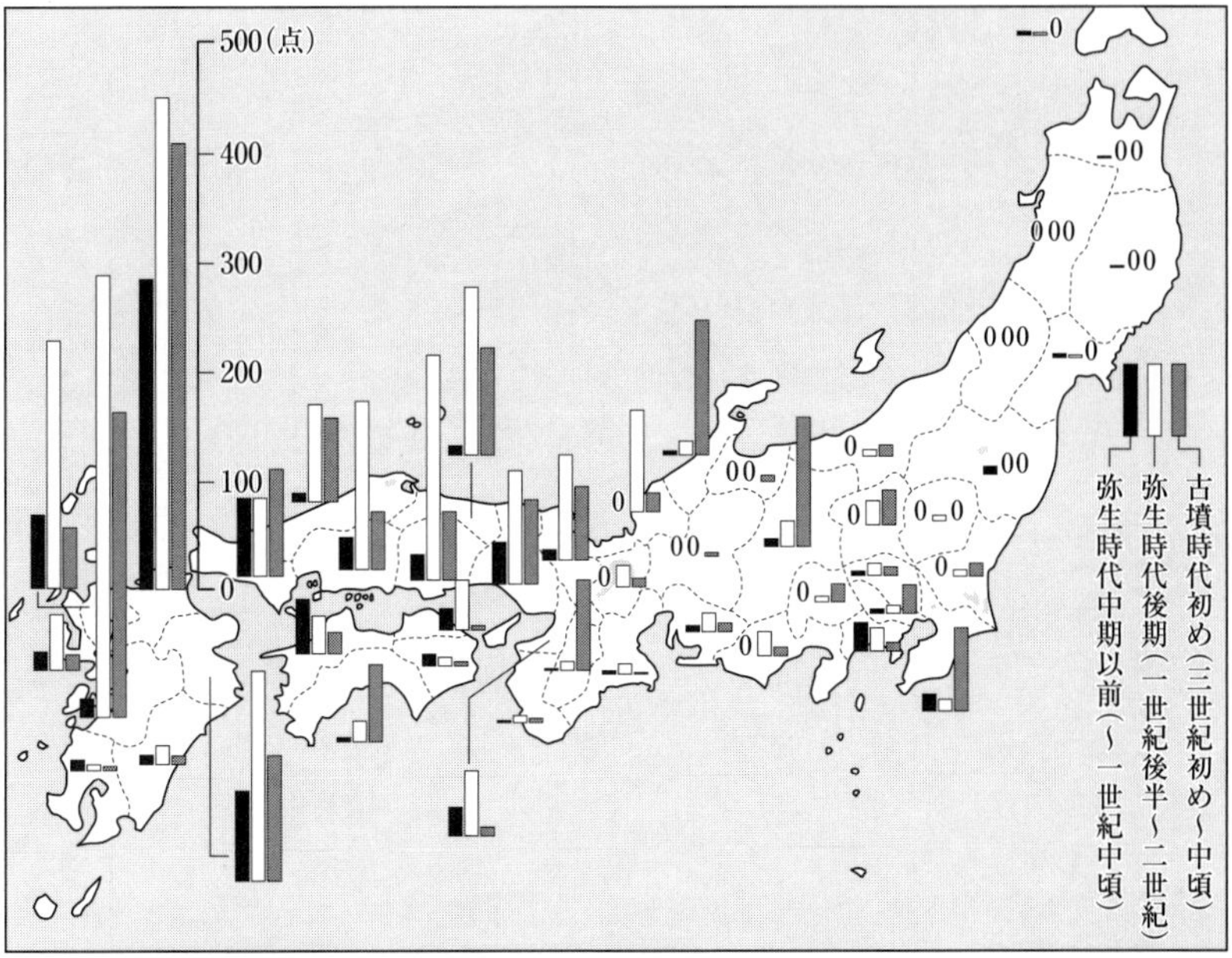

図３　県別にみた弥生～古墳時代初めの鉄器量（寺沢、2000年より）

ずれにしても、北部九州を凌駕する鉄器量を保持した畿内勢力が優位を占め、ヤマトの地に王権を打ち立てたとするストーリーは変わらない。

だが、こうした考え方が成り立たないことは、すでに公表されている鉄器の出土量を比較すれば明らかである。少し古いデータだが、図３は川越哲志《かわごえてつし》氏らによる研究成果［川越編、二〇〇〇年］をもとに私が、弥生時代中期以前、弥生時代後期、古墳時代初めの三時期に分けて鉄器出土量の推移を表したものである。弥生時代後期の日本海沿岸地域や瀬戸内海沿岸地域における鉄器出土量の増加は見て取れても、古墳時代の初めまで一貫して北部九州や中部九州の圧倒的な量におよばないことは一目瞭然だ。とくに畿内地方は

図4　弥生時代後期～古墳時代初めの器種別鉄器出土量（上段は村上、二〇〇七年、下段は藤田、二〇〇二年より。一部改変）

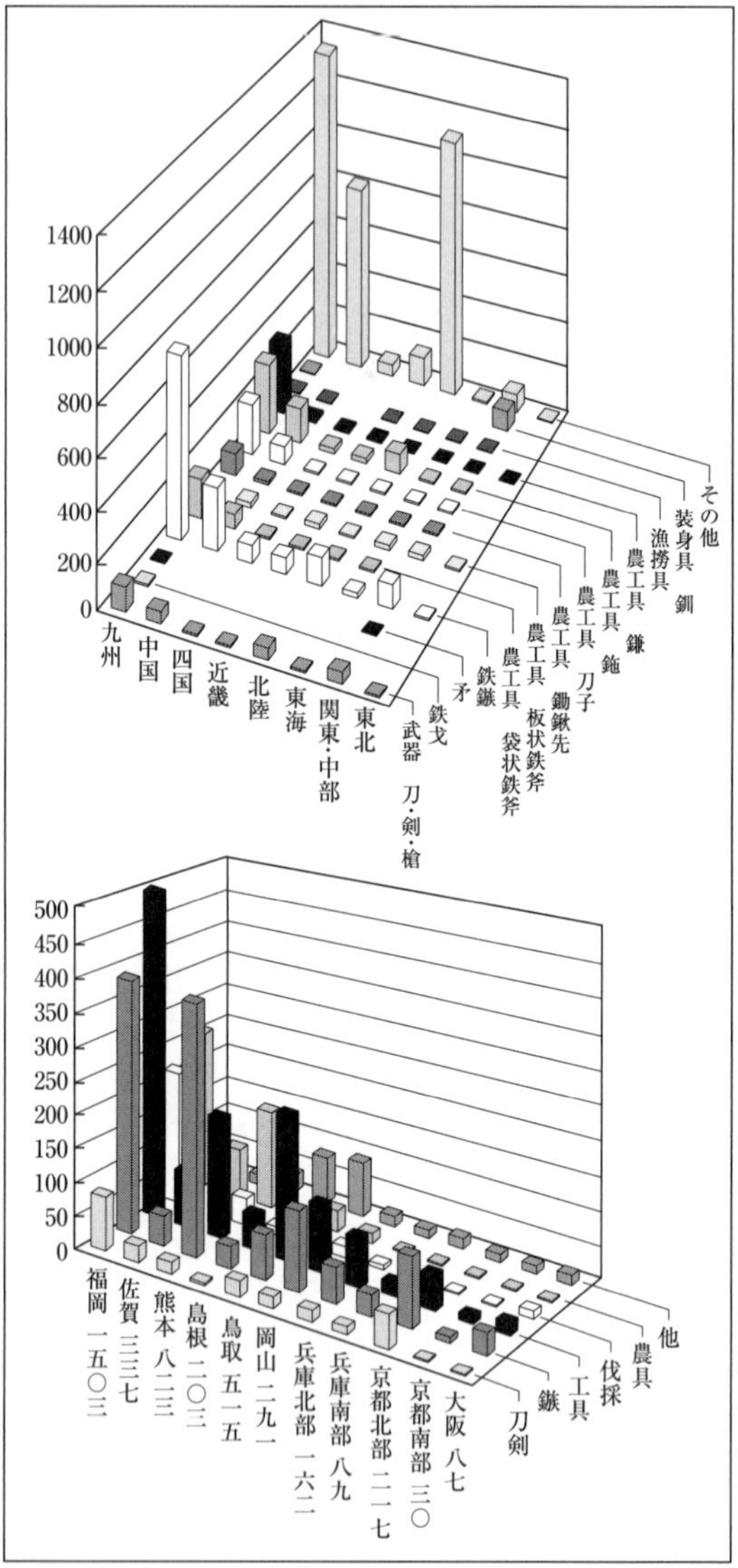

寥々《りょうりょう》たるものだ。

その後の集計でも、後期から古墳時代初めの鉄器出土量の様相は変わらない（図4）［村上、二〇〇七年／藤田、二〇〇二年］。この時期、近畿でわずかに目立っているのは、タニハ地域（兵庫県北部～京都府北部）における鉄製武器の副葬品の増加であって、「畿内」における現象ではない。しかも鉄器の種類をみると、北部九州では武器全般と農工具がおしなべて数多く出土しているのに対して、日本海沿岸や瀬戸内海沿岸では武器でも威信財となるような刀剣類がようやく出土しはじめる。軍事力に関連づけて考えれば、実戦用の鉄鏃がもっと増加してよいはずなのであるが、実態はそうではない。出土量には形状不明な鉄器や素材剝片、製作残片も数多く加算されている。村上恭通《むらかみやすゆき》氏は、剝片や残片が多いのは、それらを集めて再利用するだけの溶解技術が北部九州以外では未発達だったからだとみている。また、北部九州以外では鉄製農工具も少ないことから、畿内の農業生産力の高さを補強する資料ともならない。

ところが畿内の先進性を自明の前提とする論者たちは、間接的な「証拠」を持ち出すのだ。弥生時代中期まで、畿内は武器（石鏃、石剣、石槍など）も収穫具（石庖丁）も工具（石斧《せきふ》、石鑿《いしのみ》、石鉋《いしかんな》、石錐《いしきり》、石小刀《いしこがたな》など）も、圧倒的な石器の量を誇っていた。なのに後期になるとその量は急激に減少し、二世紀の終わり頃には見る影もなくなる。石器がなくなった分は鉄器によって置き換えられたはずだから、「真の鉄器量」は北部九州に匹敵するかそれを凌駕する、というのである［山尾、一九八三年／松木、二〇〇七年／禰冝田、二〇一九年］。

鉄器が大量に出土するわけでもないのに、ほんとうはあったはずだというこの論法は、「見えざる鉄器論」とも揶揄《やゆ》されるが、論法の根拠は、①鉄器は土中での経年変化のため腐蝕してなくなるからだ、②鉄器はリサイクルがきくので破損品や不要品は回収されて繰りかえし再生されるからだ、という。しかしそうであれば、九州では腐蝕しないのにそれ以外の地域では腐蝕するという、遺跡の土中環境の違いとその因果関係とを証明しなければならない。むずかしい問題ではあるが、少なくとも実験的な研究では、畿内の土中環境が鉄器の腐蝕を促進させるという事実はないとの結果が報告されている［村上編、二〇〇五年］。また鉄器のリサイクルについては、右に述べたとおり、北部九州の高度な鉄器生産技術では可能であっても、畿内などの地域の鉄器製作工房の資料をみるかぎり、技術的に困難だというのが村上氏の研究結果である。

それでは石器の激減という点はどうだろうか。弥生時代後期に石器が減少し、後期末には激減するのは全国的な傾向である。北部九州や中部九州地域では後期以降、石器が激減する一方、図3でみたように鉄器は激増する。この現象こそ、石器が鉄器に置き換えられたことを証明する考古学的根拠だ。ところが、それ以外の地域では、鉄器の増加量が石器の急激な減少量にとうてい見合わない。とくに畿内の場合にはこのギャップが大きい。鉄器が腐蝕して消滅したわけでも、リサイクルされたわけでもないとすれば、これはいったいどうしたことだろうか。「見えざる鉄器論」といわれるゆえんである。

畿内優越論者は、畿内が鉄素材や鉄器を優先的に入手する手段として、後期の高地性集落などを中継点とする新たなルートを開拓したために、中期までの石材や石器の供給ルートはしだいに不要となり、従来の拠点的母集落（大規模環濠集落）を核とする社会は解体に向かい、後期の新たなネットワーク社会へと踏み出したのだという。それが王権誕生への道となったとも説く。しかし、大阪湾沿岸部では確かにそうした事例もみられるが、畿内でも奈良盆地の場合は、中期までの拠点的母集落はほとんど衰退することなく後期へと継続している。この点も論理的に弱いところだ。

畿内の鉄器化が事実として急速に進んだのであれば、そうした解釈も無視はできないかもしれない。しかし鉄器化じたいが考古学的にはまったく証明されていないのだから不思議な話である。それになぜ、鉄素材や鉄器を入手するために、中期までの石材や石器の物流ルートを廃してまで別のルートを開拓しなければならないのか。合理的な説明はない。中期社会の交易システムは、石材や石器の供給のためだけに形成されたのではない。土器や木器、ガラス、青銅器などの物流全般、さらには情報通信、通婚、祭祀などをふくめた政治的・社会的集団関係のすべてが、このシステムによって運用されていたはずだ。鉄素材や鉄器の供給ルートだけがこのシステムに乗らなかった理由はないのである。

石器が激減したのに鉄器も少ないのはなぜか。この現象を合理的に解釈するには、発想を根本的に転換し、石器激減の理由を「鉄器の普及」と切り離して考えることが必要ではないだろうか。

後期の石器には、中期までのような多種多様な石材の適材利用がなされていないケースが数多く見受けられる。製作技巧は粗雑で、小形化が目立つ。同じ製品を何度も研磨しなおして、使いまわしている感が否めないのだ。私は石器激減の最大の理由は、拠点的母集落での石器の集中生産体制や石材・石器供給システムじたいが縮小し、中期のようなふんだんな石器生産と消費が不可能になったために、手近な石材で間に合わせたり、リサイクルをおこなったからではないかと考えている。だから、畿内優越論者が説くように、中期的な石器の供給システムから後期的な鉄器の供給システムへの移行が、石器の消滅や地域社会の解体をもたらしたわけではない。むしろ、中期末頃から、それまでの地域社会構造が崩れはじめ、交易センターとしての拠点的母集落も衰退したために、結果として、石器の供給システムが十全に機能しなくなったと考えるべきなのである。原因は経済システムの転換にあるのではなく、当時の政治環境に対処するための構造変化だったのではないか。

それでは、奈良盆地を除く畿内の弥生時代中期末における大規模環濠集落の衰退や地域社会の解体という現象を生んだ政治的状況とは、どのようなものだったのだろうか。

第二章でみてきたように紀元前一世紀後半の北部九州では、ナ国やイト国がより強大な部族的国家連合形成への動きをみせはじめていた。これに脅威を感じた瀬戸内海沿岸部と大阪湾沿岸部では一気に、数多くの高地性集落（第一次高地性集落）が出現したこともこれまで述べてきた。さらに西暦五七年に奴（ナ）国王が後漢王朝に朝貢し、印綬を授けられたという情報は、瀬戸内以東の地域の危機感をいっそう増幅したに違いない。北部九州の脅威に対する呪禁《じゅごん》（辟邪《へきじゃ》のために呪詛《じゅそ》をかけること）を意図した、中期末の東方地域における銅鐸の大量埋納や「聞く銅鐸」の一斉埋納は、政治的・軍事的な危機感の高まりを反映している。こうして畿内でもとりわけ大阪湾沿岸地域では、低地の環濠集落に代わって、丘陵上の大規模な高地性集落（第二次高地性集落）を防御体制の拠点とする、新たな地域社会構造へと再編せざるをえなくなったのである。西日本全域に拡散した緊張の高まりとその恒常化が、経済システムに打撃を与えたのだともいえる。

その結果、畿内優越論者の想定とは裏腹に、畿内の後期社会は経済的に停滞し、閉塞感に覆われていたように思えてならないのだ。中期後葉から末にかけて顕在化しはじめた大形墳丘墓（方形周溝墓）が影をひそめ、環濠集落内の核である特定方形区画もまた不明確になるのは、そのためかもしれない。この時代は経済システムが政治動向を左右するまでにはいたっていない。むしろ政治動向が経済システムを規定したといってもよいだろう。農業生産力の向上や鉄器量の増加が経済規模を拡大させ、軍事力を高め、王権誕生のアイテムとなるような社会ではなかったのである［寺沢、二〇一四年、第三部第二章］。

伝世鏡論の非実証性

農業生産力論と鉄器化論とともに、畿内優越論者が三つめの拠りどころとするのは、出土した銅鏡の分布状況である。卑弥呼が魏王朝へ朝貢した際に下賜されたという「銅鏡百枚」は三角縁神獣鏡だと考え、三角縁神獣鏡が畿内ヤマトを中心に出土していることを根拠とするのみならず、それ以前から畿内には北部九州に匹敵する大量の後漢鏡が流入していたと主張する。

三角縁神獣鏡が「銅鏡百枚」にあたるかどうかをめぐっては、それを中国製とみるか国産とみるかという論点を中心に、長年にわたる論争がある。しかし議論の応酬はかみあわないまま、考古学的な証明のむずかしさから、いまだに結論が出ていない。この点については、次章であらためて考えてみたい。

さて、まず明らかなのは、三角縁神獣鏡は所詮さかのぼっても三世紀中頃以降の資料だということである。巨大前方後円墳の分布状況などと同様、王権誕生前夜の権力構造を検討する材料とはならない。三角縁神獣鏡の分布の中心が畿内ヤマトにあることは歴然たる事実だ。しかしそれは三世紀初めに誕生したヤマト王権の政治的中心が畿内ヤマトにあるという、本書では自明の事実が再確認されるだけのことにすぎない。卑弥呼は邪馬台国の女王であり、卑弥呼の時代は弥生時代だという先入観があるために、あたかも弥生時代から畿内には大量の魏鏡が流入したとか、それ以前から後漢鏡も大量に流入していたというイメージができあがっただけのことなのだ。

むしろここで証明が必要なのは、ほんとうに畿内には後漢鏡が大量に流入していたのかということである。辻《つじ》田《た》淳一郎《じゅんいちろう》氏の集成［辻田、二〇〇七年］をもとに、私が多少の追加をおこなうと、近畿全域の三世紀後葉から四世紀にかけての前期古墳からは、方格規矩鏡《ほうかくきくきょう》、連弧文鏡《れんこもんきょう》（内行花文鏡《ないこうかもんきょう》）、獣帯鏡《じゅうたいきょう》、双頭龍鳳文鏡《そうとうりゅうほうもんきょう》、盤龍鏡《ばんりゅうきょう》、夔鳳鏡《きほうきょう》、飛禽文鏡《ひきんもんきょう》、画像鏡《がぞうきょう》、画文帯神獣鏡《がもんたいしんじゅうきょう》、斜縁《しゃえん》「上方《じょうほう》作《さく》」銘《めい》二神二獣鏡《にしんにじゅうきょう》などの後漢式鏡に加え、虺龍文鏡《きりゅうもんきょう》や異体字銘帯鏡《いたいじめいたいきょう》などの前漢式鏡まで、二一〇面も出土している。

このうち畿内だけでも一八一面、大和は一〇〇面に達する。九州の古墳から出土した六一面に対して、それより東では総計三二九面におよぶ。とくに多いのが方格規矩鏡、連弧文鏡、獣帯鏡と神獣鏡の類だ。巨大前方後円墳の分布と同様、その数は圧倒的に畿内に集中する。だからそれらの鏡の多くは、弥生時代にはすでに畿内や各地にもたらされていたはずだというのである。

しかし、実際に弥生時代の遺跡から出土した中国鏡となると、畿内では完形のものは一枚たりとも存在しない。北部九州圏（中期の山口県下関市稗田《ひえだ》地蔵堂《じぞうどう》遺跡の例をふくむ）以外では、完形鏡は後期後葉から末になってようやく、岐阜市瑞龍《ずいりょう》寺《じ》山《やま》墳墓と兵庫県加古川市西条《さいじょう》五二号墓の二面の連弧文鏡が知られるだけである。東方地域で出土するそれ以外の中国鏡は「分割鏡」（二四三ページ参照）ばかりで、それも廃棄された時期の明らかなものは十数例ほどだ［寺沢、二〇一四年］。

これらの事実を前に、畿内優越論者はこう説明する。

「一世紀から二世紀にかけて中国で製作された鏡は、じつは畿内にも順次大量にもたらされていた。

にもかかわらず弥生時代の遺跡から発見されないのは、首長たちのもとで威信財として大切に保管され、副葬されずに代々伝世してきたからで、古墳時代になってようやく、首長の死に際して古墳に副葬されるようになったのだ」

長いものでは三〇〇年近くも伝世した計算になる。では、古墳時代になって中国鏡が副葬されるようになった主たる理由とはどのようなものか。首長権が世襲化されて、首長の権力が中国鏡を私有物とすることができるほど高まったから、また、三角縁神獣鏡という新たな魏鏡がもたらされて、古い後漢鏡の威信財としての価値が薄れ、伝世の意味が乏しくなったからだ、というのだ［小林、一九六一年］。この説明と主張は畿内優越論者の間にいまも引き継がれている［都出、一九七〇年／岡村、一九九九年など］。

「見えざる鉄器論」と同様の理屈がここでもまかり通る。まさに「見えざる銅鏡論」といってもよい。そもそも、首長の権力が脆弱《ぜいじゃく》だと伝世され、強大になると私有物として副葬されるというなら、畿内の弥生時代の首長権力は北部九州に比べて、一貫して弱体だったことをみずから認めることになりはしないか。しかも、新しく三角縁神獣鏡が流入して、古い中国鏡の価値が薄れたから副葬されたというのであれば、広く畿内各地に定形型前方後円墳が造られはじめる三世紀中には、大部分が副葬されてしまってもよいはずだ。にもかかわらず、前漢・後漢式鏡はこれ以後も一〇〇年にわたって、新たに入手した新型式の鏡を加えつつ副葬されつづけていくのだ。

付け加えれば、一般に古墳の副葬品として後漢式鏡と三角縁神獣鏡が共存する場合、後漢式鏡が遺体に接して棺内で手厚く扱われているのに対して、三角縁神獣鏡は遺体から離れ、棺外に置かれているケースが多いのはどうしたことだろう。古い後漢鏡の威信財としての価値が薄れたなどとはとうてい思えない。それに二例とはいえ、完形の後漢鏡を副葬する首長墓が弥生時代の美濃と播磨に存在する。東方地域でも後漢鏡を入手できればすぐに副葬していたのである。まったく鉄器論のときと同じで、説明がつかない。矛盾は山積している。ヤマト優越史観にもとづく「伝世」という希望的観測は、大きな誤りだったとしか思えない。

最近では、これら前漢・後漢式鏡は畿内において伝世されたのではなく、北部九州で保管されたとする説［森下、二〇二〇年］、魏王朝のもとで保管されたとする説［辻田、二〇一九年］が出され、畿内に流入したのは二世紀末ないし三世紀初め頃との大幅な修正案も示されるようになった。「伝世」であれ「保管」であれ、もはや、前漢・後漢式鏡が弥生時代に畿内へ大量に流入していたという見方は否定されつつある。にもかかわらず、なぜか、古墳時代になってからの畿内への集中が、弥生時代の畿内勢力の主導によるものであるかのような論調は依然として変わらない［下垣、二〇二二年］。

そもそも伝世鏡論の直接的な根拠は、古墳に副葬された中国鏡にままみられる「手擦《てず》れ」という現象である。長い伝世の間、保管者によってさかんに磨かれつづけたために鏡の縁は丸くなり、鏡背の文様すらツルツルに摩滅して不明瞭になったのだという。しかし北部九州などの弥生時代の首長墓に副葬された中国鏡には、こうした顕著な手擦れの痕は少ない。研磨痕跡は認められても、せいぜい鏡縁や鏡面である。また鈕孔《ちゅうこう》が紐擦《ひもず》れでテカテカしていることはあるものの、使用方法の想定範囲内だ。原則として、何世代も伝世した結果ではない。中国で製作された鏡の鏡式や型式の変遷と、その鏡が出土した日本の遺跡や遺構の時間的な先後関係とが、北部九州ではほぼ整合的に対応していることが何よりの証拠である。

私は弥生時代から古墳時代初めにかけての遺跡から出土した多くの中国鏡を観察し、中国では二世紀も後半になると、多数の「踏み返し鏡」や「仿古鏡《ほうこきょう》」が製作されたと考えるようになった。踏み返し鏡とは、既製品から型どりをして鋳型を作る方法で後世に製作された同型の鏡のことをいい、仿古鏡とは古い鏡式や型式、文様などをまねて後世に作られた鏡のことをいう。こうした鏡は後漢王朝末期の二世紀後半以降、とくに、新たな鏡式を生み出すことの少なかった魏晋代にはさかんに作られた［寺沢、二〇〇五年］。

踏み返し鏡はネズミ算式に製品が製品を生んでいくから、文様の細部はしだいに不鮮明となり、摩滅したようにみえる。しかもそれを製品化する過程で研磨するので、古墳出土の前漢式の連弧文異体字銘帯鏡などは、すべてといってよいほど文様の細部が崩れ、銘文の文字は潰れて判読がむずかしい。またモデルとなった原鏡とは鋳造時の湯口（注ぎ口）が異なるため、湯が流れた不鮮明な個所が複数できるのも特徴だ。

仿古鏡はおおむね古い鏡式にのっとって作られてはいるものの、文様や銘文の文言、字体などに、省略や簡素化、退化がみられ、また逆字も存在する。一方で、本来は存在しなかった文様などの新しい要素が付加されたりもする。外縁幅が広くなり、その断面が扁平化するのも一つの傾向である。

これらの踏み返し鏡や仿古鏡は、無視できない数となって列島に運び込まれたであろう。読者の方々はすでに気づかれていたことと思うが、私がわざわざ「前漢式鏡」「後漢式鏡」と書くのは、前漢鏡や後漢鏡と区別するためなのである。

私は伝世という行為じたいを皆無として否定するわけではない。実際、弥生時代には一、二世代程度の伝世が想定される摩滅痕を残す鏡が存在することは指摘されている［柳田、二〇〇二年］。しかし、前期古墳出土の中国鏡のおおかたは二世紀後半以降に作られたもので、その列島への流入時期は三世紀以降と考えるのが実情に即している。つまり、前期古墳に大量に副葬された前漢式鏡と後漢式鏡のほとんどは、弥生時代に流入した鏡の伝世品ではなく、新生倭国＝ヤマト王権が誕生したのちに、おもに外交ルートを通じてもたらされたと考えるべきなのである。畿内の前期古墳に副葬された大量の中国鏡がヤマト王権成立以前の畿内ヤマトの優越を証明することにはまったくならない。

中国鏡の数が逆転する時期

それでもいまだに、学界の一部の研究者の間では、伝世鏡論が「伝世」されつづけている。例えば図5では、九州とそれ以外の地域における中国鏡の出土数（日本での所属時期を問わないトータルな「出土数」としている点に注意）の推移を説明するために、鏡式や型式によって中国での製作時期を2〜7期に分類し、製作時期ごとの面数を比較して、九州以外にも弥生時代から多くの中国鏡がもたらされていたことを示す方法がとられている［岡村、一九九九年］。ここでは弥生時代から古墳時代にかけての遺跡から出土した鏡をひとしなみに扱っており、しかも踏み返し鏡や仿古鏡の視点を欠いている。だから、畿内の古墳から発掘される前漢式（3・4期）、後漢式（5・6期）

の鏡は、みな弥生時代から存在したことになってしまうのだ。

一方、私は実際に日本で出土した遺跡や遺構が明らかになっている中国鏡だけをピックアップして比較する方法をとる。図6がそれだ。遺跡や遺構の時期によって中期末〜後期初め、後期前葉〜後期末、庄内式期、布留0式古相期に分類し、2〜7期の中国鏡の出土数の分布を示している。後期前葉〜後期末の中・四国以東における完形の中国鏡は、前に挙げた二例しかない。これ以外にわずかに存在する鏡は、すべて分割鏡ばかりだ。北部九州やその周辺でも分割鏡は存在するものの、いずれも下位の首長層の墓の副葬やマツリに供されたもので、大規模な集落の特定の住居や溝のなかからも出土する。この点は東方のクニ・国でも同じだが、いっそう興味深い点がある。

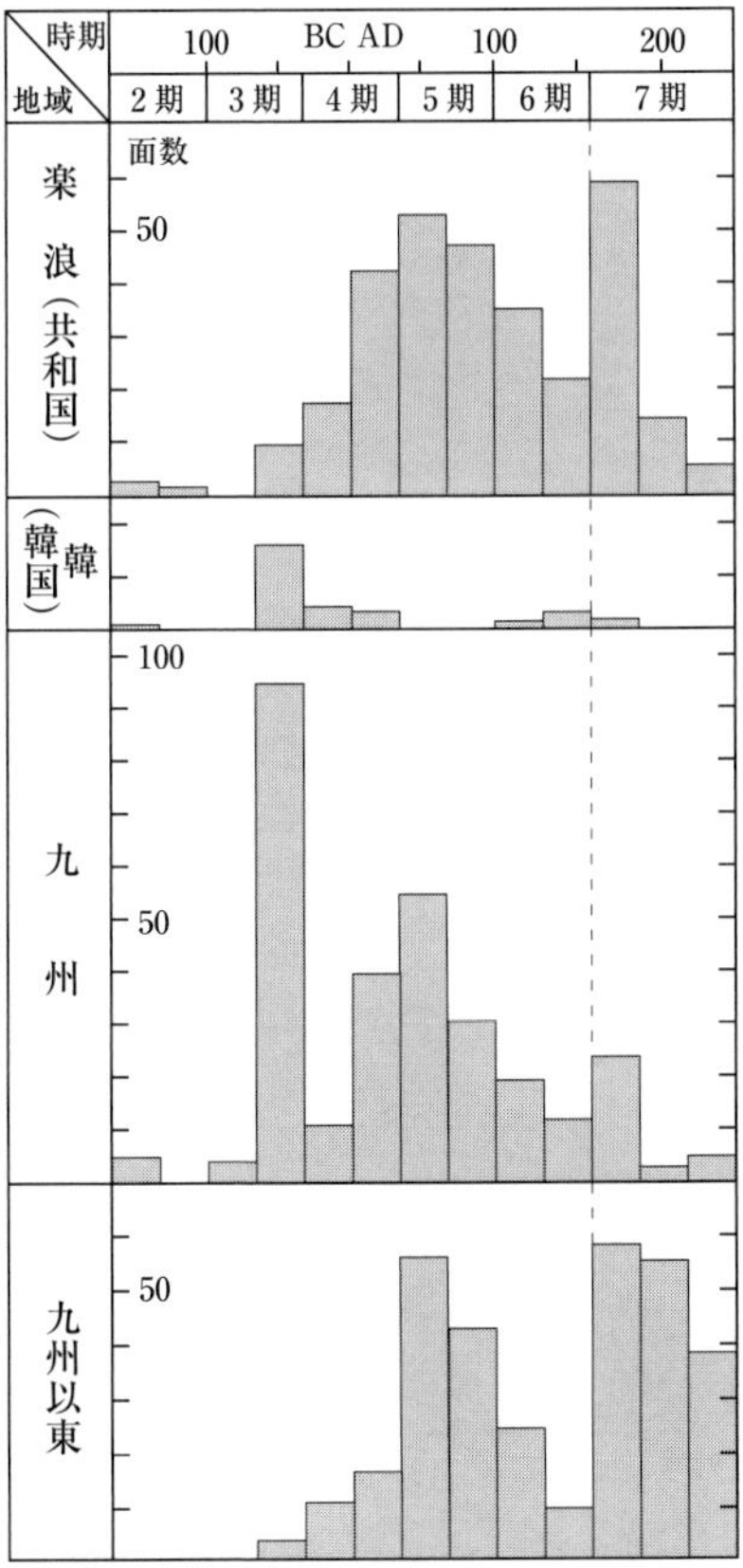

図5　岡村秀典氏による漢式鏡の「出土数」の変遷図　7期鏡の出土と増加を、私は200年以降と考える（岡村、1999年に加筆）

	中期末～後期初め 0　50	後期前葉～後期末 100　150	庄　内　式　期 200　250	布留0式古相期
九州	⊘⊘⊖⊖⊖⊖⊖⊖⊖⊖ ⊖⊖⊖⊖⊖⊖⊖⊖⊖⊖ ⊖⊖⊖⊖⊖⊖⊖⊖⊖⊖ ⊖⊖⊖⊖⊖？ 三雲 K1 ⊘⊖⊖⊖⊖⊖⊖⊖⊖⊖ ⊖⊖⊖⊖⊖⊖⊖⊖⊖⊖ ⊖⊖？ 三雲 K2 ⊘⊘⊘⊖⊖⊖⊖⊖⊖⊖ ⊖⊖⊖⊖⊖⊖⊖⊖⊖⊖ ⊖⊖⊖⊖⊖⊖⊖⊖⊖⊖ ⊖⊖⊖？ 須玖岡本 ⊖⊖⊖⊖⊖⊖⊖⊖⊖⊖ 立岩 ⊘⊖⊖⊖⊖⊗⊗⊗⊗⊠ ⊖⊖⊖⊖⊖⊗⊗(⊗)	⊠⊠⊠⊠⊠⊠⊠⊠⊠⊠ ⊠⊠⊠⊠⊠⊠⊠⊠⊠⊠ ⊕？ 井原鑓溝 ⊗⊗⊕ ⊕⊕⊕⊕⊕⊕⊕⊕⊕⊕ ⊕⊕⊕⊕⊕⊕⊕⊕⊕⊕ ⊕⊕⊕⊕⊕⊕⊕⊕⊕⊕ ⊕⊕①①①①① 平原1号 ⊗⊗⊗⊠⊠⊕⊕⊕⊕⊕ ⊕⊕⊕⊕⊕⊕⊕⊕⊕⊕ ⊕◎◎ ⊗⊗⊗⊗⊗⊗⊕⊕⊕ (⊠⊕⊕⊕◎)	⊕◎◎◎◎◎◎◎◎◎ ○ ⊗⊠⊕⊕⊕◎◎◎◎ (⊕◎◎◎◎◎◎◎◎○○○○ ○○○□)	⊕⊕◎○○○ (○○□)
中・四国以東	⊖	⊕⊕ (⊠⊠⊠⊕⊕⊕⊕⊕⊗⊗)	○□□□□□ ⊠⊕⊕⊕⊕◎◎◎◎◎ ○□ (⊠⊕⊕◎◎○◎◎)	○○○○○□□□ ⊗⊗⊗⊗⊗⊠⊠⊠⊕⊕ ⊕⊕◎◎◎◎○○○○ ○ (◎◎◎◎◎○○□◇◇)

1　中国鏡の製作時期は岡村氏の分類案に従う。⊘岡村2期鏡　⊖岡村3期鏡　⊗岡村4期前半鏡　⊠岡村4期後半鏡　⊕岡村5期鏡　◎岡村6期鏡　○岡村7期第1段階鏡　□岡村7期第2段階鏡　◇岡村7期第3段階鏡　①超大型仿製鏡

2　細線の記号は、岡村型式の退化型式あるいは仿古鏡、踏み返し鏡の可能性の高いものであることを示す

3　( ) 内の縮小記号は鏡片、懸垂鏡資料であることを示す

図6　出土した遺跡や遺構の時期別に整理した弥生～古墳時代初めの中国鏡の数（寺沢、2011年より）

分割鏡の多くは鏡の表裏のみならず、破断面までじつにていねいに研磨されている。あとで述べる「破砕鏡」では破断面がそのままになっていて、ある程度まで破片を揃えて復元することができる場合もあるのとは大きな違いがある。分割鏡を入手した首長が生前、長期にわたって大切に保管し、後生大事に磨いていたのであろう。なかには穿孔して紐を通し、日常的に身につけていたらしい鏡片も少なくない。こうした階級的に下位の首長層にとっては中国鏡であることじたいが貴重で、権威を示すものだったのであり、首長の死とともに副葬されることもあった。北部九州圏以外では完形鏡が二面しか存在しない現状では、畿内の王やオウが完形鏡を分割して配下に分配したとは考えがたいのである。畿内やその周辺地域には大量の完形鏡があったが、副葬する風習がなかったのだという説明も、これまで私の示した状況証拠に照らし合わせれば、説得力のない詭弁《きべん》にみえるに違いない。

図6から読み取ることのできる、もう一つのポイントを挙げよう。西暦二〇〇年前後までの弥生時代には圧倒的に北部九州に流入し保有されていた完形の中国鏡が、古墳時代に入るや北部九州では激減し、替わって中国・四国・近畿で増加しはじめるという逆転の事実である。庄内式期から布留0式古相期の段階は、まだまだこの時期の畿内の古墳の発掘資料が少ないために、急激な増加の様相がいま一つわかりにくいという憾《うら》みは残るけれど、布留0式新相期の奈良県桜井市桜井茶臼山《ちゃうすやま》古墳では四一面以上もの後漢式鏡の副葬が判明しているし、天理市大和天神山《やまとてんじんやま》古墳でも一八面の後漢式鏡が発掘されている。畿内やヤマトへの中国鏡の大量流入現象のはじまりが、いままで述べてきた庄内0式期の纒向遺跡の出現という古代史上の大きなエポックと整合することはもはや間違い

ない。

畿内弥生社会の評価――政治権力の見極め

ヤマトを中心としたのちに畿内と呼ばれる地域が、列島各地の弥生社会のなかでも有数の高い農業生産力をもち、とりわけ中期末頃までは、拠点的母集落を核とする物流や社会的集団関係のネットワークで結ばれた、経済的・文化的な先進地であったことじたいは否定できないだろう。しかし、北部九州、山陰、瀬戸内中・東部、畿内、伊勢湾沿岸などの地域のどこが、経済、文化、祭祀やイデオロギーの面で卓越していたのか、などという議論にはさしあたり意味がない。それぞれの地域はその環境に応じた生産と消費のシステムをつくりあげ、独自性の高い文化を育んできた。

農業生産力と鉄器化に対する「過大評価」についてはすでに検討したとおりだし、祭祀やイデオロギーを紐帯《ちゅうたい》とする結束力の強弱を数値化して比較するなど、なおさら困難である。重要なのは、この時代にあっては、共同体内の生産力や経済力などの要素はいまだ政治権力の形成には直結しないということだ。むしろ外交や戦争に集約される共同体間の交通諸関係の掌握こそ、首長権力と外的国家としての政治権力を生む決定的な要因であったというのが本書をとおしての私の基本的な考え方である。

だから考古学が対象とする資料のなかで、まず第一に注目しなければならないのは墓のあり方である。共同体や部族的国家の首長の政治的・階級的成長が如実に反映され、しかも詳細な分析と比較が可能な対象は、墓の構造や副葬品などの資料なのである。首長の墓の規模や副葬品の内容が、その共同体や部族的国家内部の他の墓と比べてどれほど隔絶するのか、また、周辺の共同体や部族的国家の首長の墓と比べてどれほど卓越しているのか、北部九州の弥生社会における墓制のそうした分析と比較はすでに第二章で詳しくみてきたところだ。

ところがこれまで書いてきたように、畿内のオウ族墓は方形の墳丘を少し大きくさせるだけで、副葬品も一般の墓と大差はない。周辺の他共同体と比較してもさほどの差異は見いだせない。二世紀の後半、つまり「倭国乱」の頃には、王族墓が出現するどころか、オウ族墓すら明確ではなくなってしまう。このことは、後期になると拠点的な大環濠集落が衰退したり、集落内の特定方形区画が不明確になることとも無関係ではない。いずれにせよ、畿内では部族的国家のオウ族や王族が存在したとしても、その政治的・階級的権力を墓と集落のあり方から読み取ることはまったくできないのである。

こうした事実に対しても畿内優越論者は、畿内の弥生社会には首長の墓を立派に造ったり、豪華な威信財を副葬する風習がなかったからだと説く。ならば、二世紀後半になってイヅモやタニハ、コシ、そしてキビが、オウ族墓や王族墓の墳丘を巨大化し、副葬品を充実させたのはなぜか、畿内だけがそれをなしえなかったのはなぜか、畿内だけが首長墓に副葬品を納めないという不思議とも思える風習はいつ、どのようにしてできあがったのか。これらの疑問に対して、考古学的資料をもとにていねいに説明がなされねばならないはずである。

また、中期後半の大形墳丘墓である大阪市加美《かみ》遺跡Y－一号墓や兵庫県尼崎市田能《たの》遺跡三号方形墓では、わずかではあるが銅釧《どうくしろ》や玉類の副葬品がともなっている。そのような例外が存在したのはなぜか、その風習はなぜつづかなかったのか。後期前半にも、まれとはいえ大阪府八尾市大竹西《おおたけにし》遺跡の土壙墓《どこうぼ》のように鉄剣の副葬例があるのはどう解釈するのか。これらに対する論理的な説明がなされないかぎりは、場当たり的な口実にしか聞こえない。

私にすれば、畿内には墓制にその威信が反映されるほどの強力な首長権力が育たなかったから、というほかないのである。それは畿内の部族的国家の政治的・階級的要素の稀薄さに起因する。北部九州以外の地域では部族的国家間の重層性が顕在化することはなく、オウとオウの間の階級的関係や政治的関係は緩やかなものであった。したがって、部族的国家の内部におけるオウ族の階級権力もまた強大化することはなかった。とりわけ畿内の部族的国家では、第三章の冒頭で述べたように、首長の社会的・経済的指導力や祭祀における共同幻想の集約力や拡大力のもとに、緩やかな重層化がゆっくりと進行していたのである。

そしてイヅモ、キビ、タニハ、コシと違って、二世紀後半の「倭国乱」の頃になっても、畿内では部族的国家間の重層性が政治的に顕在化することはなかった。相変わらず、古い青銅製祭器（銅鐸）のマツリに固執し、王族墓はおろか、オウ族墓すら見いだせない状況が、そのことを如実に語っている。高い農業生産力と急速な鉄器化の進展が畿内に一気に強力な政治権力を出現させ、北部九州の強大な政治勢力に取って替わったなどという筋書きに現実味はない。

第二節　前方後円墳祭祀の本質と系譜

楯築墳丘墓の出現

前章では、二世紀の後半になるとイヅモ、キビ（およびその周辺）、タニハ、コシの首長層が巨大な墳丘墓を築き、みずからの力量を内外に誇示することによって、独自のアイデンティティを主張しはじめたことを述べた。その最も象徴的な王族墓が岡山県倉敷市の楯築墳丘墓である。

楯築墳丘墓は足守川《あしもりがわ》中流右岸の独立丘陵の頂《いただき》に築造された、双方中円形《そうほうちゅうえん》の巨大墳丘墓である。径約四二メートル、高さ約三・五〜四・五メートルの円丘の前後双方に、長さ約二一メートルで前面幅約一六メートル（設計上の概算は一八メートル）、高さ約二メートルの突出部を付設し、墳丘の全長は約八四メートルにおよぶと考えられる（八一ページ、図11参照）。

円丘部の頂上には、江戸時代から伝わる「楯築さま」と呼ばれる小さな祠《ほこら》があった。そのなかには長さ九三センチ、幅八八センチ、厚さ三五センチもある巨石の御神体が納められ、古くから「白頂馬龍神石《はくちょうばりゅうじんせき》」とも呼ばれて崇められていた。その一隅に顔らしきものが刻まれ、体は直線と弧線を巧みに組み合わせた帯状の文様、すなわち弧帯文《こたいもん》で包帯のようにぐるぐる巻きにされている。「弧帯石」あるいは「弧帯文石」と呼ばれるゆえんである（写真2）。造られた時代は不明であった

写真３　円礫堆から出土した大小の破片を接合して復元された小形弧帯文石　体積比は巨大弧帯文石の約９分の１で、意図的に破砕されていた（岡山大学考古学研究室提供）

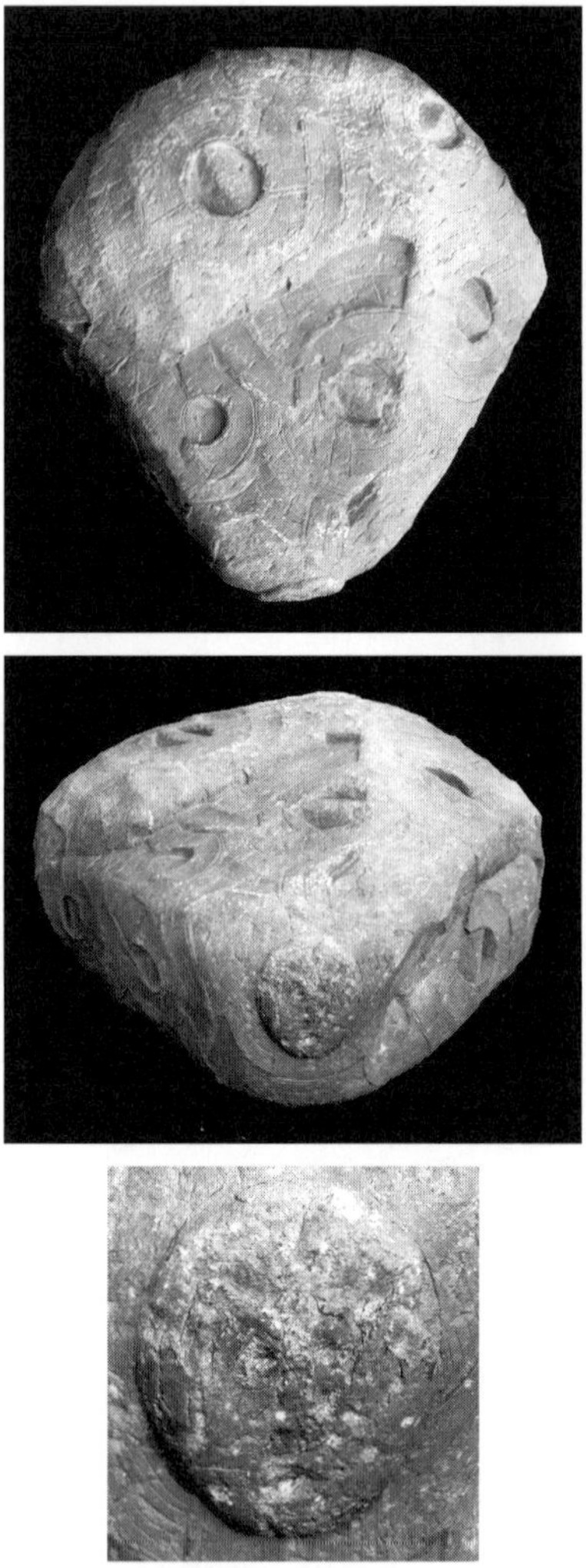

写真２　巨大弧帯文石　上段は上面、中段は正面やや上方から。下段は彫り出された顔の部分の拡大（岡山大学考古学研究室提供）

が、発掘調査で小形の弧帯文石が出土したことから、墳丘墓が築造された二世紀末にさかのぼることが明らかになった（写真３）。ここではこの「楯築さま」を巨大弧帯文石、発掘で出土した弧帯文石を小形弧帯文石と呼ぼう。

円丘頂部には広い平坦面があり、墓壙《ぼこう》の周囲を取り囲むように五枚の巨大な板石が屹立《きつりつ》し、複数の巨石が置かれている（図７）。そして円丘部から北東と南西の尾根方向に伸びる突出部がある。この部分が紛れもなく円丘に付設された突出部であることが確認されたのは、皮肉にも、給水塔の建設と宅

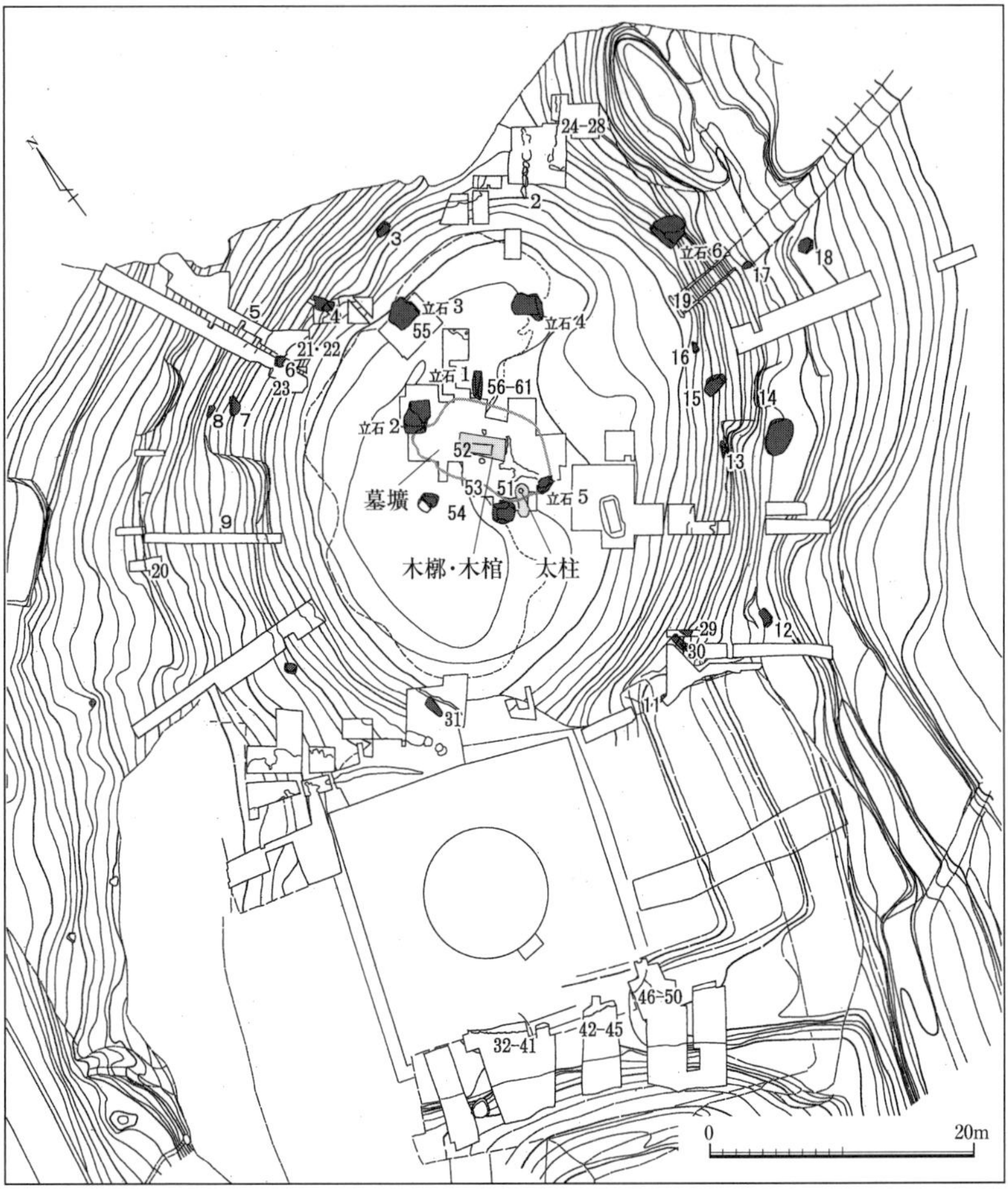

図７　中心埋葬施設周辺と円丘部の立石、置石、太柱（宇垣編著、2021年に加筆）

写真４　巨大な立石に囲まれた埋葬施設の発掘（岡山大学考古学研究室提供）

地開発によって双方の突出部が根元の部分から無惨に削り取られ、その断面から円礫《えんれき》の層と特殊器台・壺をふくむ多数の弥生土器片が出土したためであった。これらの資料によって、楯築墳丘墓が築造されたのは弥生時代後期末の上東《じょうとう》（鬼川市《おにがわち》）Ⅲ式期であることが判明した。そして古墳（前方後円墳）に先行し、しかも古墳に匹敵する規模をもつことから、「墳丘墓」なる概念も生まれたのである［近藤、一九七七年／近藤、二〇〇二年／宇垣編著、二〇二二年］。

楯築墳丘墓の本格的な発掘調査は一九七六年夏、近藤義郎氏ら岡山大学考古学研究室の手によって開始されて以後、七次におよんだ（写真４）［近藤編、一九八七年／近藤編著、一九九二年］。ここでは楯築墳丘墓の特徴を六点にわたって紹介しながら、その歴史的な意義を整理しておこう。

第一に、双方中円形という円形＋方形（矩形）のかたちをとり、円丘部径と突出方形部長の比率が二：一であること。これは纒向型前方後円墳の直接的な原型になりうるものだ。また円丘部には上下二段の列石を設け、この間を埋める円礫帯（葺石《ふきいし》）が北東突出部の括《くび》れ部へとつながっていくことが確認されている。南西突出部では前面に立てられた列石も認められ、尾根を切断する幅三・三メートル、深さ四メートルの隔絶溝《かくぜつこう》が掘削されていた。イヅモの四隅突出方形墓やタニハの方丘墓と共通する貼石《はりいし》や列石の伝統が、キビでは楯築墳丘墓において初めて大々的に取り入れられ、次には纒向のホケノ山古墳へとつながっていくのである。

第二に、中心となる埋葬施設（第一主体）は九×五・五〜六・二五メートル、深さ二・一メートルもの巨大な墓壙を掘削し、箱形の棺を覆う木槨《もっかく》を設けて、排水溝も備えていること。この構造はホケノ山古墳につながるものである。棺を槨で覆うという前期古墳の埋葬施設の二重構造が、すでに楯築墳丘墓で完成していたのである。

木槨は弥生時代中期初めには朝鮮半島南部から北部九州に伝来しており、中期後半にはわずかではあるが西日本から北陸にも広がっている。しかし大形で堅牢な木槨は、弥生時代の王墓としては楯築墳丘墓が唯一の事例であり、楽浪の大形木槨墓との関係が想定される［田中、一九九七年］。

第三に、棺内副葬品は鉄剣一と二連の首飾り（翡翠製勾玉《ひすいせいまがたま》一、瑪瑙製棗玉《めのうせいなつめだま》一、碧玉製管玉《へきぎょくせいくだたま》二七、ガラス製管玉四四八、ガラス製小玉《こだま》・丸玉《まるだま》多数）と、けっして豪華ではないものの、弥生時代では他に類のない三二キロもの水銀朱を棺底に敷いていること。水銀朱の大量使用は、北部九州の首長墓の伝統を引き継ぎ、前期古墳の埋葬施設にみられる水銀朱の普遍的使用への橋渡しとなったのである。

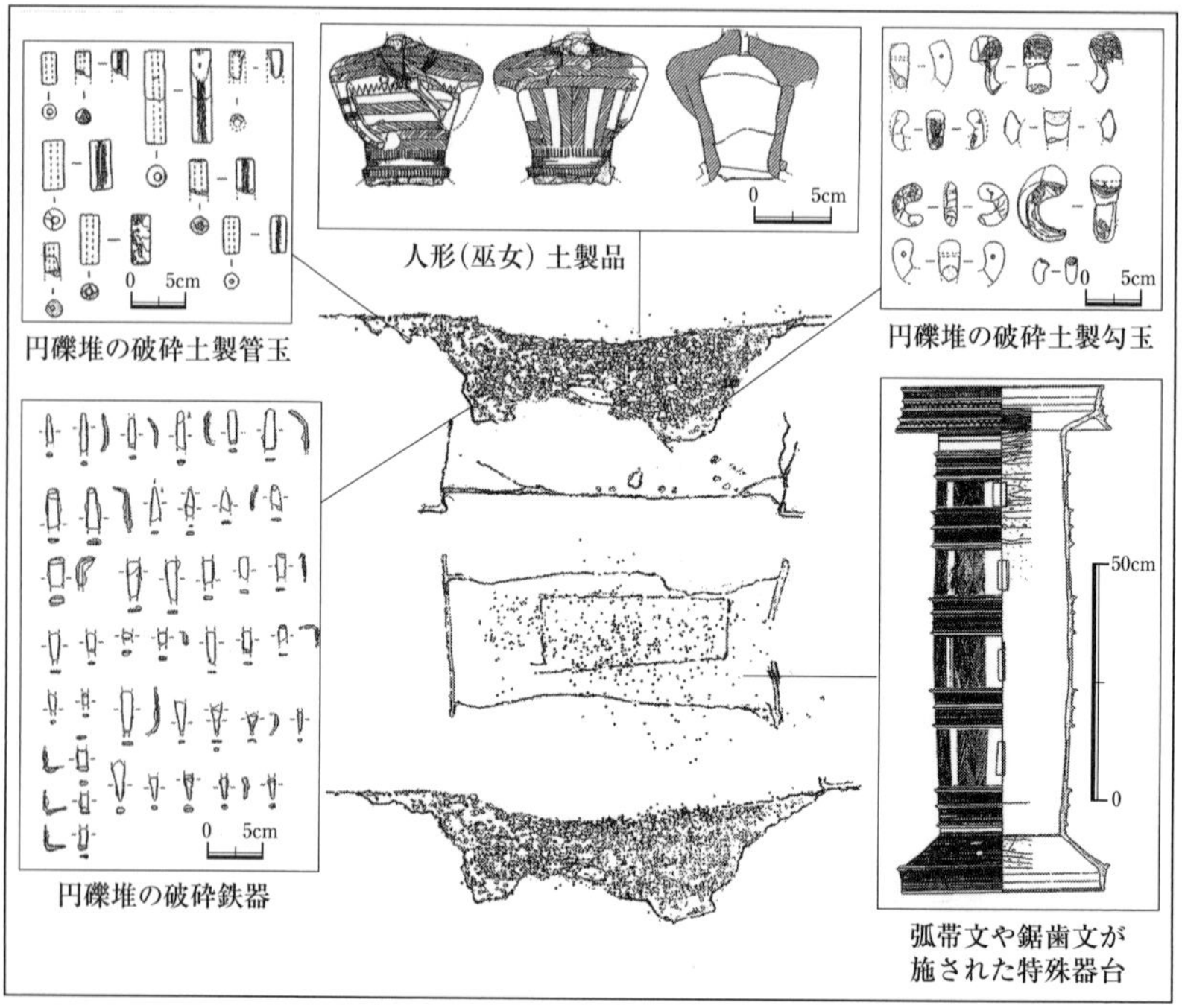

図8　楯築墳丘墓の円礫堆の陥没状況と破砕された呪具と呪器（近藤編、1987年により作成）

第四に、棺上には破砕された碧玉製管玉一八からなる一連の首飾りが置かれ、木槨を埋めた墓壙上には朱を撒いた円礫が厚さ一メートルに積まれており、そのなかに破砕された大量の土器（壺、甕、高坏、器台など）、特殊器台と特殊壺、小形弧帯文石一、土製品《どせいひん》（巫女《みこ》らしい人形《ひとがた》九、勾玉形八〜九、管玉形一〇、家形一）、鉄製品多数が埋棄されていたこと（図8）。破砕された鉄製品の破片は三七点におよぶが、弧帯文石の施文具《せもんぐ》の可能性が高いという。灰や炭が散在し、火を受けたものもあるから、一連の儀式のなかで火を焚く行為をともなっていたことがわかる。

第五に、立坂型《たてざかがた》と呼ばれる最古の特殊器台・壺が誕生し、初めて墳丘上に立て並べられたこと。しかも器面には巨大弧帯文石や小形弧帯文石と同じ弧帯文がめぐらされている。この呪的な文様はもともと銅鐸祭祀圏の畿内やキビに淵源をもつが、銅鐸では別々に描かれていた二元的な文様が器面で巧みに組み合わされて様式化した。王墓の祭祀にかかわる呪器がキビにおいて誕生したのである。その弧帯文は纒向遺跡の石塚古墳周濠から出土した弧帯文円板、東田《ひがいだ》地区の溝から出土した弧帯文石、巻野内家《いえ》ツラ地区の溝から出土した弧帯文板など（八六ページ、写真17参照）、初期ヤマト王権中枢の祭具にそっくり引き継がれる。特殊器台・壺そのものも、のちに型式変化したものが箸墓古墳などの定形型前方後円墳に立て並べられ、ついには円筒形埴輪の起源となるオブジェである［寺沢、二〇〇三年／寺沢、二〇一〇年、第三部第二章］。

楯築墳丘墓では王が埋葬される際に、副葬品や呪具を破砕する秘儀が執りおこなわれていた可能性が高い。この秘儀もまた、あとで述べるように前方後円墳における「首長霊継承儀礼」へとつながっていくのである。

そして第六に、円丘上の五枚の巨大な板状の立石と置石《おきいし》の存在だ。発掘調査の結果、これらも築造時から立てられていたことが明らかになった。地下の中心埋葬施設を取り囲む障壁のような巨石は、墓壙のなかで執行されたであろう秘儀が滞りなく進められ、その成果が最大化されるように、聖なるエネルギーで充塡《じゅうてん》されたミラクルスペースを創りあげるための結界だったのではないかと、私は考えている。また、これらの立石群中には一本の太柱が立てられ、中心埋葬施設の両側にも柱が並んで立てられていた。建物にはならないようだけれど、後述するイヅモの西谷三号墓やイト国の平原《ひらばる》一号墓の太柱に通じるものであろう。

それでは、その秘儀とはどのようなものであったかを述べる前に、まずは楯築墳丘墓に葬られた王の政治権力の大きさを測ってみよう。

キビの「王のなかの王」

楯築墳丘墓は、中心の埋葬施設（第一主体）以外にも、墳頂端に第二の埋葬施設（割竹形木棺直《じき》葬《そう》）があり、さらに南西突出部にも埋葬施設のあることが予測されている。しかし第二の埋葬施設には水銀朱の使用も副葬品もみられない。複数の王族が葬られた墓ではあるが、第一主体の被葬者は傑出した王個人なのである。大量の水銀朱の使用といい、秘儀を執りおこなうためのしつらえと特殊な呪具の創出といい、最古の前方後円墳の原型となる墳形や規格のプランといい、その中心被葬者の階級的隔絶性は際立ったものなのである。

楯築墳丘墓が築造された丘陵一帯は王墓山《おうぼさん》と呼ばれ、女男岩《みょうといわ》墳丘墓や雲山鳥打《くもやまとりうち》墳丘墓、鯉喰神社《こいくいじんじゃ》墳丘墓など、前後する時期の大形墳丘墓が分布する（図9）。鯉喰神社墳丘墓は四〇×三二メートルの方丘部の両側に楯築墳丘墓のような突出部を造り、立坂型より新しい向木見《むこうぎみがた》型の特殊器台・壺とともに小形弧帯文石が採集されているから［平野・岸本、二〇〇〇年］、楯築墳丘墓につづく王墓の条件を満たしている。古墳時代前期（布留0式期か）には対岸に、纒向型前方後円墳の可能性のある墳長約一二〇メートルの中山茶臼山《なかやまちゃうすやま》古墳が築造される。

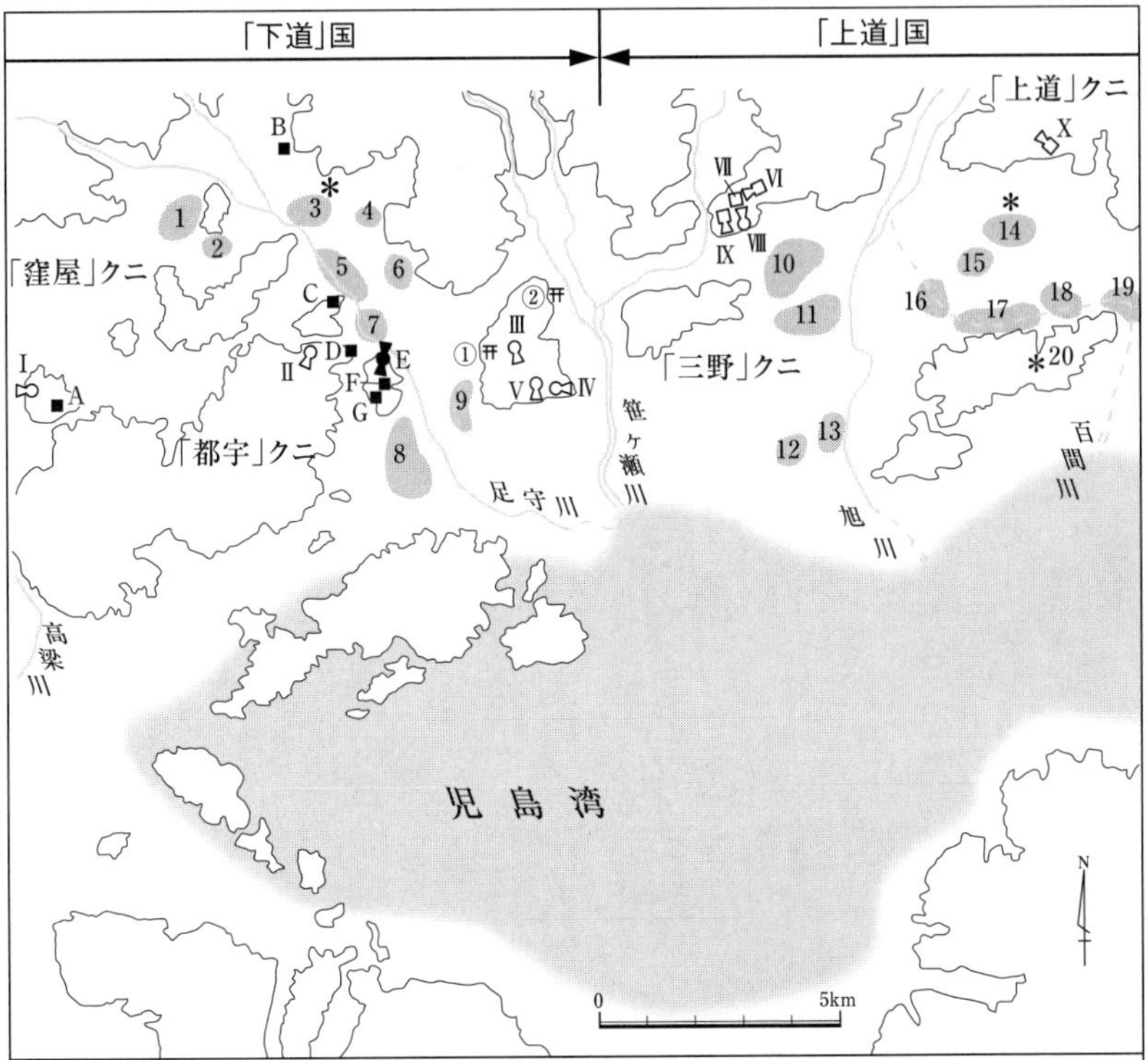

集落　1 窪木・南溝手遺跡　2 窪木・薬師遺跡　3 高塚遺跡（銅鐸埋納）　4 高松遺跡　5 津寺遺跡　6 加茂政所遺跡　7 足守川加茂遺跡群　8 上東遺跡　9 川入遺跡　10 津島遺跡　11 南方遺跡　12 鹿田遺跡　13 天瀬遺跡　14 雄町遺跡（銅鐸埋納）　15 赤田遺跡　16 百間川原尾島遺跡　17 百間川沢田遺跡　18 百間川兼基・今谷遺跡　19 百間川米田遺跡　20 兼基銅鐸埋納地

神社　① 吉備津神社　② 吉備津彦神社

墳丘墓　A 鋳物師谷墳丘墓　B 生石神社墳丘墓　C 雲山鳥打墳丘墓　D 鯉喰神社墳丘墓　E 楯築墳丘墓　F 女男岩墳丘墓群　G 辻山田墳丘墓群

前期古墳　Ⅰ 宮山古墳　Ⅱ 矢部大𡉕古墳　Ⅲ 中山茶臼山古墳　Ⅳ 尾上車山古墳　Ⅴ 矢藤治山古墳　Ⅵ 都月1号墳　Ⅶ 都月2号墳　Ⅷ 都月3号墳　Ⅸ 七つ𡉕古墳　Ⅹ 備前車塚古墳

図9　岡山平野の弥生時代後期のおもな遺跡と初期の古墳（寺沢、2011年に加筆）

ここ足守川流域には、上東遺跡、矢部南向《やべみなみむかい》遺跡、足守川加茂《かも》遺跡、津寺《つでら》遺跡、高塚《たかつか》遺跡などの弥生時代後期後半期を代表する大集落が集中する。楯築墳丘墓の中心埋葬の被葬者が足守川流域の「都宇《つう》」のクニのオウであったことは論をまたない。しかも、のちに備中の国といわれる高梁川《たかはしがわ》流域までをふくめた岡山平野西部の領域でも、これほどの巨大墳丘墓はみられないから、彼は仮称「下道国《しもつみち》」の部族的国家の王でもあったことになる。

だが、それだけにとどまらない。のちの備前の国に相当する旭川流域や吉井川流域の広大な岡山平野東部一帯（仮称「上道国《かみつみち》」）を見渡しても、これほどの巨大墳丘墓は存在しない。特殊器台・壺は楯築墳丘墓が所在する足守川流域や高梁川流域において集中的に製作され、キビ各地に搬出されているから、緩やかに形成されはじめた部族的国家連合の盟主的な王（王のなかの王）でもあったのだ。

楯築墳丘墓の被葬者は、北部九州のナ国連合やイト国連合のような強力な政治的・階級的権力に裏付けられた部族的国家連合の盟主とはいえないまでも、キビでも二世紀末になると、秘儀の共有というきわめて祭祀的要素の濃厚な共同幻想を紐帯として、政治的・階級的にも成長しはじめた「王のなかの王」が出現したのである［寺沢、二〇一一年、第一部第一章］。

秘儀とは何か

楯築墳丘墓における呪具の破砕は、墓上（あるいは墓前）でおこなわれた共飲共食の儀礼の痕跡として説明されることが多い。しかし一般の供献土器の破砕をともなう共飲共食の儀礼（神人共食。

相嘗《あいなめ》、相饗《あいにえ》）は、埋葬儀礼が完了したあとの直会《なおらい》である。特殊器台・壺（呪器）や小形弧帯文石（呪具）などの破砕が、同時におこなわれたとは思えないのだ。そもそも供献具としての一般の器台や壺などが存在するのだから、共飲共食儀礼のためであれば、特殊な弧帯文を施した呪器・呪具を新たに創出する必然性はない。用途が異なったはずなのである。

私は、呪器・呪具とは王の遺体を密閉する前段階で執りおこなわれた重要な秘儀に使用し、秘儀終了直後、棺や木槨を密閉する際に、特定の場所でただちに破砕されたと理解している。それらはとりまとめられて、円礫堆の築成の際にばらまかれたのであろう。破砕された呪器・呪具を元のすがたに正確に復元するのがむずかしいのはそのためと考えられる。

とくに、小形弧帯文石が火を受けているらしいとの指摘［福本、二〇〇七年］は、火を焚いた場所で真っ先に破砕されたことを推測させる。弧帯文石は本体部分のほかに一三九以上もの破片が剝離していた。遺体の密閉から一連の破砕・ばらまき・埋棄儀礼は、きわめて短時間になされた可能性が高い。

したがって、楯築墳丘墓での埋葬にかかわる一連の儀式のなかで最も重要な秘儀は、遺体を納めた棺が木槨内に安置された直後から密閉されるまでに執りおこなわれたことになる。特殊器台・壺は、巨大な立石や太柱とともに聖なる空間を結界する働きを担った呪器だったのだろう。

では秘儀とは何か。それは、王の死に際して新王が亡き王の霊を引き継ぐための首長霊継承の儀式だったのではないか。巨大な墓壙内の木槨には、なぜか片側に寄せて亡き王の遺体を納めた木棺がしつらえられている。その横の空間には、新たに王になるべき人物が横たわったのではないか。

最高位の巫女が深夜の漆黒の闇のなかで、亡き王の霊を新王の身体に移すという祭儀を執りおこなったのではないか。

当然のことだが、部族的国家のオウや王がたんに首長権を継承するだけであれば、墓内でここまで手の込んだ儀式をする必要はない。人々の面前で認証の儀式や認証品の授受をおこなえば事足りる。事実、世界の多くの王位継承はこうした認証式やレガリアの授受によってなされている。おそらく北部九州の部族的国家をはじめとして、これまでのオウや王はそのような首長権継承儀礼をおこなってきたはずである。

しかし「王のなかの王」ともなると、首長権や祭祀権の継承を人々に周知させ、連合体の王としての権威をいっそう高めるために、その存在を象徴化する秘儀が模索されたことは想像にかたくない。こうして、弥生時代以来の豊穣のマツリの根幹にある穀霊の観念と、共同体を守護しその永続を保証する祖霊の観念を併せもつ、より高次な霊観念が創出された。「首長霊」観念の誕生であり、新しい王はそれを前王から引き継ぐことでのみ王位につくことができたのである。

「楯築さま」の巨大弧帯文石に刻まれた顔は、単純に祖霊の顔として説明されることが一般的だが、私はこれこそが首長霊の顔だと考えている。王のなかの王たる人物は、穀霊と祖霊を統合した首長霊を一身に担うまでに階級的に成長したのである。

それまでのカミから一変して、首長霊は人格化した神である。第一章（七四ページ参照）でふれたように、纒向遺跡の第一四九次調査で、祭祀土坑から人の顔をした木面が出土している（写真5）。長さは二六センチ、幅二一・六センチ。カシ類の柾目材《まさめざい》で作られた鍬の身を加工して転用したものである［福辻、二〇一三年］。遠くを望むように細めた眼、その上の眉、通った鼻筋、ぽっかりと空いた口、そして髭《ひげ》をたくわえたような顎《あご》を表現する。巨大弧帯文石に刻まれた首長霊の顔から、わずか二、三〇年後（庄内0式期ないし1式期）のものである。

この木面は火と水の祭祀にかかわる土坑から、鎌の柄や木製楯などとともに出土している。王権の重要な祭祀の際の演目で使用された可能性が高い。木面には顔に装着するための紐を通す孔《あな》がないから、おそらく祭司が首長霊（神）に成り代わって所作を演じるときには、顎部を手で持って付け外ししたのであろう。首長霊の観念やすがたはこうして、三世紀の纒向を大王都とする新生倭国（ヤマト王権）では、農業生産の増大と王権の発展を願う儀式にも広がっていったことがわかる。

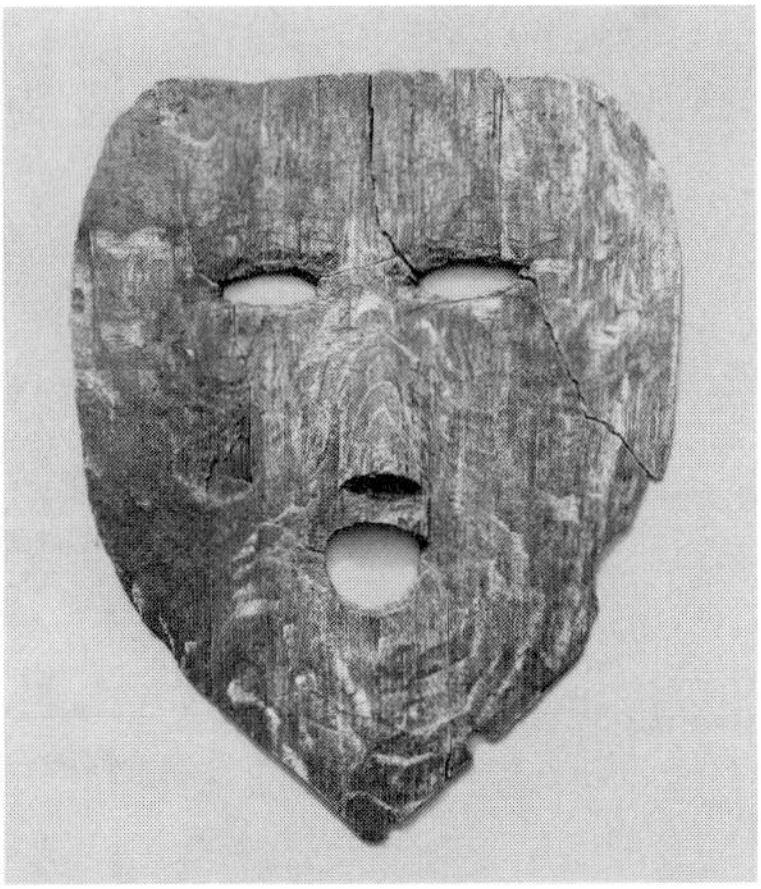

写真５　纒向遺跡出土の木面（桜井市教育委員会提供）

纒向型前方後円墳が考案されると、首長霊継承儀礼は前方後円墳での最も重要な祭儀としてそのまま引き継がれた。前方後円というかたちもまた、楯築墳丘墓を引き継いで円形と方形（矩形）を合体させた陰陽の万物生成の観念を象徴する。それは首長霊を増大し、秘儀を滞りなく完了させるための格好の舞台装置として案出されたのである［寺沢、二〇〇三年／寺沢、二〇一〇年、第三部第二章］。

イヅモの王墓と首長霊継承儀礼

首長霊継承の秘儀の痕跡をたどることのできる墓は、キビの楯築墳丘墓だけではない。島根県出雲市西谷墳丘墓群では、九号墓（方丘部四三×三三メートル）を筆頭に、丘陵上に三号墓（四〇×三〇メートル）、二号墓（三四×二七メートル）、四号墓（三〇×三一メートル）などの巨大墳丘墓が連なり、弥生時代後期末以降のイヅモの王（族）墓の埋葬状況を垣間見ることができる［渡辺・坂本ほか編著、二〇一五年／渡辺、二〇一八年］。

王のなかの王とはいかないけれど、三号墓は方丘部の四隅に長さ一五メートルもの突出部がつく。高さ四・五メートルに盛られた方丘に少なくとも八基の埋葬施設を設けた王族墓だが、その中心は中央に並葬された第一主体と第四主体の人物である。

ここでも注目すべきは第一に、いずれも六×四・五メートルという巨大な墓壙に木槨で囲まれた木棺が納められ、周囲に一定の空間が設けられていることである。第四主体の棺内には一〇キロの水銀朱が厚く敷かれ、鉄剣一と一連の首飾り（ガラス製管玉二〇）が、第一主体にはマリンブルーの光沢を放つ特異な形状のガラス製勾玉二とガラス製垂飾《すいしょく》四、ガラス製管玉二六以上、碧玉製管玉二七、ガラス製小玉一二二以上が副葬されていた（一七〇ページ、写真1参照）。

第四主体にはのちに設けられた小規模な副槨があり、副葬品はないが水銀朱が敷設されていた。水銀朱は中国製で、第一・第四主体の棺槨と副槨、そして第三主体の総量は三〇キロにおよぶ。大量のガラス製の玉類とともに楽浪からもたらされた可能性が高いだろう。

第二は、第四主体の墓壙の四隅に設けられた四本の巨大な柱穴跡である（図10）。柱の直径は五

○センチもあり、添柱《そえばしら》（副柱）まであるから、かなり堅牢な建物か、よほど高い柱が立てられていたことになるが、上屋《うわや》が存在したかどうかはわからない。ここでも楯築墳丘墓と同様、棺槨を埋めたあとに、二二三点以上の大量の供献土器と、キビから持ち運ばれた立坂型の特殊器台一、装飾器台一七、装飾壺一四がことごとく破砕され、棺槨上に置かれた二個の朱塗り円礫の上にまとめられていた。四本の柱穴が棺槨を埋めた埋土（整地土）の上面で検出されたことから、埋葬後の墓上祭祀の痕跡とされ、古代中国の「寝《しん》」と呼ばれる墓上の恒久的施設とも考えられた。

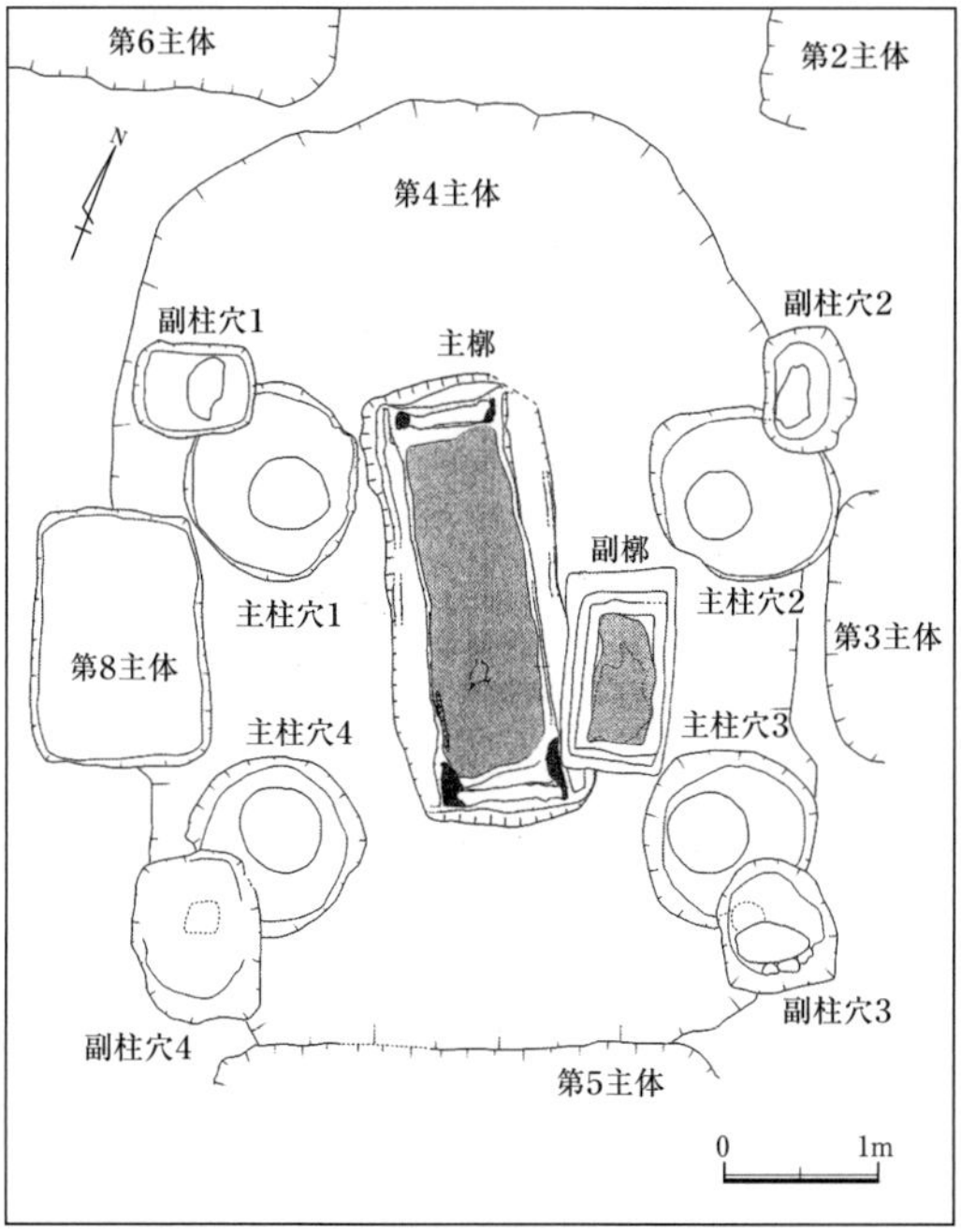

図10　西谷３号墓第４主体の棺槨と４本柱（渡辺・坂本ほか編著、2015年より）

しかし、棺槨周囲の墓壙は上面まで埋められていたとしても、柱穴の位置からすれば、柱は棺槨密閉以前から立てられていた可能性がある。四本柱（建物か囲い）が立てられて機能していた時点では、木槨のなかの木棺は開けられ、遺体はみえる状態にあったのではないかと思われる。木棺を囲む木槨側板《がわいた》には、周囲の墳墓の埋土の土止《どど》め的機能があったのだろう。それは大陸起源である木槨を採用した際の、日本独自の用法といってよいかもしれない。これらの太柱は、埋葬後に立てられた葬送の儀式のための建物や、古代中国のような恒久的で堅牢な建物の主柱を想定するよりも、楯築墳丘墓と同様に埋葬空間の四隅を結界するためのものであったと私は考えている。布などで遮蔽《しゃへい》して、秘儀のための聖なるミラクルスペースを確保したのであろう。

秘儀の終了後は棺槨を封じて埋設し、整地してから墓上で供献祭祀を執りおこなう。四本の太柱は、この直前に周りをわずかに掘り起こし、下部を残して切断解体したと考えればよい。供献祭祀のときの破砕遺物を取りまとめた円礫堆が、棺槨と柱根の腐朽によって生じた窪みに落ち込んでいるのはそのためである。このことも太柱が棺槨の埋設と整地のあとに立てられたものではないと考える理由だ。

第三は、第一主体の被葬者は副葬品の内容から女性の可能性が高いことである。おそらく彼女は秘儀を執りおこなった最高祭司で、第四主体の王のキョウダイ（姉妹）であろう。最高位の女性祭司は、この秘儀を遂行するうえで欠くことのできない存在であったらしい。このことは、楯築墳丘墓の人形《ひとがた》土製品や、次に述べる平原一号墓や前期古墳の巨大な連弧文鏡にも深くかかわっている。

西谷墳丘墓群の中核を占める巨大墳丘墓は、二世紀末の三号墓を嚆矢《こうし》として、三世紀前半に二号墓→四号墓→九号墓の順で築造されたと考えられている。イヅモ国（ここでは出雲平野の狭義のイヅモ）の王の首長霊継承の秘儀は、新たな王が選ばれるたびに代々受け継がれていったのである。

イト倭国王最後の王墓――平原一号墓

度重なる過酷な戦争をへて、次々と部族的国家の統合を果たし、ついにはイト倭国という部族的国家連合の究極のかたちを誕生させた北部九州では、大形の墳丘墓こそ生み出さなかったものの、後漢王朝の衰退と「倭国乱」という混乱した社会状況のなかでも、依然として首長たちの階級的な権力は、大量の威信財を入手して惜しげもなく副葬する行為に反映されていた。イト倭国内での階級的頂点化はいまだ強力に維持されていたのである。

二世紀末のイト倭国最後の「王のなかの王」墓である福岡県糸島市平原一号墓は、王都三雲・井原遺跡群から北西へ二キロ離れた低い丘陵上に築かれている。一四×一〇・五メートルの墳丘に幅の広い周溝をもつ方丘墓だが、周辺には同時期の墓はなく埋葬施設は一つであるから、その隔絶性は明らかである（図11）。

水銀朱を敷き詰めた割竹形木棺をしつらえた巨大な墓壙には、方格規矩四神鏡《ほうかくきくししんきょう》三二、虺龍文鏡《きりゅうもんきょう》一、四葉座鈕《しようざちゅう》「長宜子孫《ちょうぎしそん》」銘連弧文鏡《めいれんこもんきょう》一、四葉座鈕《しようざちゅう》「大宜子孫《たいぎしそん》」銘連弧文鏡《めいれんこもんきょう》一、仿製八葉座鈕《ぼうせいはちようざちゅう》重圏連弧文鏡《じゅうけんれんこもんきょう》五、鉄製素環頭大刀《そかんとうたち》一、ガラス製耳璫《じとう》二、ガラス製勾玉三、ガラス製管玉三〇以上、ガラス製連玉《れんだま》八八六、ガラス製小玉四八二以上、ガラス製丸玉約五〇〇、赤瑪瑙製《あかめのうせい》管玉一二が副葬され、周溝内には鉄鏃一〇、鉄鑿一、鉇《やりがんな》一、鉄斧一、砥石二が供献された［原田、一九九一年／柳田ほか編著、二〇〇〇年］。副葬品は呪具とも見立てられてことごとく破砕され、鏡は棺の周囲に、玉類は棺上に撒かれる。

墓壙上には覆屋《おおいや》（仮屋）が建てられた。墓壙の東西軸線上には直径七〇センチの太柱跡があり、

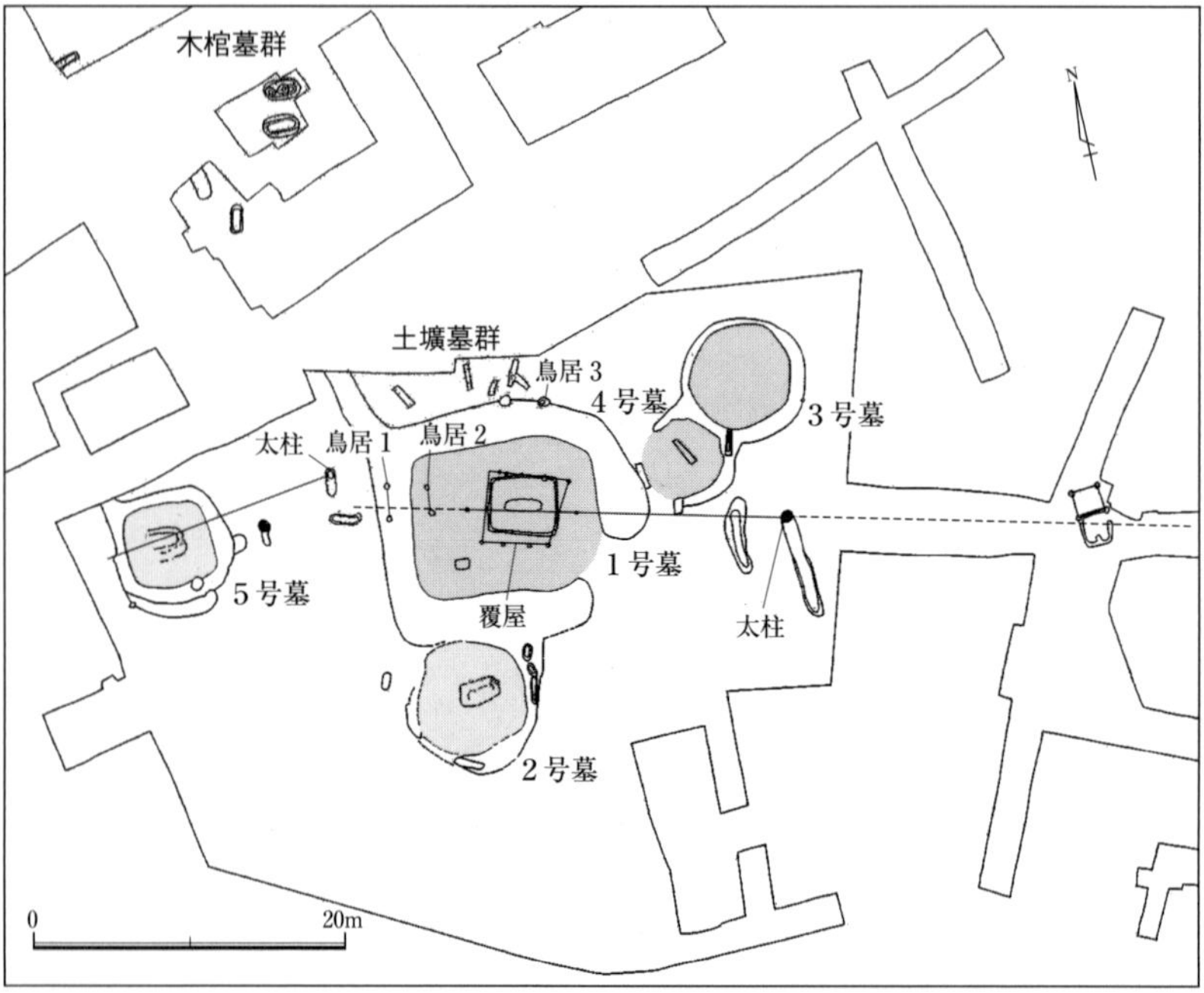

図11　平原 1 号墓の埋葬施設上の覆屋と太柱（柳田ほか編著、2000年に加筆）

立てられた御柱《おんばしら》の高さは柱穴の深さから一五メートル以上にもおよぶと推定される。墓壙と太柱を結ぶ東西軸線の延長上には祠堂か祭殿とおぼしき建物遺構があり、さらにその延長線上にあたる日向《ひむか》峠から太陽が昇るのは一〇月二〇日頃だという［柳田、一九九九年］。それは旧暦の九月一七日とされてきた伊勢神宮の神嘗祭《かんなめさい》の日程にほぼ相当する。日神への初穂《はつほ》の奉献と豊穣の奉告という祭祀と重なることは重要である。

副葬品に鉄製武器が少なく、耳璫や大量の玉類や鏡が副葬されていることから被葬者を女性と推定するむきもある。そうであれば、発掘を担当した原田大六《はらだだいろく》氏が強調したように、死してもまさしく日の出の太陽光を子宮に呼び込む太陽の妻、大日孁《おおひるめ》だったのかもしれない。

仿製八葉座鈕重圏連弧文鏡五面は直径四六・五センチもの超大形で、連弧文や重圏文は太陽の光輝や日輪を表現したものと考えられているから、「日暈《にちうん》（ひがさ）鏡」とでも呼ぶにふさわしい。太陽信仰と関係の深い女王あるいは女性最高祭司であった可能性は否定しがたいけれども、頭位に置かれた鉄製素環頭大刀や周溝内の鉄鏃、鉄鑿、鉇、鉄斧などの存在を考えると、男王の可能性もまったくないわけではない。

五面の超大形重圏連弧文鏡は他の二面の連弧文鏡とともに、最も被葬者の頭に近い位置にあるから、特別扱いされていた可能性がある。柳田康雄《やなぎだやすお》氏は、これらの超大形鏡は鏡面をすべて下に向けて方格規矩四神鏡片群の上に置かれ、鏡背や鏡片の破損部には赤色顔料が付着したものが多数あることから、他の鏡の破砕とは時間差をもって執行されたとみて、祭儀の流れを復元している。超大形鏡は破砕されながらも欠落部分がほとんどなく、完形に近く復元されるという点でも他とは異なっている（写真6）。

平原一号墓でも、広い墓壙を仮屋ですっぽりと覆い、周囲から遮断された聖なる空間で首長霊継承の秘儀は執りおこなわれた。霊継承が滞りなく終わると、副葬品の方格規矩鏡などの大量の鏡はことごとく破砕されて墓壙内の四隅に置かれ、つづいて大形の「日暈鏡」が被葬者の頭に近い場所で打ち割られる。棺が閉じられると、その他の呪具も破砕して亡き王の棺の周辺にばら撒き、前後して覆屋も取り壊されて祭儀は終了したのであろう。楯築墳丘墓や西谷三号墓に比べると、その遮断性はよりいっそう強い。

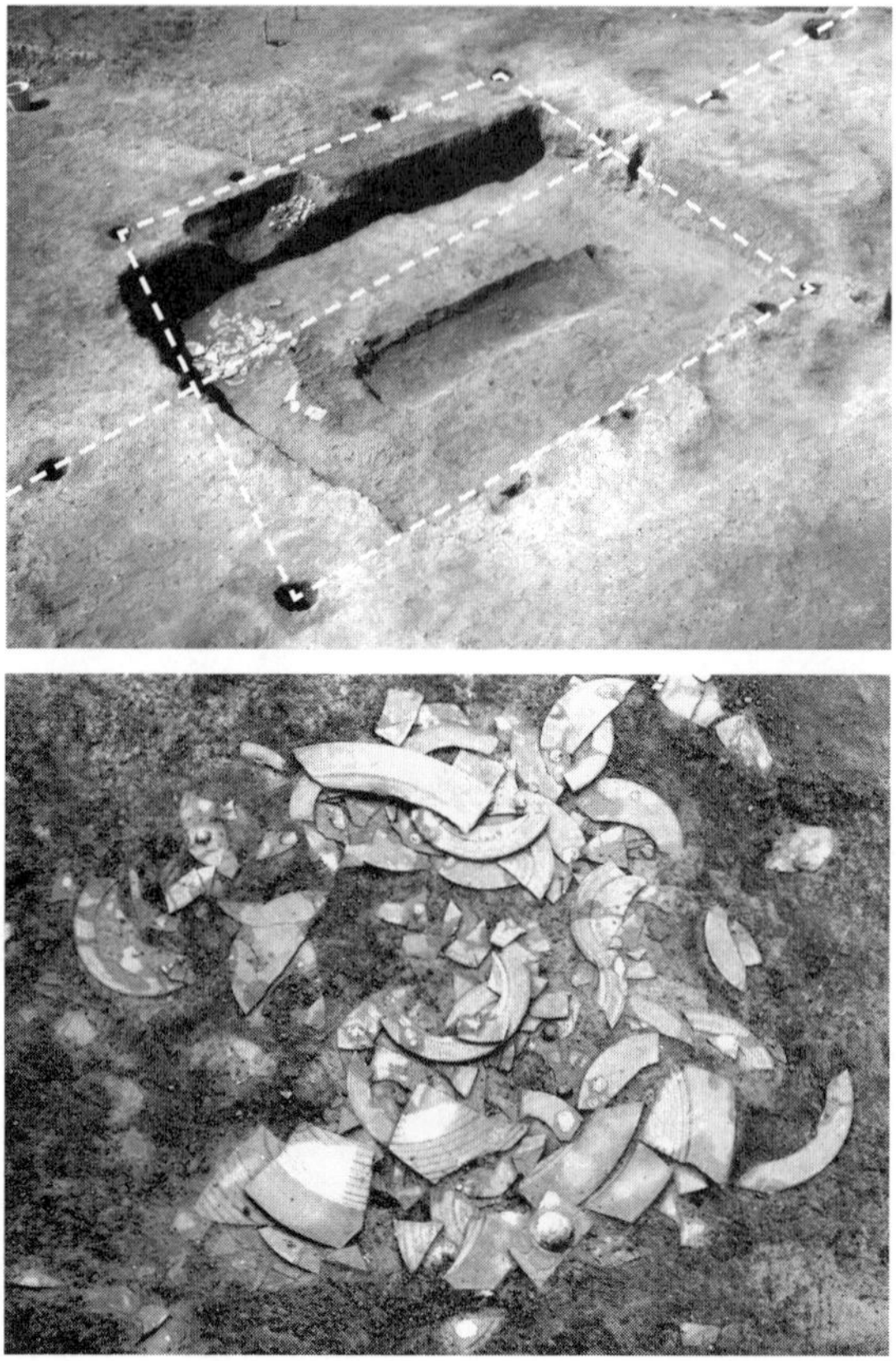
写真６　平原１号墓の埋葬施設と破砕された鏡の出土状況（柳田康雄氏提供）

　完形鏡を破砕して副葬する行為は、北部九州の首長墓では早くも中期前葉にははじまっていた可能性がある。佐賀県佐賀市増田《ますだ》遺跡六区ＳＪ六二四二甕棺や長崎県平戸市里田原《さとたばる》遺跡四四Ｃ地点三号甕棺に副葬された朝鮮製の多鈕細文鏡《たちゅうさいもんきょう》が、破砕されていたとも考えられるからだ。しかしその後はほとんどすがたを消しているので、首長霊継承儀礼には直結しないようだ。

後期中頃以降になってふたたび、佐賀県神埼郡吉野ヶ里町と三養基《みやき》郡上峰《かみみねちょう》町にまたがる二塚山《ふたつかやま》遺跡や吉野ヶ里町石動四本松《いしなりよんほんまつ》遺跡、福岡県福岡市飯氏《いいじ》遺跡、福岡県糸島市井原鑓溝《いわらやりみぞ》遺跡などで、俄《が》然《ぜん》その数が増えはじめる。ほとんどが連弧文鏡である。首長の死と太陽（日神）祭祀と首長霊観念が、北部九州において一連のものとして強く意識されはじめた可能性は高い。

平原遺跡でも太柱は一号墓に先行して後期中頃の五号墓にみられる。この時期の井原鑓溝遺跡の首長墓に連弧文鏡が破砕された事例が散見することから、最初のイト倭国王である帥升《すいしょう》の死に際して、他地域に先がけて首長霊観念が明確な輪郭をとって誕生し、霊継承儀礼がはじまったと私は考えている。だから帥升を葬った井原鑓溝甕（壺）棺の副葬品のなかにも、じつは「日暈鏡」がふくまれていたのではないかと密かに想像している［寺沢、二〇一一年、第一部第一章］。

こうした平原一号墓の考古学的事実や、二世紀までのイト国の歴史的意義を正当に評価した原田大六氏［原田、一九五四年／原田、一九七五年］や柳田康雄氏［柳田、二〇〇〇年］は、北部九州やイト国の勢力がヤマトへ東遷して卑弥呼を擁立し、纒向を王都とする邪馬台国を打ち立てたという東遷論を主張している。卑弥呼は平原一号墓の被葬者である女王ないしは女性最高祭司の後継者とも考えられているようだ。

私の考え方の枠組みと通じるところはあるけれど、イト国勢力の直接的な征服説はあまりに刺激的に過ぎる。もしそうであれば、纒向遺跡や王権祭祀の痕跡のなかに北部九州の考古学的な要素がもっと強烈に見いだせるはずだと思うし、「倭国乱」の収束と新しい政治的枠組みの創生のために、イト国があえて東遷してヤマトをめざした背景がいま一つ不明瞭で理解しにくいからである。

前方後円墳の属性とその系譜

こうしてみると、二世紀の終わりにキビ、イヅモ、北部九州の「王のなかの王」墓や王墓でおこなわれた首長霊継承の秘儀と、キビやその周辺地域の墳丘墓に特徴的な前方後円（円＋方）の墳形が、三世紀の新生倭国＝ヤマト王権の大王都・纒向に集約されていることは重要である。前方後円墳がヤマト王権の政治的権威の象徴であり、王国の維持と発展のために創出された観念の拠りどころでもあるならば、ことはさらに重大である。

図12は、前方後円墳を構成する主要な属性を抽出し、その個々の要素が前段階のどの地域の首長墓に採用されていたかを示したものである。首長霊継承儀礼の施設や呪具は、これまでみてきたように、北部九州、イヅモ、キビに特徴的だ。棺への水銀朱の大量敷設は北部九州、のちにはイヅモ、タニハ、キビにも波及している。祭祀の舞台となった墳丘の前方後円形はキビ、ハリマ、サヌキ、アハなどの瀬戸内東部地域に淵源をもつ。墳丘の巨大化はイヅモ、タニハ、コシ、キビに、葺石や貼石、積石、列石などの墳丘の構築技術はイヅモ、タニハ、キビ、サヌキにみられる。鏡・玉類・鉄製武器類などの大量の威信財の副葬はとりわけ北部九州に顕著であるが、キビ、イヅモ、タニハ、コシへとおよんでいる。タニハを除く近畿（畿内）的要素は、弧帯文様のほかには古墳の周濠（方形周溝墓からの伝統）と供献土器くらいしかない。弧帯文様はキビで様式化され完成したすがたをみせるけれども、この文様原理はもともと同じ銅鐸のマツリ圏で共有されていたものだ。

前方後円墳という特異なかたちの起源について、古くは江戸時代の蒲生君平《がもうくんぺい》の『山陵志《さんりょうし》』にみ

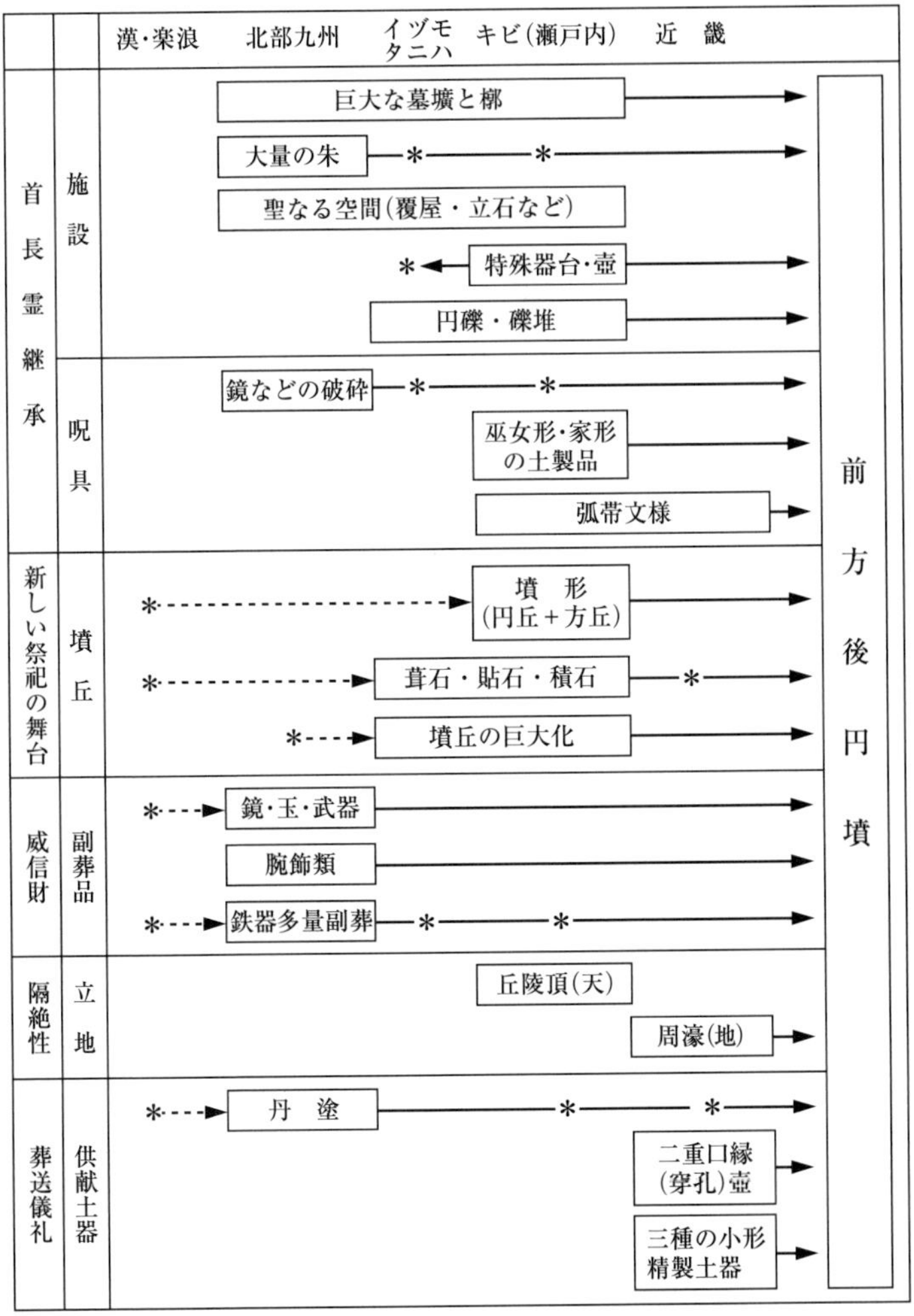

図12　前方後円墳の主要な属性とその系譜　＊は過渡的な受容を示す（寺沢、2000年より。一部改変）

える宮車《きゅうしゃ》模倣説にはじまり、じつにさまざまな仮説が出されてきた。現在有力なのは、円形墓の周濠の一個所が途切れて埋葬儀礼のための通路（陸橋部）となり、それがしだいに発達して前方後円形になったという機能論的・自然発生論的な考え方である［都出、一九八九年など］。しかし纒向型前方後円墳では、前方部の長さが後円部の径の二分の一に達する。型式的な飛躍をとげるためには、何らかの契機があったはずだ。

このほかに、思想的・宗教的な背景に起源を求める考え方がある。これはおもに二つの説に分かれる。一つは壺形や瓢形《ひさごがた》を模したとする説で、壺や瓢などの容器は神仙思想における再生のシンボルであるという［辰巳、二〇〇二年など］。平面は壺形、側面は瓢形を呈するというのだが、纒向型にせよ定形型にせよ、この時期の典型的な形態とは懸隔があり、しかも陸橋部が一定段階まで発達した事実を考慮に入れていないことになる。

私はもう一つの、円形＋方形（矩形）説をとる。世に存在するモノの模倣とか変異ではなく、首長霊継承の舞台として最もふさわしい観念的なかたちを、ヤマト王権が創案したものと考えたいのである。円は天を、方は地を表象する。それは中国の伝統的な天円地方の宇宙観にもとづき、何よりも弥生時代以来、連綿と引き継がれてきた二元的世界の融合という王権祭祀の根源に通底する。そのときの設計図の原型となったのが、すでに存在していた円形墓と陸橋部の結合したイメージであり、そのなかでもいち早くこの原理にもとづく巨大なかたちを完成させていた楯築墳丘墓だったということだ。

首長霊継承儀礼には太陽（日神）祭祀が深くかかわっている。「霊」は「およそ神霊にかかわることをみな霊という」［白川、一九八四年］とされ、「天神曰霊（天神を霊と曰《い》う）」（『尸子《しし》』佚文《いつぶん》）とある。また「魂魄《こんぱく》」は人の死と大きくかかわる。「魂気帰于天、形魄帰于地（魂気《こんき》は天に帰《き》し、形魄《けいはく》は地に帰す）」（『礼記《らいき》』郊特牲篇《こうとくせいへん》）というように、人の魂魄は「死して分離するものとされた」［白川、一九九六年］。首長霊もまた「魂」は天に昇り、「魄」は地に従う。

前方後円墳はただの墓ではない。天に昇るべき亡き王の「魂」を新しい王に引き継がせ、地に帰るべき「魄」は亡き王の遺骸とともに大地に封じ込め、祖霊として後継者たちを未来永劫《えいごう》にわたって守護してもらう。絶えることなき王権の継承と、国家の安寧と繁栄の祈求こそ、前方後円墳祭祀の本質であった。

「日暈鏡」とは、太陽光の導くままに天に昇ろうとする「魂」を、首長霊として新王に付着させる呪具である。「日暈鏡」には内区の連弧文を特別に研磨した例があり［高野、一九九四年］、奈良県天理市下池山《しもいけやま》古墳や柳本大塚《やなぎもとおおつか》古墳のように、頭位脇の石槨外に設けられた小石室にその大形鏡を特殊埋納した例があるなど、前期古墳の副葬鏡のうちでも特別に扱われていることが多い（写真7）。寺沢知子《てらさわともこ》氏は、連弧文鏡は王の帯びた首長霊を太陽光の威力によって守り、増幅し、前王から遊離させた首長霊を呪縛して新王に憑依《ひょうい》させ、固定化するためのものであったという。それは首長霊継承儀礼をつかさどる女性最高祭司にとって最重要の呪具だったのである［寺沢知子、一九九九年］。

しかし古墳の埋葬施設における首長霊継承の秘儀は、定形型前方後円墳の成立とほぼ時を同じくして形骸化していった可能性が高い。秘儀を周囲から遮蔽する施設の痕跡も、秘儀のための呪具も、秘儀終了後に呪具や資材を破砕・破却する行為も、すがたを消していくからである。ヤマト王権の傘下《さんか》に入った首長たちが列席して、新大王の即位を認証し祝賀する儀式が重要性を増したために、墓中での首長霊継承儀礼はしだいにすたれ、舞台は大王宮へと移ったのではないかと私は考えている。前方後円墳の定形化とは、まさに墓中での秘儀の形骸化（省略化）への過程でもあった。

写真７　下池山古墳の石槨横の小石室に埋納されていた大形の「日暈鏡」　直径は37.5センチ（奈良県立橿原考古学研究所提供）

首長霊継承儀礼説への批判

古墳の埋葬施設を首長権（霊）継承の場として最初に構想したのは、近藤義郎氏である［近藤、一九六六年］。それを首長霊継承儀礼として具体化し、さらに大嘗祭《だいじょうさい》とのかかわりをも示唆したのは春成秀爾氏であった［春成、一九七六年］。

春成氏は前期古墳を通じて首長霊継承儀礼がおこなわれたと考え、一人の被葬者を納めるには長大すぎる割竹形木棺を、亡き王と新王が縦に並んで同棺同衾《どうかんどうきん》して秘儀を執行するための空間であったと理解した。しかし、棺の中央部だけが刳《く》り貫《ぬ》かれた事例や、棺の内部に仕切り板が設けられた事例が多くみられることからの批判があり、また前段階の資料がいまだ十分ではなく、前期古墳のみを取り上げて論じたために、実証性に乏しい説として考古学者の間ではそれ以上の議論に発展しなかった。私の二〇〇三年の首長霊継承儀礼説の再論は、春成氏以来じつに二七年ぶりのことだったのである［寺沢、二〇〇三年］。

そしてようやく、古墳での首長霊継承という命題への本格的な批判は考古学者からも寄せられるようになった。古墳祭式を亡き王の祖霊化の儀礼とみる広瀬和雄《ひろせかずお》氏からの批判の要旨は、次のようなものである。①首長霊継承儀礼を執行するのに前方後円墳にこだわる必要はない。②首長霊の継承という仮説の前提には、人間は霊魂と肉体からなり、「霊魂は肉体から遊離し他人の身体に憑依するという」霊肉分離の観念が成立していることが必要である。しかし五世紀に横穴式石室が導入される以前には霊肉分離の観念が成立していたとは考えられない。③首長霊が次代の首長に引き継がれるのであれば、亡き首長の遺骸はもはや霊魂の抜け殻にすぎないことになる。抜け殻に対して多種多彩な威信財を副葬し、これを厳重に密封・保護する必要や、その埋葬地を埴輪などで可視化する必要はない［広瀬、二〇〇三年］。

①については、私は前方後円墳に限定しているわけではない。しかしこの時期の王墓級のほとんどは前方後円墳であり、前方後円というかたちの有意性は前項で述べたとおりである。②については、霊肉分離の観念が五世紀以前に存在しなかったという根拠もないのである。横穴式石室の普及は、むしろ死後の霊魂のあり方をめぐる他界観の変化にともなうものであって、霊肉分離の観念じたいは人類史上かなり古い時代から引き継がれてきたと考えられる。③について、広瀬氏は亡き首長の遺骸は霊魂の抜け殻などではなく、祖霊と化して共同体を守護すると考えられていたと説く。しかし先にみたように「魄」は大地にとどまるのであるから、亡き首長は広瀬氏のいう祖霊そのものである。だから威信財の副葬も、棺槨の密閉も、墳丘の可視化も必要なのである。広瀬氏の説く亡き王の祖霊化の前段階に、首長霊継承という観念を接続することは可能だと考えている。

このほかにも、首長霊継承儀礼とはまったく異なる視点から、前方後円墳祭祀や古墳の本質を定義しようとする試みが提出されている。ここでは二人の説を紹介しておこう。

例えば、北條芳隆《ほうじょうよしたか》氏の「人身御供《ひとみごくう》モデル」である。大形前方後円（方）墳の被葬者は、彼（彼女）が生前に政治権力を行使した首長であったか否かにかかわりなく、その死に際して、かつての銅鐸埋納と同様、地霊や穀霊に捧げられた御供であるというのだ。耕地の開発にともなう在地集団と新規入植者集団の統合・再編の過程で、既存耕地と新規開墾地の境界領域に位置する大形墳丘に葬られた死者は、「地霊に祝福され稲作の豊穣をも予祝された」新たな統合集団の「始祖」と目される存在になった。前方後円（方）墳祭祀はその意味において、始祖誕生祭でもあったと説く［北條、二〇〇八年］。

また大久保徹也《おおくぼてつや》氏は、古墳を王の「複製装置」と位置づけている。巨大な外観と過剰な装飾をもつ人工的景観は、遺骸の埋置後に完成して存在を誇示するのだから、憑依儀礼の舞台装置として準備されたものではないという。また莫大な労働力を注ぎ込んだ設備でありながら、その後、持続的な祭儀の場が存在した形跡はないことから、先王（の遺骸）には主体としての能動的な働きは期待されていなかったとも考える。そして新王が主宰する埋葬儀礼によって、客体としての先王の身体（遺骸）は、さまざまなレヴェルの示準にのっとりつつ、新王との一定の関係性のなかに秩序づけられる。つまり先王の身体は、「新王という一個の身体を構成する一つの器官として位置することになる」。古墳における埋葬儀礼とは、新王による「先王の身体の同化・吸収過程」であり、人工的景観を誇示する古墳は新王の身体の一器官として複製されるのだから、その効力は新王一代かぎりのものである。新王がやがて死を迎えるときには、今度は新々王が新王を同化・吸収することが必要になる。かくして古墳は、王を複製する機会ごとに間断なく築造されつづけることになるというのだ［大久保、二〇〇八年］。

二人の説は私にはあまりに観念的すぎて、埋葬儀礼の過程を復元し、その具体的な意味を明らかにしているとは思えない。二世紀末から三世紀前半にかけて、主要な王墓と纒向の大王墓の埋葬施設に何が起きていたのかを確認し、墳墓じたいに即した考古学的分析から出発することが必要ではなかろうか。発掘調査で得られた情報を一つ一つ検討して、合理的な解釈を導き出し、それをまた発掘調査の方法に還流することによってのみ、前方後円墳祭祀の本質は解き明かされると思う。

一方、墓中での首長霊継承儀礼を大嘗祭と関連づけた説への強い批判は、やはり文献研究者から発せられた［岡田精司、一九九九年／岡田莊司、二〇一九年など］。三点にまとめると、①日本の古代に皇位継承儀礼や即位儀礼が死穢《しえ》観《かん》の強い墳墓でおこなわれたと伝える史料は見当たらない。②大嘗祭は七世紀末に成立した律令的儀式で、天皇即位後の最初の新嘗祭《にいなめさい》である。そこに皇位継承の要素は認められない。③王位の継承はレガリアと玉座の授受によってなされるものである。大嘗祭を天皇霊継承の場とする説は、昭和大礼（一九二八年）のときの折口信夫《おりくちしのぶ》の非実証的解釈が一部の研究者に受け入れられたものであるが、寝座で御衾《おふすま》（寝具）にくるまって霊魂を受体するなどという観念は世界中のどこにもない。古墳上の継承儀礼説は、この折口の解釈を古墳葬制に結びつけたものにすぎない。したがって古墳の祭儀はあくまで葬送儀礼として考察するべきだという。

しかしそう言い切れるだろうか。①について、文献にうかがわれる死穢観はせいぜい六世紀代の中央豪族の葬送観や墳墓観を反映したものでしかない。古墳の埋葬施設が竪穴式石槨や粘土槨から広く横穴式石室へと移行する遅くとも六世紀に、他界観や来世観、葬送観、墳墓観が大きく変化したのはすでに自明のことであろう。そこから三〇〇年も前にさかのぼり、観念領域に踏み込んで考察できるほどの史料的根拠があるとは思えない。②の大嘗祭の式次第や調度に関しても、八世紀にさかのぼる記録はない。そして③のレガリアと玉座は、『日本書紀』の允恭《いんぎょう》紀以降にみられる記載であり、それもあくまで首長権の継承を保証するものでしかないのである。なお、大嘗祭を天皇霊継承の場とみた折口の所説については、次項であらためて論じることにしよう。

ところが中国の漢代には、帝位継承の場合の即位儀礼が柩前《きゅうぜん》でおこなわれていたことを伝える史料がある。『続漢書《しょくかんじょ》』礼儀志《れいぎし》の大喪条《たいそうじょう》には、皇帝の遺体を収めた棺柩が正殿の両楹《りょうえい》（東西の柱）の間に安置され、三公（太尉《たいい》、司徒《しと》、司空《しくう》）が『尚書《しょうしょ》』顧命篇《こめいへん》を奉読したのち、太子は天子に即位し、このあと百官の奏請《そうせい》によって天子は皇帝に即位すると記載がある。最初は高廟《こうびょう》（高祖劉邦《りゅうほう》の廟）で執りおこなわれていた宗廟《そうびょう》即位が、前漢武帝《ぶてい》の頃、柩前即位に移行したと想定されるという［西嶋、一九七五年］。

右の『尚書』顧命篇は中国古代の即位儀礼を記した文献で、西周《せいしゅう》の成王《せいおう》が没し、康王《こうおう》が即位するときの受霊継体の次第を伝えている。そこでは成王の臨終に際して、宮殿中庭に綴衣《ていい》と黼扆《ほい》（ついたて）が置かれたと記載される。白川静《しらかわしずか》氏は綴衣をとばりの類ではなく衣とみて、新王は亡き王の霊が憑依した衣を身に着けることで受霊し、即位が執行されたという。そしてこの綴衣を、次項で取り上げる「真床覆衾《まとこおふすま》」にあたると述べている［白川、一九九七年］。

古代中国でも、儀礼の整備が進む春秋・戦国期をさらにさかのぼれば、王の受霊継体の秘儀が墓中でおこなわれていた可能性は否定できない。紀元前二千年紀の新石器時代晩期から夏商《かしょう》王朝時代の遺構に、そうした痕跡が確認されるのを心待ちにしている。

天皇霊の継承――折口信夫の大嘗祭論

本節ではここまで、首長霊継承の秘儀という実証困難な課題をめぐって多くの紙幅を割いた。考古学の方法論をもって卑弥呼とヤマト王権の関係を明らかにすることを目標に掲げて書き進めてきた本書であれば、読者の方々はいささか違和感を禁じえないかもしれない。しかし私は、前方後円墳で執りおこなわれた首長霊継承儀礼にこそ、「日本的王権とは何か」を考えるための鍵が潜んでいるのではないかと考えている。いま私なりの見通しを示すことによって本章の結びとしよう。

定形型前方後円墳には、巨大な石槨のなかに長大な割竹形木棺がしつらえられ、被葬者を納めた棺の内外には、多数の中国鏡や鉄製の武器・武具、玉類などが副葬されている。そうした状況をみるだけでも、埋葬時に何らかの儀式が執りおこなわれたことは明らかである。

だが古墳研究者は、施設構築と埋葬の手順、副葬品の構成と配置の検証には熱心であるけれど、儀式内容の復元やその意味の探究はこれまで等閑に付してきた。まれに焚火の痕跡や玉の散乱、朱の撒布《さっぷ》、鉄製武器の折損、鏡の並列、食物の検出などに注意が向けられることはあっても、おおむね「埋葬儀礼」や「葬送儀礼」という概念で一括されてきた感がある。

前方後円墳が誕生する直前の時期の王（族）墓のなかに、棺槨を取り巻く特別な施設の構築と破却、特殊な呪具の使用と破砕が認められ、それらは最古の前方後円墳の一つであるホケノ山古墳の埋葬行為につながっている。ならば、この秘儀の次第を復元し、その意味を明らかにしないかぎり、前方後円墳祭祀の本質に迫ることはできない。首長霊継承の秘儀こそが前方後円墳における一連の埋葬儀礼の中核をなすものであったとする私の理解は、こうした経緯をへて組み立てられた仮説である。

そこで次に視野に入ってくるのが、折口信夫の大嘗祭論である〔折口、一九五五年〕。天皇の代替わりごとにおこなわれる大嘗祭の本義は、新天皇の身体に天皇霊を這入《はい》らせることにあると折口は論じた。そのために日嗣《ひつぎ》の皇子《みこ》は大嘗宮悠紀《ゆき》・主基《すき》両殿の寝座で「真床覆衾《マドコオフスマ》」にくるまれ、物忌みの生活に入る。寝座の褥《しとね》と衾《ふすま》を、『日本書紀』神代巻の天孫降臨の場面で瓊瓊杵尊《ににぎのみこと》が包まれていたという「真床追衾《まとこおうふすま》」（「真床覆衾」とも）に重ね合わせたのである。この真床覆衾を取り除いたときに、天つ国からの外来魂（天皇霊）を身に付けた日嗣の皇子は、完全な天子となる。こうして天皇霊を継承した天子は、高御座《たかみくら》に昇って祝詞《のりと》を発し、群臣は応えて寿詞《よごと》を唱える。大嘗祭は同時に即位儀礼でもあったと折口は考えた。

いま折口の大嘗祭論は、卯《う》の日の神事の寝座と寝具、天孫降臨神話にみえる「真床追（覆）衾」、『日本書紀』敏達《びだつ》天皇一〇年条にみえる「天皇霊」、これら一連の解釈をめぐって厳しい批判にさらされている。例えば岡田荘司《おかだしょうじ》氏は、天皇霊が前天皇から新天皇へと継承される式次第を記した文献は一切ないとして全否定する［岡田荘司、一九九〇年／岡田荘司、二〇一九年］。しかしそれらの批判は、貞観《じょうがん》一四年（八七二）頃に成立したとされる『貞観儀式』以降に残された大嘗祭の式次第や調度の記録にもとづくものであるから、いかに精緻な実証的復元であっても、はるかに時代をさかのぼる秘儀を否定する根拠にはならないだろう。

『日本書紀』の記載から、大嘗祭は天武《てんむ》・持統《じとう》朝にはじまったとされる。以来、大嘗祭が必ず即位儀礼ののちに執りおこなわれてきたのは、即位儀礼が最も重要な国家儀礼と位置づけられたからにほかならない。したがって文献史料から復元される大嘗祭は、これを政治的祭祀として利用するために、律令国家によって整備され、変容をこうむったのちのものでしかない。文献史料のみを唯一の根拠とする大嘗祭論は、そのかぎりにおいて、律令国家の政治的・思想的枠組みから一歩も出るものではないのである［工藤、一九九〇年］。

そもそも私には素朴な疑問があった。現在定説となりつつある大嘗祭への評価が、その年にとれた新穀を天照大神《あまてらすおおみかみ》および天神地祇《てんしんちぎ》に供え、天皇みずからも食することで五穀豊穣を祝い、万民の安寧を祈念することにあるというのであれば、新嘗祭と何が違うのだろうか。大嘗祭は天皇即位ののちに初めておこなわれる新嘗祭であり、一世一度の大礼であるにしても、そのつど大嘗宮が新たに造営され、大嘗祭の中心となる「大嘗宮の儀」が深夜から明け方にかけて実修され、一連の儀式の終了後に大嘗宮がただちに解体されることの特異性は、いったいどこに由来するのだろうか。

折口は、天皇霊継承のための「復活鎮魂」の儀と新嘗の儀がともに悠紀・主基殿でおこなわれる以前には、大嘗宮内の廻立殿《かいりゅうでん》で前者が、悠紀・主基殿で後者が、別々に執りおこなわれていたと想定した。さらにその以前に霊継承が墓中で実修されていた可能性を折口が考えていたかどうかは、もはやわからない。だがもし仮にそうであれば、考古学的事実から私が想定する経緯と軌を一にすることになる。つまり、定形型前方後円墳での首長（大王）霊継承儀礼が早々に形骸化し、その舞台は大王宮へと移り、一方の墓も、祖霊となった亡き王の葬送儀礼の舞台としての性格が色濃くなり、横穴式石室が普及する六世紀には来世へのエントランスに変貌するのである。折口の眼差しがとらえた大嘗祭の原像は、その過渡的な状況をも射程に入れていたのではなかったか。

岡田精司《おかだせいし》氏は大嘗祭における皇位継承の要素を否定する一方、秘儀の存在を認め、大嘗祭の根本祭祀を皇后あるいは采女《うねめ》との「聖婚儀礼」であると理解した［岡田精司、一九七〇年／岡田精司、一九八三年］。この説は多くの批判を受けたが、律令制以前の原初的な大嘗祭に聖婚儀礼があった可能性まで否定されたわけではない。『記紀』にみえる多くの聖婚説話や、『延喜掃部寮式《えんぎかもんりょうしき》』に記載された天皇と中宮の寝具のしつらえは、想像をたくましくすれば、二世紀末の首長霊誕生以来、継承の秘儀に果たした女性最高祭司や王妃の決定的な役割が時間の経過とともに変容して、わずかにその片鱗をとどめたものと解釈することもできよう。

『記紀』神話から読み取れる、天皇は皇祖神の神霊（天皇霊）を受け継ぐ器であるという核心的モチーフが、律令国家が作為したまったくの神話的創造物であるとは考えられない。前方後円墳における首長（大王）霊継承の秘儀を、ときに国家理念に沿った儀礼として演出し、ときに神話として紡ぎ出しながらも、しだいに古層へと塗り固め、何人といえども容易にうかがうことのできない聖域として現在まで引き継いできたプロセスにこそ、日本的王権の特質があるのではないか。

中華帝国の君主は、小島毅《こじまつよし》氏によれば、もともと「天子」と「皇帝」の両面を兼ね備えた存在であったという。皇帝位の継承が「一片の任命書と象徴的道具の伝達のみで」完結したのに対して、天子位は「感生帝」という霊的存在によって誕生した王朝の始祖と、天の最高神である昊天上帝《こうてんじょうてい》（天皇大帝）から天命を受けた王朝創建者の、二種類の祖霊の保証を得て、はじめて即位できると考えられていた［小島、一九九一年］。また『日本書紀』神代巻下の冒頭で「皇祖《みおや》」と記され、天孫降臨神話では司令神の役割を演じる高皇産霊尊《たかみむすひのみこと》の神格が、中国の天皇大帝に擬して律令国家によって形成されたことは間違いないともいわれる［廣畑、一九七七年］。

だが日本の王権は、明らかに異質なもう一つの要素を備えていた。それは折口が大嘗祭論で洞察したように、天皇の身体は一代ごとに変わるが、その魂は不変だということである。そして、皇祖神の神霊（天皇霊）を身に付けることでのみ皇祖神に連なるという観念にもとづき、神霊の継承を未来永劫、皇祖神の万世一系の子孫に限定したのである。

この国の時々の政治権力者の出現と退場とは無関係に、不変の神霊を受け継ぐ秘儀を実修し、神となりうる人格を血統によってたどらせようとしてきた「擬制」。それが人民支配のために時の国家権力が生んだフィクショナルな共同幻想であったとしても、その古層には、前方後円墳祭祀から引き継がれた「神霊の不変性」に対する信仰があった。そこにこの国の天皇制を現代にいたるまで存続させてきた根源があったのではないかとも思う。

令和の改元に際して、文献研究者から「大嘗祭の本義論は天皇の即位にともなう最初の新嘗祭という理解で決着した」という主旨の発言があったが、私は決着したとは思わない。民俗や古伝承の記録の端々に垣間見える古層のトータルな復元によってこそ真実がみえてくるという立場［洞、一九七九年／赤坂、一九八八年／谷川、一九九〇年／山折、一九九〇年／松前、一九九二年など］を支持するとともに、とりわけその淵源となる場景は、新たに考古学からのアプローチが加わることによって鮮明度を増していくに違いないと考えている。

参考文献

赤坂憲雄　一九八八年『王と天皇』（ちくまライブラリー12）筑摩書房
岩崎卓也　一九七五年「古墳文化と大和政権」『歴史の視点　上巻』日本放送出版協会
宇垣匡雅編著　二〇二一年『楯築墳丘墓』岡山大学文明動態学研究所・岡山大学考古学研究室

大久保徹也　二〇〇八年「古墳論――〈王〉を複製する試み」『古代日本の構造と原理』青木書店
岡田憲一ほか編著　二〇一七年『中西遺跡Ｉ』奈良県立橿原考古学研究所
岡田莊司　一九九〇年『大嘗の祭り』学生社
岡田莊司　二〇一九年『大嘗祭と古代の祭祀』吉川弘文館
岡田精司　一九七〇年『古代王権の祭祀と神話』塙書房
岡田精司　一九八三年「大王就任儀礼の原形とその展開――即位と大嘗祭」『日本史研究』第二四五号
岡田精司　一九九九年「古墳上の継承儀礼説について――祭祀研究の立場から」『国立歴史民俗博物館研究報告』第八〇集
岡村秀典　一九九九年『三角縁神獣鏡の時代』吉川弘文館
折口信夫　一九五五年「大嘗祭の本義」『折口信夫全集』第三巻、中央公論社
川越哲志編　二〇〇〇年『弥生時代鉄器総覧（東アジア鉄器地名表Ⅱ）』広島大学文学部考古学研究室
工藤隆　一九九〇年『大嘗祭の始原――日本文化にとって天皇とはなにか』三一書房
小島毅　一九九一年「天子と皇帝――中華帝国の祭祀体系」『王権の位相』弘文堂
小林行雄　一九六一年『古墳時代の研究』青木書店
近藤義郎　一九六六年「古墳発生をめぐる諸問題」『日本の考古学Ｖ　古墳時代（下）』河出書房新社
近藤義郎　一九七七年「古墳以前の墳丘墓――楯築遺跡をめぐって」『岡山大学法文学部学術紀要』第三七号
近藤義郎　二〇〇二年『楯築弥生墳丘墓』吉備人出版
近藤義郎編　一九八七年『倉敷市楯築弥生墳丘墓発掘調査概要報告　第Ⅴ次（昭和六〇年度）・第Ⅵ次（昭和六一年度）』楯築弥生墳丘墓発掘調査団
近藤義郎編著　一九九二年『楯築弥生墳丘墓の研究』楯築刊行会
佐原真　一九七〇年「大和川と淀川」『古代の日本』第五巻、角川書店

佐原真　一九七五年「農業の開始と階級社会の形成」『岩波講座日本歴史1　原始および古代1』岩波書店
佐原真　一九九五年「米と日本文化」『国立歴史民俗博物館研究報告』第六〇集
下垣仁志　二〇二二年『鏡の古墳時代』吉川弘文館
白川静　一九八四年『字統』平凡社
白川静　一九九六年『字通』平凡社
白川静　一九九七年「中国古代の即位儀礼と大嘗会」『古代日本人の信仰と祭祀』大和書房
高野陽子　一九九四年「内行花文鏡の性格」『考古学と信仰』同志社大学考古学研究室
辰巳和弘　二〇〇二年『古墳の思想――象徴のアルケオロジー』白水社
田中清美　一九九七年「弥生時代の木槨と系譜」『堅田直先生古稀記念論文集』真陽社
谷川健一　一九九〇年『大嘗祭の成立――民俗文化論からの展開』小学館
辻田淳一郎　二〇〇七年『鏡と初期ヤマト政権』すいれん舎
辻田淳一郎　二〇一九年『鏡の古代史』角川選書
都出比呂志　一九七〇年「農業共同体と首長権――階級形成の日本的特質」『講座日本史』第一巻、東京大学出版会
都出比呂志　一九八九年「前方後円墳の誕生」『古代を考える　古墳』吉川弘文館
寺沢薫　一九八六年「稲作技術と弥生の農業」『日本の古代』第四巻、中央公論社
寺沢薫　一九九一年「大和における中世開発の一様相――箸尾遺跡の調査と小東荘」『条里制研究』第七号
寺沢薫　二〇〇〇年『日本の歴史02　王権誕生』講談社
寺沢薫　二〇〇三年「首長霊観念の創出と前方後円墳祭祀の本質――日本的王権の原像」『古代王権の誕生
　I　東アジア編』角川書店
寺沢薫　二〇〇五年「古墳時代開始期の暦年代と伝世鏡論（上・下）」『古代学研究』第一六九・一七〇号
寺沢薫　二〇一〇年『青銅器のマツリと政治社会』吉川弘文館

寺沢薫　二〇一一年『王権と都市の形成史論』吉川弘文館
寺沢薫　二〇一四年『弥生時代の年代と交流』吉川弘文館
寺沢薫　二〇二〇年「水田開発と農業生産力の実像」『新版八尾市史　考古編２』八尾市
寺沢薫・寺沢知子　一九八一年「弥生時代植物質食料の基礎的研究――初期農耕社会研究の前提として」『橿原考古学研究所紀要考古学論攷』第五冊
寺沢知子　一九九九年「首長霊にかかわる内行花文鏡の特質」『考古学に学ぶ――遺構と遺物』同志社大学考古学研究室
西嶋定生　一九七五年「漢代における即位儀礼――とくに帝位継承の場合について」『榎博士還暦記念東洋史論叢』山川出版社
禰宜田佳男　二〇一九年『農耕文化の形成と近畿弥生社会』同成社
八賀晋　一九七一年「古代の農耕と土壌」『古代の日本』第二巻、角川書店
原田大六　一九五四年『日本古墳文化――奴国王の環境』東京大学出版会
原田大六　一九七五年『邪馬台国論争』三一書房
原田大六　一九九一年『平原弥生古墳――大日孁貴の墓』上下巻、葦書房
春成秀爾　一九七〇年「弥生墳墓から古墳へ」『古代の日本』第四巻、角川書店
春成秀爾　一九七六年「古墳祭式の系譜」『歴史手帖』第四巻第七号
平野泰司・岸本道昭　二〇〇〇年「鯉喰神社弥生墳丘墓の弧帯石と特殊器台・壺」『古代吉備』第二二集
広瀬和雄　二〇〇三年『前方後円墳国家』角川選書
廣畑輔雄　一九七七年『記紀神話の研究――その成立における中国思想の役割』風間書房
福辻淳　二〇一三年「纒向遺跡の木製仮面と土坑出土資料について」『纒向学研究』第一号
福本明　二〇〇七年『吉備の弥生大首長墓　楯築弥生墳丘墓』新泉社
藤田憲司　二〇〇二年「見えざる鉄器」『究班』Ⅱ、埋蔵文化財研究会二五周年記念論文集編集委員会

北條芳隆　二〇〇八年「首長から人身御供へ――始祖誕生祭としての前方後円墳」『古代日本の構造と原理』青木書店
洞富雄　一九七九年『天皇不親政の起源』校倉書房
松前健　一九九二年『日本の神話と古代信仰――王権論を中心に』大和書房
松木武彦　二〇〇七年『日本列島の戦争と初期国家形成』東京大学出版会
村上恭通　二〇〇七年『古代国家成立過程と鉄器生産』青木書店
村上恭通編　二〇〇五年『原始・古代の鉄製品の腐食と土中環境の対応性に関する研究Ⅲ』愛媛大学法文学部人文学科
森下章司　二〇二〇年「古墳出土鏡研究の展開」『季刊考古学』第一五三号
柳田康雄　一九九九年「平原王墓の性格」『東アジアの古代文化』第九九号
柳田康雄　二〇〇〇年『伊都国を掘る――邪馬台国に至る弥生王墓の考古学』大和書房
柳田康雄　二〇〇二年「摩滅鏡と踏返し鏡」『九州歴史資料館研究論集』第二七集
柳田康雄ほか編著　二〇〇〇年『平原遺跡――平原王墓出土銅鏡の観察総括』前原市文化財調査報告書第七〇集、前原市教育委員会
山尾幸久　一九八三年『日本古代王権形成史論』岩波書店
山折哲雄　一九九〇年『死の民俗学――日本人の死生観と葬送儀礼』岩波書店
渡辺貞幸・坂本豊治ほか編著　二〇一五年『西谷三号墓発掘調査報告書』島根大学考古学研究室・出雲弥生の森博物館
渡辺貞幸　二〇一八年『出雲王と四隅突出型墳丘墓　西谷墳墓群』新泉社

第五章　卑弥呼共立事情

第一節　卑弥呼共立の舞台裏

「共立」の意味するもの

これまでの章で、『魏志』倭人伝が語る「卑弥呼共立」とは、二世紀末の混迷するイト倭国体制から脱却し、より強力で拡大した領域をもつ倭国体制（新生倭国）へと飛躍をとげるためにとられた手段であったことを述べた。

二世紀後半の列島各地における部族的国家群の台頭によって、北部九州を中心とするイト倭国の一極構造は揺らいでいた。イト倭国が瀬戸内以東のクニ・国を呑み込んで、広域的な支配を実現することは、もはや不可能だった。だが一方で、ある部族的国家群がそれまでの盟主イト国に取って替わり、はるかに広域を支配する専制的な部族的国家の連合体を作り上げることも困難だった。いくつかの有力な部族的国家群がたがいに牽制しあい、身動きのとれない状態に陥っていたと思われる。

この状況を打破し、少なくとも西日本全域をカバーするような新生倭国を誕生させるには、新たな外的国家の枠組みの形成と、内的国家（国家権力）の整備が喫緊《きっきん》の課題だった。目下の東アジア情勢に機敏に対応するべく、倭国を再編し、新生倭国のもとに集結するクニ・国に対して政治的・経済的利益を再分配するシステムを構築する必要がある。そのためには合議によって部族的国家間の利害を調整し、意志統一を図らねばならない。卑弥呼共立は、まさにその過程で実現した。「共立」とは倭国再編への気運の高まりのなかで選択された政治的決断なのであった。

新しい体制を決定する合議（会同）を主導したのは、それまでの倭国（イト倭国）の政治的中枢であったイト国とその傘下のクニ・国のほか、「倭国乱」の頃から急速に力をつけてきたキビ国とハリマ、サヌキ、アハ、イヨなどその周辺のクニ・国、そしてイヅモのクニ・国などであったと思われる。

『三国志』「魏書」東夷伝には、卑弥呼のほかにも二つの「共立」の事例が記されている。夫余《ふよ》条には「孽子《げっし》」（庶子）の麻余《まよ》が、また高句麗《こうくり》条には「小子《しょうし》」（弟）の伊夷模《いいも》が、「共立」されて王位についたという記事がみえる。どちらも「嫡長子相承の儒教的な王位継承秩序に背反し、そこに何らかの混乱があったかと想定される異常な場合」であるという［山尾、一九八三年］。

卑弥呼共立とは、部族的国家連合が王国へと飛躍をとげる過程で、合議によって選択された政治的決断である。もとより旧来の秩序にのっとって王位継承がなされたわけではない。そこに「異常な」事態が生じていたのはむしろ当然であったともいえる。主導権の掌握をもくろむ諸勢力の間に権力闘争、場合によっては何らかの波乱がおこった可能性もある。

卑弥呼の出自と「共立」の会盟

新たな倭国の女王に「共立」されるまでの、卑弥呼の生い立ちを記載する文献史料はまったく存在しない。彼女がいずれの部族的国家のどのような家系に生まれ、いかなる環境のもとで育ってきたかは不明というほかない。

ただし『魏志』倭人伝には、女王となる以前の卑弥呼像を、かすかにうかがわせる記載がある。「事鬼道、能惑衆（鬼道《きどう》に事《つか》え、能《よ》く衆を惑わす）」と「有男弟佐治国（男弟《だんてい》有りて国を治むるを佐《たす》く）」だ。卑弥呼は生来、霊能力にたけ、「鬼道」につかえる祭司（巫女）のような立場にあったこと、そして卑弥呼には弟がいて、卑弥呼が女王となってからは弟が国政を補佐したことを伝えている。

私は弥生時代の北部九州におけるオウ族や王族の墓を分析してきた経験から、それまでの部族的国家内であれば、弟は本来、男系王統の王位につく立場の人物で、姉の卑弥呼は弟が王たることを保証する国家的祭祀を執りおこなう女性最高祭司だったのではないかと考えている。この姉と弟が、ある部族的国家の王統に生まれたことは疑いないだろう。

畿内ヤマト説であれ、九州説であれ、これまで多くの研究者が卑弥呼の出自は当然のことながら邪馬台国だと考えてきた。もともと邪馬台国の女王であった卑弥呼がそのまま推戴されたか、あるいは、邪馬台国の王族から新たに卑弥呼が女王に選出されたと考えるのである。しかし、二世紀以前から存在したであろう邪馬台国（ヤマト国）が、三世紀初めに成立した新生倭国（ヤマト王権）の盟主となったとする文献上の根拠はどこにも見当たらない。考古学からみた可能性にいたっては、これまでに検討したとおりだ。ヤマト国や畿内のどこかの国が、盟主となりうるような力量を持ち合わせていたとはとうてい思えないのである。

こうして私は、おもだった部族的国家の王たちが新生倭国のあり方をめぐって、列島史上初めての広域にわたる政治折衝（会同）を繰りひろげたものと考えてきた。一つの部族的国家に権力が集中するのを防ぎ、外的国家の形成と内的国家の整備をすみやかに遂行していくために、そこでは次のような事項が協議されたのではなかったか。

第一に、現状のイト倭国体制の存続はもとより、特定の一部族的国家が新たな盟主国となる体制への移行も認めない。つまり、複数の主要な部族的国家群による合議制（寡頭体制）を確立する。第二に、男王の即位を禁止し、祭司的女性大王を奉戴する。そして女王が夫婿《ふせい》をもつことも認めない。第三に、王国体制の樹立をめざし、外的国家としての列島規模での領域拡大に見合う大王都を、ヤマト国（邪馬台国）内に建設する。第四に、そうした王国体制を維持し発展させるために、強力な軍事力をもつとともに、祭祀的・イデオロギー的一体化を支える紐帯《ちゅうたい》としての共同幻想を創出する。大王都建設に関連して第五に、旧盟主国であった伊都国には「大率《だいそつ》」を置く。

そして、これらの条件が最終的な合意に達したとき、ヤマト王権に参画する各地の有力部族的国家の王や使臣たちはあらためて大々的に会同し盟約を結んだ、すなわち会盟の儀を執りおこなったのではないかと私は想像している。なお、その政治的諸勢力の枠組みのとらえ方は私とは異なるが、前田晴人《まえだはると》氏は中国文献、さらに朝鮮史料、『日本書紀』にみえる記事の網羅的な検討を踏まえ、卑弥呼共立にいたった政治システムとしての会盟の意義と実態を詳細に論じている［前田、二〇一九年］。

ではここで、共立された卑弥呼がイト国の出身だったと仮定するとどうだろうか。卑弥呼はやはり、それまでの倭国（イト倭国）における順当な王位継承者ではなかったのだろうか。『魏志』倭人伝の「其国、本亦以男子為王（其《そ》の国、本亦《もとま》た男子を以《もっ》て王と為《な》す）」（一五三ページ参照）という記載によるなら、イト倭国の王位は代々男子によって継承されてきたのだから、卑弥呼はそもそもイト倭国の盟主たるイト国の正統な王位継承資格者ではなかったことになる。それは盟約の第一条件をぎりぎり満たすことになるだろう。

ところが前章第二節でみてきたように、イト倭国最後の王墓とされている平原《ひらばる》一号墓の被葬者は女王、あるいは女性最高祭司だった可能性が高い。イト倭国最後の王はすでに女性が擁立されていたとも考えられる。こうなると一筋縄ではいかない。いまのところ、卑弥呼がイト国の王統に連なる女性だった可能性も排除できない、というにとどまるのである。

公孫氏からの働きかけ

だがすでに第三章で述べたように、卑弥呼共立の理由は倭国内の事情だけにあったのではない。海を越えた中国側にも、それをうながす事情があった。後漢末の動乱期以来、遼東は公孫《こうそん》氏の実効支配するところとなり、建安九年（二〇四）に父の公孫度《たく》から遼東太守を継いだ康《こう》は、その直後、帯方郡を設置して朝鮮半島の安定的な政治支配をめざした。帯方郡はまさしく、倭がそれまで後漢との外交ルートの窓口としていた楽浪郡の手前に位置する。

ところがこの頃、すでに曹操は河北にまで勢力を広げ、建安六年（二〇一）には官渡《かんと》の戦いで袁《えん》紹《しょう》を破った。袁紹の病没後、後継となった袁尚《しょう》は曹操側の攻勢を支えきれず、遼西に逃亡した。曹操は袁尚らをかくまった遼西烏桓《うがん》の単于《ぜんう》蹋頓《とうとん》を白狼山《はくろうざん》で大破し、蹋頓を捕縛して殺した。袁尚はさらに遼東烏桓の単于速僕丸《そくぼくがん》らとともに公孫康を頼ったが、曹操の圧力を怖れた康は、袁尚とその兄の袁熙《き》とを斬り、二人の首を曹操に送りとどけた。建安一二年（二〇七）のことである。公孫康にとって、西方の曹操の脅威は、父のときに比べると格段に増していた［西嶋、一九八三年］。

卑弥呼共立が公孫康による帯方郡設置と一連のものであったという私の理解は、公孫氏政権が直面していた右のような政治的事情にもとづいている。三世紀初めの東アジア情勢は、やがて魏・呉・蜀三国の抗争に収斂していく。魏と呉の間にあって公孫氏が外的国家として生き延びていくために、背後に位置する倭と韓は、何としても引き寄せねばならない重要な相手だった（一六二ページ、図1参照）。

中国の史書は、このときの公孫氏と倭の外交関係に具体的にふれることはない。しかし史書には現れないさまざまなアプローチが、公孫氏から倭のおもだった部族的国家に対して試みられたのではないか。それは倭のクニ・国にとって、大きな外圧としてのしかかったのではないか。ちょうど幕末のこの国の政治状況のように。

公孫氏が倭と盟約を結ぶためには、倭の外交窓口を一元化する必要がある。混迷する倭国の一体的安定は、交渉に必須の大前提であった。だから、倭国再編と卑弥呼共立を背後で画策したのは公孫氏であった可能性すら考慮すべきなのである。公孫氏からの圧力は口頭や文書による要望、あるいは恫喝《どうかつ》にとどまらなかったであろう。想像をたくましくすれば、多くの工作者が各地の部族的国家に送り込まれ、会同の日時と場所の設定、さらに運営方法まで仔細《しさい》に差配していたのではないか。「倭国新生」を告げる女王卑弥呼の共立は、まさに内部の混乱と外部からの圧力の結果として実現したのだと私は考えている（一八五ページ、図6参照）。

三世紀初めの「明治維新」

倭国再編をリードした勢力は、これまで述べてきたように、イト国連合（イト倭国）、キビ国連合（瀬戸内中・東部）、そしてイヅモ国連合の三者であったと思われる。畿内や近隣のクニ・国も新生倭国のメンバーに加わったであろう。

私は三世紀初めの新しい王国体制の幕開けを、一九世紀の明治維新になぞらえている。古代王権の誕生と近代国家の建設とは、もちろん単純な比較を許すものではないけれど、「公孫氏政権」は幕末の「欧米列強」であり、「筑・備」は維新をリードした「薩・長」ということになる。それまでの権力母体や、新しく取って替わった権力母体が、単独で新国家の中枢を占めたわけではない点でも相通じるものがある。

倭国再編の柱の一つとして、明治維新の東京遷都と同様に、首都をイト国の三雲・井原からヤマト国（邪馬台国）の纒向《まきむく》へと遷《うつ》すことが決議された。新生倭国の都がそれまでのヤマト国の王都である唐古《からこ》・鍵《かぎ》とならなかったのは、王権の権力構成においてヤマト国の占める比重がきわめて小さかったこと、そして、王国の首都はまったく新しく建設された都市でなければならないとされたことによるのであろう。

このように書くと、新生倭国の誕生は、イト国からヤマト国への政治勢力の東遷だと早合点する人がいるかもしれない。しかし私の東遷論はあくまで、二世紀のイト倭国の首都は三雲・井原だったが、三世紀の新生倭国の首都は纒向になったという現象面を述べているにすぎない。イト国（あるいは九州のどこかにあったという邪馬台国）の権力母体が、武力を盾にそっくりヤマトに進攻したとする東遷論（東征論）とは根本的に異なる。三世紀初めの王都東遷の古い伝承が、のちに『記紀』の神武東征として誇大に潤色されたことはありえるだろう。しかし考古学からみれば、この王権神話が歴史的事実を伝えているとは考えられないのである。

新生倭国＝ヤマト王権＝卑弥呼政権という私の構想を語るうえで、強調しておきたい点がある。この内乱と外圧の時代を切り抜けるために先人がとった方策は、特定の勢力による武力的解決ではけっしてなかったことだ。強権的な一極体制への回帰では政治的混迷と閉塞状況から抜け出せないことを、当時の指導者たちは鋭く察知していたのである。ここに列島史上初めての遠大な政治的駆け引き、つまり「談合」による日本型危機管理システムが作動したことを評価したい。

そしてグローバル化の必要性がさかんに唱えられていたついこの前まで、欧米からしばしば槍玉に挙げられた日本人の「談合」体質や根回しによる解決方法のみならず、「和をもって貴しとなす」という七世紀以来の政治信条そのものが、さかのぼれば三世紀初めの「卑弥呼共立」の歴史的事件に象徴的に収斂していくように思えてならないのである。

なぜ大王都はヤマトに置かれたのか

それではなぜ、大王都はヤマト国の纒向の地に置かれたのだろうか。推測の域を出ないが、まず確実と思われる理由は、その地理的位置にあるだろう。前にみた前方後円墳の分布からも明らかなように、新生倭国の領域は三世紀前半の段階で現在の佐賀県から千葉県に、三世紀後半の段階では現在の鹿児島県から山形県南部におよんでいた（五一、五二ページ、図5、6参照）。奈良盆地はほぼその中央に位置していたことになる。

もちろん三世紀の段階では、汎列島的とはいっても、律令国家段階のような面的な広がりとは様相が異なっている。各地にはいまだ多くの造反勢力や、王権とはまったく無関係な社会が存在していた。王権と中央-地方の政治的関係を結ぶ地域勢力の広がりは、モザイク状だったというべきであろう。

初期の前方後円墳や前方後方墳の分布を細かくみていくと、それらは安定した耕作地を擁する平野や盆地より、むしろ港市の付近、そして河川や街道など交通の要衝に数多く築造されていることがわかる。王権との盟約を結ぶ地域勢力が面ではなく、いまだ粗密のある点の集合体であった段階では、それらを線でつなぐルートを押さえることはきわめて重要だった。西日本の部族的国家連合を主体として誕生したヤマト王権の次なる目標は、東方に向けての勢力伸長にあったから、巨視的にみれば、傘下の西方諸国に睨《にら》みをきかせつつ東方進出をはかる前進基地として、ヤマト国は最適の地理的位置にあったのである。

とりわけ大王都纒向は、のちに難波津《なにわづ》が置かれることになる河内湖《かわちこ》の大港市から大和川をさかのぼった、奈良盆地の東南最奥部《さいおうぶ》に位置する。大王宮の地理的環境としては格好であった。河内湖からは西方へ向けての大動脈、瀬戸内海が開け、陸路の山陽道にも通じる。南海道も延びている。纒向から上ッ道《かみつみち》と山辺道《やまのべのみち》を北へたどって奈良盆地を抜け、木津川沿いを下ると、山城からは山陰道が延びる。また山城から近江へ抜ければ、北陸道、東山道に通じる。そして東方へは伊賀道、伊勢道をたどってから海路で伊勢湾を横切ると、東海道に通じる（図1）［寺沢、一九八四年］。

こうしてヤマト国を中心とする交通路を網の目のように地方へ張りめぐらせ、地域首長との政治的関係を強化していくことが王権の面的な拡大につながり、律令国家形成への足がかりともなっていくのである。

さらに想像が許されるならば、ヤマト国に大王都が営まれた理由は、ほかにもいくつか挙げることができる。

第一に、奈良盆地とりわけヤマト国が、安定した自然環境のもとで相対的に高い農業生産力と経済力をもち、豊かな文化を育んでいたことは無視できない。奈良盆地だけではない。大阪平野や京都盆地のような、近い将来に大規模開発を見込める広範な空間が周辺に控えることは、都市を継続的に発展させるうえでも有利であった。

第二に、その反面、奈良盆地には直前まで強力な政治権力や軍事力をもつ部族的国家が出現しなかったことである。前に述べたように、特定の部族的国家に権力が集中するのを防ぐために合議制を採用し、祭司的女王を推戴することは、会盟での合意事項だった。こうしてヤマト国のなかでも、拠点的母集落はおろか集落といえるほどのものさえ存在しない一空閑地だった纒向川扇状地に、大

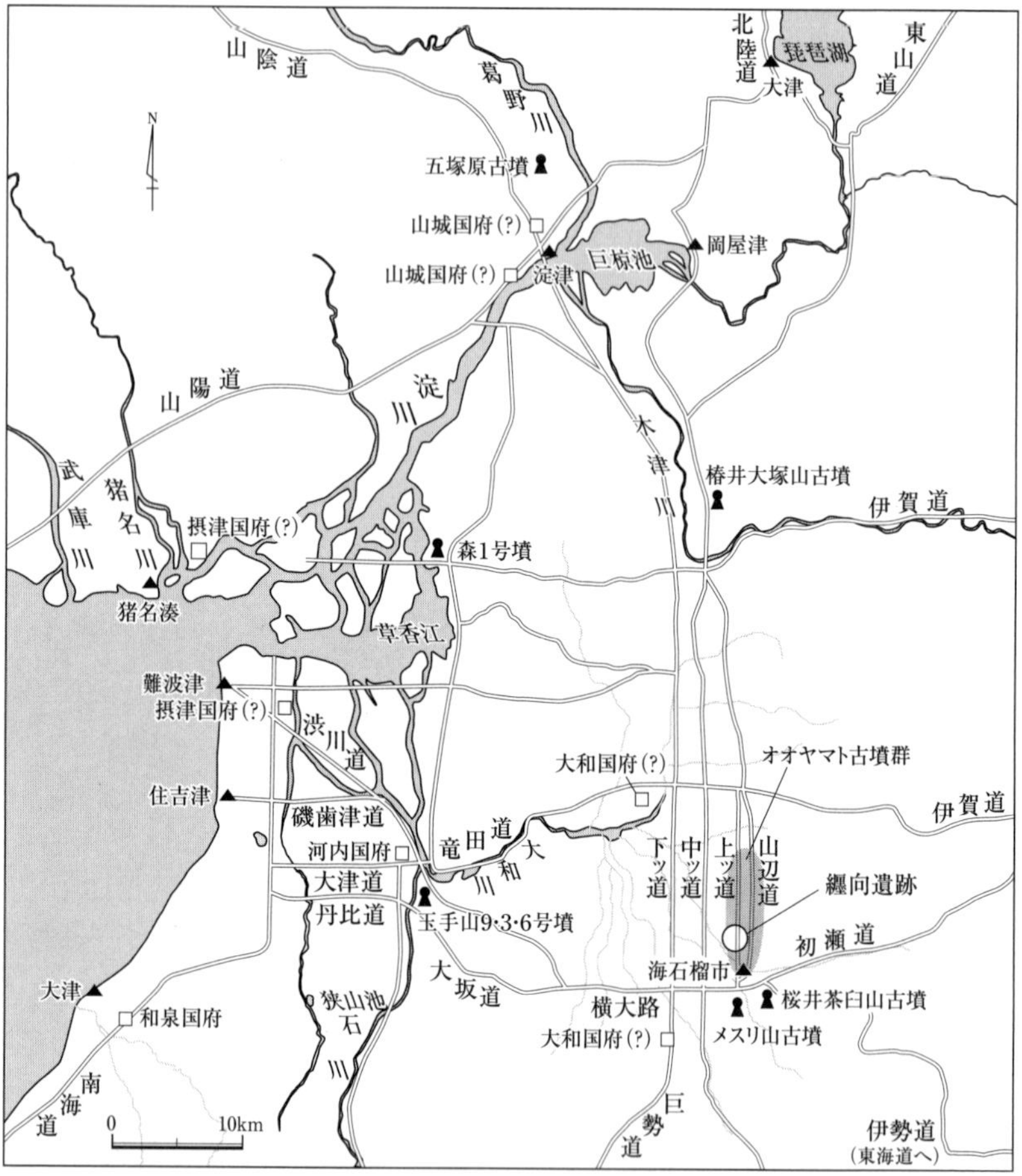

図1　纒向遺跡と地方への交通ルート　7世紀頃の地形や交通関係の施設を示した地図に纒向遺跡と前期前半期の主要な前方後円墳を表示したもの。3世紀には草香江はさらに南へ大きく湾入していた（河内湖）。纒向遺跡が古代畿内の交通路の奥部の結束点にあたることがわかる

王都が建設されることになったのである（五八ページ、図7参照）。

そして第三に、纒向の地の東南に鎮まる三輪山の存在だ。のちに国つ神（土地神）の統合神の象徴ともなる神奈備《かんなび》の山である。王国の新たな祭祀と神話の創出にはうってつけのシンボルが、大王都の背後になだらかな円錐形《えんすいけい》の山容をみせていたからではないかと、私は想像している。

第二節　倭国の女王卑弥呼の政権

「邪馬台国」とは何か――卑弥呼は邪馬台国の女王ではない

こうしてみてくると、あらためて「邪馬台国」とは何であったのかを問わなくてはならない。これまで多くの研究者にとって、「卑弥呼は邪馬台国の女王である」ことは大前提であった。そこから九州説では「邪馬台国は九州の一小国」との考えが生まれてきたし、畿内ヤマト説では邪馬台国を盟主とする「邪馬台国連合」なる発想も生まれてきた。だが、はたして卑弥呼は邪馬台国の女王だったのだろうか。

『魏志』倭人伝全文を読めば、卑弥呼が邪馬台国の女王であるとはどこにも書かれていないことがわかる。卑弥呼は「倭王」として五か所、「倭女王」として三か所、たんに「女王」として五か所に出てくる。しかし「邪馬台国女王」とは一度も書かれていない。

「女王国」は五か所、「倭国」は三か所、「倭地」は二か所、「倭種」と「倭人」はそれぞれ一か所に出てくるけれど、「邪馬台国」はたった一か所にしか出てこない。しかもそれは「女王之所都（女王の都する所）」、つまり女王卑弥呼が居処としている場所（国）を示しているにすぎないのだ。卑弥呼政権が出先機関を置いた「伊都国」でさえ、かなり詳しい説明とともに二度出てくるにもかかわらず。

なお、右に述べたように「女王国」という表現は五か所に出てくる。一例を挙げれば、「自女王国以北、其戸数道里可得略載、其余旁国遠絶、不可得詳（女王国自《よ》り以北、其《そ》の戸数・道里は略《ほぼ》載するを得可《うべ》きも、其の余《ほか》の旁国《ぼうこく》は遠く絶《へだ》たりて、詳《つまび》らかにするを得可からず）」とことわったうえで、二一の国名のみを列挙し、「此女王境界所尽（此《こ》れ女王の境界の尽くる所なり）」と卑弥呼政権の支配する倭国の領域を示している。

ここでの「女王国」は、女王卑弥呼が支配する倭国全体ではなく、女王卑弥呼が大王都を置いた地理上の場所（ヤマト国＝邪馬台国）を指している。また伊都国について述べた「世有王、皆統属女王国（世《よよ》王有り、皆《みな》女王国に統属す）」（一八九ページ参照）以外の三か所も、すべて地理的位置関係を説明するための基点として記されているから、ヤマト国＝邪馬台国を念頭に置いているものと考えてよい。だが、それらはあくまでも「倭国の都があり、倭国の女王である卑弥呼が居る場所（国）」、すなわち私のいうヤマト国を意味しているにすぎない。このように、『魏志』倭人伝では

「女王国」は二通りの意味をもって使われている。

卑弥呼は倭国の女王なのであって、邪馬台国の女王ではない。この当たり前のことが見過ごされていたために、邪馬台国と倭国とは切り離されて理解されてきた。九州説は空間軸、あるいは空間軸と時間軸との双方にかかわる誤解の産物である（一八七〜一九一ページ参照）。また畿内ヤマト説では、大半の研究者が邪馬台国と倭国とを時間軸の先後の関係ととらえてきた。女王卑弥呼の治める邪馬台国こそ政治的中心勢力だと考えたため、ヤマト王権誕生前の「邪馬台国連合」なる概念も生まれたのであった。

しかし、卑弥呼を正しく倭国女王と認識することによって、邪馬台国を過大評価してきた従来の発想は一新されなくてはならない。邪馬台国とは、新生倭国の大王都が置かれた国名（ヤマト国）でしかない。これを現代に置き換えてたとえれば、「東京都は日本国の首都であり、日本国首相某《なにがし》の官邸は東京都に在る」ということなのである。首相某は日本国首相ではあるけれど、東京都知事ではない。

卑弥呼共立によって誕生した新しい政体について、「邪馬台国」云々をいうのは、そろそろやめにしてはどうだろうか。女王卑弥呼の政体を新生倭国＝ヤマト王権の問題として正当に評価していく必要を感じる。

城柵と楼観——卑弥呼の居処

女王卑弥呼の居処である宮殿（大王宮）は、『魏志』倭人伝に次のように描かれる。

宮室楼観城柵厳設、常有人持兵守衛。

宮室、楼観、城柵、厳《おごそ》かに設け、常に人有りて兵を持ちて守衛す。

宮殿には正殿にあたる大形建物（宮室）にともなって楼観や城柵が設けられており、つねに武器をもった人々が守衛しているというのである。

九州説の人たちはまず「城柵」の語に注目して、環濠集落の濠《ほり》に付設される防御のための柵だと解する。そして纒向遺跡には集落を囲繞《いにょう》する環濠は存在しないから、卑弥呼の居処にはふさわしくないと主張する。しかし倭人伝が伝える城柵は、文脈からみると、卑弥呼の宮室にともなう施設のことだ。集落全体を取り囲む設備を指しているわけではない。

弥生時代の大規模環濠集落では中期後半になると、中心部に特定の方形区画が設けられるようになる。共同体を挙げてのマツリをおこなう場であり、そこには祭殿、巨大倉庫、首長の居処などと想定される大形の掘立柱《ほったてばしら》建物が建てられる。特定方形区画は溝や柵、塀によって他と隔てられ、古墳時代になると独立した首長居館へと発展する。

卑弥呼の居処に設けられた城柵とは、弥生時代の特定方形区画、古墳時代の首長居館、さらに時代を下れば、飛鳥の大王宮の内郭を取り囲む柵や塀に相当するものだ。三世紀前半という年代観からすれば、纒向遺跡の第一次大王宮と目される大形建物群を取り囲む直線的な柱列（柵か塀）は、まさに倭人伝の城柵そのものということになる（九二ページ、図14参照）。

九州説の人たちは、次に「楼観」の語にも注目する。吉野ヶ里遺跡の発掘調査の初期には、環濠が外側へ張り出している部分に建てられた六本柱（一間×二間）の建物が楼観ではないかとも考えられた。しかし間もなく、望楼（物見櫓）程度のものだという見解に落ち着いて否定された。ところがその後、後期の内郭が調査され、総柱の大規模な掘立柱建物が発掘されるや、三階建ての豪壮な建物に復元され、「主祭殿」と呼ばれて国営公園の目玉ともなった。それが楼観にも見立てられてきたのである。

「楼観」の「楼」は、多重高層の建物をいう。吉野ヶ里遺跡の豪壮な建物の復元じたいがほんとうに正しければ、この条件はクリアされたことになる。しかし「観（觀）」は、『説文解字《せつもんかいじ》』に「諦視也（諦視《ていし》するなり）」とあって、白川静氏によれば「審《つまび》らかに視《み》る意」という。「雚」は卜辞《ぼくじ》に「雚《かん》藉《せき》」の語があり、農耕儀礼に関する字と思われ、また「雚」は毛角のある鳥の形であるから、「観（觀）」とは鳥占《とりうら》によって神意を察することであろうともいう［白川、一九八四年／白川、一九九六年］。

そうであれば、楼観とはマツリに際してカミが去来するシンボル塔であろう。第一章で紹介したように、私は唐古・鍵遺跡出土の大形壺に描かれた重層の建物こそ楼観だと考えている（六二ページ、写真13参照）。規模はさほど大きくないけれど、軒や棟には渦巻きの呪飾がしつらえられ、鳥が描かれている。唐古・鍵遺跡の特定方形区画にはこうした高層の建物が、発掘された大形の掘立柱建物（祭殿）などとともに建っていたのであろう。

もっとも、掘立柱の遺構から楼観を特定することは、実際には不可能に近い。しかし楼観は岡山市新庄《しんじょう》尾上《おのうえ》遺跡や鳥取県米子市稲吉角田《いなよしすみだ》遺跡の土器、福井県坂井市の井向《いのむかい》一号銅鐸などにも描かれている。

纒向遺跡の大形建物群のうち、やや小規模な建物B（二間×三間）は、柵か塀で凸形に取り囲まれた部分で検出された（二八ページ、写真4参照）。黒田龍二氏はこの建物Bを腰高の二階建て建物に復元した。私は建物Bは楼観そのものではないかと考えていたから、「（唐古・鍵遺跡の）楼観絵画のような高層の建物でもよいのではありませんか」と尋ねたことがある。「その可能性は十分にあります」というのが彼の答えであった。

倭人伝が描く卑弥呼の宮殿の楼観は、あくまで宮室（正殿）の付属的な建物である。吉野ヶ里遺跡で復元された大形建物（主祭殿）は、規模は大きいとはいえはたして楼観のような祭祀的機能を備えていたのだろうか。はなはだ心許《こころもと》ない。

大倭と大率――王権中枢からの派遣官

文献から三世紀の新生倭国の支配機構を探る数少ない手がかりは、『魏志』倭人伝の次のような記載であろう。


収租賦、有邸閣。国国有市、交易有無、使大倭監之。自女王国以北、特置一大率、検察諸国。諸国畏憚之。常治伊都国、於国中有如刺史。王遣使詣京都帯方郡諸韓国、及郡使倭国、皆臨津捜露、伝送文書賜遺之物詣女王、不得差錯。

租賦《そふ》を収むるに、邸閣《ていかく》有り。国国に市《いち》有り、有無を交易し、大倭《だいわ》をして之《これ》を監せしむ。女王国自《よ》り以北には、特に一大率《いちだいそつ》を置き、諸国を検察せしむ。諸国、之を畏憚《いたん》す。常に伊都国に治《ち》し、国中に於《お》いて刺史《しし》の如《ごと》き有り。王、使いを遣わして京都《けいと》・帯方郡・諸韓国に詣《いた》らしめ、及び郡の倭国に使いするや、皆、津《しん》に臨みて捜露《そうろ》し、伝送の文書、賜遺《しい》の物を女王に詣らしめ、差錯《ささく》することを得ず。

「邸閣」とは、もともと「軍需のための器物や、食糧を貯蔵する官有の建物」を意味するという［白川、一九九六年］。また日野開三郎《ひのかいざぶろう》氏は、倭人伝以外の『三国志』の用例を考察し、一一例とも軍用倉庫の意味で使用されていることを明らかにした。さらに、邸閣には糧穀のほかさまざまな資材が収められていた場合があること、交通・軍事上の要地や政治・経済の中心地に置かれていたこと、倭人伝でも同様に解するのが穏当と考えられることなどを指摘した［日野、一九五二年］。「租賦を収むるに、邸閣有り」とは、租（田租）や賦（人頭税）を収める公的な軍用倉庫があるということだ。つづく後文で、国々には市があり、市での交易品の流通を「大倭」に監督させているという。大倭とは王権中枢からの派遣官（あるいは機関）で、おそらく市での交易のみならず、地方の邸閣に収納された租賦も管理したのであろう。つまり大倭の職掌は、おもに各部族的国家の食糧や軍需物資の備蓄状況の管理にあり、租賦を中央に貢納する任務も負っていたと思われる。

そうであれば、新生倭国の中枢である纒向には、大規模な倉庫群が建ち並んでいたはずだ。ヤマト王権による地方支配は、このような政治的・経済的関係に支えられていたと考えられる。それはまさに律令国家の徴税制度の先駆けとなるシステムだった。

次に「一大率」とは、一人の大率の意味であろう。大率については、「率」が「ひきいる」の意味をもつことから「帥《すい》」に通用されるとして、「大帥《だいすい》」の用例を参考に挙げる注解がある［杉本・森、一九八五年］。

「大帥」の語は、『三国志』「魏書」鮮卑伝の裴松之《はいしょうし》の注に引く王沈《おうしん》の『魏書』に、二回出てくる。それによると、指導者の檀石槐《だんせきかい》は領有する広大な中国北辺の地を東・中・西の三部に分けた。「二十余邑《ゆう》」（東部、西部）、「十余邑」（中部）からなる土地には、それぞれ三、四名の大人《たいじん》がおり、中部と西部では大人は大帥でもあったと記されている。そして大帥たちは檀石槐に帰服し、その指揮下にあったという。

また烏丸伝では、同じく裴松之の注に引く『魏書』に、勇健で内部の訴えや争いごとを公正に裁くことのできる者が選ばれて大人となったこと、邑落《ゆうらく》ごとに小帥《しょうすい》がいたことを記載している。

烏丸や鮮卑の社会では、非世襲の小帥が支配する邑落（約二十数戸、人口約百数十人）がいくつか集まって一部族を形成し、推挙された非世襲の大人が大帥としてこれを統率する、部族連合国家の形態をとっていたのである［杉本・森、一九八五年］。第二章で述べた日本列島の弥生時代の状況に照らし合わせると、小帥は拠点集落や小共同体の首長、大帥は大共同体（クニ）や国レヴェルの首長（オウ・王）、そして鮮卑の檀石槐や烏丸の峭王《しょうおう》や汗魯王《かんろおう》などは複数の国をまとめた「王のなかの王」に対応するものであろう（一三七ページ、図9参照）。

このほか『三国志』「魏書」東夷伝には、小共同体の首長や部族的国家のオウや王などの権力者の総称と思われる「長帥《ちょうすい》」（東沃沮《とうよくそ》条、韓条）、「渠帥《きょすい》」（東沃沮条、濊《わい》条、韓条）、「主帥《しゅすい》」（韓条）などの語がみえる（表1）。

そこで倭人伝に戻ろう。大率の職掌は女王国（王権中枢が置かれたヤマト国）以北の諸国（西日本の主な部族的国家）を検察することである。中国における刺史のごとき長官と機関中枢が伊都国に常置されており、国々を監察して卑弥呼のもとへ上奏するので、諸国はこれを畏《おそ》れ憚《はばか》っているという。

刺史とは、杉本憲司《すぎもとけんじ》氏と森博達《もりひろみち》氏によれば、前漢の武帝の時代に新設された地方行政上の官である。最初は全国各州（一三州）ごとに一人が置かれ、監察を主務としていたが、任務の性格上権力をもち、しだいに地位が上昇して、後漢末には郡太守よりも上位になった。魏晋南北朝になると都《と》督諸軍事《とくしょぐんじ》の資格も兼ね、軍事権をもつ者がいたという［杉本・森、一九八五年］。

そうであれば、官名である大率を部族の統率者である大師と同意とみることはできないようだ。大率とは、卑弥呼政権を構成する「譜代」ともいうべき国々の動静を監視する権限を委ねられた軍事・警察機関の長官の名称であり、その統率のもとに派遣官が各国に送り込まれた。王権中枢によって、大率がかつてのイト倭国の盟主たる伊都国に常置されたという事実は、新生倭国の権力系譜を考えるうえでも示唆するところが大きいように思われる。

なお「一大率」を、帯方郡からの軍政官とみる考えがある。松本清張氏は「女王国自《よ》り以北には、特に一大率《いちだいそつ》を置き」の文言に主格がみえないことを指摘し、一大率は「魏の命令をうけ帯方郡より派遣されてきた女王国以北の軍政官」であると考えた。対馬国から奴国までの五国は一大率の支配下にある特別行政区であり、女王国の統治権から除外されていたというのである。そして、つづく

部族・国家	王	王・首長・官などについてのおもな記載	戸　数
対馬国		大官：卑狗／副官：卑奴母離	千余戸
一大〔支〕国		官：卑狗／副官：卑奴母離	三千許家
末盧国			四千余戸
伊都国	○	「世有王、皆統属女王国。郡使往来常所駐」／「自女王国以北、特置一大率、検察諸国。諸国畏憚之。常治伊都国、於国中有如刺史」 官：爾支／副官：泄謨觚、柄渠觚	千余戸（『魏略』に「戸万余」）
奴　国		官：兕馬觚／副官：卑奴母離	二万余戸
不弥国		官：多模／副官：卑奴母離	千余家
投馬国		官：弥弥／副官：弥弥那利	五万余戸
邪馬壱〔台〕国（女王国）	（○）	「女王之所都」 官：伊支馬／次：弥馬升／次：弥馬獲支／次：奴佳鞮	七万余戸
狗奴国	○	「男子為王。其官有狗古智卑狗。不属女王」 男王：卑弥弓呼（卑弓弥呼か）／官：狗古智卑狗（『魏略』に拘右〔古〕智卑狗）	
倭　国（女王国）	○	「自古以来、其使詣中国、皆自称大夫」／「其国、本亦以男子為王、住七八十年、倭国乱、相攻伐歴年、乃共立一女子為王。名曰卑弥呼」 （景初二〔三〕年）倭女王：卑弥呼／大夫：難升米／次使：都市牛利 （正始四年）倭王：卑弥呼／大夫：伊声耆、掖邪狗 （正始八年）倭女王：卑弥呼／大夫(?)：難升米／大夫(?)：載斯／次使(?)：烏越 倭王：壱〔台〕与／大夫：掖邪狗	

表1　『三国志』「魏書」烏丸鮮卑東夷伝における部族的国家についての記載
（寺沢、2011年より。一部改変）

部族・国家	王	王・首長・官などについてのおもな記載	戸　数
烏　丸	○	「常推募勇健能理決闘訟相侵犯者為**大人**、邑落各有**小帥**、不世継也。数百千落自為一部」（裴注所引『魏書』）／「漢末、遼西烏丸**大人**丘力居、衆五千余落。上谷烏丸**大人**難楼、衆九千余落。各称**王**。而遼東属国烏丸**大人**蘇僕延、衆千余落、自称**峭王**。右北平烏丸**大人**烏延、衆八百余落、自称**汗魯王**。皆有計策、勇健」	（衆五千余落） （衆九千余落） （衆千余落） （衆八百余落）
鮮　卑	○	「鮮卑**大人**燕茘陽入朝、漢賜**鮮卑王**印綬」（裴注所引『魏書』）／「乃分其地為中東西三部。従右北平以東至遼、東接夫余、濊貊為東部、二十余邑、其**大人**曰弥加、闕機、素利、槐頭。従右北平以西至上谷為中部、十余邑、其**大人**曰柯最、闕居、慕容等、為**大帥**。従上谷以西至燉煌、西接烏孫為西部、二十余邑、其**大人**曰置鞬落羅、日律推演、宴茘游等、皆為**大帥**、而制属**檀石槐**」（裴注所引『魏書』）／「比能、使別**小帥**瑣奴、拒豫」／「厥機死、又立其子沙末汗、為**親漢王**」／「文帝立素利、弥加為**帰義王**」	
夫　余	○	「国有**君王**、皆以六畜名**官**。有馬加、牛加、豬加、狗加、大使、大使者、使者」／「**夫余王**尉仇台、更属遼東」	戸八万
高句麗	○	「其国有王、其**官**有相加、対盧、沛者、古雛加、主簿、優台丞、使者、皁衣先人、尊卑各有等級」／「本有五族。有涓奴部、絶奴部、順奴部、灌奴部、桂婁部。本涓奴部為王、稍微弱、今桂婁部代之」／「**王**之宗族、其大加皆称古雛加。涓奴部本**国主**、今雖不為**王**、適統**大人**、得称古雛加」／「漢光武帝八年、**高句麗王**遣使朝貢、始見称**王**」／「至殤安之間、**句麗王**宮数寇遼東、更属玄菟」／「伯固死、有二子。長子抜奇、小子伊夷模。抜奇不肖、国人便共立伊夷模為王」	戸三万
東沃沮		「無大君王、世世邑落、各有**長帥**」／「沃沮諸邑落**渠帥**、皆自称三老。則故県国之制也」	戸五千
挹　婁		「無大君長、邑落各有**大人**」	（穴居）
濊	○	「無大君長。自漢已来、其**官**有侯邑君、三老、統主下戸」／「後省都尉、封其**渠帥**為侯」／「其八年、詣闕朝貢、詔更拝**不耐濊王**」	戸二万
韓　馬　韓	○	「各有**長帥**、大者自名為臣智、其次為邑借」／「凡五十余国。大国万余家、小国数千家、総十余万戸。**辰王**治月支国」／「国邑雖有**主帥**、邑落雑居、不能善相制御」	大国万余家、 小国数千家、 総十余万戸
辰　韓		「始有六国、稍分為十二国」	
弁　辰	○	「弁辰亦十二国、又有諸小別邑、各有**渠帥**。大者名臣智、其次有険側、次有樊濊、次有殺奚、次有邑借」／「弁、辰韓合二十四国。大国四五千家、小国六七百家、総四五万戸。其十二国属**辰王**。**辰王**常用馬韓人作之、世世相継。**辰王**不得自立為王」／「弁辰與辰韓雑居、（中略）十二国亦有**王**」	大国四五千家、 小国六七百家、 総四五万戸

倭人伝の後文に「王が使いを遣わして京都《けいと》（洛陽）や帯方郡、諸韓国に至らせるとき、および帯方郡が倭国に使者を送るとき、みな港津《こうしん》で立ち入り検査をおこなって確認し、伝送文書や下賜された物品を女王に届けさせて、混乱や間違いがないようにする」と記載があることから、帯方郡から狗《く》邪韓国《やかんこく》をへて伊都国にいたる海上交通の監察をも、一大率が管轄したと考えた。一大率は官名だが同時に機関名でもあるとしたうえで、帯方郡の出先機関だったというのだ［松本、一九六八年／松本、一九七九年］。

刺激的な説ではあるが、大率設置の主語は、文脈からも素直に女王国（ヤマト国内に大王都を置く卑弥呼政権）とみるべきだと思う。『魏志』倭人伝は伊都国について「世有王、皆統属女王国（世《よ》王有り、皆《みな》女王国に統属す）」と記し、また『後漢書』東夷伝には「国国皆称王、世世伝統。其大倭王居邪馬台国（国国皆《みな》王と称して、世世《よよ》統を伝う。其《そ》の大倭王《だいわおう》は邪馬台国に居《お》る）」とある。伊都国をはじめとする国々には代々王がいるが、みな卑弥呼政権に服属してきたというのである。松本説はこれらの記事と根本的な齟齬《そご》をきたしてしまうことになる。大率配下の軍事派遣官が「国中に於《お》いて刺史《しし》の如《ごと》き有り」と、あえて説明を加えられているのも、大率なる名称が中国歴代の官制にみえず、それが倭国独自の官名であり機関名でもあったからにほかならない。

このように、大倭と大率という二つの監察機関の存在に注目すれば、いままで過小評価されるきらいのあった卑弥呼政権の中央‐地方の支配関係が思いのほか広域におよび、しかも整備されていた実態をあらためて確認することができる。この点は、卑弥呼政権＝邪馬台国が強大な権力をもたない九州の一小国でもかまわないとする九州説の根底を揺るがす問題であろう。

地方統治官と外交の使者

次に卑弥呼政権の地方統治官と、魏に派遣された外交の使者について、瞥見《べっけん》しておこう。

『魏志』倭人伝には、表1のような各国の統治官の名称（あるいは人名）と、倭国の外交の使者の人名が記載されている。ここからいくつかの興味深い点を指摘することができる。なお、邪馬台国の欄には原文にしたがって四つの官の名称を列記しているが、ここでの邪馬台国の実質は新生倭国（ヤマト王権、卑弥呼政権）中央の統治機構であることに留意してほしい。

第一に、王の名前が明らかなのは倭国の女王卑弥呼と、女王に属さない狗奴国《くなこく》の男王卑弥弓呼《ひみくこ》（卑弓弥呼《ひこみこ》の誤りとみる説がある。以下、官名・人名の読み方は定まっていないものが多いが、あえて私なりの振り仮名を付す）のみであることだ。卑弥呼は倭国の女王であり、邪馬台国の女王でないことはこれまでに強調してきた。伊都国には王の存在することが記されているものの、名前はわからない。そのほかの対馬国《つしまこく》、一支国《いきこく》、末盧国《まつろこく》、奴国《なこく》、不弥国《ふみこく》、投馬国《とうまこく》では、王の存在と名前についてまったくふれられていない。官名が記されているにすぎないのである。

第二に、狗奴国には「其《そ》の官に狗古智卑狗《くこちひく(こ)》有り」と人名の可能性も考えられる官名を記載するのに対して、新生倭国を構成する国々は「官を……と曰《い》い、副を……と曰う」という表現で卑狗《ひく(こ)》、卑奴母離《ひなもり》、爾支《にき(し)》、兕馬觚《しまこ》などの二〜四文字の官名が挙げられており、人名とおぼしきものはないことだ。あとで紹介する外交記事には、ヤマト王権の中枢にいた大夫の難升米《なしめ》や次使の都市牛利《としごり》の名前が出てくるが、傘下の国々の官や副官は官名のみが記されているようである。

以上の二点からも、中央‐地方の支配関係の強さを読み取ることができるだろう。律令官制の先駆けといっても過言ではあるまい。

ただし、ここに挙げた官や副官が、すべて中央から派遣されたものとは考えられない。伊都国と投馬国の官と副官、奴国と不弥国の官は、旧来のものと思われる独自性の高い呼称が記載されているからだ。

一方、対馬国と一支国では、いずれも官は卑狗、副官は卑奴母離である。また奴国と不弥国では、副官は卑奴母離で共通している。おそらく卑狗はヒコ（彦）、卑奴母離は『万葉集』などに出てくる地方官の夷守《ひなもり》に通じるものであろう。つまり、朝鮮半島と北部九州を結ぶ島嶼部《とうしょぶ》の対馬国と一支国では官と副官が、玄界灘沿岸の奴国と不弥国では副官が、中央からの派遣官である可能性が高いことになる。

これに対して右に述べたように、かつてイト倭国の盟主であった伊都国と、中国地方のいずれかの地（おそらくイヅモかキビ。詳しくは次章で検討する）に存在したと想定される大国の投馬国では、官と副官のいずれも、そして奴国と不弥国では官のみ、独自性の高い呼称が使用されている。彼らは中央からの派遣官ではなく、じつは部族的国家の王や側近だったのではないかと考えられる。そうであれば、この四つの国では依然、旧来の部族的国家の政治基盤を残しつつ、王や側近がヤマト王権の地方行政を執行する役割を担っていたのであろう。

こうしてみてくると、ほとんどの国で王の存在が記載されない理由も理解できると思う。部族的国家の王は卑弥呼政権に参画することによって、それぞれの国の統治官として任命されることになる。新生倭国の地方統治機構のなかでは、彼らは官あるいは副官であって、第一義的には王ではないのである。

伊都国王は代々存在するものの、その名前が記されないのは、彼（彼女）が卑弥呼政権内の重臣の一人でもあったからだろう。爾支は伊都国王その人であったのかもしれない。副官の泄謨觚《せもこ》と柄渠觚《へくこ》は伊都国王の側近であった可能性もある。ただし彼ら（彼女ら）は、いまやあくまで新生倭国の地方統治機構の成員である。「世王有り《よよ》」は補足説明的に加えられた記述だ。卑弥呼と対立する狗奴国王のように、名前が記されているわけではない。そして前項でみたとおり、伊都国にはこれとは別に、強力な軍事・警察機関の長官である大率が中央から派遣されて常駐していた。国々はみな大率を「畏憚《いたん》」していたというのである。

第三に、新生倭国の中枢（表1では邪馬台国の欄）にのみ、官の伊支馬《いきま》、次に弥馬升《みます》、弥馬獲支《みまわき》、奴佳鞮《なかて》と、つごう四人がいたと記されていることである。官の数が多いのは、新生倭国の中枢と邪馬台国すなわちヤマト国の統治機構の重層性ゆえであろう。ヤマト国じたいの官名ではあるまい。

ヤマト国の統治官は、卑弥呼政権中枢の執政官が兼務した可能性が高いと私は考えている。四人の官・副官のいずれかが、ヤマト国の統治官でもあり、かつてのヤマト国の王だったのではあるまいか。ヤマト国の王の名前はおろか、存在さえ明記されていないのは、そうした理由からであろう。

第四に、外交記事には倭国の使者の人名が記載されていることである。以下に時間を追って外交記事を摘記してみよう。

① 景初二年（二三八。景初三年の誤りか。本章三一二ページ以下で検討する）六月、大夫の難升米、

次使の都市牛利が帯方郡にいたり、魏の天子に拝謁して朝献《ちょうけん》することを求めた。その年の一二月、洛陽に到着した使節に対して詔書《しょうしょ》が下され、卑弥呼は親魏倭王《しんぎわおう》に、難升米は率善中郎《そつぜんちゅうろう》将《しょう》に、都市牛利は率善校尉《こうい》に封ぜられた。

② 正始元年（二四〇）、帯方太守の弓遵《きゅうじゅん》は建中校尉《けんちゅうこうい》の梯儁《ていしゅん》らを倭国に派遣して、詔書と印綬《いんじゅ》を倭王に授けた。倭王はその使者に託して上表《じょうひょう》し、恩詔に感謝した。

③ 正始四年（二四三）、大夫の伊声耆《いさき》、掖邪狗《いやく》ら八人が派遣され、掖邪狗たちはみな率善中郎将の印綬を授けられた。

④ 正始六年（二四五）、詔《みことのり》を下して難升米に黄幢《こうとう》（黄色の旌旗《せいき》。軍事指揮権をもつことを示す）を賜与することとし、帯方郡に付託した。

⑤ 正始八年（二四七）、帯方太守の王頎《おうき》が赴任した。卑弥呼は、狗奴国の男王卑弥弓呼ともとから不和だった。載斯《さいし》と烏越《うえつ》らが帯方郡にいたり、倭国と狗奴国がたがいに攻撃しあう状況を報告した。これに応えて帯方太守は塞曹掾史《さいそうえんし》の張政《ちょうせい》を派遣し、さき（正始六年）の詔書と黄幢をもたらして難升米に授け、檄文《げきぶん》をつくって告喩した（帯方郡に届いていた詔書と黄幢は、翌々年になってもたらされたことになる）。

⑥ 卑弥呼の死（二四八年頃か。詳しくは次章で述べる）ののち、新たに男王を立てたが、国中は同意せず、たがいに殺しあった。そこでまた卑弥呼の宗女《そうじょ》である一三歳の台与《とよ》が王となり、倭国はようやく平静を取り戻した。張政たちは檄文によって台与に告喩した。台与は倭の大夫である率善中郎将の掖邪狗ら二〇人を遣わして、張政たちの帰還を送らせ、掖邪狗たちはその機

会に魏都洛陽にいたった。

以上が、『魏志』倭人伝にみえる外交記事のあらましである。献上品やそれに対する下賜品の詳細などは割愛した。

①の卑弥呼が最初に派遣した使者の名は、大夫の難升米、次使の都市牛利と記載されている。吉田孝氏は、「大夫」が倭の大官の中国風の呼称であるように、都市牛利の「都市」は姓ではなく、市《いち》を総管する官職を中国風に表記したものではないかという。「都」には主《つかさど》る、統べる、総管するという意があり、漢から魏の頃にも「都水」「都船」「都官」など多くの用例があること、伝世する官印にも「都市」の二顆《か》があることを指摘し、その根拠としている［吉田、一九九五年］。

そうであれば、大夫の難升米に次使の都市牛利が同行している点は注目すべきである。ただ、都市の職掌が市の総管にあったのならば、前項でみた大倭との関係をどうとらえるかが問題となりそうだ。『魏志』倭人伝のもとづくそれぞれの原史料の表記が異なっていたために、本来同一の職掌が二通りに記された可能性はある。原史料の表記が異なっていた理由も、さまざまなケースが想定できるだろう。だが私は、大倭は王権の中枢から地方に派遣された国内の経済・流通の監督官であり、一方の都市は中国・朝鮮半島との外交、とくに通商関係を管轄していたのではないかと考えている。

卑弥呼政権の遣使は、たんに魏王朝と冊封関係を取り結ぶためだけではなかった。その内実は、王朝の権威を背景に、鉄などの重要資源と先進文物を入手する交易の場を確保し、航海権をふくめた流通機構を掌握することを目的としていたはずである。その成否に新生倭国の存立と王権のさらなる伸張がかかっていたのはいうまでもない。

大夫の難升米の名は④と⑤にもみえる。難升米が卑弥呼政権のなかできわめて高い地位にあったことは、詔書と黄幢が授けられたことからも明らかであろう。ところが⑥では、使節のトップは大夫の掖邪狗に替わっている。掖邪狗は③の遣使の際に、率善中郎将に封ぜられた人物である。おそらく難升米の死（卑弥呼の死の直後から台与擁立前後までの間、二五〇年頃か）によって、遣使経験者のなかから最も老練で外交能力にたけた掖邪狗が新たに推挙されたのであろう。

これらの外交記事から読み取れるわずかな情報から敷衍すれば、王権の中枢には、最高執政官もしくはそれに準ずる地位にあった数名の大夫が存在し、その下に担当部署の長として総勢数十名規模の執政官が配置されていたのではあるまいか。遣使の際には大夫を正使とし、数名の執政官を次使とし、担当部署の行政執務官たちがこれに随行する使節団が結成されていたのであろう。

このような最高執政官と執政官たちこそ、会盟を主導したかつての部族的国家の王やその側近たちであったというのが、私の想定する新生倭国中枢の統治機構である。ただし、これはあくまで外交面からみたものだ。この項の前半で検討した地方統治官、さらには卑弥呼の「男弟」とどのような関係にあったのか、具体的に理解するにはあまりに情報が乏しいが、次章でも別の視点からあらためて取り上げることにしたい。

「中平年」銘鉄刀の発見

『魏志』倭人伝にみえる卑弥呼の外交記事は、魏王朝との関係のみにかぎられる。それは中国の三世紀史において、魏こそが正統な王朝と認識されていたのであるから当然のことではある。陳寿もそうした意図に沿って『三国志』を編纂した。しかしすでにみてきたように、卑弥呼政権が最初に外交関係を結んだのは公孫氏政権であった。

ここでは、公孫氏との外交関係を推測する手がかりとなる一つの資料を紹介しよう。奈良県天理市東大寺山《とうだいじやま》古墳で発見された、後漢の年号「中平《ちゅうへい》（一八四～一八九年）」の紀年銘をもつ素環頭《そかんとう》の鉄刀だ。東大寺山古墳は葺石《ふきいし》と二重の円筒形《えんとうがた》埴輪列（壺形埴輪をふくむ）をもつ全長約一三〇メートルの前方後円墳で、四世紀中葉の築造と考えられている。

一九六一年にはじまる発掘調査によって、後円部に粘土槨《ねんどかく》の埋葬施設をしつらえ、棺内には少なくとも硬玉製勾玉《こうぎょくせいまがたま》七、棗玉《なつめだま》五（硬玉製四、碧玉製《へきぎょくせい》二）、硬玉製小玉《こだま》一、碧玉製管玉《くだたま》四九、腕輪形《うでわがた》碧玉製品五一（鍬形石《くわがたいし》二六、車輪石《しゃりんせき》二三、石釧《いしくしろ》二）、筒形《つつがた》碧玉製品（玉杖石突《ぎょくじょういしづき》）一、鏃形《ぞくがた》碧玉製品四五、坩形滑石《かんがたかっせき》製品一三、鉄製の刀・剣・刀子《とうす》・鎚頭《つちがしら》など若干が副葬されていたことが明らかになっている「東博・九博編、二〇〇八年／金関ほか編、二〇一〇年」。

棺外東側の被覆《ひふく》粘土槨には、銅鏃《どうぞく》・鉄鏃《てつぞく》五束（銅鏃五三、鉄鏃約五〇）、長柄《ながえ》に装着した鉄槍三、鉄剣二～三、巴形《ともえがた》銅器七で飾った革製漆塗《かわせいうるしぬ》り盾《たて》とともに、鉄刀一四が切先を南に向けて並べられていた。「中平年」銘鉄刀は、これらの北端最上部に置かれていたことから、特別の配慮がなされたと考えられている一振《ふり》である。出土状況からも「下賜刀」であろうと推測された。

棺外西側の粘土槨などからも出土した鉄刀をあわせるとつごう二〇振となり、内訳は素環頭大刀七（うち六振は東側）、木製把頭《つかがしら》大刀八（うち三振は東側）、青銅製環頭大刀五（すべて東側）である。

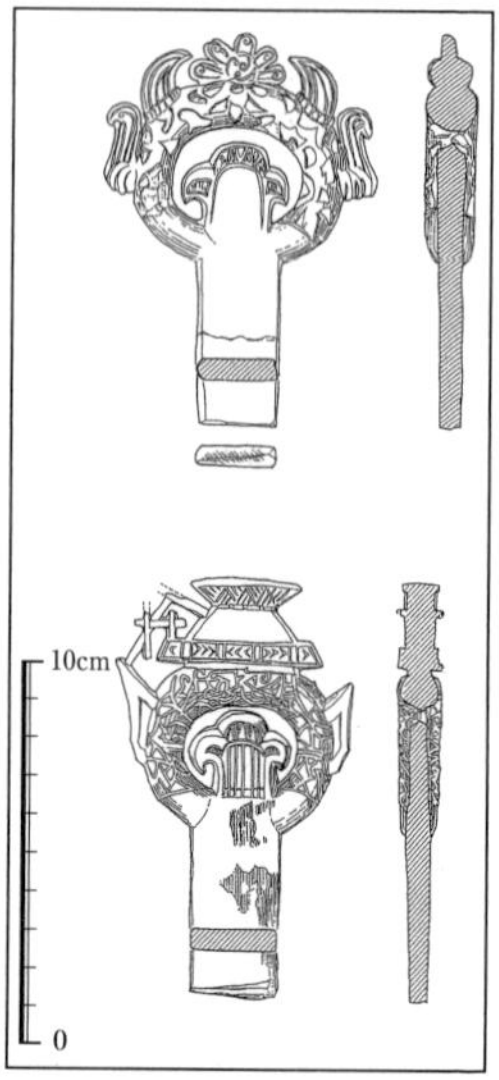

図2　花弁形（上）と家形（下）の２種類の環頭飾り（金関・小田木・藤原編、2010年より）

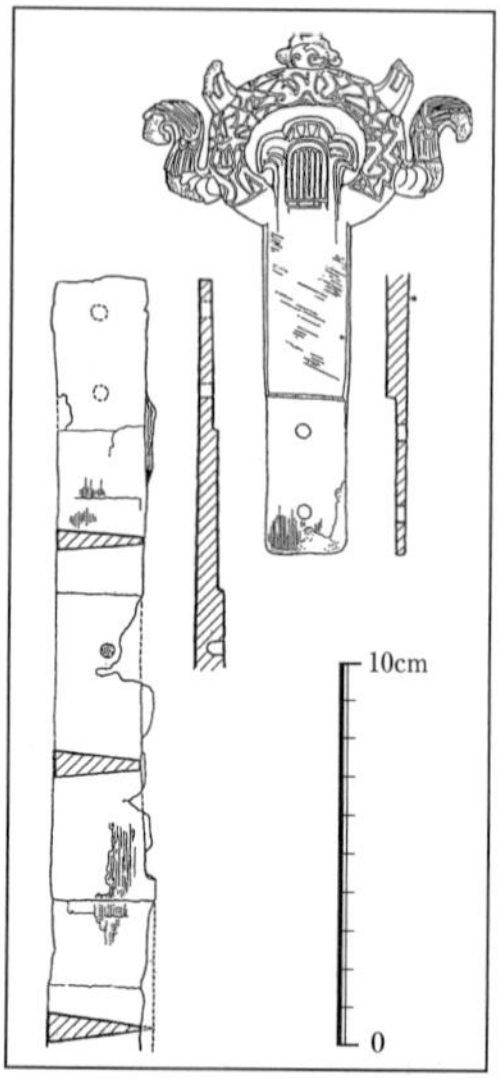

図3　「中平年」銘鉄刀の環頭飾り（白木原和美氏原図。金関、1962年より）

五振の青銅製環頭大刀は、環頭飾りの意匠によってさらに二種に分かれる（図2）。内部に三葉文《さんようもん》をもつ環体に直弧文《ちょっこもん》風の文様を施し、上部に花弁形飾り、左右に角状突起一対と鳥首形飾り一対を付帯するものが三例。同様の環体の上部に家形飾り、左右に耳状突起一対を付帯するものが二例。「中平年」銘鉄刀は前者に属する（図3）。

いずれの環頭飾りも中国や朝鮮半島には類例がない。家形飾りにあっては、奈良県北葛城《きたかつらぎ》郡河合町《かわいちょう》佐味田宝塚《さみたたからづか》古墳出土の家屋文鏡《かおくもんきょう》（倭製）に鋳出された「邸室」建物ときわめてよく似たデザインである（写真1）。したがってこれらの環頭飾りはみな倭製とみて間違いない。東大寺山古墳と佐味田宝塚古墳の築造年代は、ほぼ同時期と考えられている。

「中平年」銘鉄刀は全長一一〇センチ（刀身部分一〇三センチ）の内反《うちぞ》りの長刀である（図4）。もともとは素環頭であった把頭を切除して茎《なかご》部《ぶ》を薄く段状に削り、三葉環頭の把の下半も同様に薄く段状に削ったうえで両者を重ね合わせ、貫通孔《かんつうこう》を二か所に設けて銅の目釘《めくぎ》で結束したものだ。他の三葉環頭も同様の装着方法をとっている。

こうしたことから、問題の「中平年」銘をもつ鉄刀は、中国で中平年間に製作された素環頭大刀が倭国内にもたらされ、倭製の環頭部分に拵《こしら》えなおされて威信財となり、四世紀中葉にいたって東大寺山古墳に副葬されたものと想定される。中国製の刀剣の外装が周辺諸民族の権力者によって改造され、儀礼用として各種奇抜な装飾が施される例はつとに指摘されている［孫、一九六〇年／李、一九七二年］。

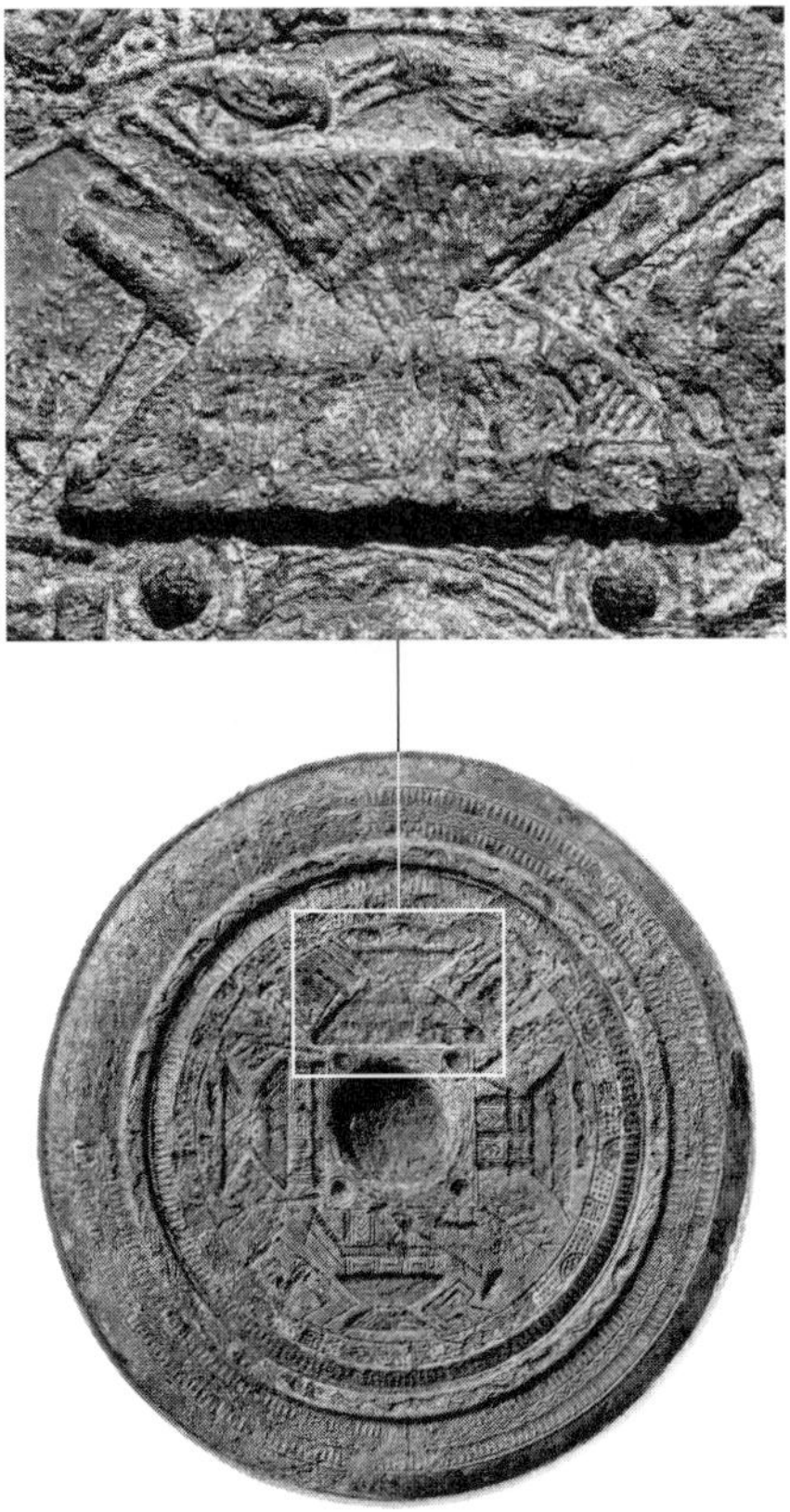

写真1　佐味田宝塚古墳出土の家屋文鏡に鋳出された「邸室」（宮内庁書陵部所蔵）

図4　東大寺山古墳の「中平年」銘鉄刀（東博・九博編、二〇〇八年により作成）

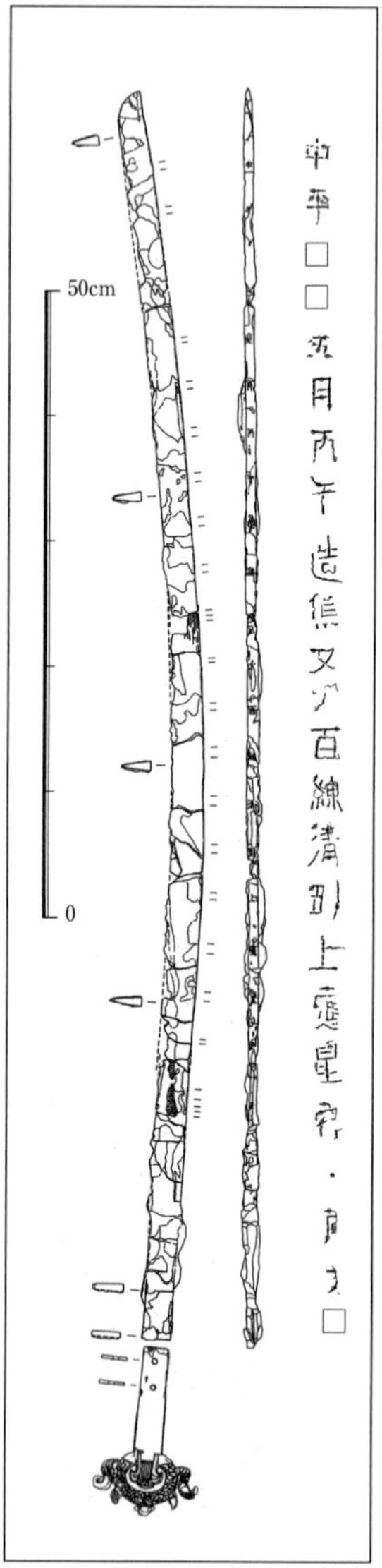

「中平」にはじまる紀年銘は金象嵌《きんぞうがん》が施された二四文字で、刀身の背に刻み込まれている。銘文は切先方向から、

中平□年　五月丙午　造作文刀　百練清釗（釖）　上応星宿　下辟不祥

と読まれている。押韻《おういん》のある四言句《しごんく》で、紀年、作刀、吉祥《きっしょう》の順に述べた銘文構成は後漢中期以降の方格四獣形鏡《ほうかくしじゅうけいきょう》や神獣鏡《しんじゅうきょう》にはじまる。後段は例えば、呉の永安《えいあん》四年（二六一）の紀年銘をもつ重《じゅう》列式《れっしき》神獣鏡の銘文（「造作明鏡　幽湅三商　上応列宿　下辟不祥」）や、同じく呉の天紀《てんき》元年（二七七）の紀年銘をもつ重列式神獣鏡の銘文（「造作明鏡　幽湅三商　上応星宿　下辟不祥」）などとの類似からの推定復元である。

また「文刀」は当初「支刀」とも読まれたが、「支刀」の意味が不明なのに対して、『太平御覧《たいへいぎょらん》』などにみえる「文身刀」や、『後漢書』酷吏列伝《こくりれつでん》の李章《りしょう》条の「帯文剣、被羽衣《うい》（文剣を帯び、羽衣を被《き》る）」の用例などから、「立派な、飾り立てた」という意味をもつ「文刀」と考えられるようになった［福山、一九七五年／福山、一九八二年］。銘文の後半の大意は「よく精錬したすぐれた鉄から造られたこの文刀は、天上の星宿《せいしゅく》の運行に照応し、地上の不測の災いを避ける」というのである。

ところで中平年間には、元年（一八四）五月二日、四年（一八七）五月二〇日、五年（一八八）五月二六日と、三回の「五月丙午《へいご》」が存在する。中平元年は一二月に光和七年から改元されたのであるから、四年か五年かいずれかの可能性が高いと思われるものの、「五月丙午」とは『論衡《ろんこう》』率性《そっせい》篇《へん》に「陽燧取火於天、五月丙午日中之時、消錬五石、鋳以為器（陽燧《ようすい》、火を天に取る。五月丙午の日中の時、五石を消錬《しょうれん》し、鋳《ちゅう》して以《もっ》て器《き》と為《な》す）」とあるように、金属の鋳造に最も適した好日をいう常套《じょうとう》の吉祥句である。したがって、これをもって年月日を特定することはできない。鉄刀の製作は中平年間のいずれかの年におこなわれたとしかいいようがないのである。

鉄刀の由来と対公孫氏外交

ここで考えてみたいのは、後漢末期の年号を刻んだ鉄刀が、どのようにして東大寺山古墳の被葬者の威信財となり、副葬されるにいたったかである。そのストーリーを合理的に組み立てるうえで重要なのは、第一に鉄刀じたいの属性、第二に中国で製作されてから倭国の古墳に副葬されるまで、じつに約一六〇年もの時間が経過しているという事実である。

中平は霊帝時代の年号で、元年（一八四）二月の黄巾集団の蜂起にはじまり、最後の一年は董卓《とうたく》の専政に朝廷が振りまわされた動乱期であった。霊帝は中平六年（一八九）四月に崩じ、少帝が即位する。何《か》太后が摂政となって、光熹《こうき》と改元された。次いで八月には、何太后の兄の大将軍何進《かしん》が宦官を誅滅しようとして逆に殺され、袁紹は軍を率いて宮廷の宦官を一掃する。年号は昭寧《しょうねい》と改められた。九月には、首都洛陽に入り実権を握った董卓が少帝を廃し、幼弟の陳留王《ちんりゅうおう》を献帝として擁立する。永漢《えいかん》と改元し、何太后は毒殺された。一一月、董卓は相国《しょうこく》となると、一二月にはふたたび年号を中平六年に戻し、翌年にはさらに初平（一九〇～一九三年）と改めたのである。

初平元年（一九〇）に入り、袁紹を盟主とする董卓討伐軍が洛陽に進撃する態勢をとると、董卓は洛陽を焼き払い、献帝を擁して長安へと遷都したが、初平三年（一九二）四月、側近の呂布《りょふ》に殺害される。ここに後漢王朝は事実上壊滅した。鉄刀の製作が中平四年（一八七）ないし五年（一八八）のこととすれば、その翌年あるいは翌々年には、王朝の崩壊と世相の混乱を象徴するかのように次々と改元が繰りかえされたのである。中平とはまさにそうした動乱の時代だった。

「中平年」銘鉄刀は、製作の紀年が刻まれていることと、奈良盆地東南部（ヤマト国）の東大寺山古墳から出土していることにより、二世紀末にヤマトの勢力が後漢王朝に朝貢した際の下賜品とみるのが通説である。これはまた、卑弥呼共立を二世紀末のことと考える多くの人たちにとって、邪馬台国畿内ヤマト説の根拠の一つともなっている。

しかし、後漢王朝は動乱の渦中にあった。はたして倭国からの使者が危険を冒して、無事、後漢の朝廷にたどり着く見込みなどあったのだろうか。この時点では、倭国もまた政治的混迷のなかにあった。そもそもイト倭国王を差し置いて、ヤマトの勢力が朝貢の使者を送ったとは考えられないのである。

そうした疑問から、「中平年」銘鉄刀は景初二年（二三八）もしくは翌三年（二三九）に卑弥呼が魏に朝貢した際に下賜された「五尺刀二口」のうちの一口ではないかとの推測も生まれた。五尺は後漢尺による換算だと約一一五センチで、鉄刀の長さにほぼ見合うからである。しかしこの可能性を指摘した西嶋定生氏も、後漢王朝の年号が刻まれた金象嵌の鉄刀が魏王朝に引き継がれることは考えがたいとして、のちにこの説を放棄した［西嶋、一九九四年］。

ところで、大前提となっている「中平年」銘鉄刀の製作年代には、金工史の分野から疑問の声がある。鈴木《すずき》勉《つとむ》氏は文字の結体や布置、象嵌技術の精粗などからみたとき、後漢の官営工房の技術水準とは大きな懸隔があることを指摘する。そして図5のような時間軸と空間軸を設定し、①素環頭大刀の時空（Ｓ１）、②四言押韻の時空（Ｃ１）、③鏡銘体の時空（Ｃ２）、④ローカルな蹴《け》り彫《ぼ》り象嵌技術の時空（Ｚ２）のすべての条件を満たすところに、「中平年」銘鉄刀誕生の時空（Ａ１）を求めようとした。なお、ここで鈴木氏のいう③の「鏡銘体」とは、後漢代から三国時代の鏡銘に現れる、同時代の金石文《きんせきぶん》にはみられない特徴的な結体の文字を指し、④の「ローカルな」とは、後漢時代の中原《ちゅうげん》およびそれに準ずる地域（四川・山東周辺をふくむ）以外の外部周辺地域が想定されている。

こうして鈴木氏は技術論の観点から、象嵌銘について二つの可能性を挙げる。一つは、刀身の製作と同時に、つまり中平年間に外部周辺地域で刻された可能性、もう一つは、中平年間に製作され

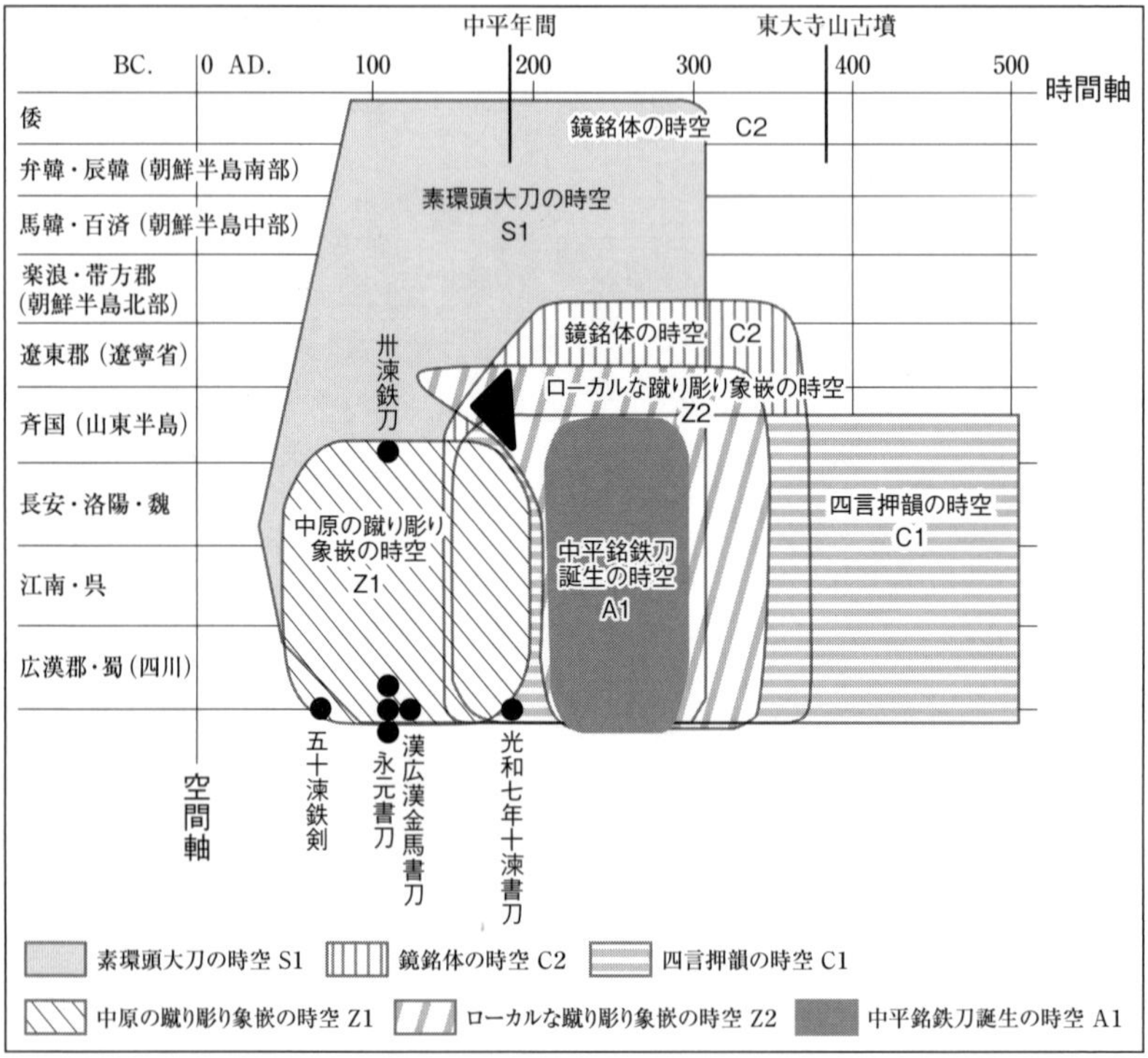

図5　「中平年」銘鉄刀誕生の時空の推定（◀の部分）（鈴木、2008年に加筆。一部改変）

た刀身に、三国時代にいたって追刻が施された可能性である［鈴木、二〇〇八年］。傾聴すべき見解といえよう。

鈴木氏が挙げた二つの可能性のうち、後者は「中平年」銘鉄刀を魏王朝から卑弥呼への下賜品と考える説を復活させるようにも思われる。しかし、惨憺《さんたん》たる社会状況にあった後漢滅亡前夜の年号を、半世紀後にあえて下賜刀に刻んで、「東方の大国」と目する倭国の女王に授ける理由があるだろうか。それともよほど特殊な事情があったのだろうか。『魏志』倭人伝に記載された「五尺刀二口」の寸法の近似だけから、これを「中平年」銘鉄刀に結びつけるのは、かなりの無理があるといわざるをえない。

銘文が刻まれた時期（時間軸）は、やはり中平年間を想定するべきであろう。そのうえで、製作候補地（空間軸）をもう少し周辺に拡大して考えてはどうだろうか。四言句の銘文を有する神獣鏡の製作地は中国東北部におよぶとする見方が有力になるなか［上野、二〇〇七年］、「中平年」銘鉄刀の製作地として、河北、山東、さらに遼寧から朝鮮半島北部の地域が候補に浮上してくる。私が想定する鉄刀誕生の時空は、図5に◀印で追記しておいた。

一方、東大寺山古墳の発掘調査にみずからたずさわった経験をもつ金関恕《かなせきひろし》氏は、「中平年」銘鉄刀の由来を次のように推測した［金関、一九九三年］。まず、江蘇省徐州市銅山《どうざん》県駝龍山《だりゅうざん》出土の「建初二年（七七）」銘鉄剣、山東省蒼山《そうざん》県卞荘《べんそう》出土の「永初六年（一一二）」銘鉄刀の例などを挙げて、後漢代の鉄の刀剣には銘文入りのものがきわめて少なく、銘文のあるものはかならず紀年が刻まれていることを指摘し、紀年銘をもつ鉄刀剣は重要な役職の叙任の機会に皇帝からの下賜品として用いられたのではないかと仮説を立てた。そして中平年間の公孫度の遼東太守任命に際して、この鉄刀が皇帝から公孫度へ下賜され、彼の武庫に保管されていた可能性を考えたのである。

さらに、卑弥呼共立を二世紀末のことと考えていた金関氏は、「倭国乱」の終息後間もなく、卑弥呼が後漢王朝に朝貢の使いを送り、漢帝国の威力を後ろ盾にしようと試みたのではないかと推測した。だがこの頃、公孫度の自立によって洛陽へのルートは閉ざされており、度に説得された使者は、武庫に納められていた「中平年」銘鉄刀を与えられて帰国し、以後、倭国と公孫氏との修交がはじまったというのである。興味深いストーリーではあるけれど、金関氏自身が「この仮説は多くの可能性のなかの一つ」とことわっているように、ディテールをそこまで特定することはむずかしい。偶然の要素を盛り込みすぎた感がある。

私はこれまで述べてきたように、卑弥呼の共立を三世紀初めのことと考えるから、「中平年」銘鉄刀は、公孫氏政権と卑弥呼政権が正式な外交関係を結んだ時点で授与されたものとみる。金関氏が指摘するとおり、のちに実力者曹操が公孫度を推挙して武威《ぶい》将軍とし、永寧郷侯《えいねいきょうこう》に封じたとき、「我王遼東。何永寧也（我れ遼東に王たり、何ぞ永寧ならんや）」と怒りながらも、印綬を突き返すわけでも廃棄するわけでもなく、武庫に納めたというエピソードは、度が将来の印綬の利用価値を見越していたことを物語っているのではないか。ならばなおさら、遼東太守に任じられたとき皇帝から下賜された鉄刀を大切に保管していたことは、十分想定されてよいと思われる。

そうした的確な状況判断の能力は、子の公孫康にも引き継がれていた。卑弥呼共立は公孫康の帯方郡設置と表裏一体で実現したのであった。新生倭国の王となり、間髪《かんはつ》を入れず使者を送って来た卑弥呼に対して、「中平年」銘鉄刀は公孫康から正式に授与されることで、あらためてその価値を発揮することになったのではあるまいか。

さて、ここで見方を変えて、「中平年」銘鉄刀がそもそも皇帝からの下賜刀ではなく、献上刀であったとしたらどうだろうか。銘文からは献上刀とみることも可能だと思う。つまり、公孫氏の支配下に入った在地勢力が「中平」の紀年銘を刻んだ鉄刀を製作し、公孫度の遼東太守叙任を祝して献上したというストーリーである。この場合の製作地は、間違いなく中原から離れた外部周辺地域が想定されるから、金工史からの指摘ともよく合致する。そして公孫康へと伝世されていた鉄刀が、今度は卑弥呼に授与されることになるのだが、想像の翼を広げるのはもはやこのあたりで切り上げよう。

いずれであったにせよ、「中平年」銘鉄刀は、東アジアの混沌とした情勢のなかで、卑弥呼共立の背景に存在した公孫氏の影に思いをめぐらす手がかりとなる、この上ない資料であろう。卑弥呼に与えられた「文刀」が、いつ倭王の手を離れて、東大寺山古墳の被葬者あるいはその何世代か前の人物に下賜されるにいたったかは、定かでない。しかし、被葬者が政権の一翼を担う倭王側近であり、代々にわたってヤマト王権を支えてきた功労者であったことは、前方後円墳の規模と豪華な副葬品の数々が雄弁に物語っているように思われる。

公孫氏滅亡

公孫康の死後、その子の淵《えん》らがまだ幼少だったため、弟の恭《きょう》が遼東太守を継ぎ、車騎《しゃき》将軍となった。しかし太和《たいわ》二年（二二八）、成人した淵は恭を脅迫して太守の地位を奪い取り、魏の明帝《めいてい》（曹《そう》叡《えい》）から揚烈《ようれつ》将軍を拝命した。公孫康が帯方郡を設置した建安九年（二〇四）の直後にはじまる倭国と公孫氏との外交関係は、そのまま弟の恭、子の淵へと引き継がれたのである。

そもそも後漢の皇帝は、遼東の地を「絶域」と位置づけ、「海外の事」として公孫氏に委ねていた。『三国志』「魏書」東夷伝序に、

而公孫淵仍父祖三世有遼東、天子為其絶域、委以海外之事、遂隔断東夷、不得通於諸夏。

而《しか》るに公孫淵は父祖三世を仍《かさ》ねて遼東に有り、天子其《そ》れを絶域と為《な》し、委ぬるに海外の事を以《もっ》てし、遂《つい》に東夷と隔断して、諸夏《しょか》に通ずるを得ず。

と記され、公孫淵伝に、

始度以中平六年拠遼東、至淵三世、凡五十年而滅。

始め度《たく》、中平六年を以《もっ》て遼東に拠《よ》り、淵に至るまで三世、凡《およ》そ五十年にして滅ぶ。


とあるように、倭にとって楽浪、遼東を経由する後漢王朝への朝貢の道は閉ざされていた。

やがて中国本土で魏・呉・蜀の三国が鼎立《ていりつ》すると、公孫氏は魏と呉との権力抗争のなかで翻弄されることになる。呉の黄龍《こうりゅう》元年（二二九）、皇帝に即位した孫権《そんけん》は、それまで表面的には魏に属していた公孫淵に対して呉への寝返りを求めた。公孫氏が呉と結んで、魏の背後を脅かす勢力になることを期待したのである。このとき公孫淵は拒否したものの、その後、孫権に上表文を奉呈して燕《えん》王《おう》に冊封されるなどのきわどい両面外交を展開する。

魏の青龍《せいりゅう》元年（二三三）、魏からの圧力を受けた公孫淵はふたたび魏へと寝返り、大司馬に任じられ楽浪公に取り立てられた。魏もまた太祖《たいそ》曹操以来、海北（遼東）の土地を割いて、公孫氏の実効支配を認めていた。いや、むしろ委ねざるをえなかったというのが実情であろう。そうした状況のなかで、倭国と公孫氏との外交関係も継続されていたと理解できるのである。

ところが間もなく事態は一変する。西方戦線で蜀と対峙していた魏は、青龍二年（二三四）、蜀の丞相《じょうしょう》諸葛亮《しょかつりょう》が五丈原《ごじょうげん》で病により陣没すると、戦力を東方へと展開させる余裕が生まれたのである。つねづね公孫淵の向背に疑心を抱いていた明帝は、景初元年（二三七）七月、幽州刺史の毌《かん》丘倹《きゅうけん》（毌《ぶ》丘倹《きゅうけん》とも）を将軍として派遣した。迎撃してこれを退けた公孫淵は燕王を自称し、百官有司を置き、紹漢《しょうかん》の年号を立てた。

公然と叛旗《はんき》をひるがえした公孫淵を討つために、翌景初二年（二三八）正月、明帝は太尉《たいい》の司馬《しば》懿《い》を陸路、遼東に向かわせた。またこれと前後して、海路からはひそかに帯方太守劉昕《りゅうきん》、楽浪太守鮮于嗣《せんうし》を差し向け、帯方と楽浪の二郡を平定させた。そして景初二年八月、遼東の襄平城《じょうへいじょう》は陥落し、公孫氏は滅亡する。

『魏志』倭人伝が記載する卑弥呼の魏への最初の遣使は、まさにこの年（景初三年の誤りであれば翌年）のことである。

対魏外交への転換

卑弥呼の遣使は、『魏志』倭人伝に次のように記される。

景初二年六月、倭女王遣大夫難升米等詣郡、求詣天子朝献。

景初二年六月、倭の女王、大夫《たいふ》の難升米等《ら》を遣わして郡に詣《いた》らしめ、天子に詣りて朝献《ちょうけん》せんことを求む。

現存する『三国志』の諸版本はすべて、使節が帯方郡に来たのは景初二年（二三八）六月のこととする。にもかかわらず、二年六月は三年（二三九）六月の誤りだとして、テキストを改める考えがほぼ定説となっている。

そのおもな理由は、第一に、のちの『梁書』諸夷伝の倭条に「至魏景初三年公孫淵誅後、卑弥呼始遣使朝貢（魏の景初三年、公孫淵の誅《ちゅう》せられし後に至り、卑弥呼、始めて使いを遣わして朝貢す）」とあり、また唐の張楚金《ちょうそきん》の『翰苑《かんえん》』倭国条の注に引く『魏志』、さらに『日本書紀』神功《じんぐう》皇后摂政三九年条に引く『魏志』にも、「景初三年」と明記されていることによる。現存最古の版本は、南宋の紹興《しょうこう》年間（一一三一〜六二年）のものだから、それまで長く写本として伝わる間や刻版の際に、「三」から「二」への誤写や誤刻などは、当然起こりえたと考えるのである。

第二に、公孫氏が滅亡したのは景初二年八月のことであり、それまでは遼東のみならず、帯方と楽浪の二郡をふくめて戦乱のなかにあったはずだから、公孫淵の死に先立つ六月の時点で、使節が帯方郡に来るのは不可能だと考えられることによる。

以下、ひとまず景初三年のこととして、一行の足取りを追おう。倭人伝によれば、帯方太守の劉夏《りゅうか》は役人を派遣して難升米たちを引率させ、洛陽に送りとどけた。その年の一二月、難升米たちは生口《せいこう》（奴隷）一〇人（男四人、女六人）と班布《はんぷ》二匹二丈を献じ、これに対して、皇帝からは詔書が下される。そして翌正始元年（二四〇）、帯方太守の弓遵《きゅうじゅん》は建中校尉《けんちゅうこうい》の梯儁《ていしゅん》らを倭国に派遣して、詔書と印綬をとどけさせ、卑弥呼を親魏倭王に任命した。数々の下賜品とともに、使節一行も送還されたのであろう。倭王は使者に託して上表文を奉り、恩詔に対する答礼の謝辞を述べた。

倭人伝の記述は、卑弥呼に下された詔書原文の引載をはさんで淡々と進むが、じつは、この朝献の前に重大な事件が起きていた。景初三年の正月一日、明帝が崩御し、わずか八歳の少帝（斉王《せいおう》芳《ほう》）が即位した。そして正月朝賀の儀式が、翌年すなわち正始元年に延期されたのである。したがって、このときの難升米たちの朝献の目的は、先帝崩御への弔意を表するとともに、新帝の即位と改元を奉祝することだったと考えられる。

ところで、のちの『晋書』宣帝紀《せんていき》には「正始元年春正月、東倭重訳納貢（正始元年春正月、東倭、訳を重ねて貢を納む）」という記事がある。宣帝とは西晋の初代皇帝司馬炎《しばえん》が祖父の司馬懿に贈った追号《ついごう》である。塚口義信《つかぐちよしのぶ》氏はこの記事に注目して、景初三年一二月の朝献から正始元年正月の納貢まで、さほどの時間が経過していないことから（ただし景初三年は暦法が変更されたため、一二月に加えて後一二月があった）、難升米たちが引きつづき正月の朝賀の儀式にも参列したと考えた。そして、以下のような状況を想定している［塚口、二〇一九年］。
① 景初三年六月、帯方郡に到着した難升米たちは、このとき初めて公的に、明帝崩御と新帝即位、翌年の改元のことを知らされた。ところが、使節の倭国出立時における目的は、魏が公孫氏を滅ぼし、四郡（遼東、帯方、楽浪、玄菟）を平定したことに対する慶祝の辞を奉ずることにあった。真の意図はもちろん、公孫氏に代わる新しい支配者と早急に親善関係を結び、その権威を後ろ盾とすることだった。

② おそらく帯方太守劉夏の勧めにしたがって、一行は景初三年一二月の朝献のあと、正始元年正月の朝賀の儀式にも列席し、新帝の即位と改元を奉祝することになった。新たな目的が加わったかたちである。倭人伝に記載される景初三年一二月の朝貢品が、のちの朝貢時に比べてあまりにも貧弱なのは、本来の目的で持参していた朝貢品が急遽《きゅうきょ》、二分されることになったからではないか。『晋書』宣帝紀の正始元年正月の記事は、このときの朝賀の儀式には東倭のほか、西域諸国など各地の使節が朝貢に来たことを伝える。難升米たちは、より多くの朝貢品を正月の朝賀の儀式に割り振ったのであろう。

塚口氏は、景初三年正月一日の明帝崩御と新帝即位の情報が、洛陽→帯方郡→伊都国→邪馬台国と伝達されるのにかかる日数を見積もり、さらに、情報を受け取った卑弥呼側が外交方針を決定し、貢ぎ物の準備を整えてから、使節を送り出すまでに要する日数を加算すると、使節がこの年の六月までに帯方郡に到着するのはおそらく不可能だろうと推定した。そして使節の本来の目的は、明帝崩御の情報が得られない状況での「遼東・帯方等四郡の平定を奉祝することにあったと考えられる」という。

しかし二世紀以来の情報網の発達と命令系統の整備をみてくると、卑弥呼側はすでに情報をキャッチし、迅速に行動していたのではないかと私には思われる。もっとも、こうした時間軸の見極めには、さまざまな角度からの検証が必要だ。景初三年の朝貢の目的をどうとらえるか、献上品の内容がきわめて乏しい理由をどう説明するかは、この時間軸の見極めにかかっている。

景初二年の可能性

さてそこで、ほぼ定説となっている景初三年説に対しては、金文京《きんぶんきょう》氏や仁藤敦史《にとうあつし》氏らによる批判があり、「景初二年の可能性」が主張されている［金、二〇〇五年／仁藤、二〇〇九年ａｂ］。

景初二年の公孫氏征討の際には、正月に司馬懿が遠征軍を率いて陸路から遼東に向かっている。先に述べたように、海路から別働隊が楽浪と帯方の二郡に派遣されたのは、ほぼこれと前後する時期だったと考えられる。『三国志』「魏書」東夷伝序には、

景初中、大興師旅、誅淵。又潜軍浮海、収楽浪帯方之郡。而後海表謐然、東夷屈服。

景初中、大いに師旅《しりょ》を興《おこ》し、淵を誅《ちゅう》す。又《また》軍を潜《ひそ》めて海に浮かばせ、楽浪・帯方の郡を収む。而《しか》る後、海表謐然《かいひょうひつぜん》として、東夷屈服す。

とあり、同じく東夷伝の韓条にも、

景初中、明帝密遣帯方太守劉昕楽浪太守鮮于嗣、越海定二郡。諸韓国臣智加賜邑君印綬、其次与邑長。

景初中、明帝、密《ひそ》かに帯方太守劉昕《りゅうきん》、楽浪太守鮮于嗣《せんうし》を遣わし、海を越えて二郡を定む。諸韓国の臣智《しんち》に邑君《ゆうくん》の印綬《いんじゅ》を加賜《かし》し、其《そ》の次には邑長《ゆうちょう》を与う。

と、対応する記事がある。

大軍を率いた司馬懿がようやく遼東に到達したのは六月のことで、長雨にも苦しめられたようだ。金氏と仁藤氏が想定するように、もし八月の公孫氏討滅に先行して、早々に楽浪と帯方の二郡が平定されていたのであれば、その情報を得た卑弥呼政権が、すばやく使節を派遣した可能性はあるだろう。ただし、二郡の平定がきわめて早い時期に完了したという確たる証拠があるわけではない。

仮に、魏による二郡の領有が春頃には実現していたとしても、公孫淵の拠る遼東ではまだ本格的な攻防戦ははじまっていない。この時点で公孫氏の滅亡を見越した卑弥呼政権は、それまでの外交関係を破棄し、危険を冒して帯方郡（さらには洛陽）に使いを送ったということになる。そこまでの大胆さとしたたかさを想定するべきなのだろうか。

以下、金氏の委曲を尽くした推論を要約すると、次の四点になる。
① 使節の当初の目的は、帯方郡へ様子をうかがいに行くことだった。これを難升米たちが天子への朝献を求めたと記すのは、『三国志』のレトリックであって、実態は太守の劉夏が帯方郡を獲得した証《あかし》として、一行を洛陽に送り込んだのだと考えられる。このときの貢ぎ物の貧弱さは、元来は帯方郡に献上するためのものであったのが、急遽、天子に献上されることになった経緯を裏付けているのではないか。
② 景初二年を三年の誤りとする主要な根拠は、使節がまだ戦闘のおこなわれている遼東を通過して、洛陽に到達するのは不可能だと考えられることにあるが、楽浪と帯方の二郡が早々に平定されていたのであれば、海路を利用して朝鮮半島から山東半島にいたることは可能である。

もっとも実際には、船で出発したのは、やはり公孫氏が滅んだ八月以降のことであろう。こうして一二月以前に、一行は洛陽に到着した。翌年の正月の朝賀に間に合わせるためである。朝貢は正月の朝賀のときにおこなうのが原則であった。

③使節は景初二年一二月に朝献をおこなったものの、翌年の正月元旦の明帝の死により、朝賀の儀式はなかった。明帝死後の混乱のために、一行は帰国のタイミングを逸してしまった。また『晋書』宣帝紀の正始元年正月の記事にみられるように、難升米たちが洛陽にとどまって、少帝の最初の朝賀の儀式に参加したのであれば、一行の帰国が景初三年ではなく、正始元年にずれ込んだ理由は、これによっても説明できる。

④当時の情勢から考えると、卑弥呼の使節が景初二年一二月に洛陽に来て、正始元年に帰ることに何ら無理はない。現在みられる『三国志』のテキストは、すべて景初二年となっているのだから、よほどの矛盾がないかぎり二年で考えるのが筋である。

金氏の説も、前項の塚口氏の説も、ともに歴史の偶発性、史書の表面には現れない当事者たちの思惑や状況判断、司馬懿（宣帝）の業績を宣揚する立場にあった史書編纂者の意図やレトリックに目を配り、緻密に組み立てられた論理である。卑弥呼の第一回の朝貢は景初二年か、それとも三年か。やはり一筋縄ではいかない。

この問題を見極めるには、それぞれの説の事実関係が時間軸に沿って整合的に排列されているかどうかを細かく検証する必要がある。具体的には、①魏による二郡制圧から公孫氏討滅までの経過、②公孫氏滅亡や明帝崩御などの情報が倭国へ届くまでの所要時間、③朝貢使の旅程、④周辺諸民族の朝貢と朝賀の実態、などが詳しく復元されねばならないだろう。

両氏の説はともに、このときの朝貢は所期の目的が途中で変更され、その結果、朝貢品が貧弱になったと考えている。金氏は、使節のそもそもの目的は情報収集のための帯方郡訪問であったとして、景初二年説のストーリーを組み立てている。だが、公孫氏滅亡直前の危険な状況下に、はたして様子見の使節を派遣することがありえただろうか。また、正始元年正月までの空白の一年間に、倭国側では朝賀の儀式に参加するための新たな使節派遣を計画しなかったのだろうか。腑《ふ》に落ちない。

一方、景初三年説の塚口氏は、使節が倭国を出発した時点ではまだ明帝崩御の情報は届いておらず、本来の目的は公孫氏討滅と四郡平定への奉祝であったとして、新帝即位後はじめての朝賀の儀式への列席は想定外であったと考えている。しかし前項ですでに述べたように、当時の情報網はそれほど未発達だったのだろうか。

『魏志』倭人伝に引載された詔書原文によるかぎり、このとき献じたとされる生口一〇人と班布二匹二丈は、正始四年（二四三）の朝貢の多彩な品目に比べても、確かに格段に貧弱である。だがそれは、新生倭国にとって最初の朝貢であり、事情に通じていなかったからではないだろうか。倭国の使節はこのとき破格の厚遇を受け、各地の使節がつどった盛大な朝賀の儀式を経験した。朝貢品の多くを正月朝賀のほうに割りふったのならば、それが記されなかったのも不思議なことだ。その後、多くの経験と情報を蓄積した卑弥呼政権は、正始四年の朝貢にあたって周到な準備を整え、満を持して使節を送り込んだのに違いない。

景初二年か三年か、判断を下すのはむずかしいけれど、私はより古い史料に記されていたであろう痕跡のある三年説に分があると思う。最初の朝貢使節は、明帝崩御と新帝即位の情報を入手した卑弥呼政権が、洛陽での新帝への謁見を見すえ、新生倭国の命運をかけて送り出したものと考えたい。

読者のなかには、たかが一年の差にこだわることに、どれほどの意味があるのかと思う方もいるかもしれない。しかし景初二年から三年にかけて、情勢は大きく動いている。難升米たち一行と、彼らを送り出した卑弥呼政権が、新たに直面した事態にいかに対応したのか、新生倭国がいかなる覚悟をもって東アジア世界の中心に参入したのか、当時の人々の息遣いまで感じ取ることのできる数少ないテーマなのである。倭人たちは卑弥呼共立の政治的決断によって、二世紀末の「倭国乱」の時代を切り抜けた。その経緯をみてきた私には、たかが一年の差として片づける気にはとてもなれないのだ。

誤解のなかの大国――当時の地理観

いずれにしても、中国王朝との交渉の門戸であった楽浪・帯方郡を魏が掌握したことは、卑弥呼政権による最初の遣使の直接的な動機であった。公孫氏を滅ぼした魏王朝の冊封体制下に入ることは、新生倭国がとりうる唯一の生き残り策だったからである。一方、魏王朝側にも倭国を取り込みたい事情があった。それは倭国の地理的位置に対する当時の認識にもとづいている。『魏志』倭人伝は、

写真2　『混一疆理歴代国都之図』（部分）（龍谷大学図書館所蔵）

計其道里、当在会稽東治(冶)之東。
其《そ》の道里を計るに、当《まさ》に会稽《かいけい》の東冶《とうや》の東に在るべし。

と記載し、『後漢書』東夷伝にも、

其地大較在会稽東冶之東、與朱崖儋耳相近。
其の地、大較《おおむね》会稽の東冶の東に在り、朱崖《しゅがい》・儋耳《たんじ》と相近し。

という。会稽郡東冶県は現在の福建《ふっけん》省福州《ふくしゅう》市にあたる。倭地（日本列島）は、ほぼその東方海上にあると考えられていたことになる。朱崖と儋耳はともに海南島に置かれていた郡名である。

また写真2は、李氏朝鮮の一四〇二年に作成された『混一疆理歴代国都之図《こんいつきょうりれきだいこくとのず》』である。そこでは倭地が北部九州から南へと長く延びた島国として描かれている。正しい方位の地図がすでに存在する一五世紀でも、こうした地理観は残っていたようだ。朝鮮半島から最初に到達する九州島が日本列島の北端にあたるという認識は、唐の賈耽《かたん》の『海内華夷図《かいだいかいず》』（八〇一年）にまでさかのぼることができる［海野、一九九九年］。倭国に対する中国人のこのような地理観は、それ以前はより普遍的だったとみてよいであろう。

そうであれば、呉・蜀と抗争する魏にとって、呉と倭の同盟が現実的な懸念材料として浮上してくるはずだ。いや実際に、文献史料には残らない呉から倭への働きかけがあったことは想像にかたくない。例えば、山梨県西八代《にしやつしろ》郡市川《いちかわ》三《み》郷町《さとちょう》鳥居原《とりいばら》狐塚《きつねづか》古墳からは「赤烏《せきう》元年（二三八）」銘、また兵庫県宝塚市安倉高塚《あくらたかつか》古墳からは「赤烏七年（二四四）」銘をもつ神獣鏡が出土している。これら呉の年号を刻んだ対置式神獣鏡の存在は、両者の間に何らかの交渉あるいは通交があったことを物語っているのかもしれない。呉と倭が同盟する事態を回避し、倭を呉の背後を脅かす勢力とするためにも、倭と君臣関係を結ぶことは、魏にとって最善の策であったに違いないのである。

こうした地理観のほかに、倭国に対してはもう一つの誤解があった。それは「使訳所通三十国（使訳《しえき》の通ずる所三十国）」の集合体である倭国には、万余戸を超える国々がいくつも存在するというものだ。

『三国志』「魏書」東夷伝に記された国々の戸数を比較してみよう（二九一ページ、表1参照）。夫余は八万戸、高句麗は三万戸、東沃沮は五〇〇〇戸、濊は二万戸。馬韓は五十余国を合わせて十余万戸、辰韓一二国と弁辰一二国は合わせて四、五万戸。これに対して倭国は、記載された対馬国から邪馬台国までの八国のみでも一五万余戸（伊都国を『魏略《ぎりゃく》』の記載にしたがって万余戸とすれば一五万九〇〇〇余戸）に達する。東アジアでは突出した戸数だ。しかし伊都国や奴国はともかく、投馬国の五万余戸や邪馬台国の七万余戸はあまりに多すぎる。

かつて私は、遺跡の分布や動向をもとに奈良盆地の人口を試算したことがある〔寺沢、二〇一一年〕。弥生時代中期後半の環濠集落が全面的に発掘された神奈川県横浜市大塚《おおつか》遺跡では、一時期の竪穴住居は三十数戸である。床面積から割りだした一戸あたりの居住者数は約五人。ちなみに『後漢書』郡国志の戸籍でも一戸平均五・〇七人であるから穏当な数字だ。したがって大塚遺跡の一時期の居住者数は約一五〇人と推定された。一方、唐古・鍵遺跡の環濠内の居住域面積は大塚遺跡の六倍ほどである。単純計算では約九〇〇人が集住していたことになる。

唐古・鍵遺跡では、棒に吊り下げられたイノシシ一四頭分の下顎骨《かがくこつ》が後期初めの溝のなかから出土した。一度のマツリで人々に給されたものであろう。かつて橿考研の新年会である恒例の「イノシシの会」では、晩秋にしとめた一頭を成人五〇人ほどで平らげる慣習があった。その経験からすると、一四頭分は成人約七〇〇人前となる。供宴にあずかった人々には老人や子供もふくまれていたはずだ。それらを勘案すると、成人約七〇〇人前は、環濠内に約九〇〇人が住んでいたという試算とほぼ見合っていると思われる。

第一章でみたように、「初瀬川下流北《はせがわ》」小共同体の拠点的母集落である唐古・鍵遺跡は、同時に「磯城下《しきのしも》」大共同体（クニ）の拠点的母集落であり、さらに大共同体の緩やかなまとまりであるヤマト国の王都でもあった（五八ページ、図7参照）。その「初瀬川下流北」小共同体でも一五〇〇人を超えることはあるまい。

王都を擁する「磯城下」と「磯城上《しきのかみ》」の二つの大共同体をあわせてもせいぜい四〇〇〇人。ならばヤマト国（邪馬台国）全体でも最大に見積もって一万五〇〇〇人ほどだろう。奈良盆地全体なら三万五〇〇〇人、戸数にして七〇〇〇〇戸ほどだ。倭人伝が記載する邪馬台国の「七万余戸可《ばか》り」（約三五万人）は、近畿地方をはるかに超えた領域を想定しなければならない。もともとの情報に大きな誤りがあったか、よほどの誇張がなされたとしか考えようがない。

そのいずれであったかの判断はむずかしいけれども、魏の権力者の間に、倭国は呉の東南海上に位置する南北に長い「大国」であるという認識があったことは確かだろう。三国鼎立時代の魏にとって、呉を牽制するためにも、倭国はぜひとも取り込まねばならない相手だった。いわゆる遠交近攻策の一環である。一島国の女王に、外蕃《がいばん》にしては格段の「親魏倭王」という金印紫綬を授け、軍事的なてこ入れまでおこなった背景には、そのような思惑があったはずだ。

同時に、卑弥呼政権がとった外交戦略は的確で迅速だった。そこには北部九州を中心に数世紀にわたって蓄積された外交のノウハウが、断絶することなく確実に伝授されていたのである。新生倭国はただちに東アジアの新しい政治秩序に参画することによって、主権国家としての存在を内外に認知させた。外的国家の確立は倭国内の政治的安定を確保するうえでも重要であった。中華帝国の後ろ盾を取り付けたヤマト王権は傘下の国々に対しても、いまだ服属しない国々に対しても、睨みをきかせることになった。こうして新しい倭国は、律令国家機構の完成に向けて第三権力としての国家権力の整備を一歩一歩進めていくことになるのである。

「銅鏡百枚」とは何か――三角縁神獣鏡説をめぐって

さきほどはふれなかったが、最初の遣使が景初三年（二三九）であったとする説にはもう一つ根拠がある。

卑弥呼に下された詔書のなかで「又特賜汝（又特《また》に汝《なんじ》に賜う）」、「故鄭重賜汝好物也（故《ゆえ》に鄭重《ていちょう》に汝に好物《こうぶつ》を賜うなり）」と述べ、「銅鏡百枚」を賜与することが記載されている。その候補と目される神獣鏡のなかに、「景初三年（二三九）」と「正始元年（二四〇）」という魏の紀年銘をもつものがあるからだ。もし最初の遣使が景初二年（二三八）であるならば、「景初二年」銘をもつ鏡が存在するはずだと考えられる。しかしそれに対しても、朝貢は景初二年一二月であり、使節は一年余り洛陽に滞在していたのだから、官営工房での下賜品の製作が翌年あるいは翌々年になっても何ら不自然ではないとの反論が予想されるだろう。

戦後の考古学界では、三角縁神獣鏡こそ「銅鏡百枚」であるとの説が席巻した。そのおもな論拠は、古式の三角縁神獣鏡に「景初三年」「正始元年」の紀年銘をもつものがあること、文様のモチーフを中国の神獣鏡から様式的にスムースにたどることができ、後漢末の華北系の画文帯同向式神《がもんたいどうこうしき》獣鏡や画文帯環状乳《かんじょうにゅう》神獣鏡、斜縁《しゃえん》神獣鏡などに系譜的なつながりをもつことなどである。

近年では福永伸哉《ふくながしんや》氏が三角縁神獣鏡に特徴的な二つの要素、すなわち扁平な長方形の鈕孔《ちゅうこう》形態と外区の最外周に付け加えられた突線（外周突線と呼ぶ）に着目し、関連鏡群との比較・検討からその出自を華北東部に求めることで魏鏡説を補強している。さらに、魏が公孫氏を滅ぼした際にこの地域の工人集団を再編成して、卑弥呼に下賜する銅鏡の製作にあたらせた可能性を指摘している［福永、二〇〇五年］。

これに対して、三角縁神獣鏡が中国では一面も出土していないこと、副葬状況からみると被葬者にとって最も重要な威信財としての性格は稀薄で、むしろ辟邪儀礼の呪器と考えられることなどをおもな理由として、三角縁神獣鏡は基本的に国産鏡であり、「銅鏡百枚」は連弧文鏡、方格規矩鏡、画文帯神獣鏡などの雑多な後漢式鏡群が候補になるとの反論が出され、論争は現在までつづいている。その応酬の主要なものを三二七ページの表2にまとめてみたが、議論はかみ合わず、考古学的な証明のむずかしさはいっそう論争を長引かせている。

三二八ページの表3には日本の古墳から出土した紀年銘鏡の一覧を掲げた。魏鏡説の根拠ともなった「景初三年」「正始元年」銘をもつ神獣鏡のうち、5の和泉黄金塚《いずみこがねづか》古墳例は平縁《ひらぶち》の画文帯同向式神獣鏡である。6と9〜11の四例は一般に「三角縁神獣鏡」とされているが、鏡縁の断面が正三角形状に鋭く盛り上がった典型的な三角縁ではない。厳密には斜縁とみるべきだ。また内区の神獣文も5の画文帯神獣鏡と同じ同向式で、典型的な三角縁神獣鏡が神獣を放射状に対置させた二神二獣、三神三獣、三神五獣、四神四獣などの配置をとるのとは根本的に異なる。12の桜井茶臼山古墳例は細片で出土したために、内区の神獣の配置や鏡縁の状況は不明であるものの、3D計測によって「是」の字形が一致することが明らかになり、9〜11の「正始元年」銘鏡と同笵鏡《どうはんきょう》と考えられている。

これら6と9〜12の五面の紀年銘鏡は「三角縁神獣鏡」の最古の型式とされている。しかし典型との懸隔は大きく、右に述べたように、私はむしろ「斜縁神獣鏡」にふくめるべきだと考えている。そうであれば「景初三年」「正始元年」の紀年銘鏡を欠く三角縁神獣鏡は、魏鏡としての根拠の一つを失うことになるだろう。表2の論争にあるように、中国に出土例がなく、国内で五〇〇面を超

・扁平な長方形鈕孔は「右尚方」作に多く、外周に突線をもつ例は渤海湾周辺に多い。洛陽と東方の工人の技術提携下で製作された（福永伸哉）。	・鈕孔が扁平であったり、真土（外笵の内面に塗るきめの細かい粘土）が詰まったままで紐が通せない鋳放し鏡が多く、倭で作られた副葬用明器とすべき（森浩一）。 ・外周突線は呉の領域（湖北省鄂城など）にもみられるから特有とはいえない（菅谷文則）。
・「舶載」から「仿製」への様式変化は連続的。すべてを舶載と考えることもできる（車崎正彦）。	・様式が異なる「舶載」と「仿製」とされる三角縁神獣鏡の双方に同じ笵傷が認められた（同笵ということ）。量産技術上の差はなく倭国製の可能性がある（水野敏典、清水康二）。 ・「舶載」三角縁神獣鏡と同じ鉛同位体比の同時期の仿製鏡や仿製品が存在するので、すべてが舶載鏡であるとはいえない（新井宏、馬淵久夫）。 ・三角縁神獣鏡の仕上げ加工痕は、同笵鏡でまとまるのではなく、古墳ごとに異なる例が多く、しかも黒塚古墳出土の33面中22面は鋳放し鏡。中国鏡の可能性はなく、王権からの一元的配布も考えにくい（鈴木勉）。
「景初四年」銘の斜縁盤龍鏡について	
・楽浪周辺でも「泰始十一年八月」磚がある（泰始は10年まで）。改元詔書は辺境では徹底しない（近藤喬一）。 ・特鋳鏡なので答礼を見越して事前に製作しストックした（都出比呂志）。 ・特異な改元の事情があった年なので「景初四年」もありうる（大庭脩）。	・「景初四年」は存在しない年号であり、改元詔書の届かない倭国製と考えるべき。紀年銘をもつ三角縁神獣鏡も中国製の根拠とはならない（森浩一）。

➡⬅は両説のやりとりの方向を示す。自然科学的分野での論争は細部にわたるのでここでは取り上げない

表２　三角縁神獣鏡のおもな製作地論争（寺沢、2000年より。一部改変）

舶載・魏鏡説	倭国製作説
銘文について	
・卑弥呼の遣使、銅鏡等の下賜がおこなわれた「景初三年」「正始元年」の紀年銘をもつ鏡がある（小林行雄、樋口隆康など）。	・卑弥呼の遣使、魏の来使を記念した後世の符牒にすぎない。その他も吉祥の常套句（藪田嘉一郎）。
・銘文が整然とした韻文形式をとり、神仙思想由来の字句にもとづく（小林行雄など）。	・銘文は単位熟語を継ぎ合わせたものが多く、一貫した思想がみられない（林裕己）。 ・押韻の意識がなく拙劣である（森博達）。
・「陳是（氏）作鏡」「張氏作鏡」など中国工人製作者の名がある（小林行雄など）。	・魏鏡にしては中央工官の「尚方作鏡」がほとんどない（西田守夫。ただし倭国説ではない）。
・「銅出徐州、師出洛陽」の銘文がある。徐州、洛陽、師（晋代は諱として忌避）の呼称があるのは魏代にかぎられる（富岡謙蔵）。	・徐州も洛陽も吉祥地名にすぎない（菅谷文則）。 ・晋代に「師」が諱として忌避されたことはない（古田武彦）。
・三角縁神獣鏡の方格の「天王日月」銘は華北系の画文帯神獣鏡と密接な関係がある。	
中国での出土例と枚数	
・卑弥呼への下賜品として特鋳し、特別に梱包された（富岡謙蔵、田中琢など）。	・中国での出土例が皆無である（森浩一）。 ・三角縁神獣鏡と一緒に下賜されたという「青龍三年」銘方格規矩鏡の紀年銘は卑弥呼の遣使以前だから特鋳はありえない（王仲殊）。
・最低３次の朝貢があり、舶載三角縁神獣鏡には４時期、半世紀の製作年代が考えられる。さらに次数を重ねた可能性もある（岸本直文）。	・出土数からみて「銅鏡百枚」をはるかに超えている（森浩一）。
文様や技術の系譜	
・平縁神獣鏡には魏晋の年号鏡もある。 ・外区は北方系の三角縁盤龍鏡である。 ・「銅出徐州、師出洛陽」の銘文をもつ方格規矩鏡が渤海湾周辺の魏晋墓から出土している。	・三角縁神獣鏡は長江下流域系の平縁画文帯神獣鏡内区と三角縁仏獣鏡外区の合成鏡。三角縁仏獣鏡の仏獣表現は呉にあるが魏にはない。
・「海東」は神仙思想で東方の仙界を指す言葉で、倭ではない（以上、田中琢）。 ・青龍３年、明帝は洛陽宮再興のため青銅器製作工人を各地から徴集している。呉の工人が魏へ流出した可能性がある（福山敏男など）。	・「至海東」の銘文は江南の呉の工匠（陳氏）が亡出東渡したことを示す（以上、王仲殊）。

表3　日本出土の紀年銘鏡一覧

	紀年銘（西暦）	国名	鏡　式	縁形式	径（cm）	特　性	鉛同位体比	古　墳　名	墳形規模（m）	古墳の時期
1	青龍三年（235）	魏	方格規矩四神鏡	平縁	17.4	同型鏡（仿古鏡か）（1〜3）	—	安満宮山古墳（大阪府高槻市）	長方形墳 18×21	布留0式古相期
2	青龍三年（235）	魏	方格規矩四神鏡	平縁	17.4		A	大田南5号墳第1主体（京都府京丹後市）	長方形墳 12×19	布留0式古相期
3	青龍三年（235）	魏	方格規矩四神鏡	平縁	17.4		A	出土地不明（辰馬考古館蔵）	—	—
4	赤烏元年（238）	呉	画文帯対置式神獣鏡	平縁	12.5		—	鳥居原狐塚古墳（山梨県市川三郷町）	円墳 径約20	不詳
5	景初三年（239）	魏	画文帯同向式神獣鏡A	平縁	23.8	仿古鏡か	A	和泉黄金塚古墳中央槨棺外（大阪府和泉市）	前方後円墳 全長95	布留3式期
6	景初三年（239）	魏	三角縁同向式神獣鏡	斜縁	23		A	神原神社古墳（島根県加茂町）	方墳 辺約30	布留0式新相併行期
7	景初四年（240）	魏	斜縁盤龍鏡	斜縁	16.8	同型鏡（仿古鏡か）（7・8）	B	広峯15号墳（京都府福知山市）	前方後円墳 全長40	布留1式〜2式併行期
8	景初四年（240）	魏	斜縁盤龍鏡	斜縁	16.8		A	（伝）持田48号墳（宮崎県高鍋町）	前方後円墳 全長85	布留1式併行期（?）
9	正始元年（240）	魏	三角縁同向式神獣鏡	斜縁	22.7	同型鏡（踏み返し鏡か）（9〜12）	A	森尾古墳　北石槨（兵庫県豊岡市）	長方形墳 24×35	布留0式新相期
10	正始元年（240）	魏	三角縁同向式神獣鏡	斜縁	22.8		AでもBでもない	竹島御家老屋敷古墳（山口県周南市）	前方後円墳 全長56	布留1式併行期（?）
11	正始元年（240）	魏	三角縁同向式神獣鏡	斜縁	22.6		B	柴崎蟹沢古墳（群馬県高崎市）	円墳 径13〜17	布留2式併行期（?）
12	正始元年（240）	魏	三角縁同向式神獣鏡	（細片）	—		—	桜井茶臼山古墳（奈良県桜井市）	前方後円墳 全長200	布留0式新相期
13	赤烏七年（244）	呉	画文帯対置式神獣鏡	平縁	16.8		—	安倉高塚古墳（兵庫県宝塚市）	円墳 径17	布留1式期（?）
14	元康□年（291〜）	晋	画文帯対置式神獣鏡	平縁	13		—	（伝）上狛古墳（京都府木津川市）五島美術館蔵	不明	不詳

「特性」の欄で同型鏡としたのは、同じ笵による鋳造（同笵鏡）かどうかの確証がないことによる
「鉛同位体比」の項目のA・Bは、藤本、2016年による4つの鉛同位体比チャートの2つのグループを示す

えるともいわれる三角縁神獣鏡は、画文帯神獣鏡や斜縁神獣鏡群を範型として日本で製作されたとみるほうが合理的だと私は考えている。

「青龍三年（二三五）」銘をもつ鏡は出土地不明の一面を加えて1～3の三面、現実には存在しない年号の「景初四年」銘をもつ鏡は7と8の二面が知られている。前者は平縁の方格規矩四神鏡、後者は斜縁盤龍鏡（龍虎鏡）である。どちらも同笵鏡と考えられているが、私は古い型式を模倣してのちに製作された仿古鏡の可能性が高いとみている。5の和泉黄金塚古墳出土の画文帯同向式神獣鏡も、副葬された中央槨の築造時期が四世紀第3四半期に下ることから、仿古鏡の可能性もあると考えている。

「景初四年」は右に述べたように存在しない年号であるが、魏鏡説では「銅鏡百枚」にふくめられる。「正始」改元がまだ伝わっていない遠阪《えんすう》の地の工房で製作されたか、改元前に下賜を予定して製作された特鋳《とくちゅうきょう》鏡という理解である。仮にそうであったとしても、これらの鏡も斜縁の盤龍鏡であるから三角縁神獣鏡とはいえない。つまり魏鏡の可能性が想定されている紀年銘鏡の鏡式は、厳密にはすべて三角縁神獣鏡ではないのである。

さらに重要なのは、平縁の「青龍三年」銘方格規矩四神鏡を除いて、魏の紀年銘をもつ鏡は布留0式新相期（三世紀末）以降の古墳から出土しているという事実である。布留0式古相期（三世紀後葉）の箸墓古墳にどのような鏡が副葬されているかが興味深いところだが、古相期の古墳に副葬された鏡はいまのところ後漢式鏡にかぎられている。三角縁神獣鏡が卑弥呼に下賜された「銅鏡百枚」であったのなら、古相期の古墳の築造がたとえ二五〇年代にさかのぼろうと、一枚くらいは卑弥呼政権から入手してほどなく副葬されるケースがあってもよいはずだ。

私は「銅鏡百枚」とは、画文帯神獣鏡や斜縁神獣鏡などとともに、仿古や踏み返しの鏡をふくむ方格規矩四神鏡、連弧文鏡、獣帯鏡、画像鏡、盤龍鏡、夔鳳鏡《きほうきょう》などの後漢式鏡が主体であったと考えている。そこには、表3に掲げた「青龍」「景初」「正始」の紀年銘をもつ鏡群もふくまれていた可能性はある［寺沢、二〇〇〇年／寺沢、二〇〇五年］。

近年では、まったく別の方法によって三角縁神獣鏡の製作地を探ろうとする研究も進んでいる。「鉛同位体比分析」と呼ばれる自然科学的手法だ。鉛には質量の異なる四種の同位体（^{204}Pb, ^{206}Pb, ^{207}Pb, ^{208}Pb）が安定的に存在する。鉛は産地によって同位体の比率が異なる数少ない元素の一つで、同位体比は鉱床ごとに固有の数値を示す。

この原理を応用して、馬淵久夫《まぶちひさお》氏、平尾良光《ひらおよしみつ》氏らは青銅器にふくまれる鉛の同位体比を測定し、縦軸に$^{208}Pb/^{206}Pb$を、横軸に$^{207}Pb/^{206}Pb$をプロットすることによって、その二次元的相関から、それらの鉛が四つの領域に分かれることを読み取った。一つめは前漢鏡が占める領域で、華北の鉛。弥生時代後期の銅鐸、仿製鏡などもここに入る（馬淵氏らはのちに領域Wと表記。Western Han の略号）。二つめは後漢・三国鏡が占める領域で、華中または華南の鉛（のちに領域Eと表記。Eastern Han の略号）。三つめは日本産の鉛鉱石の領域（のちに領域Jと表記。Japan の略号）。四つめは朝鮮系遺物が位置する領域で、弥生時代前期に出土する青銅器もここに入る（のちに領域Kと表記。Korea の略号）。そして三角縁神獣鏡のなかでも舶載とされてきた古い段階のもの（魏鏡説でも、新しい段階のものは仿製鏡と考えられている）は領域Eに入るとして、魏鏡説を後押しした［馬淵・平尾・西田、一九八四年など]。

ところがこれらの成果に対しては、金属工学や金属分析学の立場からの批判や慎重論が相次いだ。久野《くの》雄一郎《ゆういちろう》氏はいち早く、リサイクル性の高い銅合金の鉛同位体比を測定する際には、測定値と一対一の対応をなす鉛鉱石が特定され、産地の異なる複数の鉛の混合でないことの証明が必要であると説いた。そして二つの同位体比の二次元的相関ではなく、三つの同位体比の三次元的相関で議論すべきことを提案した。また測定される鉛は青銅器中の鉛の数億分の一に過ぎないこと、さらに、各地の鉛鉱床の同位体比の数値を採用するにあたっては慎重な検討を要すること、空気中の鉛環境が測定値に与える影響についても考慮すべきこと、などの問題点を挙げたのである[久野、一九八六年など]。

公表された鉛同位体比の測定データを詳細に再検討した新井宏《あらいひろし》氏は、領域Kには領域Eとのオーバーラップが認められることを指摘し、朝鮮系青銅器には雲南《うんなん》省の鉛をふくむ商周青銅器のリサイクル品が数多く存在することが原因ではないかと想定した。さらに肝心の三角縁神獣鏡が属する領域Eには、遼寧省や河北省の鉛鉱山、朝鮮半島の全州《チョンジュ》鉱山、そして日本の岐阜県神岡《かみおか》鉱山の鉛までがふくまれるという[新井、二〇〇七年]。

また藤本昇《ふじもとのぼる》氏は、先行研究によって蓄積された大量の測定データにもとづいて、四つの同位体比(^{207}Pb/^{204}Pb, ^{207}Pb/^{206}Pb, ^{206}Pb/^{204}Pb, ^{208}Pb/^{206}Pb)を同時に表示するレーダーチャートを作成した。そこにはこれまでとまったく異なる様相が現れている。例えば表3の鉛同位体比の項目にみるように、紀年銘鏡は大きくAとBの二つのグループに分かれるという。異なる紀年銘や型式の鏡が同一グループに属し、同笵鏡と考えられている鏡が異なるグループに属していることを示した研究成果は衝撃的だ［藤本、二〇一六年］。

一方の馬淵氏らも、さらに分析資料の数を増やして検討をつづけた。その結果、舶載とされている三角縁神獣鏡の鉛はおおむね領域Eに属するが、それらと接して領域Kの近くに分布する「異種鉛」の三角縁神獣鏡が確認され、これらはスクラップ再利用の可能性があると推定した。そのなかには神原神社《かんばらじんじゃ》古墳の「景初三年」銘三角縁同向式神獣鏡や、安満宮山《あまみややま》古墳の「青龍三年」銘方格規矩四神鏡とともに出土した半円方形帯《はんえんほうけいたい》神獣鏡もふくまれる。いずれも「陳是《（氏）》作竟《（鏡）》」の銘文をもつ。このことから馬淵氏は、鏡師「陳氏」（の工房）が原材料を携えて来倭し、倭国内での三角縁神獣鏡の製作はかなり早い時期にはじまったと想定した［馬淵、二〇一〇年／馬淵、二〇一八年など］。

鉛同位体比による製作地研究の現状は混沌としてきた。そもそも三角縁神獣鏡の製作地論は、鋳鏡の材料の産地・供給地が製作地とイコールではないという問題が根底にある。材料も工人集団も移動するケースがあるからだ。さらに前章でもみたように、この時期の「中国鏡」とされる鏡には、何次にもわたる踏み返しや仿古による複製によって製作時期が未確定の鏡が多数存在するという複雑な事情もある。

「銅鏡百枚」がどのような鏡であったか、そこに多くの三角縁神獣鏡がふくまれていたかどうかは依然、決着がついていないのが現状である［下垣、二〇一〇年］。私は原則として国産説だが、「景初三年」「正始元年」銘をもつ三角縁（斜縁）神獣鏡までを魏鏡ではないと否定してしまうと、この年号を刻んだ歴史的意味が説明しがたいと考えてきた。しかしそれも、いま一度考え直すときが来ているのかもしれない。

「邪馬台国連合」論の不毛

やや本題から離れた細部にわたる議論となってしまった。最後に話題を卑弥呼共立と卑弥呼政権の評価に戻して本章の結びとしよう。

私の主張する新生倭国＝ヤマト王権＝卑弥呼政権論は、考古学・古代史の研究者のなかでは依然として少数派、というより異端だ。邪馬台国畿内ヤマト論者の多くが、相変わらず卑弥呼は邪馬台国の女王であり、纒向遺跡は邪馬台国の王都だと発言する。それでいて一方では、纒向遺跡がヤマト王権の大王都であることを認め、王権発祥の地だともいう。これはいったいどういうことか。

それは多くの畿内ヤマト論者が、ヤマト王権とは弥生時代以来の邪馬台国（ヤマト国）を中心とする政治勢力がそのまま纒向の地で発展・伸張したものだと考えているからである。この図式は、箸墓古墳が造営されるまでの卑弥呼の治世を弥生時代、それ以後を古墳時代とする時代区分論と不可分に結びついている（箸墓古墳がはたして卑弥呼の墓かどうかをめぐっては次章で検討する）。つまり纒向遺跡の約一〇〇年間は、前半（およそ三世紀前半）が「邪馬台国連合」の時代、後半（およそ三世紀後半）がヤマト王権の初期段階だということになる。これは卑弥呼の共立と纒向遺跡出現の時期を二世紀末とみる多くの人たちの考えでもある［白石、二〇〇〇年／福永、二〇〇一年など］。

しかしこうした議論は、これまでみてきたような、邪馬台国の実体に対する文献からの理解、三世紀初めの卑弥呼共立と纒向遺跡出現の暦年代の整合性、さらにヤマト国および畿内のクニ・国の政治的・階級的権力の未成長など、考古学が明らかにした成果の積み上げとは大きく乖離《かいり》している。

長年にわたる纒向遺跡の調査にもとづく研究の蓄積によって、畿内ヤマト説は確かな考古学的根拠を手にした。だが一方で畿内優越史観、ヤマト中心主義の先入観の呪縛ゆえに、邪馬台国（ヤマト国）からヤマト王権への一系的な発展・伸張を合理的に説明するため、「邪馬台国連合」なる発展段階（体制）を設定してストーリーが作り上げられたのである。

一〇〇年ほどの短期間に営まれた一つの都市遺跡のなかで、なぜ時代区分が截然《せつぜん》と二分されねばならないのか、なぜ一つの新たな国家体制が別の概念で分断されねばならないのか。この遺跡の調査と研究にかかわってきた私にとっては、とうてい首肯できるものではない。大王都纒向のさらなる拡大が三世紀中頃から後葉における箸墓古墳の造営前後にあったことじたいは否定しない。しかしそれは、三世紀初めにこの遺跡が忽然として出現したときの画期に比べれば小さな波にすぎない。纒向遺跡の出現から衰退までの三世紀史は、時代区分としても国家体制としても分断することはできないのである。

だから私は「邪馬台国連合」などという実体のない用語は使うべきではないと主張してきた。本書でイト倭国を「イト国連合」だと書いたのは、あくまでイト国を盟主とする北部九州のクニ・国の政治的連合体という実体があったからだ。邪馬台国（ヤマト国）を盟主とするクニ・国の政治的な連合体などはそもそも存在しないのである。纒向遺跡の出現こそ、女王卑弥呼を擁する新たな倭国連合政権（「邪馬台国連合」ではなく「新生倭国」）の誕生と古墳時代の幕開けを告げるものであったことをあらためて強調しておきたいと思う。

「邪馬台国連合」からヤマト王権へという二段階論者には、私の主張の根拠の一つ一つに対して納得のいく反論を期待してきたけれど、議論はかみ合わないかスルーされるのが実情である。それどころか近年では、暦年代をさらに前倒しする説まで提出されている。「邪馬台国連合」の原型を「ヤマト国」と称し、大和川水系に起源をもつこの国が、弥生時代後期中葉の一世紀後半には畿内圏に求心力をおよぼし、纒向遺跡が出現する後期末（庄内式期）の二世紀前葉以降には西日本各地に影響力を拡大していったというものである〔岸本、二〇一四年／岸本、二〇二〇年〕。

こうした見方に触発されてか昨今、「邪馬台国連合からヤマト王権へ」というフレーズは概説書や博物館の展示解説などであとを絶たない。それはこの半世紀の考古学の成果や研究の蓄積を反故《ほご》にするような、三〇年前の過激なヤマト優越史観への回帰としか思えない。はてさて、読者の方々はどのように受け止められるだろうか。

参考文献

新井宏　二〇〇七年『理系の視点からみた「考古学」の論争点』大和書房
上野祥史　二〇〇七年「三世紀の神獣鏡生産――画文帯神獣鏡と銘文帯神獣鏡」『中国考古学』第七号
海野一隆　一九九九年『地図に見る日本――倭国・ジパング・大日本』大修館書店
金関恕　一九六二年「東大寺山古墳の発掘調査」『大和文化研究』第七巻第一一号
金関恕　一九九三年「卑弥呼と帯方郡」『弥生人の見た楽浪文化』（大阪府立弥生文化博物館図録七）
金関恕（研究代表者）・小田木治太郎・藤原郁代編、二〇一〇年『東大寺山古墳の研究――初期ヤマト王

権の対外交渉と地域間交流の考古学的研究』(平成一九〜二一年度科学研究費補助金:基盤研究(B)研究成果報告書) 東大寺山古墳研究会・天理大学・天理参考館
岸本直文 二〇一四年「倭における国家形成と古墳時代開始のプロセス」『国立歴史民俗博物館研究報告』第一八五集
岸本直文 二〇二〇年『倭王権と前方後円墳』塙書房
金文京 二〇〇五年『中国の歴史04 三国志の世界』講談社
久野雄一郎 一九八六年「古代青銅器の原料産地推定への私見」『青陵』第六〇号
下垣仁志 二〇一〇年『三角縁神獣鏡研究事典』吉川弘文館
白石太一郎 二〇〇〇年『古墳の語る古代史』岩波現代文庫
白川静 一九八四年『字統』平凡社
白川静 一九九六年『字通』平凡社
杉本憲司・森博達 一九八五年「『魏志』倭人伝を通読する」『日本の古代』第一巻、中央公論社
鈴木勉 二〇〇八年「百練鉄刀の使命——東大寺山古墳出土中平銘鉄刀論」『論叢文化財と技術1 百錬鉄刀とものづくり』雄山閣
孫守道 一九六〇年「〝匈奴西岔溝文化〞古墓群的発現」『考古』一九六〇年第八・九期
塚口義信 二〇一九年「再考・景初三年六月の倭女王の遣使について」『纒向学研究』第七号
寺沢薫 一九八四年「纒向遺跡と初期ヤマト政権」『橿原考古学研究所論集』第六、吉川弘文館
寺沢薫 二〇〇〇年『日本の歴史02 王権誕生』講談社
寺沢薫 二〇〇五年「古墳時代開始期の暦年代と伝世鏡論(上・下)」『古代学研究』第一六九・一七〇号
寺沢薫 二〇一〇年『青銅器のマツリと政治社会』吉川弘文館
寺沢薫 二〇一一年『王権と都市の形成史論』吉川弘文館
東京国立博物館・九州国立博物館編 二〇〇八年『重要文化財東大寺山古墳出土金象嵌銘花形飾環頭大

刀』（東京国立博物館所蔵重要考古資料学術調査報告書）同成社
西嶋定生　一九八三年『中国古代国家と東アジア世界』東京大学出版会
西嶋定生　一九九四年『邪馬台国と倭国――古代日本と東アジア』吉川弘文館
仁藤敦史　二〇〇九年ａ『卑弥呼と台与――倭国の女王たち』山川出版社
仁藤敦史　二〇〇九年ｂ「卑弥呼の王権と朝貢――公孫氏政権と魏王朝」『国立歴史民俗博物館研究報告』第一五一集
日野開三郎　一九五二年「邸閣――東夷伝用語解の二」『東洋史学』第六輯
福永伸哉　二〇〇一年『邪馬台国から大和政権へ』大阪大学出版会
福永伸哉　二〇〇五年『三角縁神獣鏡の研究』大阪大学出版会
福山敏男　一九七五年「金石文」『日本古代文化の探求　文字』社会思想社
福山敏男　一九八二年「東大寺山大刀と稲荷山鉄剣の銘文」『考古学ジャーナル』第二〇一号
藤本昇　二〇一六年『卑弥呼の鏡――鉛同位体比チャートが明かす真実』海鳥社
前田晴人　二〇一九年「「大市」の首長会盟と女王卑弥呼の「共立」」『纒向学研究』第七号
松本清張　一九六八年『古代史疑』中央公論社
松本清張　一九七九年「一大率――私の見解」『ゼミナール日本古代史（上）』光文社
馬淵久夫　二〇一〇年「鉛同位体比からみた三角縁神獣鏡の舶載鏡と仿製鏡」『日本考古学』第二九号
馬淵久夫　二〇一八年「三角縁神獣鏡の製作地について」『考古学雑誌』第一〇〇巻第一号
馬淵久夫・平尾良光・西田守夫　一九八四年「鉛同位体比法による本邦出土青銅器の研究」『古文化財の自然科学的研究』同朋舎出版
山尾幸久　一九八三年『日本古代王権形成史論』岩波書店
吉田孝　一九九五年「魏志倭人伝の「都市」」『日本歴史』第五六七号
李殷昌　一九七二年「三国時代　武器」『韓国の考古学』河出書房新社

第六章　卑弥呼とその後

第一節　女王卑弥呼の実像

年齢と生活ぶり

卑弥呼はどのような女性だったのだろうか。邪馬台国研究にかかわるようになってから、つねにこの問いを反芻《はんすう》している。学生や講座の受講者たちに「卑弥呼のイメージは？」と尋ねると、たいていは女性権力者、霊能力者、老女王という三通りの答えが返ってくる。それぞれにとらえ方は異なるけれど、いずれも『魏志』倭人伝の次の記事に由来するイメージであろう。

事鬼道、能惑衆。年已長大、無夫壻。有男弟佐治国。自為王以来、少有見者。以婢千人自侍。唯有男子一人、給飲食、伝辞出入居処。宮室、楼観、城柵、厳設、常有人持兵守衛。

鬼道《きどう》に事《つか》え、能《よ》く衆を惑わす。年已《すで》に長大なるも、夫壻《ふせい》無し。男弟《だんてい》有りて国を治むるを佐《たす》く。王と為りて自《よ》り以来、見ること有る者少なし。婢《ひ》千人を以《もっ》て自ら侍《はべ》らす。唯《た》だ男子一人有りて、飲食を給し、辞を伝えて居処に出入す。宮室、楼観、城柵、厳《おごそ》かに設け、常に人有りて兵を持ちて守衛す。

まずは卑弥呼の年齢と生活ぶりからみていこう。通説のように「倭国乱」収拾のために共立されたのが二世紀末（一八〇年代）ならば、仮にこのとき台与《とよ》の即位の年齢と同じ一三歳の少女だったとしても、公孫氏との外交関係がはじまった頃にはすでに三〇代後半、魏への朝貢時には六〇代後半、死去したと推定される二四八年前後には七〇代後半になっていた計算になる。当時からすれば相当な高齢だ。「年已に長大」という表現と相まって、多くの卑弥呼像が老女王を描くゆえんである。

しかしこれまで述べてきたように、公孫康による帯方郡の設置（二〇四年）、卑弥呼共立、公孫氏との通交の開始を、三世紀初めの一連の出来事とみる私は、もっと若い卑弥呼像を想う。魏への朝貢時には四〇代、死去したのは五〇代であろう。

古田武彦《ふるたたけひこ》氏が指摘するように、『三国志』の「長大」の用例をみると、二〇代後半の劉禅《りゅうぜん》（劉備《び》の子、蜀の後主《こうしゅ》）について「漸《ようや》く長大」（「蜀書」董允《とういん》伝）と記し、魏の初代皇帝に即位した三四歳の曹丕《そうひ》（曹操の子、魏の文帝）について「年已に長大」（「呉書」諸葛瑾《しょかつきん》伝）と表現する［古田、一九七八年］。したがって、『魏志』倭人伝の「年已に長大なるも、夫壻無し。男弟有りて国を治むるを佐く」は、王権の運営が軌道に乗りつつあった卑弥呼三〇代半ばの状況を想定して問題はないだろう。

そこから導かれる私の卑弥呼像は、霊能力にたけ、政治的カリスマに満ちた老女王のすがたではない。それは、みずからの意思にかかわりなく倭国王にまつりあげられ、大王宮のなかで外界との接触を限られ、側近たちの政治的思惑にしばしば翻弄されながらも新生倭国の舵取りを担うことになった、若く孤高な一女性のイメージである。

「夫壻無し」という文言の背景を深読みすれば、卑弥呼が夫をもたなかったのは、女性最高祭司(巫女王《ふじょおう》)としての神聖性を保持するために、性交、妊娠が禁忌とされたからだけではないと思われる。そこには、女王の夫と子が王位継承にかかわる事態が出来《しゅったい》するのを回避するための、政権内部における合意があったからではないか。裏を返せば、弥生時代のイト倭国王や部族的国家王たちの間では、王位を子に世襲させる行為じたいは、それがどこまで常態化していたかはひとまず措いても、存在していたのであろう。

新生倭国の発足にあたって、一つの部族的国家に権力が集中することを認めず、主要な部族的国家による合議制の確立が取り決められたであろうことは、前章で想定したとおりだ(二七三ページ参照)。こうして世襲の可能性はひとまず断ち切られた。卑弥呼共立という事件が政治的混迷を乗り越えるための「異常な」選択であったことを、この文言からもあらためて確認することができるのである。

「卑弥呼が王となってから、そのすがたをみたことのある者は少ない。侍女一〇〇〇人をみずからにかしずかせている。ただ男子が一人いて、飲食を給仕し、言辞を伝えるために居処に出入りしている」という。一人だけ、卑弥呼の居処に日常的に出入りできる男子がいたのである。その人物は、卑弥呼とどのような関係にあったのだろうか。彼は王権のなかでどのように位置づけられ、卑弥呼と有力執政官との間にあってどのような言葉を取り次いでいたのだろうか。興味深いところだ。

しかし、倭人伝のわずかな記載から真相を探り出すことはむずかしい。「男子一人」とは、世界各地の王朝にみられる宦官に似た役割を課せられた存在だったのではないかと私は想像している。ただし宦官そのものではないだろう。去勢した男性官人が王宮で日常的な世話をする宦官制度は、日本には存在しなかったとされているからだ。彼はおそらく、政治の表舞台に立つ人物ではなかったのだろう。

卑弥呼の「鬼道」

卑弥呼を語るとき、かならずといってよいほど言及されるのが「鬼道《きどう》に事《つか》え、能《よ》く衆を惑わす」という文言である。そこにイメージされているのは、巫女王としての卑弥呼像だ。

「鬼道」という言葉は、これまでさまざまに論じられてきた。巫術《ふじゅつ》、妖術《ようじゅつ》の意と説かれることが多いが、一方で日本独特のシャーマニズム的呪術や原始的宗教ではなく、中国の初期道教、とりわけ五斗米道《ごとべいどう》の直接的な影響を想定する考えもある［重松、一九六九年］。

「鬼道」の語は、『三国志』ではこの倭人伝のほかに、「魏書」張魯《ちょうろ》伝に二か所、「蜀書」劉焉《りゅうえん》伝に一か所みえるのみである。それら三か所では、いずれも五斗米道という道教教団に対して使用されている。

二世紀後半、四川省で張陵《ちょうりょう》がはじめた五斗米道は、孫の張魯の代になって教義と教団組織が整備され、漢中《かんちゅう》（陝西《せんせい》省南部の盆地一帯）に教勢を拡大した。張魯伝には「魯遂拠漢中、以鬼道教民、自号師君（魯は遂《つい》に漢中に拠《よ》り、鬼道を以《もっ》て民に教え、自ら師君《しくん》と号す）」とある。五斗米道の入信者は、はじめ「鬼卒《きそつ》」と呼ばれた。信仰が深まると「祭酒《さいしゅ》」の称号が与えられ、多くの信徒集団を指導する祭酒は「治頭大祭酒《ちとうだいさいしゅ》」と呼ばれたと記されている。

教団組織はそのまま行政組織として機能し、三〇年近くにわたって半独立政権を維持した。しかし建安二〇年（二一五）、この宗教国家は曹操の軍門に降り、ほとんど無抵抗で漢中の地を明け渡すことになる。張魯およびその子たちは、当時の曹操の根拠地である鄴《ぎょう》（河北省邯鄲《かんたん》市臨漳《りんしょう》県）に移され、客人として遇された。

横手裕《よこてゆたか》氏によれば、五斗米道の信者の大部分は中原《ちゅうげん》方面に移住させられ、魏の監視下に置かれた。その後、この北方地域で新たに信者となる者も多く、西晋《せいしん》末の戦乱を避けて南下した人々が、江南《こうなん》地方に五斗米道を伝えたという。五斗米道はやがて天師道《てんしどう》とも呼ばれ、南北に分かれてそれぞれの展開をとげることになる［横手、二〇〇八年］。

道教は儒教、仏教と並んで中国の三教の一つに数えられる。老子や荘子《そうし》など道家の思想を主要な教義とすることから道教と称されているが、不老長生を求める神仙説に淵源をもち、さまざまな民間信仰とそれにもとづく実践を取り込み、さらに陰陽五行説《いんようごぎょうせつ》や仏教教理をふくむなど、民族的宗教として長く複雑な形成過程をたどっている。その内容は多岐にわたり、ひとことで定義するのはむずかしい。研究者の間でもポイントの置き方が異なるようだ。ただし、仏教に対抗するかたちで教理の研究、経典の形成、儀礼の整備が進められるのは、五世紀以降のことである。後漢末におこった太平道や五斗米道はおもに、病人にみずからの過ちを懺悔《ざんげ》させ、呪符《じゅふ》（おふだ）を用いた呪術的治療を施すことによって広く民衆に浸透し、宗教集団として勢力を拡大した。

『三国志』の撰者である陳寿は、倭国が卑弥呼の巫術によって意思決定をおこなうことを伝える史料にもとづいて、卑弥呼を巫女王とみなし、その政治手法を五斗米道の宗教国家の呪術的側面（鬼道）に類似するものとして理解したのであろう。そして多少の軽侮と皮肉を込めて「鬼道」、「衆を惑わす」と記した可能性はある。

しかし実態として、卑弥呼の「鬼道」が初期道教そのものの移入だったとは考えられない。中平元年（一八四）に黄巾の乱を起こした張角の太平道はただちに鎮圧され、教団組織はすでに壊滅している。一方の五斗米道は過激な反体制的教団ではなかったから、曹操の監視・容認下に置かれて生き残った。とはいえ下出積與《しもでせきよ》氏が説くように、魏王朝に朝貢して臣礼をとる倭国が、太祖曹操の漢中平定によって崩壊した宗教国家の「鬼道」を、あえて移入するはずはないのである［下出、一九八八年］。

新生倭国の宗教改革

そこで五斗米道の直接の影響関係ではなく、別の視点から卑弥呼の「鬼道」を考えてみたい。『魏志』倭人伝のこのくだりは、『後漢書』東夷伝では「事鬼神道、能以妖惑衆（鬼神《きしん》の道に事《つか》え、能《よ》く妖《よう》を以《もっ》て衆を惑わす）」と記される。「鬼道」は「鬼神の道」と言い換えられ、「妖を以て」の文言が加えられている。それでは「鬼神」とは何か。

『三国志』「魏書」東夷伝の高句麗条と韓条には、「鬼神」のマツリの記事がみえる。このうち韓条の馬韓のマツリの記載は、弥生時代の銅鐸《どうたく》のマツリがどのようなものであったかを復元するうえでも大いに参考となる史料である。引用が少し長くなるので、ここでは現代語訳を掲げよう。

毎年五月に種を播《ま》き終えると、鬼神を祭る。人々は集まって歌い踊り、酒を飲み、それは昼夜休むことがない。その舞は数十人がともに立って調子を合わせて、足を上げたり下げたりして地面を踏み、手もこれに合わせて踊る。その節回しは、(中国の)鐸舞《たくぶ》に似たところがある。一〇月に農作業が終わると、また同様のマツリをおこなう。人々は鬼神を信じ、国邑《こくゆう》ごとに一人を立てて、天神を祭らせている。この人を天君と名づけている。また、諸国にはそれぞれ別《べつ》邑《ゆう》があって、蘇塗《そと》と名づけている。そこには、大きな柱を立てて鈴鼓《れいこ》を懸け、鬼神への祭りを執行する。その中に逃げ込む者があれば、連れかえすことはない。だから、賊も増えるようになる。その蘇塗を設ける意味は浮屠《ふと》(仏教の寺)に似たところがあるが、結果の善悪は同じではない。

時代が下る三世紀の朝鮮半島の記事だが、紀元前の弥生社会でも、近畿地方を中心に西日本の各地でこうしたマツリの風景が繰りひろげられたのであろう。ただし、「天神」のマツリは弥生時代の日本には及んでいなかったと考えられる。私がここで注目したいのは、五月と一〇月の農耕のマツリのほうである。弥生のマツリでも、特別な区画に立つ大きな柱(あるいは聖なる大樹)に銅鐸を吊るし、その銅鐸を打ち鳴らすリズムにのって、人々が歌い踊ったのであろう。大きな柱は、トリが運ぶとされた穀霊を招く標柱である。大地を踏み鳴らすのは、地霊を奮い起こすためだ。

銅鐸やマツリ用の土器には、トリ（シラサギ）、トンボなどの穀霊の表象と、シカ、イノシシ、ヘビ、カエル、スッポン（カメ）、トカゲ（イモリ）、サカナ、クモ、アメンボなどの地霊の表象が描かれる。この穀霊と地霊という精霊観念は、共同体の守護霊としての祖霊（祖先の霊）への畏敬とともに、弥生時代のマツリの根幹をなしていた。農耕の豊穣と共同体の安寧・繁栄への願いを表現する弥生人のマツリには、精霊と祖霊への働きかけが一体となっている。

中国では、儒教が官学となり国教化された漢代以降、神もしだいに人格化、個性化してゆく。森羅万象に精霊の存在を認めるアニミズム的要素や、巫覡《ふげき》が精霊・祖霊と交信するシャーマニズム的要素を濃厚にとどめる、周辺諸民族の信仰におけるカミガミは、ことごとく「鬼神」とみなされたのである。

しかし右のような銅鐸のマツリは、もちろん弥生時代を通じてそのまま存続したわけではない。いくつかの段階をへて、大きく変容している。第三章第一節でみたように、二世紀後半になると地域ごとの部族的国家群がアイデンティティを主張しはじめ、首長墓や部族的国家のマツリに大きな変化が現れる（一六六ページ、図2参照）。さらに二世紀末には、穀霊と祖霊を統合した首長霊観念が誕生する。首長霊継承の秘儀のありようは、キビの楯築《たてつき》墳丘墓、イヅモの西谷《にしだに》三号墓、ツクシ（イト倭国）の平原《ひらばる》一号墓の発掘成果を手がかりに、第四章第二節で復元を試みた。首長霊継承の秘儀は、纒向《まきむく》型前方後円墳の祭祀に引き継がれている。そこで私は、初期ヤマト王権の祭政のシンボルである前方後円墳を構成する主要な属性を抽出し、それぞれの属性が前段階のどの地域の首長墓に採用されていたか、その系譜をたどった（二五一ページ、図12参照）。

卑弥呼の王権下で創出された前方後円墳祭祀とは首長霊継承儀礼をベースに、各地域のマツリの諸要素を取捨・統合し、さらに外来の要素を取り込んだ、まったく新しい祭祀形態であったと私は考えている。卑弥呼は新生倭国の最初の大王であり、同時に、多くの部族的国家の頂点に立って王権祭祀を執りおこなう最高祭司でもあった。ならば卑弥呼の祭祀は、弥生時代のいかなる部族的国家のマツリの延長でもあるはずがない。卑弥呼共立は宗教改革でもあったのだ。

だから「鬼道」「鬼神の道」とは、あくまで中国の史書編纂者側の認識である。卑弥呼による国家的祭祀の内実が、原始的なアニミズム的呪術であったり、弥生時代以来のシャーマニズム的呪術そのものであったとは考えられない。

一方で、中国の陰陽思想、五行思想、神仙思想など、のちの道教思想を構成する諸要素は、たとえ断片的ではあれ、弥生時代から流入しつづけていた。ただし、その融合の先に卑弥呼の「鬼道」が自然に醸成されていったとも考えにくい。おそらく、後漢末の混乱期に遼東、楽浪にまで波及した五斗米道が首長霊観念を誕生させる契機となったのであろう。そして卑弥呼と公孫氏との外交関係のなかで、五斗米道をふくむ道教思想がより整備されたかたちで取り入れられ、前方後円墳という国独自の大王墓創出へとつながったものと理解したい。

ヒメ・ヒコ制とは何か

「鬼道」とともに、王権中枢における卑弥呼の政治的役割を考えるうえで重要なのが、「男弟《だんてい》有りて国を治むるを佐《たす》く」という文言である。その実態を見極めることは、卑弥呼の政治的威信の正当な評価にもつながるであろう。

卑弥呼と男弟の関係は従来、古代日本における支配形態としてのヒメ・ヒコ制を示す典型的な事例として取り上げられることが多かった。ヒメ・ヒコ制とは、女性史研究の草分けともいえる高群《たかむれ》逸枝《いつえ》氏によって提唱された概念で、男女一対による共同統治制をいう。高群氏によれば、姉弟または兄妹など、同族中の男女による「複式酋長制」は母系集団の共同体に必然的にともなうものだという。わが国で特徴的にみられたヒメ・ヒコ制には、司祭者としての「女酋」と、「女酋」を補佐し執行する者としての「男酋」が存在した。しかし次の段階では「男酋」が「行政首脳者」となり、かつての第一次主権者であった「女酋」は一種の斎職に専門化してゆく。その背景には「族長」の地位継承における父系的世襲化があったと述べる［高群、一九六六年］。

その後、洞富雄《ほらとみお》氏はこの共同統治制を、祭祀をつかさどる「宗教的女君」と政治・軍事をつかさどる「行政的男君」による「男女二重主権」「二重統治」としてとらえた。洞氏によれば、卑弥呼と男弟の場合、実際政治は男弟によって執行されたものの、卑弥呼は男弟に対して優越的地位にあった。しかし母権・母系時代の兄弟姉妹による男女二重主権は、やがて父権・父系時代の社会にふさわしい父と娘とのそれに置き換えられてゆく。それは女君の側からみれば、政治的権威の喪失でもあったと述べる［洞、一九七九年］。

洞氏はヒメ・ヒコの性的役割分担をより明確化した表現でとらえているが、理解の枠組みは高群氏と共通する。こうして卑弥呼と男弟が祭政を分掌するヒメ・ヒコ制は、母系社会から父系社会へと移行し男系世襲王制が確立するまでの過渡的な統治形態とも考えられてきたのである。

さて近年の文献史学では、日本の古代社会は双系的であったとする見解が一般化している［吉田、一九八三年／明石、一九九〇年など］。考古学では、田中良之《たなかよしゆき》氏や清家章《せいけあきら》氏らによって、出土人骨の歯冠《しかん》計測値の分析など、形質人類学の方法を用いた被葬者間の血縁関係の解明が進められ、古墳時代の親族構造もしだいに明らかになってきた。歯冠とは歯茎《はぐき》から外に出ている部位で、硬いエナメル質に覆われている。歯冠のかたちには遺伝的形質が顕著に現れ、近親者同士は似ているという。歯冠計測値のQモード相関係数を求めることによって、被葬者間の血縁関係の有無を推定するのである。ただしQモード相関係数からの血縁関係の割り出しは、最大五組に一組の「他人の空似」がありえることから、一部に曖昧さが残るのも実情である［寺沢、二〇一八年］。

田中氏はこうした形質人類学的分析と墳墓の考古学的分析とを総合して、古墳時代の同一墳墓における複数埋葬には、三つの基本モデルが存在することを示した。三世紀から五世紀中頃までは、キョウダイ（兄弟、姉妹、姉弟、兄妹）関係を基本とする血縁者が同一墳墓に葬られた（基本モデルⅠ）。造墓の契機となった初葬者の男女比は六：四でほぼ相半ばすること、また子供をふくむ場合には父子と母子の両方のケースがあることから、この段階では親族関係は双系的だったと考えられるようになった。そして五世紀後半になると、成人男子（家長）とその子が葬られるパターンが現れる（基本モデルⅡ）。ただし、そこに家長の配偶者はふくまれない。この段階で埋葬単位は父系かつ直系の血縁者へと大きく変化しはじめたと考えられるという。やがて六世紀前半から中葉になると、基本モデルⅡに家長の配偶者が加わるパターンが現れる（基本モデルⅢ）。つまりこの段階にいたって、家長にかぎってではあるが、夫婦が同一の墳墓に埋葬されるようになるのだという［田中、一九九五年／田中、二〇〇〇年］。

清家氏は田中氏の先行研究を承《う》けつつ、近畿地方の古人骨を対象に分析を進め、古墳時代における埋葬原理と首長位・家長位の継承方法の時系列的変化をたどった。清家氏によると、地位継承の父系化はまず上位層からはじまり、時間差をともないつつ下位層でも進行した。だが非首長層では古墳時代を通じて双系的構造が維持されていたという［清家、二〇一〇年／清家、二〇二〇年］。

このように、高群氏や洞氏がヒメ・ヒコ制論の前提としていた古代母系社会説そのものは後退し、今日では双系的だったと考えられるようになった。しかし一方で、三世紀から五世紀中頃まではキョウダイ関係を基本とする血縁者が同一墳墓に葬られたという見解（基本モデルⅠ）は、従来のヒメ・ヒコ制論と整合するようにもみえる。はたして卑弥呼と男弟の関係を、ヒメ・ヒコ制の枠組みでとらえることは理にかなっているのだろうか。別の視点からの検討が必要のようだ。

「聖俗二重首長（王）制」をめぐって

前期古墳の埋葬施設と副葬品の分析をとおして、「聖俗二重首長（王）制」ひいてはヒメ・ヒコ制の存在を裏付けようとしたのが白石太一郎氏である。

白石氏は、大量の腕輪形石製品《うでわがたせきせいひん》（鍬形石《くわがたいし》、石釧《いしくしろ》、車輪石《しゃりんせき》）が検出された奈良県磯城《しき》郡川西町島《しま》の山《やま》古墳の前方部粘土槨の考察を手がかりに、腕輪形石製品の多量副葬は被葬者の呪術的・宗教的性格を示すものととらえた。そして島の山古墳をはじめ、岐阜県大垣市長塚《ながつか》古墳の西槨、三重県伊賀市石山《いしやま》古墳の西槨、大阪府柏原《かしわら》市茶臼塚《ちゃうすづか》古墳の竪穴式石室、奈良県天理市東大寺山古墳の粘土槨など、一基の埋葬施設から多量の腕輪形石製品が出土した四九例を検討した。

それらには、武器・武具をほとんどともなわないA類と、多量の武器・武具をともなうB類の二つのグループが見いだされるという。白石氏はA類の被葬者は呪術的・宗教的首長、B類の被葬者は呪術的・宗教的性格を兼ねそなえた政治的・軍事的首長であると想定した。そして、それらの埋葬施設がそれぞれの古墳のなかでどのような位置を占めているかを検討し、少なくとも四世紀後半頃までは、呪術的・宗教的首長と政治的・軍事的首長がペアで一代の首長権を構成する聖俗二重首長（王）制が特殊なものではなかったと結論づけたのである。

ただし白石氏は、古墳の埋葬施設が一基のみで、それがB類に属する東大寺山古墳などの事例を挙げて、聖俗両方の首長権を一人が掌握していたと考えられるケースも少なくないことを認めている。また、人骨の遺存する事例がわずかしかなく、被葬者の性別の確定がむずかしい現状では、聖俗二重首長（王）制をただちに性的役割分担を前提とするヒメ・ヒコ制に結びつけることはできないとしつつも、「聖的首長権の担い手は女性である場合が多かったことは確かであろう」と付言する［白石、二〇〇三年］。

さらに、箸墓古墳を卑弥呼の墓、奈良県天理市西殿塚《にしとのづか》古墳を壱与《いよ》（台与）の墓と想定する白石氏は、別の論考で以下のように推測する。墳丘図をみると西殿塚古墳には、後円部と前方部にほぼ同形同大の方形壇の存在が認められる。したがって、そのいずれか一方に巫女王壱与が、もう一方に執政王であるキョウダイ（兄弟）が埋葬されている蓋然性は低くない。箸墓古墳の場合は、前方部に大きな平坦面の存在が認められないので、後円部の円壇に巫女王卑弥呼と執政王の男弟が並葬されているのではないか。もしそうであれば「壱与の段階よりも卑弥呼の段階の方が、巫女王と男の執政王の一体性がより強固であったということになろうか」とも述べる。そして古墳時代中期になると、大形前方後円墳の中核的な埋葬施設の副葬品は、ほとんど武人的色彩の濃厚な遺物で占められるようになることから、聖俗二重首長（王）制は五世紀の段階にはすでに形骸化していたと考えたのである［白石、二〇〇八年］。

また岸本直文《きしもとなおふみ》氏は、箸墓古墳以後の大王墓級の前方後円墳には墳丘形態に二つの系列があり、一つの系列は卑弥呼のような「神聖王」の墓、もう一つの系列は男弟のような「執政王」の墓だと想定した。神聖王と執政王それぞれの埋葬は、別系列の大形前方後円墳を築造することで実修されたとして、畿内の二系列の大形前方後円墳の変遷をたどり、聖俗二重王制は三世紀中葉から五世紀末まで存続したと主張する［岸本、二〇〇八年］。

さて、さきにふれたように、白石氏は一基の埋葬施設から多量（五点以上）の腕輪形石製品が出土した四九例を挙げ、そのおもな事例について、武器・武具をほとんどともなわないA類と多量の武器・武具をともなうB類のいずれに属するかを検討している。それによると、五〇点以上が出土した六例のうち、五例がA類である。ただし一例とはいえ、大量の鉄製武器・武具類を副葬するB類の東大寺山古墳の存在は、やはり等閑視してはならないだろう。五〇点未満、二〇点以上の七例では、A類は一例、B類は三例となる。このうちA類の一例は、学術的調査による検出ではないため結論は保留するしかないがA類にふくまれる可能性が高い、とされたものである。二〇点未満の三六例では、A類は七例、B類は八例、合葬によるA類＋B類は二例だ。

こうしてみると、A類かB類か、いずれとも判断しがたい事例、あるいは判断が示されていない事例が少なくない。多量の腕輪形石製品が出土したからといって、呪術的・宗教的首長が葬られたと明確に判断できる埋葬施設（A類）はそれほど多くないのである。一人の首長が政治的・軍事的権能と呪術的・宗教的権能の両方を保持したと想定されるケース（B類）も、ほぼ同数存在する。もし聖俗二重首長（王）制が三世紀中葉から四世紀後半まで、ヤマト王権中枢やその傘下にある各地の部族的国家の統治形態としてかなり広範に存在したというのであれば、聖俗いずれかを判然と表徴するような事例が、もっと数多く確認されてしかるべきであろう。

そもそも腕輪形石製品の多量副葬は、それのみで被葬者の呪術的・宗教的性格を示す指標となりうるのだろうか。副葬品の内容にもとづいて呪術的・宗教的首長の埋葬事例を抽出するには、腕輪形石製品に占める鍬形石（おもに男性に副葬される）の比率の低さ、そして鉄製武器、甲冑、鉄製農工具、三角縁神獣鏡などの欠如あるいは僅少《きんしょう》、さらに足玉《あしだま》（女性が足首に着装することが多い）の存在など、多くのアイテムを考慮に入れつつ、総合的に判断を下すしかない。

第二章第二節でみたように、弥生時代中期末のイト国の「王のなかの王」墓である三雲南小路《みくもみなみしょうじ》墳丘墓には、二基の甕棺が並んで埋葬されていた。副葬品の内容から一号甕棺の被葬者は男王、二号甕棺の被葬者は女性祭司（王妃の可能性も皆無ではない）であったと推定されている（一三五ページ、表1参照）。このような弥生時代の傑出した特定個人墓や前期古墳に散見する男女一対の埋葬が、五世紀後葉以降の大形首長墳にはほとんどみられなくなる。この現象を上位首長層における地位継承の父系直系化にともなうものととらえ、男系世襲王制が確立する前段階の統治形態として想定された聖俗二重首長（王）制（ヒメ・ヒコ制）の存在を浮かび上がらせるために、呪術的・宗教的首長の埋葬事例を抽出しようと試みたのではないか。私には聖俗二重首長（王）制ありきの前提に立って、その前提に沿った解釈が導き出されているように思われる。

前期古墳における腕輪形石製品の多量副葬は、被葬者の聖俗を問わず、また男女を問わずみられる現象と考えるべきであろう。制度としての聖俗二重首長（王）制を裏付けるものではない。ただそうしたなかで、大量の腕輪形石製品が副葬された祭司的女性と政治的・軍事的男王との並葬例が、少数ではあるが、存在することは事実である。ならば、この時期の一部の埋葬に聖俗の二重的様相が現れた理由を、聖俗二重首長（王）制とは異なる視点から考える必要があるだろう。

男王と女性祭司——ふたたび首長霊継承儀礼のこと

寺沢知子氏は女性史の視点から、以下のように述べる。

縄文時代の祭祀的遺物には男女の性的結合を象徴したものが多く、共同体の祭祀において「模擬的生殖儀礼」が重要な位置を占めていたことがうかがわれる。この時代には、子供を産む母親の確実性と「父性の不確実性」に由来する女性の優位を読み取ることができる。ところが弥生時代になると、農耕社会における急速な人口増加と限られた可耕地の争奪が共同体間の抗争を生んだ。軍事的勝利が最優先される現実の前に、出産は軽視され、女性の地位は変化する。穀霊と祖霊を管理し、農耕祭祀を執行するのはすでに男性首長の役割であり、女性はしだいに現実的な権力から引き離されていくことになる。そのありようは、三雲南小路墳丘墓の二基の甕棺などにみられるように、男女一対の埋葬における副葬品の明瞭な社会的性差に現れているという［寺沢知子、二〇〇〇年］。

弥生時代の男性首長は、もとより聖俗両方の権力を行使していた。その男王に祭司的女性が並葬されることとの意味は、対等とか補佐とかの関係性ではなく、より根源的な「女性性」に求められねばならないだろう。戦争が男性首長を必要とする社会構造を出現させ、女性の優位性が失われる一方で、「女性性」はむしろ祭祀のなかで観念化され神秘化されていくのである。

義江明子《よしえあきこ》氏は賀茂社《かもしゃ》のミアレ神事に奉仕するアレヲトコ、アレヲトメ（男女神職者）の事例の検討を踏まえ、『風土記《ふどき》』にみえるカミノヲトコ、カミノヲンナの記載のなかに古代の共同体祭祀の原像を探り、その基層にあるのは「男女の模擬的性結合」であると考えた［義江、一九九六年］。寺沢知子氏もまた考古学の立場から、弥生時代の首長層における男女一対の埋葬の淵源を、こうした「模擬的生殖儀礼」に求めている。いずれも縄文・弥生以来の祭祀に一貫する「女性性」観念への合理的な理解といえよう。

このような視点に立てば、弥生時代後期末に出現した首長霊継承儀礼の本質もいっそう鮮明にみえてくるのではないか。

弥生時代のマツリの根幹をなしていた穀霊と祖霊の二つの観念は、やがて階級的に成長した一部の部族的国家王（「国の王」以上）のなかで融合し、首長霊の観念が誕生する。先王の首長霊を鼓舞し、新王に確実に付着させる秘儀は、最も重要な儀礼行為となり、これまでの「模擬的生殖儀礼」を超えた神秘性と呪術性を帯びることになる。そこでは、女性祭司が首長霊の象徴としての日神と交合するという観念性が不可欠の要素とされた。その一世一代の職能ゆえに、女性祭司は聖なる存在となったのである。

すでにみてきたように、西谷三号墓は首長霊継承儀礼が執りおこなわれた最初期の事例と考えられる。その中心埋葬（第一主体と第四主体）の被葬者は、男王と女性祭司のペアだった可能性が高い。また、楯築墳丘墓の墓壙上に埋棄されていた人形《ひとがた》（巫女）土製品が、継承儀礼において重要な役割を果たした呪具であったことは疑いない。これらの事例は、根源的な「女性性」が不可欠だったことを物語るものであろう。新男王は先王から首長霊を継承し、政治と祭祀の両方の権能を掌握する。その新男王の正統性を保証する決定的なスイッチを、女性祭司が握っていたのである。だから、三世紀後葉以降の大形首長墳にみられる男女の並葬や同一墳丘内埋葬も、聖俗二重首長（王）制（ヒメ・ヒコ制）にもとづくものではなく、首長霊継承の秘儀の残影と想定するほうが理にかなっている。

ただ、平原一号墓の評価と解釈はむずかしい。女性最高祭司とも考えられる人物が単独で葬られていたからだ。この点については、次項で述べよう。

祭政を掌握した卑弥呼、補佐する男弟

それでは卑弥呼と男弟の場合は、どうだったのだろうか。『魏志』倭人伝には、男弟は「国を治むるを佐《たす》く」と記されている。卑弥呼は弥生時代の多くの男王と同様に、祭政両方の権力を行使した女王であり、男弟はあくまで卑弥呼の執政を補佐する立場（おもに軍事面が想定される）にあったと理解するべきであろう。二人は呪術的・宗教的首長と政治的・軍事的首長の関係ではない。

卑弥呼と男弟がどのようなかたちで葬られたかを具体的に予測するのはむずかしい。手がかりになるのは平原一号墓であろう。平原一号墓では、わずか一本とはいえ素環頭大刀が副葬されており、方丘をめぐる周溝内から鉄鏃、鉄鑿、鉇《やりがんな》、鉄斧が出土している。単独で埋葬された人物は、卑弥呼と同様に祭政両方の権能を掌握した、イト倭国最後の執政王にして最高祭司であった可能性が高い。墓壙内の副葬品は玉類や耳璫《じとう》が中心だが、大量の破砕鏡のうち大形仿製鏡以外の三五面は、それまでのイト倭国王と同様に執政王でもあった彼女が入手した威信財と考えるべきだろう。

一方で、次のような想定が成り立つ余地はあるだろうか。最後のイト倭国王はやはり男性で、近くの別の墓に同じような豪華な副葬品とともにいまも眠っており、平原一号墓は男王のために秘儀を執行した女性最高祭司の墓だというものである。しかし、弥生時代以降そうした王墓の事例は皆無だ。周辺の調査状況から判断しても、その可能性はきわめて低いというのが現状認識だ。

二世紀末に築造された平原一号墓の被葬者と、三世紀初頭に誕生した新生倭国の卑弥呼、台与の二代は、女性最高祭司が執政王でもあった。したがって卑弥呼の墓の場合、年代的に前方後円墳を想定するのが妥当であれば、彼女は後円部に単独で埋葬され、少量の鉄製武器をともなう大量の玉類と鏡などの豪華な副葬品や、首長霊継承の秘儀に使用された多くの呪具とともに眠っていると考えるべきであろう。男弟の並葬は、平原一号墓の事例からみて原理的にはありえない。台与の墓も同様であろう。

その後の男王の墓では、もはや首長霊継承儀礼は形骸化の方向をたどる。首長霊継承が宮殿内で執りおこなわれるようになると、この儀式にたずさわった女性祭司が後円部に男王と並葬されるか、あるいは前方部に分かれて埋葬されるケースはあったものと理解できよう。だからもし西殿塚古墳の前方部方形壇にも埋葬がおこなわれたというのであれば、そこに葬られたのは男王の首長霊継承儀礼の大役をになった女性最高祭司（男王の姉妹か）でなければならない。

ところで『風土記』には、「土蜘蛛《つちぐも》」と呼ばれた土着勢力の首長たちが登場する。ヤマト王権からは「征討」の対象とされ、土地の民を率いて戦闘を指揮した「土蜘蛛」には、少なからぬ女性がいた。義江氏はこの事実を指摘し、「女性首長の存在は、男性首長と同じように区別なく見いだされる」と評価している［義江、二〇〇五年］。性別にかかわりなく、首長が祭政両面の権力を行使したという点では正しい理解だと思う。考古学者のなかにも、弥生時代後期後半から古墳時代前期にかけて女性首長が散見するとして、女王卑弥呼の誕生もこうした女性首長の顕在化の流れのなかで理解しようとする見方がある［清家、二〇二〇年］。

確かに女性首長たちには、卓越した政治的手腕や軍事的才能を発揮した指揮官が大勢存在したであろう。だが彼女たちは、おおむね小共同体の首長クラスだ。せいぜい「クニのオウ」である。倭国の大王である卑弥呼や、イト倭国の女性首長の場合は、区別して考えなければならない。祭祀は「鬼道」を駆使した卑弥呼の独壇場であったろうが、おそらく政治と軍事は、男弟とともに少数の側近が支えたと思われる。

想像をたくましくすれば、この男弟こそ、卑弥呼の死後に倭王として擁立された男王の第一候補になりうる人物ではなかろうか。イト倭国がそうであったように、「国の王」以上の上位層では男王による継承がすでに常態化していたとみるべきであろう。卑弥呼の死という事態のなかで、これまで政権内部にあって執政を補佐してきた男性近親者が急遽擁立されたのは当然のなりゆきだったと思われる。

しかし結果は、傘下の有力部族的国家王たちからの猛反発を受け、「国中不服、更相誅殺、当時殺千余人（国中服せず、更相誅殺《こもごもあいちゅうさつ》し、当時千余人を殺す）」という状況になった。新生倭国の政情は、この時点ではまだ男性大王の即位を許さなかったのである。こうして「復《ま》た」、卑弥呼と同じ宗族の女性である一三歳の台与が倭王として共立され、国中はようやく定まった。

卑弥呼の死

『魏志』倭人伝によれば、正始八年（二四七）、新しく帯方太守に赴任した王頎《おうき》のもとに倭国から使者がいたり、狗奴国《くなこく》とたがいに攻撃しあうさまを報告した。これに応えて王頎は、塞曹掾史《さいそうえんし》の張政《ちょうせい》たちを派遣する。詔書と黄幢《こうとう》をもたらして難升米《なしめ》に授け、檄文《げきぶん》をつくって告喩した。そしてこのあとに、卑弥呼の死が記されるのである。

卑弥呼以死、大作冢。径百余歩、徇葬者奴婢百余人。
卑弥呼死するを以《もっ》て、大いに冢《つか》を作る。径は百余歩、徇葬《じゅんそう》する者、奴婢《ぬひ》百余人なり。

卑弥呼の死をめぐっては、さまざまな説がある。それは文脈をどう理解し、「卑弥呼以死」をどう読み下すかにかかわっている。私は「卑弥呼死するを以て」が最もオーソドックスな読み方だと思う。「卑弥呼が死去したので、大々的に冢をつくった」という。死の事実に対して、じつに淡々とした記述である。

同じ「以て」でも、「卑弥呼以《もっ》て死す」と読むとニュアンスは変わってくる。この場合、私には、多事多端な政治環境のなかで倭国女王として辛苦を重ねた卑弥呼に対する、陳寿の哀悼の情すらうかがわれるように感じられる。だが、卑弥呼の死の原因を狗奴国との抗争に直結させる解釈もある。心労が卑弥呼を死に追い込んだというのであろうか。戦死説、敗死説を唱える向きもある。

さらに、もっと踏み込んだ説も飛び出した。卑弥呼が混乱と危機の責任を負わされて、いわゆる「王殺し」にあったというのだ。倭人伝のわずかな記載から死因をそこまで特定するのは、さすがにかなりの勇気がいる。失政をとがめられて殺された、あるいは自害させられたとなると、もはやミステリー小説顔負けのストーリー構想である。

卑弥呼の死は正始八年（二四七）の記事の末尾（あるいはその直後）に記されている。具体的な時は示されていない。『梁書』諸夷伝倭条と『北史』列伝倭条には、いずれも「正始中、卑弥呼死（正始中、卑弥呼死す）」とある。正始の年号は一〇年（二四九）四月に嘉平《かへい》元年と改元されるから、これらによるならば、その死は二四七年から二四九年の早い時期の間のことになる。

一方、「卑弥呼以《すで》に死す」と読む人は多い。どの時点において「以に」なのか、やはり確定はできないが、正始八年（あるいはその翌年）に死去した可能性が高いことになる。派遣した使者の帰国を待たず、卑弥呼は死んでしまったのだろうか。

さらに詮索すれば、正始六年（二四五）、軍事指揮に用いる黄幢を難升米に賜与することになり、正始八年にその黄幢と詔書が難升米にもたらされたという記載は、すでに卑弥呼がこの世を去っていたことを暗示しているようにも思われる。

上田正昭《うえだまさあき》氏はその可能性を指摘して、以下のように推測する。正始四年（二四三）の遣使が「倭王」によるものであることは明記されているから、卑弥呼の生存は確認できる。しかし正始六年の時点では卑弥呼は死去していたので、黄幢は難升米に賜与されることになり、さらに正始八年には黄幢のみならず詔書までが難升米に授けられたのではないか。正始八年の記事には「倭王」が使者を派遣したと書かれているわけではない。その直前に「倭女王卑弥呼、与狗奴国男王卑弥弓呼素不和（倭の女王卑弥呼、狗奴国の男王卑弥弓呼《ひみくこ》と素《もと》より和せず）」の一文があるために、通説は卑弥呼による遣使を自明のことととして疑わなかった。しかしこの記事は、倭の女王と狗奴国の男王とが以前から不和であった事実を述べたもので、「倭の女王の生存を証明する史料ではない」と述べる［上田、一九九六年］。この説によるならば、卑弥呼の没年は二四四年前後までさかのぼることになる。可能性として残しておくべきだろう。

「卑弥呼死を以《おもい》て」と読む人もいる［渡辺、二〇〇一年］。「死を考えて、大々的に冢をつくった」というのである。読み方としてはやや異例であるが、いわゆる寿陵《じゅりょう》（生前にあらかじめ造営する陵墓）の視点は、卑弥呼の墓の築造年代を検討する際に重要である。ただし、その没年は正始八年以降いつまで下るのか、文脈からだけでは判断がつかなくなる。

弥生時代以来の造墓原理からみて、とくに権力者の墓は、彼（彼女）が首長位にあった生前から、あらかじめ墓域が定められ、造営が開始されていたものと私は考えている。墓のプラン（設計図）

の作成はもとより、墓域の選定と整備、ある程度の墳丘基盤や周濠等々の造成は、卑弥呼が大王となった三世紀初めの庄内0式期から進行していたのであろう。ならば「以《もっ》て」「以《すで》に」と読む場合、卑弥呼の死後に大王墓の築造がはじまったかのような『魏志』倭人伝の記述は、厳密にいえば正確ではないことになる。

こうして卑弥呼の死をめぐる倭人伝の簡潔な記事は、数々の推測を生むことになった。その死に際して大々的に造営されたという「冢」については、次項以下で検討しよう。

箸墓古墳と倭迹迹日百襲姫の伝承

卑弥呼の墓は「冢」と表現され、「径は百余歩」だという。「冢」は『説文解字』に「高墳也（高墳なり）」とあって、高い墳丘をもつ墓を指す。考古学的にいえば大形墳丘墓の範疇に入ると考えてよかろう。

「歩」は長さの単位で、一歩は六尺、魏尺の一尺は約二四センチだから、一歩は約一・四四メートル、一〇〇歩は約一四四メートルである。「径は百余歩」の「冢」とは、径一四四メートル余に達する円墳ということになる。

ちなみに日本最大の円墳は奈良市富雄《とみお》丸山《まるやま》古墳で、径一〇九メートル、四世紀前葉の築造と推定される。これを大きく上回る規模をもつ三世紀の墳墓を求めるとなれば、円墳でなく前方後円墳ではないかと考えるのは自然のなりゆきであろう。

畿内ヤマト説に立つ研究者には、纒向《まきむく》遺跡の一角に築造された箸墓古墳こそ卑弥呼の墓だと考えている人が多いようだ。そのおもな根拠は以下のようなものである。

第一に、箸墓古墳が築造された布留0式古相期の暦年代を、放射性炭素年代測定などの自然科学的な年代決定法に依拠して、三世紀中葉にさかのぼるとみる有力な説があること。そうであれば、卑弥呼の没年（二四八年頃）と箸墓古墳の築造年代とはきわめて接近することになる。

第二に、箸墓古墳の後円部の径が、卑弥呼の「冢」の径「百余歩」（一四四メートル余）に近似すること。ここでは前方部の長さは除外されている。ところが近年、墳丘周辺部の調査が進むにつれて本来の形状が明らかになり、かつて一五〇メートル前後とされていた後円部の径は、現在では約一六五メートルを計測する。こうなると、径の大きさが近似するという根拠じたいは説得力をやや欠くといわざるをえない。

以上の二点に対する私の考え方は、のちほどあらためて述べよう。

そして第三は、『日本書紀』崇神天皇一〇年九月条に、倭迹迹日百襲姫《やまとととひももそひめ》（孝霊《こうれい》天皇の皇女で、崇神天皇の大伯母あるいは大叔母）が箸墓に葬られたと記され、崇神紀が伝える倭迹迹日百襲姫像と『魏志』倭人伝の卑弥呼像に共通点が認められることである。その崇神紀は次のような伝承を記載している。

大物主神《おおものぬしのかみ》の妻となった倭迹迹日百襲姫は、夫がいつも昼には現れず、夜にだけやって来るので、一度お姿を拝見したいと、朝まで留まるように懇願した。大物主は答えて、「明朝、あなたの櫛笥《くしげ》に入っていよう。どうか私の姿に驚かないように」と言い聞かせる。姫はいぶかしく思ったが、翌朝、櫛笥をみると美しい小さな蛇がいたので、驚いて叫んだ。大物主はたちまち人の姿になって、

「あなたは我慢ができず、私に恥をかかせた」と言い、天空を踏んで御諸山《みもろやま》（三輪山）に登ってしまった。仰ぎみた姫は後悔して尻餅をつき、このとき箸が陰部に突き刺さって死んだ。姫は大市《おおいち》に葬られたので、時の人はその墓を「箸墓《はしのみはか》」と呼んだ。この墓は昼は人がつくり、夜は神がつくった。人々は立ち並んで、大坂山（二上山北麓の山）の石を手渡しにして墓まで運んだ。時の人はそのようすを「大坂に　継ぎ登れる　石群《いしむら》を　手逓伝《たごし》に越さば　越しかてむかも（大坂山に頂《いただき》のほうまで続いているたくさんの石は、手渡しで運んでいけば、運びおおせるだろうよ）」と謳ったという。

また崇神天皇七年二月条には、神がかりした倭迹迹日百襲姫が大物主の神意を伝え、崇神はその教えのままに祭祀を執りおこなったこと、同一〇年九月条には、右に紹介した三輪山伝承と箸墓伝承の前段に、倭迹迹日百襲姫が武埴安彦《たけはにやすびこ》の謀反を予知して、すみやかに対処するよう崇神に告げたことを記載する。

崇神の治世を佐《たす》け、三輪山の神の妻となった倭迹迹日百襲姫の伝承が、巫女王としての卑弥呼像を彷彿させることから、戦前の考古学界では笠井新也《かさいしんや》氏によって、卑弥呼すなわち倭迹迹日百襲姫であり、箸墓古墳は卑弥呼の墓だとの説が提起された［笠井、一九二四年／笠井、一九四二年］。

笠井氏は箸墓古墳を卑弥呼の墓に比定するにあたって、いま箸墓古墳と呼ばれている桜井市箸中《はしなか》の巨大前方後円墳が、崇神紀に倭迹迹日百襲姫が葬られたと伝える大市の「箸墓《はしのみはか》」と同一のものであるかどうかを検討した。『日本書紀』の天武天皇元年（六七二）七月条には、壬申《じんしん》の乱に際して、大海人《おおあま》皇子側の軍が大友《おおとも》皇子側の近江軍と上《かみ》ッ道《みち》の「箸陵《はしのはか》」のもとに戦い、大いに近江軍を破ったと記されている。この天武紀の「箸陵」が、崇神紀の「箸墓」であることは疑いない。そして古

写真１　箸墓古墳の周辺調査で出土した橄欖石安山岩（寺沢撮影）

代の上ッ道に相当すると考えられる道路は、いまも「箸墓古墳の円丘部の直下、恐らくはその封土《ほうど》の縁辺を侵したかと思はれる程に」、墳丘裾を東南部から東側へと回り込むように接しながら北上している。こうした地理関係の符合から、文献上の「箸墓」「箸陵」が今日の箸墓古墳を指していることを実証したのである［笠井、一九四二年］。

　しかし一九二四年、四二年の時点では、箸墓古墳の築造年代もまったく推測の域を出るものではなく、時代的な制約から、文献学的にも考古学的にも根拠の乏しい説とされた。ところが戦後、古墳の年代研究が進展し、最近では箸墓古墳の築造年代が三世紀にさかのぼることが確実になった。それにともない、箸墓古墳を卑弥呼の墓と想定する考古学者の説と補完しあいながら、箸墓伝承の解釈じたいも深められていったのである。

「是《こ》の墓は、日《ひる》は人作り、夜は神作る」という記述は、大土木工事が突貫で進められたこと、そして空前の巨大建造物の出現に、当時の人々が人力を超えた神助を感じていたことを伝えるものであろう。人々は「相踵《あひつ》ぎて手逓伝《たごし》にして」大坂山の石を箸墓まで運んだという。箸墓古墳の墳丘周辺部の調査や宮内庁の調査報告によって、後円部の墳頂部の石槨には橄欖石玄武岩《かんらんせきげんぶがん》や橄欖石安山岩《あんざんがん》と呼ばれる二上山北麓の芝山《しばやま》火山岩地帯（大阪府柏原市国分市場付近）に分布する石材が用いられていることが判明した（写真1）［奥田、二〇〇二年］。箸墓伝承と考古学の成果に一致点が得られたのである。こうして実在性の不確かな崇神紀の倭迹迹日百襲姫像が、実在性の確かな『魏志』倭人伝の卑弥呼像と重ね合わされていった。

卑弥呼の墓はどこか

箸墓古墳の被葬者を卑弥呼とみる考えは、私も一つの有力な説だと思っている。しかし疑問点も少なくない。前項で少しふれたが、あらためて論じよう。

第一に築造年代の問題である。箸墓古墳の築造は布留0式古相期にはじまり、同じ布留0式古相期のなかで終わっている。布留0式古相期の暦年代を三世紀後葉とする私の考えでは、卑弥呼の墓の第一候補からは外れることになる。それに卑弥呼の墓が寿陵であった可能性を考えると、墓の基礎部分の造成は、卑弥呼が共立された三世紀初めの庄内式の早い時期にはじまっていなければならない。可能性はますます薄らぐ。

第二に墳形の問題である。箸墓古墳の後円部の径は約一六五メートル、高さは約二八メートルだ。これに対して前方部の長さは約一三五メートル、高さは約一八メートルに達する。側面からは双子山のようにみえる。はたして箸墓古墳を目撃した当時の魏の使者が、前方部（方丘）を無視して後円部（円丘）の大きさのみを記録するだろうか。日本独特の墳形である前方後円墳は、彼らの目にも異様に映ったはずなのである。

この疑問点を解消するために、後円部が先行して築造されたと主張する研究者もいる。本来は円墳であったが、のちに前方部が付加されたというのである。この手法は前方後円墳の築造手順としては存在する。しかし円墳であったものを、ある年月の経過後、あらためて前方後円墳に仕立てたというのであれば、その時間差を証明する考古学的根拠が必要だ。

一九次にわたる墳丘周辺の発掘調査によって、外濠・周堤・内濠の形状がしだいに明らかにされてきた。後円部周辺からも前方部周辺からも、そして括れ部からも同じ布留0式古相期の土器が出土している。また宮内庁の墳丘調査では、後円部からは特殊器台・壺が、前方部からは二重口縁壺が採集されている。これらの土器の型式など、いま得られている考古学的情報を総合して判断すると、後円部の特殊器台・壺にやや古い段階のものがふくまれるものの、後円部と前方部が同時に築造されたことは疑いないと思われる。後円部先行説には無理があるといわざるをえない。私の主張する、纒向型前方後円墳からの型式変化をへて定形型前方後円墳が誕生したという見方にもそぐわない（四八ページ、図4参照）。

ならば定形型前方後円墳ではなく、纒向型前方後円墳だとどうであろうか。石塚古墳、矢塚古墳、ホケノ山古墳など、前方部が短く低平なこれらの古墳は、いまでも説明されなければ円墳と見まがうほどである。発掘調査がおこなわれるまでは、すべて円墳と考えられてきたものだ。こう考えると、三世紀中葉という築造年代に見合う古墳としては、右の三基が候補に浮上してくる。しかし、いずれも後円部の径は六〇メートルほどで、一〇〇歩の半分にもおよばない。

そこで問題となるのが「径は百余歩」の文言である。『魏志』倭人伝には里数、日数、戸数、人数、下賜品の数など、切りのよすぎる数字が並んでいる。これらの数字のなかには概数というより、中国人の理念にもとづいて書かれたものや誇張されたものが多くふくまれる。

例えば、倭人伝が記載する倭の国々の戸数が実態とかけ離れていることは、第五章第二節でみてきたとおりだ（三二一～三二三ページ参照）。また邪馬台国の所在地をめぐる論争で争点となってきた、帯方郡から邪馬台国にいたる里程は、儒教経典『尚書《しょうしょ》』『周礼《しゅらい》』などの理念的世界観から作られた数字だという［渡辺、二〇〇三年／東、二〇〇九年／渡邉、二〇一二年］。このほか、卑弥呼がかしずかせていた「婢《ひ》千人」、卑弥呼が魏王朝から下賜された「銅鏡百枚」、卑弥呼死後の後継をめぐる争いで殺された「千余人」という数字なども、概数ではなく「多数の」という意味で使用されているとみる人は多い。ならば「径は百余歩」は「巨大な」、徇葬した「奴婢百余人」は「多くの奴婢」という意味あいかもしれない。こうなると、もはや議論の拠って立つ確かな基点はない。

そこで視点を変えて「径は百余歩」が実数だとして、後円部の直径ではなく、墓域（兆域《ちょういき》）の広さを指していると考えたらどうであろうか。というのは、中国漢代から三国時代にかけての皇帝陵の規模は墳丘の高さと兆域の広さで表されることが一般的だからである。こう考えると、さきの三基の纒向型前方後円墳の墳丘と周濠とを合わせた円域は、おおよそ径一〇〇歩に収まる。ただし、ホケノ山古墳の墓域はほかの二基に比べてやや小さく、しかも発掘調査で明らかになった副葬品の内容からみて被葬者は男性の可能性が高い。したがって候補からは外れることになる。

私は石塚古墳か矢塚古墳が卑弥呼の墓の有力候補だと考えている。いずれの古墳も第一次大王宮の西方に位置し、大王宮の建物群の東西軸線の延長上に載る。より近距離にある石塚古墳が第一候補になるだろうか。だが、石塚古墳の築造時期はいまだ確定しているわけではない。第一章第一節で紹介したように、墳丘基層、墳丘内、周濠底、導水溝などから出土した土器群の評価をめぐって議論に決着がついていないからだ（四一〜四三ページ参照）。しかしそうした年代観の差異は、じつは石塚古墳の築造開始（周濠や墳丘の基礎工事）から埋葬までの時間幅の長さに起因しているのかもしれない。

箸墓古墳の被葬者像

それでは巨大な墳丘と広大な周濠をもつ最古の定形型前方後円墳、箸墓古墳は誰の墓なのだろうか。

いま箸墓古墳の被葬者をめぐっては、おおかた三つの説がある。第一は卑弥呼。その理由はこれまで述べてきたとおりで、邪馬台国畿内ヤマト論者を中心に最も支持率が高い。

第二は台与。やはり畿内ヤマト論者が中心である。ただし、邪馬台国は卑弥呼の死後、北部九州からヤマトに東遷したという数少ない邪馬台国東遷論者のなかにも見受けられる［奥野、一九八二年／大和、一九九〇年など］。箸墓古墳の築造年代を卑弥呼の死よりも一世代ほど新しく考えるためで、箸墓の被葬者は女性だという崇神紀の伝承のモチーフも取り入れた説である。私は箸墓古墳の築造年代を三世紀後葉と考えるから、東遷論には賛成できないものの、第二案には親和的である。台与は第一候補に挙げてよいかもしれない。

しかし私は第三案も考えている。それは台与のあとに立ったであろう男王だ。『魏志』倭人伝は、台与が率善中郎将《そつぜんちゅうろうしょう》の掖邪狗《いやく》ら二〇人を遣わして、張政たちの帯方郡への帰還に同行させ、掖邪狗たちはさらに足をのばして魏都洛陽に使いしたという記載で終わっている。一方、『晋書』武帝紀《ぶていき》

の泰始《たいし》二年（二六六）の記事には、

十一月己卯、倭人来献方物。

十一月己卯《きぼう》、倭人来《きた》りて方物《ほうぶつ》を献ず。

とあり、同書四夷伝の倭人条にも、

泰始初、遣使重訳入貢。

泰始の初め、使いを遣わし訳を重ねて入貢す。

とみえる。魏の禅譲《ぜんじょう》を受けて晋の武帝（司馬炎《しばえん》）が即位した翌年、倭国から早くも使者が入貢したのである。新しい王朝の建国を奉祝するためであろう。それでは、使者を送った倭王とは何者なのか。『梁書』諸夷伝の倭条には、次のような記載がある。

正始中、卑弥呼死。更立男王、国中不服、更相誅殺。復立卑弥呼宗女台与為王。其後復立男王、並受中国爵命。晋安帝時、有倭王賛。賛死、立弟弥。弥死、立子済。済死、立子興。興死、立弟武。

正始中、卑弥呼死す。更《さら》に男王を立つるも、国中服せず、更相誅殺《こもごもあいちゅうさつ》す。復《ま》た卑弥呼の宗《そう》女《じょ》の台与を立てて王と為《な》す。其《そ》の後、復た男王を立て、並びに中国の爵命《しゃくめい》を受く。晋の安帝の時、倭王の賛《さん》有り。賛死し、弟の弥《び》を立つ。弥死し、子の済《せい》を立つ。済死し、子の興《こう》を立つ。興死し、弟の武《ぶ》を立つ。

箸墓古墳の被葬者として、台与のあとに立ち、泰始二年に使者を送った男王の可能性も高いと私は考えている。

しかし私のこうした理解に対しては、文献史料の誤読だとする批判がある。批判の論拠は以下のとおりである。①『晋書』にみえる泰始二年の朝貢は、どこにも男王によるものとは記されていない。②『日本書紀』神功《じんぐう》皇后摂政六六年条に引く『晋起居注《しんききょちゅう》』に「武帝泰初《（ママ）》二年十《（ママ）》月、倭女王遣重訳貢献（武帝の泰初二年十月、倭の女王、訳《おさ》を重ねて貢献せしむ）」とあり、この「倭の女王」とは壱与（台与）を指すと考えるのが通説である。③『梁書』に中国から爵命を受けたと記された「男王」とは、後文に名を連ねた賛、弥、済、興、武のいわゆる倭の五王にほかならず、西晋から爵命を受けた男王は存在しない［白石、二〇〇二年］。

だが、はたしてそうだろうか。まず①から考えてみたい。文脈を確認するため、さきの『晋書』四夷伝の倭人条を前文から掲げよう。

旧以男子為王。漢末倭人乱、攻伐不定、乃立女子為王、名曰卑弥呼。宣帝之平公孫氏也、其女王遣使至帯方朝見、其後貢聘不絶。及文帝作相、又数至。泰始初、遣使重訳入貢。

旧男子《もと》を以《もっ》て王と為《な》す。漢末に倭人乱れ、攻伐《こうばつ》して定まらず、乃《すなわ》ち女子を立てて王と為し、名づけて卑弥呼と曰《い》う。宣帝《せんてい》の公孫氏《こうそんし》を平らぐるや、其《そ》の女王、使いを遣わして帯方《たいほう》に至りて朝見《ちょうけん》し、其の後も貢聘《こうへい》は絶えず。文帝《ぶんてい》の相《しょう》と成るに及び、又数《またしばしば》至る。泰始の初め、使いを遣わし訳を重ねて入貢す。

倭人社会の争乱を終結させるため女王に擁立された卑弥呼は、宣帝（司馬懿《しばい》）が公孫氏を平定すると、ただちに帯方郡に使いを送った。その後も朝貢は絶えず、文帝（司馬昭《しょう》）が宰相となった魏王朝の末期にも、しばしばやって来た。そして晋の武帝の泰始年間初め、倭は使いを送り通訳を重ねて入貢したというのだ。

右に掲げた『晋書』四夷伝の倭人条は、仁藤敦史氏も指摘するように、卑弥呼の死去と台与の即位に関する記載を欠いている。そのために、泰始年間の初めの入貢にいたるまで、一貫して卑弥呼が使者を派遣しつづけていたかのように解釈できる文脈になっているのである。また武帝紀のほうは「十一月己卯、倭人来りて方物を献ず」と、泰始二年一一月の朝貢の事実を記すのみで、倭王の性別や名は明記されていない［仁藤、二〇〇九年］。

そこで、②の『日本書紀』神功皇后摂政六六年条に引かれた『晋起居注』の検討に移ろう。「起居注」とは、皇帝の日常の言行を左右の官が記録した日記体の文書である。歴代の王朝で作成され、のちの史書編纂の基本史料ともなった。晋代についても『隋書』経籍志《けいせきし》に「晋泰始起居注二十巻」など多くの書名が記載されている。

神功紀に引かれた『晋起居注』には「武帝の泰初（ママ）二年十月（ママ）、倭の女王、訳《おさ》を重ねて貢献せしむ」とある。「泰初」は「泰始」の誤りで、また武帝紀によるならば「十月」は「十一月」が正しい。現在の通説では、『晋起居注』の「倭の女王」は台与を指すと考えられている。卑弥呼の没年は西暦二四八年頃で、泰始二年すなわち二六六年の時点では卑弥呼はすでに死去していることが今日の私たちには明らかだからである。しかしさきにみたように、『晋書』では泰始二年の遣使の主体として卑弥呼を想定していた可能性がある。そうであれば『晋起居注』もまた同様の理解に立ち、卑弥呼を念頭において「倭の女王」と表記したのではないか。

『日本書紀』神功紀は、三九年条、四〇年条、四三年条に『魏志』倭人伝の外交記事を引き、伝説上の神功皇后を、実在した卑弥呼になぞらえる意図のもとに編纂されている。六六年条に『晋起居注』を引用したのも、おそらく「倭の女王」を卑弥呼その人と理解していたからであろう。①と②に関する検討を併せ考えると、泰始二年に使者を送った倭王が女性、すなわち台与であったとする通説には再考の余地がある。仁藤氏は「台与の没年をさかのぼらせて箸墓の被葬者に想定することも可能となる」と述べているが、どこまでさかのぼらせるのだろう。箸墓古墳の築造年代を三世紀後葉と考える私には、むしろ台与のあとの男王が視界に入ってくるのである。

それでは、③について考えよう。三七一ページに掲げた『梁書』諸夷伝の倭条である。卑弥呼の死後、「更《さら》に」男王を立てた。しかし国中は同意せず、たがいに殺しあったので、「復《ま》た」卑弥呼と同じ宗族の女性である台与を王とした。「其《そ》の後、復た」男王を立て、「並びに」中国から爵命を受けたという。ここまでは「更に」「復た」と重ねながら、一連の流れのなかで出来事が継起したことを示している。だから中国から爵命を受けたのは、台与とそのあとの男王ではないか。「晋の安帝の時」以下は、時間帯の異なる記述とみるべきであろう。東晋の安帝の在位年代は三九六～四一八年である。

こうしてみてくると、泰始二年の遺使が台与の事績であったとする通説は自明のことではなくなる。台与政権は十数年の短期間で終わり、泰始二年には新しく男性大王が擁立されていた可能性もあるからだ。

文献史学の和田《わだ》萃《あつむ》氏は早くから、台与のあとに立った男王を崇神に比定し、崇神こそヤマト王権最初の大王であると考えた。そして、箸墓古墳の被葬者として崇神を想定したのである［和田、一九八八年］。泰始二年の遺使を台与によるものと考えた点では私の説と異なるものの、箸墓の被葬者として台与のあとの男王を想定した点では重なっている。

箸墓古墳を男性大王墓とみる説は諸刃《もろは》の剣である。箸墓古墳が最初の巨大前方後円墳で、規模や規格において大きな画期をなしている事実は、文献上のヤマト王権の男王系譜とも整合的である。しかしその一方で、皇女の墓とされてきた古くからの伝承とのつながりは失われる。また近年では、箸墓古墳の築造年代が三世紀後葉あるいは中頃にさかのぼることは確実になっている。そうであれば、箸墓古墳に葬られた初代男王の治世もけっして長くなかったことになる。『古事記』の分注にみえる崇神崩御《ほうぎょ》の年の干支「戊寅《ぼいん》」を三一八年にあてる和田氏は、第二案として、箸墓古墳を台与の墓、これにつづく西殿塚古墳か桜井茶臼山古墳を崇神の墓とする説も提示している。私は箸墓古墳の築造年代から、最初の男性大王の没年は三世紀後葉かせいぜい末にかけてとみるから、和田氏とは暦年代において四〇年前後の隔たりがあることになる。箸墓古墳の被葬者像をめぐって、私たちはまだなかなか決定打を放つことができない。

第二節　『魏志』倭人伝と『記紀』のはざまで

投馬国から邪馬台国へ

邪馬台国が畿内ヤマトに比定されるのであれば、次に出てくる問題は投馬国《とうまこく》と狗奴国《くなこく》の位置である。まず、投馬国から考えてみよう。

従来の文献学的な地名考証では、トウマ、トマ、転じてツマ、タマ、トモなどの音から、多くの候補地が挙げられてきた。邪馬台国九州説では筑後《ちくご》国上妻《かみつま》・下妻《しもつま》郡、三潴《みずま》郡、日向《ひゅうが》国児湯《こゆ》郡都万《つま》神社の鎮座地、薩摩《さつま》国など、畿内ヤマト説では出雲《いずも》国、但馬《たじま》国、周防《すおう》国佐波《さば》郡玉祖《たまのおや》郷、備後《びんご》国沼隈《ぬまくま》郡鞆津《とものつ》、備中《びっちゅう》国浅口郡玉浦《たまのうら》、摂津《せっつ》国八部《やたべ》郡須磨浦《すまのうら》などである。

投馬国は不弥国《ふみこく》の「南」、「水行二十日」の位置にあるとされている。第五章第二節でみてきたように、当時の中国人の地理観では、倭地は南北に長く延びた島国と考えられていた（三二〇ページ参照)。したがって『魏志』倭人伝の「南」は、実際には「東」と読み換える必要がある。北部九州内の不弥国の位置については、いくつかの説があるものの、その不弥国から「水行」とのみ記されていることを重視すれば、投馬国の候補地は日本海沿岸部か、関門海峡を通過して瀬戸内海沿岸部となる。「水行二十日」の行程は、山尾幸久氏の考証に拠って、沿岸部の一日の航行距離を四〇里前後とみると[山尾、一九八三年]、二〇日で八〇〇里前後、現在の単位に換算するとおよそ三四〇キロ余である。

投馬国の戸数「五万余戸可り《ばか》」は、邪馬台国の「七万余戸可り」に次いで二番目に多い。しかし「七万余戸可り」が近畿地方を超える領域を想定しなければならなかったように(三二二～三二三ページ参照)、中国地方の大国という漠然としたイメージ以上の情報を与えてくれるわけではない。

考古学がこれまで明らかにした遺跡の規模や密集度(戸数や人口)、独自性の高い土器や遺物の集中度、王(族)墓の存在にみられる部族的国家群の成長度などから、日本海ルートではイヅモとタニハ、瀬戸内海ルートでは中・東部地域を想定するのが妥当なところだ。わけてもイヅモ《ツマ》(イは強調の接頭語)は、地名考証からも日本海沿岸部の最有力候補である。北部九州からの距離観も穏当であろう。

イヅモ社会は、四隅突出方形墓という独特の墳丘墓をオウ族や王族の墓として大形化させ、有段の口縁をもつ共通の土器様式にみられるように、同族意識や幻想的共同性に支えられた緩やかな部族的国家の集合体を形成していた。弥生時代後期後半以降の鉄器や鉄素材の入手とオウ族墓や王族墓への集中的な副葬、首長霊継承儀礼の執行は、ヤマト王権の前方後円墳祭祀に引き継がれる重要な要素となったことも述べた。投馬国の候補地として、考古学的にも十分な条件を備えている地域である。

一方の瀬戸内中・東部地域はどうだろうか。キビ国中枢の「王のなかの王」墓である楯築墳丘墓に立て並べられた特殊器台・壺の広範な地域への波及が示すように、キビの部族的国家連合はのちの吉備（備中、備前、備後）から美作《みまさか》におよんでいる。さらにサヌキ、ハリマ、アハなども円形墳丘墓や前方後円形墳丘墓の散見する地域であり、土器様式にも共通点が多い。これらもキビを中心とする緩やかな部族的国家連合に加わっていたと理解してよいだろう。前方後円墳祭祀との連続性は、イヅモ以上に明瞭である。投馬国の候補地としてはイヅモに遜色ない。

イヅモ説に立つ場合、ヤマトへ向かう一行の逗留地は、入り海や潟湖《せきこ》、あるいは河口に臨んで立地する港津を擁する出雲平野、松江平野、米子平野のクニグニが考えられるだろう。出雲市古志《こし》遺跡群、四絡《よつがね》遺跡群、山持《ざんもち》遺跡、姫原西《ひめばらにし》遺跡は宍道湖《しんじこ》の西、松江市南講武草田《みなみこうぶくさた》遺跡、佐太前《さだまえ》遺跡は宍道湖の北東に位置する。いずれも交通の要衝で、三世紀の主要な拠点集落の候補でもある。

投馬国から邪馬台国への行程は「水行十日、陸行一月」とされる。不弥国から投馬国までの「水行二十日」の距離観にもとづいて、投馬国からの「水行十日」を按分すれば、陸行への中継点の候補地には、潟湖のほとりに立地する鳥取市青谷上寺地《あおやかみじち》遺跡、あるいは兵庫県豊岡市で日本海に注ぐ円山川《まるやまがわ》流域、京都府の宮津湾などが挙げられるだろう。青谷上寺地遺跡や、円山川支流の出石川《いずしがわ》にほど近い小平野に立地する豊岡市袴狭《はかざ》遺跡では、船団を線刻で描いた板材が出土している（写真2）。とくに後者では、舷側板《げんそくばん》や竪板《たていた》（波除け板）をもつ準構造船が描かれており、彼らが外洋航海にた

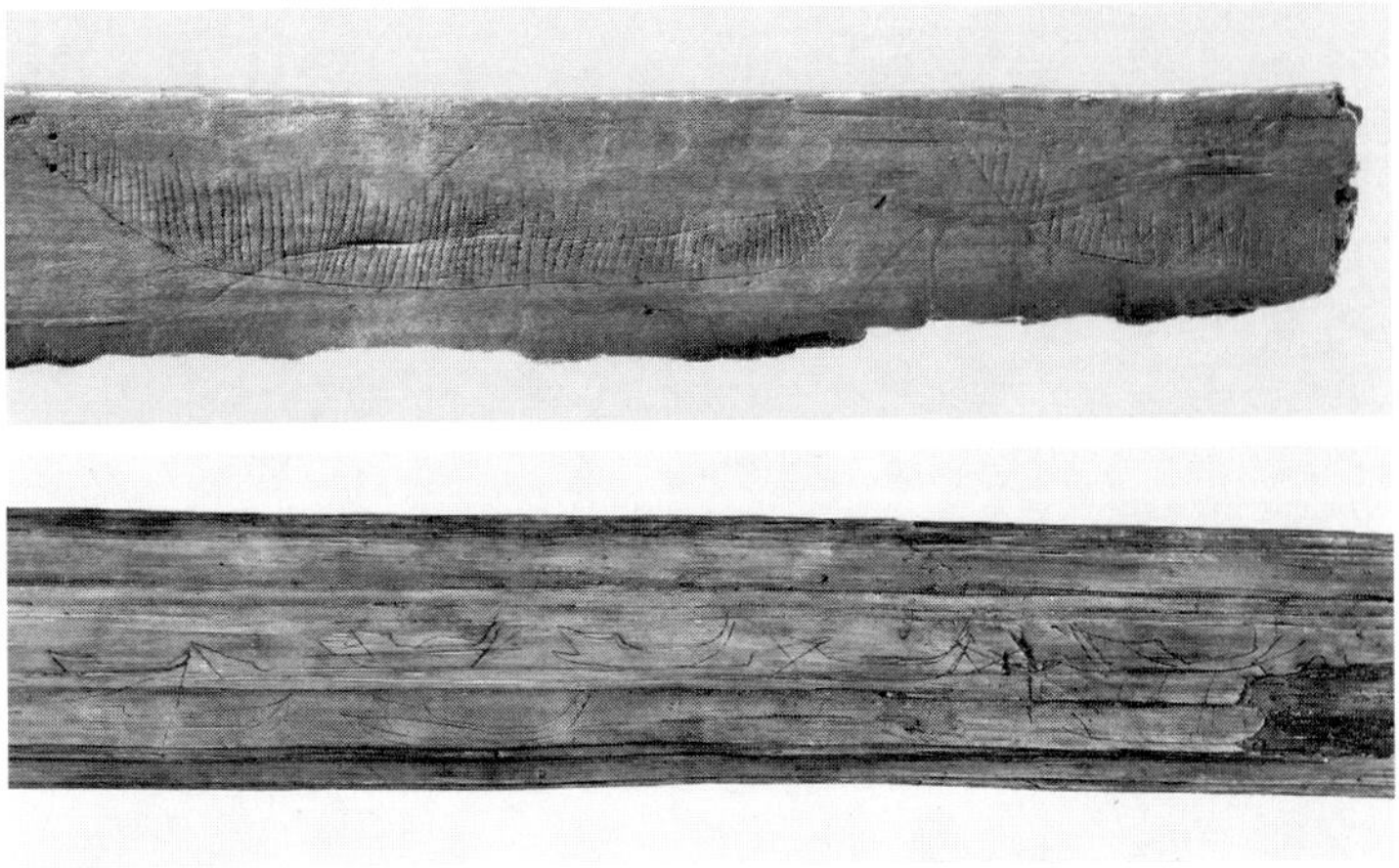

写真2　板に描かれた船団　上段は青谷上寺地遺跡出土（弥生時代中期後半。鳥取県とっとり弥生の王国推進課提供）、下段は袴狭遺跡出土（古墳時代初め。兵庫県立考古博物館提供）

けた集団であったことを思わせる。

一方、キビ説に立てば、投馬国での逗留地は、キビ国の王都でもある足守川《あしもりがわ》流域の遺跡群がまず候補となろう（二三七ページ、図9参照）。河口付近の倉敷市上東《じょうとう》遺跡からは、波止場と考えられる弥生時代後期の大規模な築堤が検出されている。ただしこの堤は三世紀には機能が停止しているようだから、拠点的な港市は高梁川《たかはしがわ》河口に位置する外港で、古代の港津として知られる玉浦（多麻津）に移った可能性がある。

ここから邪馬台国への「水行十日」は陸づたい、島づたいと考えられる。陸行への中継点となる港市は、畿内への入り口とされたのちの明石津《あかしのつ》に近い拠点集落である神戸市玉津田中《たまつたなか》遺跡群、あるいはのちの大輪田泊《おおわだのとまり》（兵庫津《ひょうごのつ》）を擁する神戸市長田《ながた》神社境内《じんじゃけいだい》遺跡群などが候補となるだろう。

はたして『魏志』倭人伝は、北部九州からヤマトに向かう二つのルートの途上に存在する大国

（部族的国家群）のうち、どちらを対象として記載したのだろうか。「投馬」の音がイヅモに通ずるという地名考証からの指摘は、イヅモ説を支持しているように思われるが、それではなぜ、ヤマト王権内では最有力だったはずのキビが記載されず、北部九州につぐ第三勢力だったと考えられるイヅモが記載されたのか、はなはだ疑問だ。考古学からみると、旧イト倭国の中枢と新生倭国の大王都を結ぶルートのほぼ中間点に位置する大国として、キビがよりふさわしいのではないかと思う。しかし倭人伝のわずかな記載から、これ以上詮索することはできない。

狗奴国はどこか——最新狗奴国論

次に狗奴国である。狗奴国は新生倭国体制に属さず、倭の女王卑弥呼との不和が伝えられている。『魏志』倭人伝は、狗奴国のことを「不属女王（女王に属せず）」と書く。また正始八年（二四七）の記事には、すでにみたように「倭女王卑弥呼、与狗奴国男王卑弥弓呼素不和（倭の女王卑弥呼、狗奴国の男王卑弥弓呼《ひみくこ》と素《もと》より和せず）」とある。正確を期して念を押せば、狗奴国の男王は倭の女王および倭国と不和だったのであって、けっして邪馬台国（ヤマト国）と不和だったわけではない。「素より」とは、卑弥呼が共立された三世紀初めの新生倭国誕生の時点からという意味だ。それ以前の邪馬台国（ヤマト国）との政治関係にさかのぼって考えるのは行き過ぎである。狗奴国は卑弥呼共立に同調せずヤマト王権への参画を拒んだ、新生倭国の「南」（実際は東方）に位置する国として記されている。

文献学的な地名考証では、邪馬台国九州説の場合、狗奴はクマ、クマソに通じるとして、白川・

緑川流域の熊本平野一帯や、球磨川《くまがわ》流域の人吉《ひとよし》盆地に比定する説がある。またその官の狗古智卑狗《くこちひく（こ）》はキクチヒコだとして、菊池川流域の平野に出自を想定する説もある。集落の規模や密集度、鉄器量の多さ、丹塗《にぬ》りの赤彩土器が特徴的な免田式《めんだしき》土器の分布など、考古学的には地域色の強い遺物・遺跡が存在するけれど、畿内ヤマト説の立場からは狗奴国の候補地とはなりえない。

畿内ヤマト説では古くから、紀伊半島の熊野とする説、関東地方北西部の毛野《けぬ（の）》とする説が唱えられた。また文献史料に見いだされる久努《くぬ（の）》の族称（国造名）や地名から、遠江東部から駿河西部にかけての地に求める説もある［山尾、一九八三年］。しかし考古学の成果と照らし合わせると、熊野には強力な部族的国家を想定できるような遺跡や遺物は存在しない。毛野には二、三世紀の大規模な集落や前方後方形の首長墓が点在し、遠江東部・駿河西部は銅鐸祭祀（とくに三遠式銅鐸）がおよばない独自の文化をもち、天竜川が地質構造や東西文化を分ける指標ともなっていることから、いずれも有力な候補地ではある。しかし三世紀の新生倭国に対峙する勢力を想定するには、ややもの足りない。

最近ではむしろ伊勢湾沿岸部や濃尾平野一帯が有力視されている。赤塚次郎《あかつかじろう》氏は以下のような現象を挙げて、狗奴国濃尾平野説を主張した。

第一に、弥生時代後期の濃尾平野には赤彩の特徴的な土器様式（山中様式）が誕生したこと。また三河、遠江西部へと広く拡散して分布する三遠式銅鐸の生産拠点となり、近畿式に対峙するように独自の祭祀圏を形成していること。

第二に、引きつづき二、三世紀には、口縁部の断面がS字形に立ち上がる薄手の台付甕《だいつきかめ》や、パレ

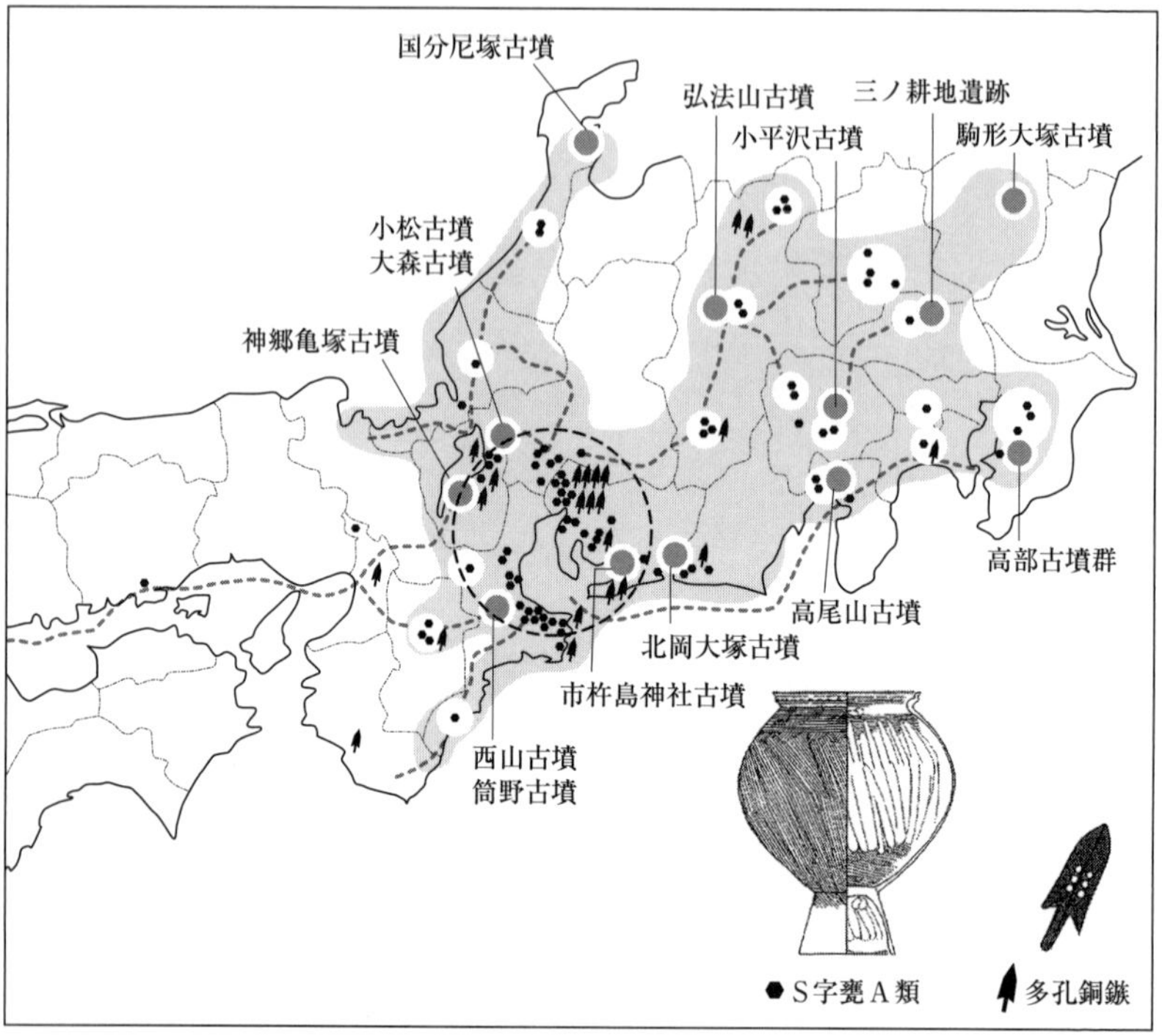

図1　東海系文化の第1次拡散（赤塚、2019年より）

ス式と呼ばれる装飾性の高い赤彩の壺、受部《うけぶ》の極端に発達した高坏《たかつき》、小形の精製器台や坩《かん》・鉢《はち》など、独特の土器様式（廻間《はさま》様式）が成立したこと。それらがさかんに東方各地に搬出され、それぞれの土地で技術的影響を与えて模倣されていること。

第三に、東国の初期の古墳には前方後円墳が少なく、前方後方墳が卓越するが、その原型となる前方後方形の墳丘墓は濃尾平野に起源し、東方拡散の震源になっていると考えられること。

赤塚氏はさらに、こうした伊勢湾沿岸部系の文物や前方後方形の墳丘が拡散する現象には二つの画期が見いだせるとして、

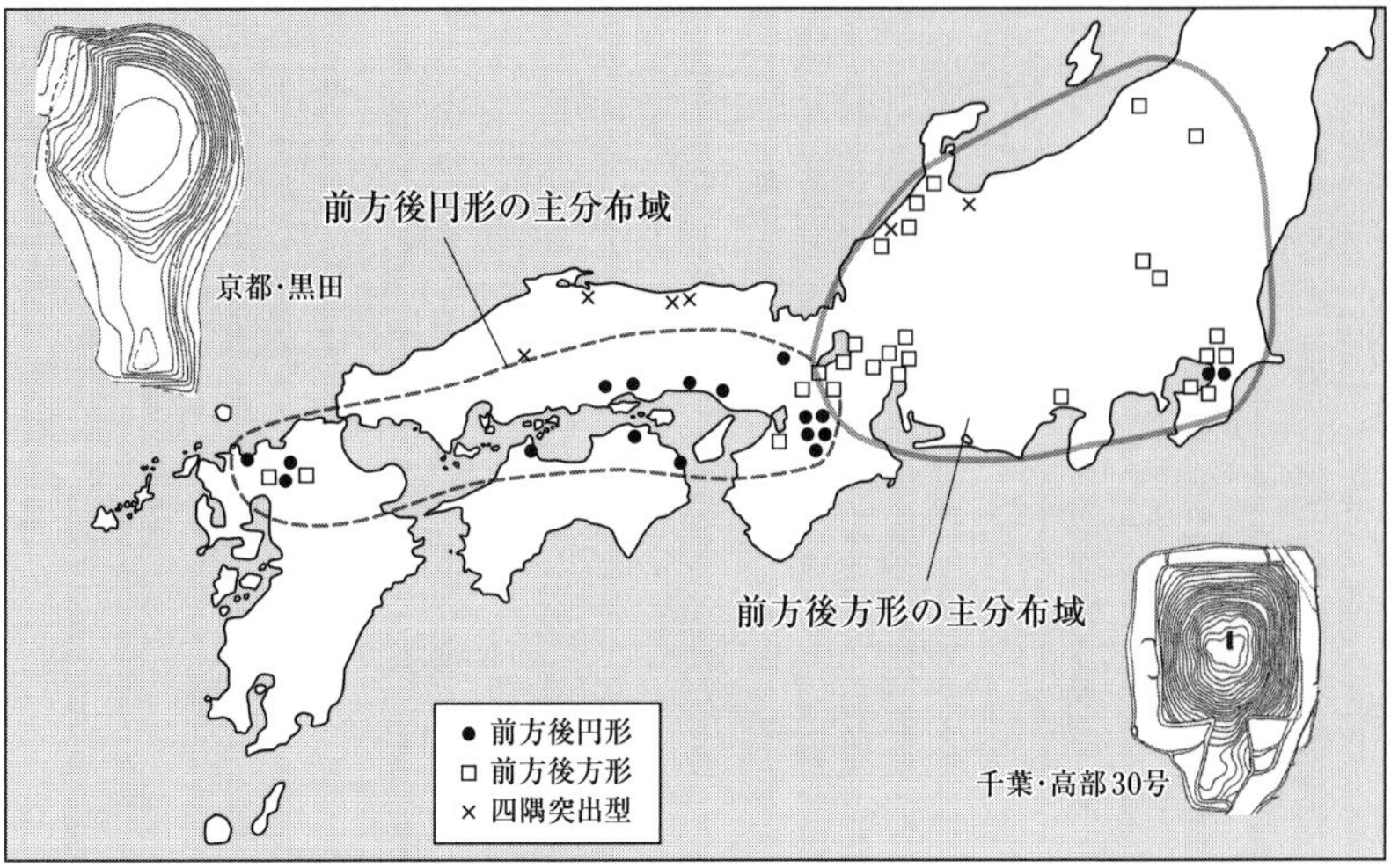

図2　3世紀前半期の墓にみる二極化論（松木、2007年より）

そこに政治的・社会的な背景を想定した。第一次拡散期は二世紀末から三世紀前半であり、邪馬台国と狗奴国との抗争に起因して難民が大量に発生し、東方の社会がその難民を受け入れ、文物や墓のデザインをふくめた文化を受容するほどの「共鳴現象」、すなわち社会的な同一化意識が生じたと考えたのである（図1）［赤塚、一九九二年／赤塚、一九九六年／赤塚、二〇〇九年］。

赤塚氏の分析には説得力があり、考古学、文献史学を問わず、邪馬台国畿内ヤマト論者の間で積極的に採用されていった。しかし、赤塚氏が慎重に「共鳴現象」という言葉で呼んだ第一次拡散は、政治的な連合として理解され、当の赤塚氏自身もそうした評価へと引き寄せられていく。こうして邪馬台国連合vs.狗奴国連合という構図ができあがり、一般向け歴史書のなかでも、三世紀前半の日本列島を東西に二極化する政治的勢力が存在したかのように記述されることになったのである（図

2）［白石、一九九九年／松木、二〇〇七年］。

赤塚氏のいう第二次拡散期は卑弥呼死後の三世紀中頃から後半である。箸墓古墳が築造され、伊勢湾沿岸部の文化がヤマトや大阪湾沿岸部で顕在化する段階とされる。S字形口縁の台付甕C類が畿内中枢部に目立つようになり、前方後方墳がオオヤマト古墳群に多く築造されはじめるからだという。赤塚氏はその背景に、伊勢湾沿岸部の勢力（狗奴国）の大きな関与があったと想定する。

伊勢湾沿岸部系土器は、三世紀初めの庄内0式期から纒向や畿内の遺跡に少なからず流入している。それが顕在化するのは三世紀中頃の庄内3式期からである。前方部が全長の三分の一に達する纒向型規格の前方後方墳が出現するのもこの時期だ。だからその画期は、箸墓古墳の築造時期である布留0式期よりも一段階早い。

赤塚氏は卑弥呼の死（二四八年頃）を布留0式期、私は庄内3式期と考える。わずかな時間差ではあるが、狗奴国の歴史評価には大きくかかわってくる。赤塚氏の論理では、卑弥呼死後の邪馬台国連合内部の混乱が、狗奴国側の政治的関与を招いたことになる。狗奴国の参入によって、邪馬台国連合は初めてヤマト王権へと発展したというストーリーだ。

だが右に述べたように、卑弥呼の死以前から伊勢湾沿岸部系土器はさかんに畿内にもたらされている。また前方後方墳が狗奴国（連合）の象徴的な首長墓であり、狗奴国王の邪馬台国連合への参入がヤマト王権の成立に大きく関与したというのであれば、卑弥呼の死以後の王墓の規模と規格に前方後方墳の優位性がもっと反映されてもよいはずだ。

ところが実際には、前方後方墳の規模と規格はあくまで前方後円墳に準ずるものでしかなく、数も多くはない。その分布は東方にやや目立つとはいえ、西日本にも広がっている。そもそも私の考えでは、前方後方墳はヤマト王権の政治秩序のなかで前方後円墳の二次的な規格として生まれたのだから、当然のことである。もし狗奴国が王権に「関与した」というのであれば、それはすでに成立していたヤマト王権に「遅れて参画した」と表現するほうが実態に即している。

狗奴国連合は存在したか

濃尾平野を中心とする地域に狗奴国を見いだそうとする赤塚氏の主張は、その位置が新生倭国の「南」（実際は東方）にあたり、『魏志』倭人伝の記載と矛盾しないだけでなく、対峙勢力としても十分な考古学的内容を備えている点で共感するところは多い。だから私は、狗奴国が濃尾平野一帯の国、あるいは赤塚氏が想定するような国連合規模の部族的国家群であった可能性は高いと思っている。その中心となったのは、愛知県清須市と名古屋市西区にまたがる朝日《あさひ》遺跡群を擁する仮称「春部《かすかべ》」クニ、愛知県一宮市の萩原《はぎわら》遺跡群を擁する仮称「中嶋」クニ、岐阜県大垣市東町田《ひがしちょうだ》遺跡や揖斐《いび》郡大野《おおの》町上磯《かみいそ》古墳群を擁する仮称「安八《あんぱち》」クニ、岐阜市瑞龍寺山遺跡などのある仮称「厚見《あつみ》」クニなどであったろう。

しかし狗奴国が盟主となって、新生倭国と対峙するほどの広がりをもつ政治的連合を形成し、列島を東西に二極化したという狗奴国連合論には大いに疑問を抱かざるをえない。その最大の理由は、前方後方という墓のデザインはけっして濃尾平野で誕生し拡散したものではないからだ。三世紀前半段階における首長墓としての前方後方墳のありようをみると、数的にも規模的にも濃尾平野が他

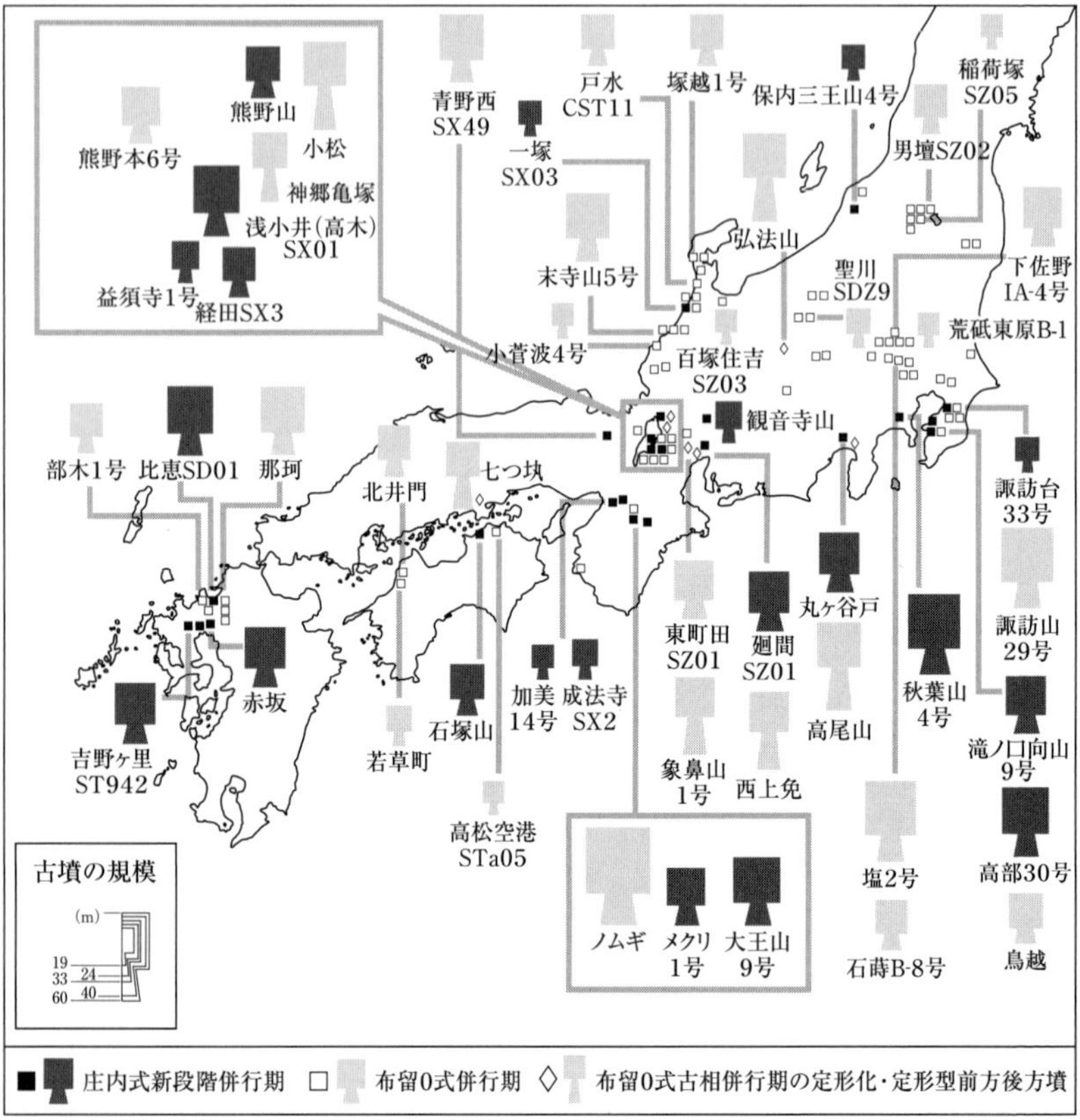

図3　纒向型規格の前方後方墳と初期の大形定形化・定形型前方後方墳の分布と規模　初期の前方後方墳の時期と分布は私の編年観にもとづけばこのようになる（寺沢、2011年より）

地域に卓越しているというデータは存在しない。

図3は私が庄内3式期（三世紀中頃）と考える、纒向型前方後円墳と同じ規格で造られた前方後方墳（後方部長と前方部長の比率が二：一）と、これに定形化あるいは定形型前方後円墳と同じ規格で造られた前方後方墳が加わる布留0式期（三世紀後葉）の前方後方墳の分布を示している。私は前方後方墳のほとんどが、その地域に先に波及した纒向型前方後円墳や定形化・定形型前方後円墳をモデルとして造られたと考えている。

煩雑になるのを覚悟のうえで説明すると、赤塚氏の考える第一次拡散期は庄内0式〜3式期（赤塚氏の廻間Ⅰ-1〜Ⅱ-3様式）で、二世紀末（最近では二世紀前葉）から三世紀前葉のこととする。赤塚氏は庄内0式期には早くも纒向型前方後円形墳丘墓（私の「纒向型前方後円墳」のこと）と纒向型規格の前方後方形墳丘墓（私の「纒向型規格の前方後方墳」のこと）が成立し、最古の定形型前方後円墳である箸墓古墳に先立って定形型規格の前方後方墳も出現していたと考えている。

赤塚氏の編年観では、例えば滋賀県長浜市小松《こまつ》古墳（六〇メートル）、長野県松本市弘法山《こうぼうやま》古墳（六六メートル）、静岡県沼津市高尾山《たかおさん》古墳（六二メートル）、石川県七尾市国分尼塚《こくぶあまづか》一号墳（五三メートル）、栃木県那須郡那珂川町駒形大塚《なかがわまちこまがたおおつか》古墳（六四メートル）などの六〇メートル前後の前方後方墳が、九〇メートル級を最大とする纒向型前方後円墳（勝山古墳などの定形化もふくめれば一一八メートル）と、あたかも同時期に存在しているようにみえてしまう。しかし私の編年観では、この段階の前方後方墳で全長四〇メートルにおよぶ例はない。このように、赤塚氏と私では土器と古墳に対する編年観と暦年代観が大きくずれるのである。

また赤塚氏のいう第二次拡散期は布留0式期（赤塚氏の廻間Ⅱ-4～Ⅲ-1様式）で、三世紀中葉のはずである。そこには愛知県犬山市東之宮古墳《ひがしのみや》（七二メートル）、滋賀県長浜市姫塚古墳《ひめづか》（八〇メートル）、岐阜県揖斐郡大野町南山古墳《みなみやま》（九六メートル）と北山古墳《きたやま》（八三メートル）、三重県松阪市向山古墳《むかいやま》（八三メートル）、京都府向日市元稲荷古墳《むこうもといなり》（九四メートル）、奈良県天理市下池山古墳《しもいけやま》（一二五メートル）などの、私が布留0式期でも新しい段階から布留1式期（三世紀末～四世紀初め頃）と考える前方後方墳までがふくまれている。しかし前方後方墳をいくら列挙しても、この段階では一五〇～二〇〇メートル級が目白押しの前方後円墳とは大きな落差がある。つまり、卑弥呼政権に対峙する狗奴国を盟主とする政治連合は、どの段階を切り取ってみても存在根拠を欠くのである。

狗奴国連合の実態は、西日本のおもだった部族的国家群の同意の上に誕生した新生倭国の国家形態とは次元がまったく異なっている。ヤマトに一極集中する大形前方後円墳が、中央-地方の政治的階級関係を可視化するべく造営されたのに対して、大形前方後方墳が伊勢湾沿岸や濃尾平野に集中することはない。東国にやや目立つとはいえ、全国に散在する。そこから政治的関係を読み取ることはできない。

『魏志』倭人伝の編纂者は「狗奴国」を記載する際、新生倭国に造反した勢力だけでなく、卑弥呼共立を積極的には支持しなかった勢力、さらには王権とはまったく無関係な社会などをもイメージしながら書き進めたものと私は理解している。王権の政治権力がおよばない地域とは、三世紀中頃（庄内3式期）の段階では纒向型前方後円墳が築造されない地域、そして三世紀後葉（布留0式古相期）の段階では定形化前方後円墳や定形型前方後円墳が築造されない地域ということになろう。

三世紀中頃についてみれば、濃尾平野から東山道一帯（科野《しなの》や毛野《けの》）には纒向型前方後円墳が分布していない。だから濃尾平野に存在したと想定されている狗奴国を「狭義の狗奴国」とすると、東山道一帯は「広義の狗奴国」ととらえることができるだろう。

一方、北陸道や東海道の交通の要衝には、纒向型前方後円墳が点々と築造されている。ただしその分布を小平野ごとに細かくみていくと、西日本に比べて欠落している地域も多い。反王権勢力は面として一定の広がりをもつ狭義の狗奴国だけではなく、前方後円墳が分布する地域に近接してモザイク状に存在したようすが見て取れる。東国ではそのモザイクの広がりが顕著であったということだろう。

『魏志』倭人伝は「女王国」の「東」（実際は北方）の「渡海千余里（海を渡ること千余里）」の地に、「倭種《わしゅ》」のクニグニが存在したことを記載している。もはやその実態すらわからない僻遠の地の倭人たちをふくめると、王権の政治権力がおよばない地域は新生倭国の領域に匹敵するほどの広がりで列島の東北一円に存在するとイメージされていたに違いない。『後漢書』東夷伝が、狗奴国とこの倭種のクニグニを一緒くたにしたのか、「自女王国東度海千余里、至拘《ママ》奴国。雖皆倭種、而不属女王（女王国自《よ》り東のかた海を度《わた》ること千余里、拘奴国に至る。皆倭種と雖《いえど》も、女王に属せず）」と書くのも、このような認識ゆえのことであろう。

この混沌とした状況のなかで、濃尾平野に起源する土器様式が東国を中心に各地に広く拡散していく理由を、政治的な連合に求めることはむずかしいのではないか。

伊勢湾沿岸部系土器の拡散は東国にかぎらない。畿内とりわけヤマトに向けてもさかんに搬出されているし、初期の前方後円墳が築造される北部九州（とくに玄界灘沿岸部や有明海沿岸部）、さらに山陽道、南海道沿岸部にまで運ばれる。その様相は、畿内系土器（庄内式や布留式）がヤマト王権との連携を通じて、主要な部族的国家の政治的拠点や港市に集中的にもたらされたのとは異なっている。各地域のおもだった拠点集落や港市に、まんべんなく広範に波及しているのである。この意味では、伊勢湾沿岸部系ほどではないにしても、山陰系土器や北陸系土器なども同様の拡散の仕方をしているのではないか。むしろそれがこの時期の土器の拡散の一般的状況だったのだろう。

ある地域の土器の流通や様式の拡散には、政治的・経済的・社会的な背景がある。一つの理由だけで説明することはむずかしい。しかし誤解を恐れずにいえば、三世紀の時点において、畿内系土器の拡散はより政治的な、伊勢湾沿岸部系土器などの拡散はより経済的・社会的な理由が大きいのではないだろうか。

赤塚氏のいうように、仮に邪馬台国連合との軋轢《あつれき》や抗争によって生じた難民の大量移動が東方拡散の契機だったとしても、それは政治的連合の証《あかし》ではなく、ヤマト王権の東方進出に対する危機感の共有が心理的な一体化現象を生み、その結果として、社会的な親和性の醸成や経済交流の活性化を促したのではないかと思う。

台与政権の実像を探る

『魏志』倭人伝は、正始八年（二四七）に王頎《おうき》が帯方太守に着任したこと、倭の使者載斯《さいし》と烏越《うえつ》が帯方郡にいたり狗奴国との抗争について報告したことを記載する。これにつづいて、帯方太守による塞曹掾史《さいそうえんし》張政《ちょうせい》らの派遣、難升米《なしめ》への詔書と黄幢《こうとう》の拝仮、檄文による告喩、卑弥呼の死、男王即位にともなう混乱、台与の擁立と国内の安定、張政たちの檄文による台与への告喩、そして大夫掖《い》邪《や》狗《く》らを遣わしての張政の送還と洛陽への朝貢、これらが一連の出来事としてまとめられている。

台与による張政の送還がいつのことであったか、倭人伝には記されていない。しかしこの間、事態はめまぐるしく展開したとみるべきだろう。卑弥呼の死という事件の前後に、周囲が慌ただしく動いていたようすがうかがわれる。男王即位につづく「国中服せず」という事態も、台与の擁立によってきわめて短期間で収拾されたに違いない。前項でみたような考古学的状況から、このとき狗奴国が初めて王権に加わった可能性は高い。狗奴国との抗争の鎮静化をみとどけた張政たちも、正始中（二四九年四月に嘉平と改元）には送還されることになったのだろう。

それでは、台与政権の実態はどのようなものだったのだろうか。正始中のごく短期間で狗奴国勢力との関係を改善し、狗奴国勢力を取り込んだ新たな王権の運営が始動したとなると、擁立されたばかりの一三歳の女王の能力をはるかに超える仕事だ。

男王を廃して台与を擁立する際には、狗奴国に属する主要部族的国家の王権への参画がセットで決定された可能性は高い。それを実現したのは、卑弥呼政権のとき以上に権力を集中させた寡頭体制内の女王擁立派であった。さらにその裏には、塞曹掾史張政の強力なてこ入れと指導があったはずだ。詔書と黄幢を携えて派遣された張政にとって、長い時間をかけることなど許される状況ではなかっただろう。倭人伝の記事が正始八年で終わっているのは、それこそ実態を示しているのかもしれない。

すでに検討したように、多くの研究者は『晋書』武帝紀にみえる泰始二年（二六六）一一月の遣使の主体を、倭人＝倭女王＝台与と考えてきたために、台与政権は少なくとも二〇年近くつづいたと見積もってきた。そのために、狗奴国の懐柔には長い時間を要し、張政の滞在も長期におよんだとみて、倭人伝最後の一節である張政の送還と洛陽への朝貢をかなり後ろへ引っ張っていたのではないか。

新たに狗奴国を取り込んだヤマト王権は、泰始二年の西晋王朝への朝貢までの間に、大きなハードルを越えるほどの変革を経験していたはずである。はたしてそれを成し遂げたのは、狗奴国の王権への参画という成果を収めた台与政権だったのか、それとも二代にわたって男王即位が実現できなかった政治状況に終止符を打った男王政権だったのか。台与政権を短命だったと考える私には、後者がより妥当性を帯びてみえてくる。

台与の人となりや生活環境は卑弥呼以上に厚いヴェールに覆われている。明らかなのは、卑弥呼の宗族で大王位継承時には一三歳だったということだけである。やはり呪術能力にたけていたのだろうか。あるいは卑弥呼のもとで祭祀的な行為を補佐していたのだろうか。私には、その年齢から想像する台与のすがたを、卑弥呼のような政治にも采配を振るった権力者に重ねあわせることができない。あどけない少女の面影を残したままの、殻に閉じこもりがちな孤独な女性のすがたが浮かんでくる。

新生倭国最初の男王と「崇神」のイメージ

それでは台与のあとの男王即位は、王権における男性世襲観念の強化や男系王統の確立をただちに意味するのだろうか。おそらくそうではあるまい。大王位が特定の部族的国家の系譜を引くことへの反発や警戒心がしだいに薄まり、あえて政治的な白紙状態をつくるがために女王を擁立する必要がなくなったからだと私は考えている。

それは、王権が成立してからおよそ半世紀の時間が流れ、大王を軸とする王権中枢の寡頭体制が定着し、順調に機能しはじめたことを意味する。中枢を構成するメンバーから、かつての部族的国家の王としての側面（外的国家の王としての性格）はしだいに消えていった。濃尾平野一帯の部族的国家群（「狭義の狗奴国」）のヤマト王権への参画を契機に、それまで反抗的姿勢をとりつづけてきた「広義の狗奴国」のクニ・国にも王権に帰順する状況がみられるようになったのである。

本書ではこれまでも、新生倭国のもとに結集した部族的国家連合による王国形成の過程を明治維新になぞらえてきた。当初は藩閥の意向に左右されていた新政府も、明治二年（一八六九）の版籍奉還、四年（一八七一）の廃藩置県、六年（一八七三）の地租改正条例制定、「明治六年の政変」、七年（一八七四）の佐賀の乱、一〇年（一八七七）の西南戦争などをへて、旧雄藩の在野勢力は失墜し、藩閥はしだいに弱体化していった。近代天皇制国家として立憲政体の樹立をめざすなかで、国会開設、内閣制度創設、憲法制定が急がれたのである。

新生倭国の誕生以来、大連合を主導してきた有力部族的国家も、同じような運命をたどったと考えられる。新生倭国は内的国家としてはあくまで部族的国家連合というきわめて未熟な形態をとっていたから、近代国家とは第三権力（国家権力）論のうえでも雲泥の差があるけれど、王権中枢は地方支配のための国制の整備を急ピッチで進めていたのである。

『日本書紀』の第一〇代御間城入彦五十瓊殖天皇《みまきいりひこいにえのすめらみこと》（崇神）は「御肇国天皇《はつくにしらすすめらみこと》」と称えられ、『古事記』にも「初国《はつくに》知《し》らしし御真木天皇《みまきのすめらみこと》」と記される。『日本書紀』に同じく「始馭天下之天皇《はつくにしらすすめらみこと》」と称讃される初代の神日本磐余彦天皇《かむやまといわれひこのすめらみこと》（神武）の事績が、日向から東征して大和を平定する神話的叙述にほぼ終始するのとは違って、崇神紀には、疫病の流行と天神地祇《てんしんちぎ》の祭祀による沈静化、四《し》道《どう》将軍の派遣、人民の戸口の掌握と課役《かえき》の賦課、池溝の掘削と勧農等々、政治や軍事、経済などにかかわる時事が記載されている。

神武紀が王権成立にまつわる伝承をもとに物語として作り上げられたと考えられるのに対して、崇神紀は個々の事績の真偽は別として、内的国家の整備が進められてゆく時期の社会の実態を反映しているとみて大過ないだろう。ヤマト王権最初の男王のイメージが「崇神」に託され、修史作業の過程で数多くの歴史的事件の伝承と記録が崇神紀に集約されていったのではないか。

三輪山祭祀の成立

崇神紀には祭祀による人心掌握の説話も伝えられている。なかでも興味深いのは、六年条の天《あま》照大神《てらすおおみかみ》と倭大国魂神《やまとのおおくにたまのかみ》の祭祀にかかわる記載である。

もともと天照大神と倭大国魂神の二神は、天皇の大殿《おおとの》のなかに祭られていた。ところがその神威は強大で、天皇は二神と起居をともにすることに不安を感じた。そこで、天照大神には豊鍬入姫《とよすきいりひめの》命《みこと》を付けて倭の笠縫邑《かさぬいのむら》に磯堅城《しかたき》の神籬《ひもろき》を立てて祭らせ、倭大国魂神には渟名城入姫命《ぬなきいりひめのみこと》を付けて祭らせた。ところが、渟名城入姫命は髪が抜け落ち、体が痩せ衰えて、祭ることができなかったという。

　前年から疫病が流行して多くの民が亡くなり、国内は不穏な情勢になっていた。つづく七年条には、これを憂えた天皇は災いが起こる神意を問い、大物主神《おおものぬしのかみ》の神託にしたがって、大物主神の子で茅渟県《ちぬのあがた》（和泉国一帯の古称。明確な範囲は未詳）の陶邑《すえのむら》にいた大田田根子《おおたたねこ》を大物主神の祭主とし、倭 直《やまとのあたい》の祖《おや》市磯長尾市《いちしのながおち》を倭大国魂神の祭主とし、八十万《やそよろず》の神々を祭ったとの記事が載る。こうしてようやく疫病は終息し、五穀豊穣となったことを祝って、八年一二月には大神《おおみわ》神社で祝宴を催したという。大神神社の創祀譚である。なおヤマトの地主神《じぬしがみ》である倭大国魂神を祭るのが、現在は天理市新泉町《にいずみちょう》に鎮座する大和《おおやまと》神社だと考えられている。

　いまヤマトで、天照大神を祭る古社といえば、「元伊勢《もといせ》」とも呼ばれ、天照大神若御魂神《わかみたまのかみ》を祭神とする檜原《ひばら》神社（『延喜式神名帳《えんぎしきしんめいちょう》』にみえる巻向坐若御魂《まきむくにますわかみたま》神社か）が真っ先に思い浮かぶ。笠縫邑については現在の田原本町秦 庄《はたのしょう》の秦楽寺《じんらくじ》境内笠縫神社付近とみる説もあるが、大神神社の摂社《せっしゃ》檜原神社が有力視されている。ところがごく最近になって、かつて巻向坐若御魂神社が鎮座していたという玉砂利敷きの跡が、三輪山の北東に位置する巻向（纒向）山の山頂付近で確認された。新たな有力候補の登場であるが、いずれであるかは目下調査中だ。

　さて、纒向遺跡をヤマト王権最初の大王宮が置かれた場所と考える私の立場からすれば、この二柱の神は三世紀の早い時期には、辻トリイノ前地区で発見された第一次大王宮のなかに祭られてい

写真3　現在の大神神社拝殿（寺沢撮影）

たことになる。文字どおり大殿内であれば建物D、大王宮内ということであれば、天照大神は建物C、倭大国魂神は建物Aが候補となるだろう（九二ページ、図14参照）。この状況は未発見の布留0式期の第二次大王宮にも引き継がれた可能性が高いが、その後、纒向は衰退してしまう。三世紀末から四世紀初めのことである。

ちょうどこの頃、三輪山西麓では三輪山の神を祭る祭祀がはじまる。大宮《おおみや》（大神）川《がわ》と狭井川《さいがわ》にはさまれた現在の拝殿域下の白砂の上に布留1式の土器が供献されている（写真3）。檜原神社でもこの時期の土器が採集されているから、纒向の衰退（大王宮の移転）とともに二柱の神が分祀された可能性は否定しがたいのである。

大神神社の祭神は、『延喜式』に収められた「出雲国造神《いずものくにのみやつこのかむ》賀詞《よごと》」によれば倭大物主櫛甕魂命《やまとのおおものぬしくしみかたまのみこと》（大物主神）であるけれども、大国主神《おおくにぬしのかみ》（大己貴命《おおあなむちのみこと》、大穴持《おおあなもちの》命《みこと》）と同神ともされる。周辺には多くの摂社・末社があり、大物主神の荒御魂《あらみたま》（狭井神社）、少彦《すくなひこ》名命《なのみこと》と大田田根子命《おおたたねこのみこと》、活玉依姫命《いくたまよりひめのみこと》（大直禰子《おおたたねこ》神社）、少彦名命（磐座《いわくら》神社）、高橋活日命《たかはしのいくひのみこと》（活日神社）、久延彦命《くえひこのみこと》（久延彦神社）など、大物主神と縁《ゆかり》の深い祭神が祭られている。三輪山の神がおしなべて国つ神（土地神）であることが知られる。

三輪山は天皇霊のこもる聖地とされ、伊勢の神も三輪の神もともに王権の神として位置づけられてきた。ところが、大神神社の境外《けいがい》摂社で南方二〇〇メートルほどに鎮座する神坐日向《みわにますひむかい》神社は、もともと三輪山の山頂にあったもので、いまの高宮《こうのみや》神社がそれである。国見《くにみ》儀礼や日神祭祀の象徴とされてきたが、高宮神社では奥津磐座《おきついわくら》への祭祀がおこなわれている。神坐日向神社の祭神は櫛《くし》御方命《みかたのみこと》、飯肩巣見命《いいかたすみのみこと》、建甕槌命《たけみかづちのみこと》（高天原《たかまのはら》から派遣され国譲りの談判をおこなった建御雷〔建甕槌〕とは別神。大物主神の曽孫）であることから天つ神とは考えがたい。

三輪の神が王権の神であるという位置づけは、三輪山周辺の各所でおこなわれていた地霊・穀霊などへの地的宗儀《しゅうぎ》の痕跡が消え、禁足地での祭祀に集約される七世紀頃の解釈ではないだろうか。三輪山には降臨する神を祭るための磐座が群在し、山麓からは祭祀用の滑石製《かっせきせい》農工具や織具《おりぐ》、ミニチュア土器、須恵器などが大量に出土している。それらの祭祀は四世紀にはじまった可能性があるが、五、六世紀を中心とする。とりわけ勾玉《まがたま》に子勾玉や装飾をほどこした子持《こもち》勾玉は、奈良盆地ではほとんどが三輪山麓一帯に集中する（図4）。

崇神紀にみえるような天皇の国政に崇《たた》る三輪山の神の性格は、本来は皇祖神としての天つ神（日神）に対峙する地主神であるがゆえのことだと理解するべきなのである。私は三輪の神とはヤマトだけではなく、王権に参画した、あるいは王権に服属した汎列島規模の地域の神々の統合神だと考えている。

こうみてくると、出雲の神（大国主神）もまた、地主神としての性格を強く表す神格であり、新たな王権の祭祀とは微妙な関係にある。

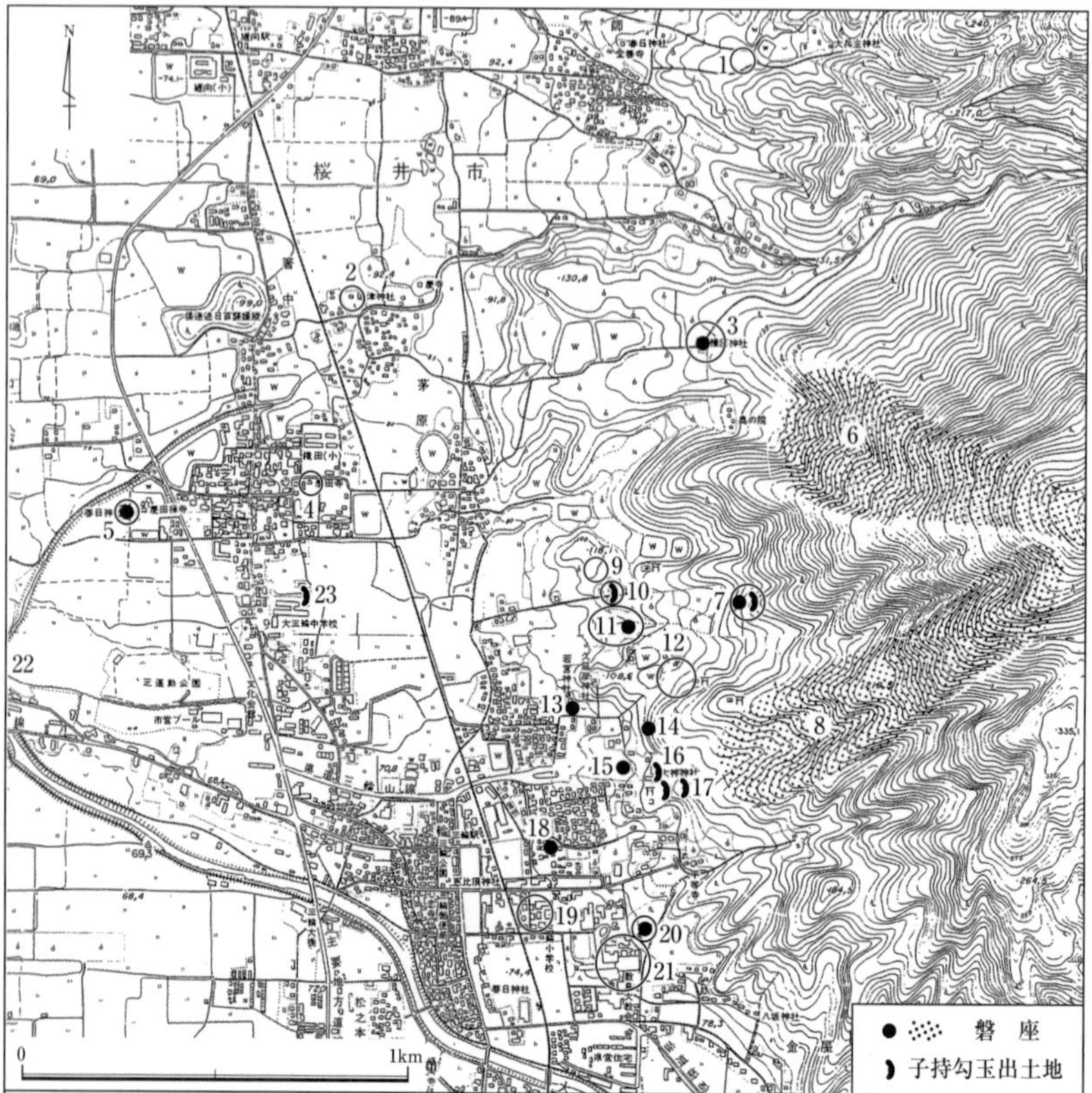

1 カタヤシキ(穴師)　2 国津神社付近(箸中)　3 檜原神社付近(檜原)　4 慶田寺付近(芝)　5 九日神社境内(芝)　6 オーカミ谷磐座群(三輪)　7 山ノ神遺跡(三輪)　8 禁足地裏磐座群(三輪)　9 箕倉山祭祀遺跡(茅原)　10 源水・堀田(茅原)　11 奥垣内祭祀遺跡　12 鏡池周辺(馬場)　13 若宮社境内(馬場)　14 磐座神社境内(三輪)　15 夫婦岩(三輪)　16 大神神社三ツ鳥居下　17 禁足地(三輪)　18 素戔嗚神社境内(三輪)　19 三輪小学校付近(金屋)　20 志貴御県坐神社境内(金屋)　21 天理教敷島教会付近(金屋)　22 初瀬川・巻向川合流地点付近(芝)　23 大三輪中学校庭(芝)

図4　三輪山西麓の祭祀遺跡(寺沢編、1984年により作成)

崇神天皇六〇年条には次のような説話を記載している。出雲臣《いずものおみ》の遠祖である出雲振根《いずものふるね》は、出雲大神《いずものおおかみ》の宮に神宝を管理していた。ところが、振根が筑紫国に出かけているあいだに、弟の飯入根《いいいりね》が天皇に献上してしまった。出雲に戻っていきさつを聞いた兄は怒り恨み、はかりごとを用いて、二人で水浴びをしたときに淵のほとりで弟を撃ち殺した。それを聞いた天皇は、吉備津彦《きびつひこ》と武渟河別《たけぬなかわわけ》を遣わして振根を誅殺する。出雲臣は畏《かしこ》まってしばらく大神を祭らなかった。そのとき、丹波氷上《たにわひかみ》の氷香戸辺《ひかとべ》という者が活目尊《いくめのみこと》（皇太子）に、「自分の子供は神が取り憑《つ》いているのではないでしょうか。とても小児の発する言葉とは思えません」と申し上げた。その謎めいた「託言《つきごと》」とは、「出雲の人が祈り祭るすばらしい神宝が水底に沈んでしまった（神宝の鏡は朝廷に召し上げられてしまった、その鏡を返して欲しい）」という主旨だった。皇太子がこのことを天皇に奏上したので、勅を発して出雲の大神を祭らせたというストーリーだ。

また垂仁天皇二三年条では、三〇歳になってもいまだ物言わぬ皇子の誉津別《ほむつわけ》が、鵠《くぐい》（ハクチョウ）をみて初めて言葉を発したので、天皇は喜んで側近に鵠をとらえて献上するようにいうと、鳥取造《ととりのみやつこ》の祖である天湯河板挙《あめのゆかわたな》が出雲（一説に但馬国とも）まで追ってとらえたとする。『古事記』では、占いによって出雲大神の祟りであると知った天皇が神宮を建立したので、皇子は話せるようになったというストーリーになっている。

出雲の神と王権の対峙を物語るモチーフは『記紀』神代巻の国譲りの神話にも描かれるし、『記紀』以外の文献にもみられる。本書ではもはやこれ以上の深入りはできないけれど、出雲の神もまた王権にとっては制圧し、取り込むべき神格として描かれるのである。

『魏志』倭人伝と『記紀』

考古学が明らかにした三世紀史の視点から、『魏志』倭人伝の記載との整合性や相違点を逐一論じると、なぜ最初に『記紀』との関係を論じないのかというお叱りを受けることがある。講演会では、こうした質問や批判がかならずといってよいほど発せられる。しかし、戦後の古代史研究の成果によれば、もはや『記紀』の内容をそのまま経時的な歴史史料として対象化する研究者はほぼいないだろう。

考古学の立場からすればなおさら、三、四世紀に起こった歴史的事実の記憶が伝承されて、『記紀』の崇神、垂仁、景行天皇の事績に説話のモチーフとして散りばめられていることはあっても、そこからストレートに歴史年表を作り上げることはできない。そのモチーフは神功皇后紀の記述にまで下って垣間見える一方で、逆に、五世紀後半頃の考古学的事実にもとづくモチーフが、崇神紀にさかのぼって挿入されていることもある。前にふれた大田田根子を陶邑に見いだしたという説話などはその最たる例だろう。

それに比べると『魏志』倭人伝は、その民俗誌的記載の信憑性はともかく、少なくとも政治外交史としての歴史的出来事の編年はほぼ保証されている。暦年代もおおむね明らかであるから、史書としての信頼度はきわめて高い。二〜四世紀史を考古学の手法で明らかにしようとする場合、文献との整合性をまず中国史書に求める理由はそこにある。

だが『記紀』を後世の創作として、分析史料から排除することはもちろんできない。三世紀の纏向王権時代の考古学的な事実と一致する記載も少なくないからだ。

例えば、崇神、垂仁、景行天皇の都宮の伝承名と、纒向遺跡で発掘された大形建物群の遺構（第一次大王宮）の立地環境との類縁性は、第一章第二部でみてきた（九五〜九七ページ参照）。また崇神紀の倭迹迹日百襲姫の箸墓伝承で、大坂山の石を運んで造ったという記載は、近年の調査・発掘によって箸墓古墳の後円部墳頂の石槨には二上山北麓の石材が使用されていることが判明し、伝承と考古学の成果に一致点が得られたことも本章第一節で紹介した（三六六ページ参照）。同じ崇神紀に記された天照大神と倭大国魂神の分祠の説話は、三世紀末から四世紀初めにかけての纒向の衰退にともなう三輪山祭祀の誕生と軌を一にしていることは、いまみてきたとおりだ。

　このほかにも崇神紀には、四道将軍の派遣、武埴安彦《たけはにやすびこ》・吾田媛《あたひめ》の謀反とその鎮圧、人民への賦課、農業の奨励と池溝開削の推進の詔《みことのり》などが盛りだくさんに記載されている。これらは巨視的にみれば、前方後円墳の分布や古式三角縁神獣鏡の配布の広がりに裏付けられる王権の強化と伸張、多種多彩な搬入土器などにうかがわれるヒトとモノの移動の活発化、巨大前方後円墳の造営や運河建設などにみられる土木工事の進展などと整合的である。

　これらは崇神紀だけにかぎらない。垂仁紀の狭穂彦王《さほびこのみこ》の謀反伝承、景行紀の日本武尊《やまとたけるのみこと》の熊襲《くまそ》征討や東征譚、仲哀紀から神功皇后紀につづく熊襲征討、新羅攻略、麛坂王《かごさかのみこ》・忍熊王《おしくまのみこ》の謀反伝説へと、時代を下りながら類似したモチーフが展開する。垂仁紀では池溝工事や農業の推進のほか、三輪と伊勢の神の祭祀問題がふたたび記載されるし、殉死の禁令と野見宿禰《のみのすくね》の建言による形象埴輪発生の説話も興味深い。これらは考古学的事実と重なる部分があり、纒向の時代から四世紀中頃にかけての歴史的事件の伝承が、崇神、垂仁、景行のブロックと、成務《せいむ》、仲哀、神功皇后のブロックに、物語として継起的に散りばめられているとみてよいと思う。

『記紀』に記された天皇の系譜と事績が編年的にたどれ、暦年代への正確な落とし込みが可能になるのは、『帝紀』がかたちをなしたとされる欽明《きんめい》朝、『天皇記』や『国記』が編纂され暦法の習得がはじまった推古《すいこ》朝、あるいはさらに下って斉明《さいめい》朝などとする諸説があるが、天武朝の「帝紀及び上古の諸事」の記定が開始される『日本書紀』編纂時からとみる見解もある［鎌田、二〇〇八年］。また、中国史書や朝鮮関係史料から『記紀』系譜の実在性がほぼ考定しうるのは、元嘉暦《げんかれき》が伝来し干支紀年がはじまった可能性が高い五世紀後半の雄略朝からとの考え方が一般的だが、四世紀末から五世紀初め頃とされる応神《おうじん》朝にさかのぼるとの説もある［新納、二〇二一年］。

『日本書紀』では崇神、垂仁、景行の在位年数はそれぞれ六八年、九九年、六〇年とされ、崩御の年齢はそれぞれ一二〇歳、一四〇歳、一〇六歳と記される。『記紀』じたいの記載に齟齬《そご》と矛盾があるうえに、そもそも「長寿」で片づけられる数字ではない。一年二歳計算によるためだとの説もあるが、それでは皇太子に立った年齢がそれぞれ一〇歳、一二歳、一一歳となってしまい、「壮年の頃」という表現や皇太子としての社会的・政治的な行為とも見合わない。

在位年数も問題が多い。『日本書紀』によれば、第一代の神武から神功皇后までの在位年数は平均六二年、第一五代の応神から第二五代の武烈《ぶれつ》までは平均二一年、第二六代の継体《けいたい》から第五〇代の桓武《かんむ》までは平均一〇年。その後の近代以前の天皇在位年数からみても、やはり武烈以前は長きにすぎる。神功皇后以前となると、もはや真実とはかけ離れた年数といわざるをえない。しかも神武のあとの欠史八代の天皇はもとより、崇神、垂仁、景行などの神功皇后以前の天皇が実在した確証もないのである。

したがって、『記紀』とその原史料となった『旧辞《きゅうじ》』や『帝紀』では、三世紀の第3四半期後半から四世紀の第2四半期までの間に、あまたの大王の治世で起こった歴史的事件の伝承と記録が、おもに三代の天皇と神功皇后の事績に集約されていったという推定は、けっして的外れな理解ではないだろう。王権の伸長を物語る征討記事や王化政策の記事などの類似性からみて、少なくとも神功皇后紀までは、こうした視点からの修史作業が徹底的におこなわれたと私は考えている。個別の天皇の実在性や関連記事の編年については、史料としてまず疑ってかかるべきだろう。『三国志』や『晋書』などの中国史書に比べれば、『記紀』は三、四世紀史の歴史叙述において安易には使いがたい史料といわざるをえないのである。

政権の安定期から分立期へ

卑弥呼と台与の二代にわたるヤマト王権の誕生期にあっては、政権内部の一体性はまだ確立していなかった。有力部族的国家の王どうしの牽制が存在していたのである。それがしだいに解消されて政権が安定したのは、台与のあとに立った男王の時代からだろう。いやむしろ、政権内部の寡頭体制が円滑に運営されはじめたからこそ、男王の擁立が可能になったというべきなのである。それまで否定されてきた男王擁立という選択肢が政権内部で共有されたことの意味は大きい。

こうした政治状況は考古学からも確かめることができる。三世紀第1四半期から第3四半期前半までの庄内式段階では、纒向型前方後円墳の分布にみられるように（五一ページ、図5参照）、王権が北部九州から南関東の主要地域にまでおよんだとはいえ、その実態はいまだモザイク状で、とくに東国には多くの造反勢力が残り、政局は不安定だった。

しかし、三世紀第3四半期後半から四世紀第1四半期の、布留0式期から布留1式期の時期は、定形型前方後円墳の拡散と巨大化、古墳埋葬儀礼の形式化と副葬品の画一化、王権祭祀の波及と浸透などにみられる政権の安定期で、男王の時代である。政権の安定化は、中枢を構成していた有力部族的国家の外的権力の喪失と表裏の関係にあった。

それでも布留0式古相期の段階では、地方では定形型前方後方墳と並んで、依然として大規模な纒向型前方後円墳の築造がつづいていた。だが三世紀末の布留0式新相期から四世紀第1四半期の布留1式期になると、定形型前方後円墳が大勢を占め、中国鏡や三角縁神獣鏡、多数の鉄製武器を副葬する男性首長墓が顕在化して、女性首長墓はほとんどみられなくなる。

ところが四世紀第2四半期の布留2式期になると、ふたたび女性首長墓が散見するようになる。その背景に何が起こっていたのだろうか。

この時期をヤマト王権の政権内部の「弛緩・混乱期」とみる寺沢知子氏は、威信財の変化に注目する。布留1式期には中国鏡や三角縁神獣鏡、碧玉製の腕輪形石製品、多数の鉄製武器などを中心とする画一的な威信財や威儀具が副葬されたのに対して、布留2式期になるとこれらは影を潜め、替わって倭製の器物（倭系新威信財）が顕著になるという。筒形《つつがた》銅器や巴形《ともえがた》銅器、有鉤銅釧形《ゆうこうどうくしろがた》や銅鏡形の異形《いぎょう》銅製品、捩《ねじ》り鉄鏃《てつぞく》、筒形・坩形《かんがた》・巴形・琴柱形《ことじがた》・紡錘車形《ぼうすいしゃがた》・鏃形《ぞくがた》などの石製品である。また武具の竪矧板《たてはぎいた》・方形板革綴短甲《ほうけいいたかわとじたんこう》が短期間ながら流通し、滑石製模造品も目立つようになる。そして形象埴輪の樹立など、多彩な威儀具の可視化が考案されて配布されはじめる。

これらは政権中枢の複数の勢力が各自に創出して、地方首長に授与されたと寺沢知子氏は指摘した。複数の系列が「王権規範」（前方後円墳体制）を維持しつつも、政策実現のために地方首長と個々に連携する事態が出現していたというのである。

この時期、大王墓クラスの前方後円墳が集中して築造される地域は、奈良盆地東南部（ヤマト国）内のオオヤマト古墳群から盆地北部（ソフ国）内の佐紀古墳群へと移動している。寺沢知子氏はヤマト王権の中枢部で政権の変動があったとみて、前者をオオヤマト政権、後者をソフ政権と呼んでいる。そして『日本書紀』の崇神紀、垂仁紀、景行紀、神功皇后紀、とりわけ景行紀に女性首長とその反乱伝承の記載が数多くみられるのは、背景に政権中枢の弛緩と混乱があったと考えた［寺沢知子、二〇一五年／寺沢知子、二〇一七年／寺沢知子、二〇一九年］。

考古学からみた布留2式期の政権中枢の弛緩と混乱は、夫の仲哀天皇の崩御後、子の応神天皇の即位までの間、長きにわたって摂政として政治を執ったとされる神功皇后の伝承と無関係とは思えない。神功皇后紀では熊襲征討と朝鮮半島への政治的介入の説話が大きな比重を占めている。倭国が外的権力の発動に乗り出さねばならない政治課題が内外に山積していたようすを読み取ることができる。外交の延長として、物理的な戦争におよぶこともあったのであろう。神功皇后の実在性は明らかではないが、『記紀』が政権の難局を乗り切った皇后を卑弥呼に重ね合わせて理解しようとしていたことが重要なのである。

政権分立期の外的権力の高揚と半島進出

多系統で最新の倭系威信財を副葬する布留2式期の大形古墳は、対外的港市に隣接する場所や交通の要衝に集中して築造されている。独自性を主張する政権中枢の複数系列の勢力が対朝鮮外交を見すえ、地域勢力と連携して、内外の交通網の整備を進めていたようすが想定される。

四〇八ページの図5に示したように、この時期の全長一〇〇メートル前後以上の大形前方後円（方）墳の分布をみると、王権の新たなパートナーとなった地域政権の存在が浮かび上がってくる。布留1式期以前には大形前方後円墳がみられなかった地域である（五一、五二ページ、図5、6参照）。それらは日本海沿岸の伯耆、因幡、丹後、越前、加賀、太平洋沿岸の日向《ひゅうが》や伊勢湾沿岸部、常陸《ひたち》、陸前など、良港や水軍を擁する地域に目立つ。瀬戸内ルートの瀬戸内海沿岸中・東部地域（とくに備前）や、畿内への玄関口である大阪湾沿岸部、駿河、上総などは布留1式期からつづく拠点だ。一方で、甲斐《かい》、武蔵《むさし》、毛野などの東日本の内陸部での顕在化が注目される。五世紀になるとさかんとなる馬匹《ばひつ》生産のはじまりと密接な関係にあるものと考えられよう。いずれにせよ軍事的色彩が強いのである。

四〇九ページの図6に掲げたこの時期以降の鉄素材の出土地も参考にすると、鉄の入手を目的とした朝鮮半島との政治的関係がいっそう鮮明になる。王権内部の寡頭体制の分立と独自性が顕在化したときこそ、その反動として、ヤマト王権の外的権力の発現は強く意識されたのである。

新しい威信財や祭具は朝鮮半島の古墳にも分布している。例えば、筒形銅器は倭国では出土地の明らかなものだけでも、広く関東から九州まで四六墳六〇例におよぶ。これに対して、朝鮮半島南東部では慶尚南道《キョンサンナムド》の金海《キメ》市大成洞《テソンドン》古墳群、良洞里《ヤンドンニ》古墳群、釜山《プサン》市東萊《トンネ》の福泉洞《ポクチョンドン》古墳群など、洛東《ナクトン》江《ガン》下流の古代の金官伽耶《きんかんかや》に集中して二〇古墳四三例が発見されている［田中晋作、二〇〇九年］。筒形銅器の出現が四世紀第2四半期にあることは間違いなさそうである。現時点では日韓のどちらに起源があるかは決着はついていないが、私はこれらの流通や配布に布留2式期の政権が強くかかわっていたことは間違いないと思っている。

王権の国家的な境界祭祀がはじまったのもこの頃である。玄界灘に浮かぶ沖ノ島遺跡では、祭祀は一〇世紀前半までつづいた。ヤマト王権は本格的に朝鮮半島の部族的国家群との外交に乗り出すために、かつての対馬—壱岐—伊都ルートを廃して、ヤマトから瀬戸内海と関門海峡をへて朝鮮半島へ直行するルートを新たに開拓した。そのコース上に浮かぶ孤島が、国家的祭祀の場として選ばれたのである。

沖ノ島遺跡では巨岩上の祭祀が最も古く、祭具には銅鏡、鉄製の武器・武具・工具、鉄鋌《てってい》、碧玉製の腕輪形石製品、ガラス製・硬玉製・碧玉製・滑石製の玉類、ミニチュアの鉄製農耕具、滑石製模造品など、この時期の大形古墳の副葬品や祭祀遺跡から出土する奉納遺物と共通するものが多い。

一九九二年には、韓国南部西海岸に位置する全羅北道《チョルラプクト》扶安《プアン》郡の竹幕洞《チュクマクドン》遺跡でも、銅鏡、鉄製の武器・武具、馬具、鉄鋌などに混じって、鏡・剣・刀子《とうす》・勾玉形の滑石製模造品、水鳥の装飾のある須恵器など、倭系の祭祀遺物が多数出土した（写真4）［国立全州博物館編、一九九四年］。祭祀は三世紀後半にはじまるが、倭系の遺物は四世紀前葉から五世紀前半にピークを迎え、六世紀までつづく。中国南朝や倭との交易の寄港地となった場所で、百済の熊津《ウンジン》（現、公州《コンジュ》）遷都（四七五年）

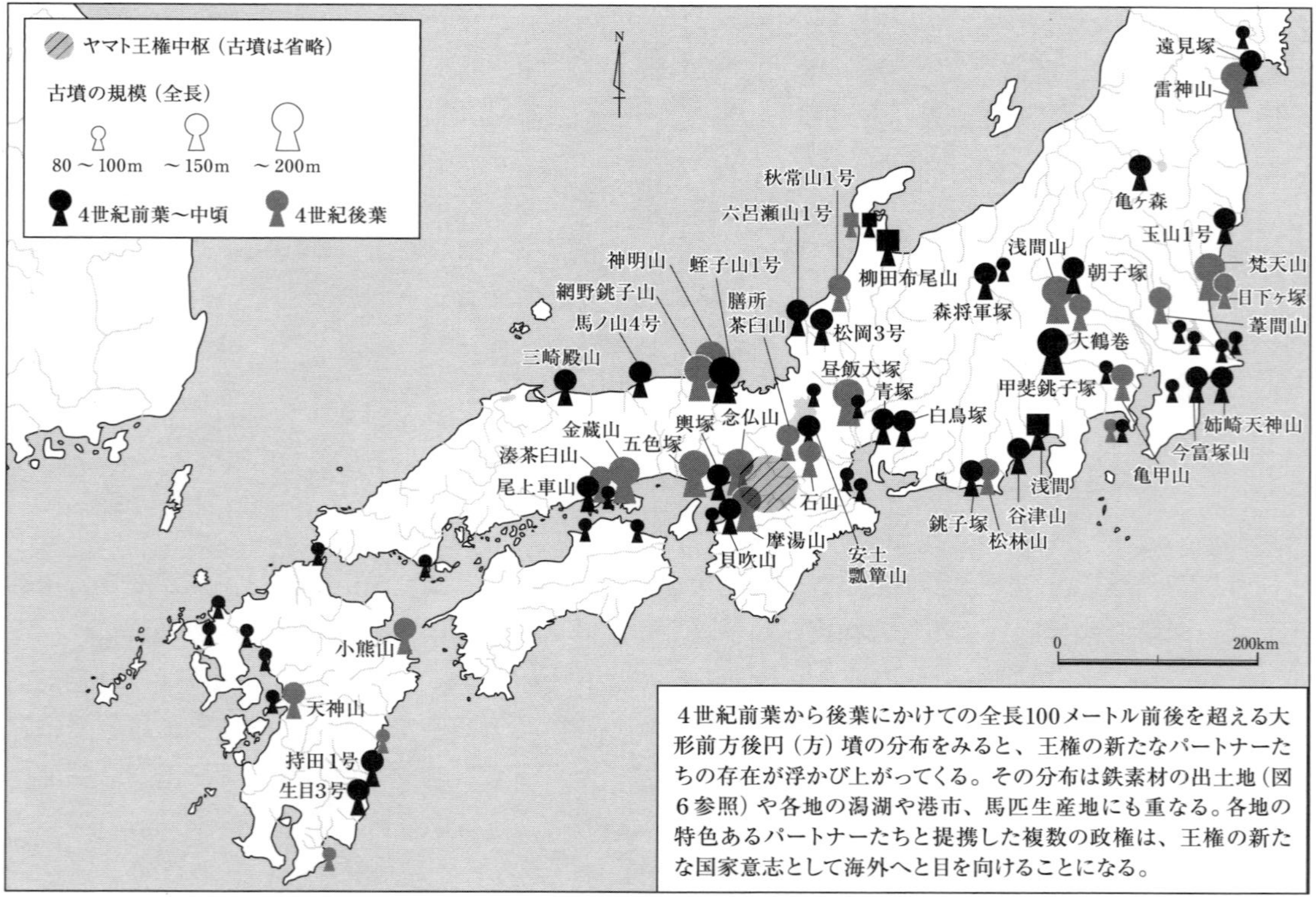

4世紀前葉から後葉にかけての全長100メートル前後を超える大形前方後円（方）墳の分布をみると、王権の新たなパートナーたちの存在が浮かび上がってくる。その分布は鉄素材の出土地（図6参照）や各地の潟湖や港市、馬匹生産地にも重なる。各地の特色あるパートナーたちと提携した複数の政権は、王権の新たな国家意志として海外へと目を向けることになる。

図5　4世紀の大形前方後円（方）墳の分布（寺沢、2000年により作成）

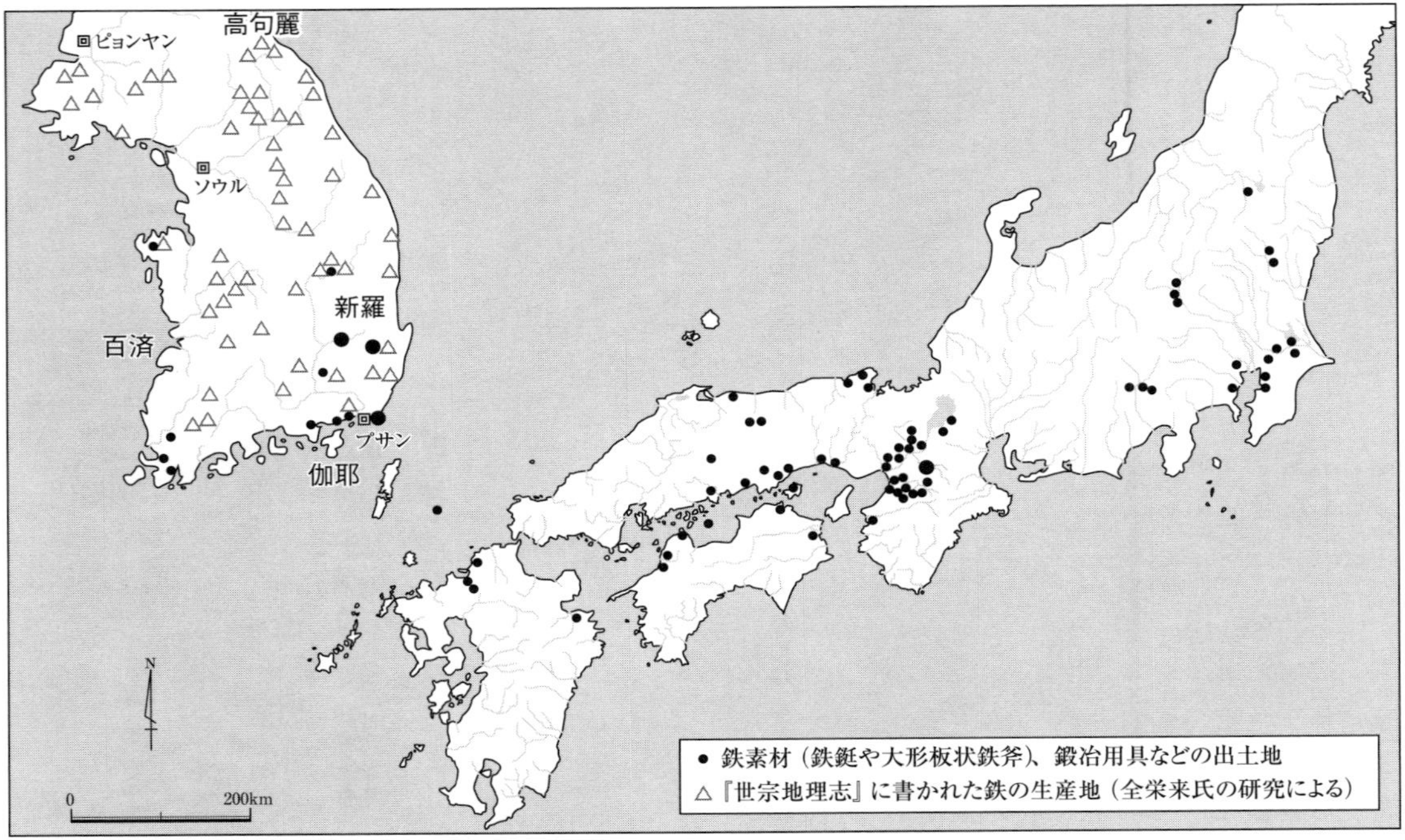

図6　４世紀の鉄素材の出土地と朝鮮半島の鉄の生産地（寺沢、2000年により作成）

写真４　竹幕洞遺跡出土の滑石製模造品の数々（国立全州博物館編、1994年より）

の頃にはその玄関口として知られる。当時の祭祀の主体はあくまで扶余《プヨ》の部族的国家だったと思われるが、ヤマト王権が民衆レベルのカミ祭りにまで普及させた滑石製模造品が祭祀に取り入れられている。航海神に対する韓・倭共通の信仰とか国際化の概念だけでは説明できない、ヤマト王権の外的国家意志が見え隠れするような遺物だ。

さらに朝鮮半島では、栄山江《ヨンサンガン》流域の全羅南道《チョルラナムド》を中心に十数基の前方後円墳が確認されている。その多くが栄山江流域あるいは海岸部に面した場所に立地し、この地域の部族的国家のなかにヤマト王権との政治的関係の締結を模索しはじめた王たちがいたことがわかる。現時点では五世紀後半から六世紀前半の短期間に造営されたと考えられているが、右に述べた考古学的事情を踏まえれば、将来、朝鮮半島の南端部において四世紀にさかのぼる例が発見されたとしても、けっして驚くにはあたらないだろう。

女帝擁立の時代

飛鳥・奈良時代には、第三三代の推古、第三五代の皇極《こうぎょく》、第三七代の斉明（皇極の重祚《ちょうそ》）、第四一代の持統、第四三代の元明《げんめい》、第四四代の元正《げんしょう》、第四六代の孝謙《こうけん》、第四八代の称徳《しょうとく》（孝謙の重祚）

と、一七代のうちほぼ半数にあたる八代（六人）が女帝である。

女帝は男帝継承の「中継ぎ」といわれることが多いが、その後現在にいたるまで、江戸時代の二人しか存在しない。こうした経緯をみるかぎり、たんなる「中継ぎ」として片づけることはできない。この時代に女帝が集中する理由を考える必要がある。

平安時代に男系世襲が確立し、女帝即位の選択肢が消滅する以前は、政権中枢の思惑しだいで、男女にかぎらず大王（天皇）は担ぎ出された。飛鳥・奈良時代における女帝即位の時代背景をみると、次の二つの側面が認められる。①権力抗争が激化し政権の運営が破綻《はたん》することを回避するために男帝の非擁立を選択せざるをえない、いわば政治的で消極的な側面。②不安定な政情を乗り切るために、女帝が象徴する生命力の鼓舞と和合性を期待する、いわば宗教的で積極的な側面。いずれにしても女帝擁立は、内政・外政の混乱期、緊張期において出現した現象と考えてよい。

例えば推古天皇の即位は、長引く不穏な朝鮮半島情勢、蘇我《そが》氏と物部《もののべ》氏の対立、用明《ようめい》天皇崩御、物部守屋《もののべのもりや》敗死、崇峻《すしゅん》天皇暗殺とつづく混乱期のことだった。皇極・斉明天皇の時代も、上宮王家《じょうぐうおうけ》の滅亡から乙巳《いっし》の変にいたる政変や、泥沼化する朝鮮半島政策や律令国家体制の方向性をめぐる権力闘争のただなかにあった。持統天皇の場合も、一般には天武天皇の国家的事業を引き継ぎ完成させた賢妻としての一面が強調されるが、実際は合議制にもとづく法体系整備の遂行など、天武とは異なる持統色の強いものが多い。天武との間に生まれた草壁《くさかべ》皇子は皇位につくことなく早世し、天武と姉大田《おおた》皇女との間に生まれた大津《おおつ》皇子は謀反の嫌疑をかけられて自害をとげ、その間隙を縫って即位したという事情も緊迫した政治的背景をうかがわせる。

要はこれらの女帝の即位は、けっして中継ぎなどではなかったということだ。そこには擁立側と反擁立側の対立、女帝への期待、本人の強力な意志が渦巻いていたのである。

上田正昭氏は、この国の女性首長を巫女王と女帝に分け、卑弥呼から飯豊《いいとよ》王女までを巫女王、奈良時代の元明天皇以降を女帝、その間の飛鳥時代を巫女王から女帝への過渡期と整理しているけれども［上田、一九九六年］、本質的な分類ではない。前に示した①と②は、古い段階ほど②の側面が期待されているとはいえ、内容的に明確に区別できるものではないからだ。

このようにみると、卑弥呼共立の事情も、女帝擁立の時代背景ときわめて似通っていたことがわかる。倭国最初の大王は、まさに内外情勢の混乱のなかから、政治的均衡と「女性性」による危機の克服、そして王権の伸張を期待して擁立された「女帝」であったといってよいのではないかと思う。

纒向学からの発信

卑弥呼政権誕生のプロセスと卑弥呼の実像とに焦点をあてて歴史を描く試みは、そのまま、日本列島における歴史的国家の形成論に深く足を踏み入れることになった。本書の議論のベースとなった「外的国家」という概念が、国家にかかわる諸々の課題を考えるうえで不可欠で有効なツールであることもご理解いただけただろうか。

本書で私が第一に強調したかったのは、国家の第二段階である「王国」の誕生は、ヤマト王権の成立そのものであり、その初代大王が卑弥呼だったということだ。つまり新生倭国＝ヤマト王権＝

卑弥呼政権の関係が、私が到達した結論である。

邪馬台国九州説では、卑弥呼政権とヤマト王権とはまったく別物であった。畿内ヤマト説のほとんどの論者も、「卑弥呼政権からヤマト王権へ」という発展の図式を描いてきた。東遷説でも二者の時間的な先後関係は変わらない。この本のタイトルを「卑弥呼と邪馬台国」とはせずに、あえて「卑弥呼とヤマト王権」とした理由もおわかりいただけたかと思う。

何もこの時代に限ったことではないが、歴史を復元し叙述するための考古学資料の取り扱いにあたっては、明確な時間軸と空間軸をもたねばならない。だから本書の挑戦を試みる際にも、まずは扱う資料が構成する考古学的事象の編年と暦年代を確定すること、確定できないまでも、最も可能性が高いと考えられる近似値を読者に提示することに意を注いだ。それは、ヤマト王権と呼ばれる王国の成立過程と邪馬台国問題に、考古学の方法論で切り込もうとする者には絶対の条件となる。この点を曖昧にし、その努力を放棄した議論は机上の空論でしかないだろう。

近年の自然科学的な手法による暦年代決定法は、まだまだ未完成で問題点があり、私の考古学的手法による年代観とは、この時期でも二、三〇年の隔たりがある。とはいえ、纒向遺跡の盛行期が四世紀にあるとするかつての年代観にもとづく邪馬台国論は、議論の起点を大きく見誤っていることは間違いない。穿った見方かもしれないが、文献学的方法第一主義や九州説を主張する一部の論者が相変わらず過去の年代観に固執するのは、古墳時代開始の暦年代が一〇〇年（箸墓古墳出現からとしても五〇年）近くさかのぼることになると、築きあげてきた自論が修正不可能になってしまうからではないかと思う。

九州説をとる論者は、もっぱら旧来の年代観にもとづいて、頭から畿内ヤマト説を批判することが多い。私はなぜかその矢面《やおもて》に立たされることが多いのだが、じつは畿内ヤマト説の論者のほとんどは、私よりもさらに時代をさかのぼる年代観をもっている。その方々を差し置いて、真っ先に取り上げていただくのは光栄ではあるけれど、まず、もっぱら自然科学的手法に依拠する近年の年代観を批判し、次に圧倒的多数の畿内ヤマト説の考古学者の年代観を否定し、そのうえで異端でもある私の暦年代決定法と編年体系を批判する、三段階の手順を踏むのがあるべきすがたではないか。批判、反批判はまず同じ土俵上に立つもの同士からはじめるのが正しい方法であろう。ごちゃ混ぜの議論では、論点がひたすらぼやけるだけである。

これに関連して、もう一つの重要な視点は、資料が構成する考古学的事象を比較検討できるような空間軸の提示、つまり地域社会論をきちんと提示しているかどうかである。畿内ヤマト説であれ九州説であれ、地域社会の政治的・階級的成熟度と外的権力の強さがまず正当に評価されていなければならない。こうした視点からの詳細にわたる考古学的検討を等閑に付した王権形成論や系譜論、そして邪馬台国論は絵に描いた餅でしかない。日本考古学に往々にして見受けられる、みずからの出自や日常とかかわる特定地域への思い入れが、地域の歴史を掘り起こす原動力になってきたことは認めるけれど、広い視野からの列島史を客観的にみる目を曇らせる結果ともなっている。

そこで私が本書で提案したのは、そろそろ「邪馬台国」という一部族的国家に拘泥した議論はやめにしようということである。中国の史書のどこを紐解いても、卑弥呼が邪馬台国の女王であるとは明記されていない。確実なのは倭の女王、倭国女王ということだ。邪馬台国とは領域としてのヤマト国のことであり、ヤマト王権（新生倭国）の大王都が置かれた場所（国名）でしかない。ならばすべての立論は、その観点からなされねばならないはずだ。卑弥呼は邪馬台国の女王だと考えるから、九州の「一女酋」にすぎないとか、邪馬台国はもともと奈良盆地の覇者であり、しだいに畿内全域から西日本へと連合を拡大し、ついには列島の覇者（ヤマト王権）へと成長したなどといった誤った発想を生むことになるのである。

本書で第二に強調したかったのは、「倭国乱」を乗り越えるためにとったこの国の歴史的選択が、戦争という外的国家意志の物理的な発動ではなく、また強大な外的国家の一国独走を容認するものでもなく、壮大な政治的談合（会同）を重ねた結論としての「卑弥呼共立」であったことだ。"Us vs. Them"（一一二ページ参照）という意識が世界の各地で噴出し奔流となるいま、政治・経済の世界ではしばしばマイナスイメージとして語られてきた「談合」とか「根回し」が、二一世紀の国際社会における課題を解決する最も平和的な手段であるようにも思える。

そしてこのことは、本書で論じてきた卑弥呼像にも深くかかわる。繰りかえせば、卑弥呼はヤマト王権最初の大王である。誤解を恐れず、さらに踏み込んだ言い方をすれば、観念上はのちの「天皇」につながると認識されてきた古代の大王系列の初代は女性であり、その女性は会同によって共立されたということになる。

ヤマト王権の象徴である前方後円墳祭祀の本質は首長霊継承儀礼である。その秘儀は、卑弥呼の「鬼道」とも深い関係にある太陽（日神）祭祀、「女性性」の観念と切り離すことができない。それは大嘗祭論とも深くかかわる問題であろう。

こうした視点は、皇統に属する男系男子のみを皇位継承資格者としてきた「皇室典範」をめぐる昨今の女性天皇に関する議論、そして天皇制の歴史的な理解にも新たな視野を提供することになるだろう。

纒向遺跡がヤマト王権の最初の大王宮が置かれた地であるという考えは、ようやく広く認知されるようになった。私がこの着想を最初に提起してから、すでに三十有余年が経過している。もちろん、そこまで言い切るのはいまの考古学のデータだけでは時期尚早との懸念や、ヤマト王権という概念に対する理解の違いから批判的な見解があることも十分承知している。この点については本書で逐一ていねいに説明してきたつもりではあるが、さらなる調査研究の成果が蓄積されていけば、そうした懸念や批判もおのずと淘汰されていくものと確信している。「纒向学」(エピローグ参照)を歴史学の一角に定着させ、発信しつづけること、それが真実への近道だと信じてやまない。

参考文献

明石一紀 一九九〇年『日本古代の親族構造』吉川弘文館
赤塚次郎 一九九二年「東海系のトレース――3・4世紀の伊勢湾沿岸地域」『古代文化』第四四巻六号
赤塚次郎 一九九六年「前方後方墳の定着――東海系文化の波及と葛藤」『考古学研究』第四三巻第二号
赤塚次郎 二〇〇九年『幻の王国・狗奴国を旅する――卑弥呼に抗った謎の国へ』風媒社
赤塚次郎 二〇一九年「247年 東海六部族とその行方」『卑弥呼の宗女台与、年十三なるを立てて王と為す――卑弥呼その後』(東京フォーラムⅧ資料集)桜井市纒向学研究センター

東潮　二〇〇九年「『三国志』東夷伝の文化環境」『国立歴史民俗博物館研究報告』第一五一集
上田正昭　一九九六年『古代日本の女帝』講談社学術文庫
奥田尚　二〇〇二年「石材の石種とその採石地について」『箸墓古墳周辺の調査』奈良県立橿原考古学研究所
奥野正男　一九八二年『考古学から見た邪馬台国の東遷』毎日新聞社
笠井新也　一九二四年「卑弥呼即ち倭迹迹日百襲姫命」『考古学雑誌』第一四巻第七号
笠井新也　一九四二年「卑弥呼の冢墓と箸墓」『考古学雑誌』第三二巻第七号
鎌田元一　二〇〇八年『律令国家史の研究』塙書房
岸本直文　二〇〇八年「前方後円墳の二系列と王権構造」『ヒストリア』第二〇八号
国立全州博物館編　一九九四年『扶安竹幕洞祭祀遺蹟』（国立全州博物館学術調査報告第一輯）
重松明久　一九六九年『邪馬台国の研究』白陵社
下出積與　一九八八年「前方後円墳の道教背景論について――卑弥呼の鬼道道教説への疑問」『日本古代史論輯』桜楓社
白石太一郎　一九九九年『古墳とヤマト政権――古代国家はいかに形成されたか』文春新書
白石太一郎　二〇〇二年「倭国誕生」『日本の時代史1　倭国誕生』吉川弘文館
白石太一郎　二〇〇三年「考古学からみた聖俗二重首長制」『国立歴史民俗博物館研究報告』第一〇八集
白石太一郎　二〇〇八年「古代王権における女性の役割」『考古学からみた古代の女性――巫女王卑弥呼の残影』（大阪府立近つ飛鳥博物館図録46）
清家章　二〇一〇年『古墳時代の埋葬原理と親族構造』大阪大学出版会
清家章　二〇二〇年『卑弥呼と女性首長〈新装版〉』吉川弘文館
高群逸枝　一九六六年『高群逸枝全集　女性の歴史一・二』第四・五巻、理論社
田中晋作　二〇〇九年『筒形銅器と政権交替』学生社

田中良之　一九九五年『古墳時代親族構造の研究――人骨が語る古代社会』柏書房
田中良之　二〇〇〇年「墓地から見た親族・家族」『古代史の論点2　女と男、家と村』小学館
寺沢薫　二〇〇〇年『日本の歴史02　王権誕生』講談社
寺沢薫　二〇一一年『王権と都市の形成史論』吉川弘文館
寺沢薫　二〇一八年『弥生時代国家形成史論』吉川弘文館
寺沢薫編　一九八四年『大神神社境内地発掘調査報告書――防災工事に伴う調査』大神神社
寺沢知子　二〇〇〇年「権力と女性」『古代史の論点2　女と男、家と村』小学館
寺沢知子　二〇一五年「布留2式期の古墳像――園部垣内古墳再考」『森浩一先生に学ぶ――森浩一先生追悼論集』同志社大学考古学研究室
寺沢知子　二〇一七年「古墳の属性と政権動向――4世紀前半期を中心に」『纒向学研究』第五号
寺沢知子　二〇一九年「男王〈共除〉と台与〈共立〉――女性首長の実像」『卑弥呼の宗女台与、年十三なるを立てて王と為す――卑弥呼その後』（東京フォーラムⅧ資料集）桜井市纒向学研究センター
新納泉　二〇二一年「『日本書紀』紀年の再検討――応神紀・雄略紀を中心に」『考古学研究』第六八巻第二号
仁藤敦史　二〇〇九年『卑弥呼と台与――倭国の女王たち』山川出版社
古田武彦　一九七八年「九州王朝の方法――証言二」『東アジアの古代文化』第一七号
洞富雄　一九七九年『天皇不親政の起源』校倉書房
松木武彦　二〇〇七年『日本列島の戦争と初期国家形成』東京大学出版会
山尾幸久　一九八三年『日本古代王権形成史論』岩波書店
大和岩雄　一九九〇年『邪馬台国は二ヵ所あった――邪馬台国から初期ヤマト王権へ』大和書房
横手裕　二〇〇八年『中国道教の展開』（世界史リブレット96）山川出版社
義江明子　一九九六年『日本古代の祭祀と女性』吉川弘文館

義江明子　二〇〇五年『つくられた卑弥呼——〈女〉の創出と国家』ちくま新書
吉田孝　一九八三年『律令国家と古代の社会』岩波書店
和田萃　一九八八年『大系日本の歴史2　古墳の時代』小学館
渡辺信一郎　二〇〇三年『中国古代の王権と天下秩序——日中比較史の視点から』校倉書房
渡辺正気　二〇〇一年「『魏志倭人伝』の「卑弥呼以死」の読み方について」『日本考古学協会第67回総会研究発表要旨』
渡邉義浩　二〇一二年『魏志倭人伝の謎を解く——三国志から見る邪馬台国』中公新書

エピローグ――ふたたび「纒向学」からの発信

もう一〇年以上も前のことになる。奈良県の桜井市から、市長の政策懇談会へ出席するよう要請を受けた。数人の専門家とともに出席した懇談会の議題は、纒向《まきむく》遺跡の将来に向けての保存活用のありかたについてだった。ちょうど大形建物群の全貌が明らかになりつつあった頃で、世間が邪馬台国畿内ヤマト説に湧いていた矢先のことだったと思う。

市が意図していた「ふるさと再生と活性化の起爆剤としての纒向遺跡」、「観光資源としての纒向遺跡」をめぐる議論のなかで、私は真っ先に仮称「纒向学研究センター」設立の必要性を説いて、次のような構想と信念をお伝えした。

市の掲げる目標を実現するためには、まず、①遺跡にかかわる情報をつねに更新しつつ市民に向けて発信する拠点の創設と体制の整備が必要であること、②この国の国家形成史における遺跡の重要性を正しく伝え、日本文化の原像を探究するための学際的な「纒向学」の構築と学界への寄与が前提となること、そして、③継続的な調査研究による「学」の蓄積の上に立ち、市民の後押しを受けた多様な情報発信の手段を模索しないかぎり、ふるさと再生も観光資源としての経済効果も絵に描いた餅となって、すぐに飽きられてしまうだろうと発言した。

市長の英断によって、一年間の準備期間をへて二〇一二年春、旧幼稚園舎を借りて「纒向学研究センター」の看板を掲げたとき、市に具体的なランニングプランを提示して、所員の奮起をも促した。まずはスケジュールを五年単位で考え、達成度をチェックしつつ問題点を解決していく。この手法は、私が奈良県立橿原考古学研究所の調査研究部長・総務企画部長時代に長年培ってきたものでもあったが、予算も体制も比較にならない小さな自治体の研究機関では至難の業《わざ》であった。

それでも初めの五年間の目標に、調査研究機関としての基盤を固めること、纒向遺跡の史跡指定をめざして整備と活用のための創案（保存管理活用計画）を練り上げること、遺跡の価値を広く一般に向けて伝える事業を立ち上げて定着させること等々を掲げ、大風呂敷を広げた。

常勤職員はわずか三名であるが、さいわいにも、共同研究員という名目で幅広い分野の多くの先生方のご協力を得て、研究紀要の刊行や研究集会は順調に実施され、纒向学の学的基礎を作り上げることができた。巻向駅横の太田地区の史跡指定につづき、大王宮と目される辻地区の史跡指定も実現し、『史跡纒向遺跡・史跡纒向古墳群保存活用計画書』（桜井市教育委員会文化財課編、二〇一六年）も刊行が成った。東京でのフォーラムや地元でのセミナーなど多彩な講座をはじめ、外部媒体と連携したイベントを開催して纒向遺跡の重要性を伝える活動はいまもつづいている。

第二期は、纒向学の学界での認知と寄与、指定地の整備と活用へ向けた実践的活動、そしてさらなる広報と情報発信による纒向遺跡の周知をめざした。研究紀要の刊行は順調に巻を重ね、昨年は、研究センター設立一〇年の節目を迎えたのに合わせて、考古学、歴史学などの人文系だけではなく、自然科学系や教育、マスコミ関係者ら総勢八七名もの方々から寄稿を受け、総八〇〇ページにおよぶ『纒向学の最前線――桜井市纒向学研究センター設立10周年記念論集』（桜井市纒向学研究センター編、二〇二二年）を上梓《じょうし》することができた。

研究紀要の『纒向学研究』は学界でも広く認知され、市の埋蔵文化財センターでは完売されるまでになった。専門の研究論文誌を一般の方々が購読して下さるのである。纒向遺跡の調査研究、保存活用のためにと、ふるさと納税で浄財を寄附していただく件数も日に日に増えていると聞く。纒向遺跡の重要性も、国民的規模で少しずつ周知されてきたと肌で感じている。

そうした状況とは裏腹に、思うように進まないのが整備と活用の事業である。地方財政の逼迫《ひっぱく》で独自予算も補助金も年々減額を迫られる。今年からの第三期五年間で予定していた遺跡の整備事業とガイダンス施設・研究センターの建設は、ついに見送りとなった。行政が新しい組織や事業を展開するときには、かならずといってよいほど半分の応援団と半分の反対派がいるものだ。いまこそ予算の平等型配分や一律削減を廃して、限られた予算のなかで何が将来につながる有効な事業か、何を優先するべきか、地域のおかれた特色や事情に応じて大鉈《おおなた》を振るう措置が必要ではないかとつくづく思う。

さて、ずいぶんと前置きが長くなってしまったが、纒向遺跡の規模はとてつもなく大きい。その広さは藤原宮や平城宮をゆうに超える。もちろん遺構の密度や複雑さは比べるべくもないが、同じ王権中枢の遺跡でありながら、かたや国が巨大な組織を立ち上げて対応しているのに比べると、あまりにも脆弱《ぜいじゃく》な体制である。纒向遺跡がこの国に誕生した王権が最初に大王宮を造った場所であることを考えれば、もっと国や県が本格的にかかわるべき歴史的遺産であることは誰の目にも明らかであろう。

本書は、専門的な内容を保ちながらも自由に書いてよい、という編集者からの申し出に甘えて、すでに考古学の研究書として刊行していた四冊のうち、おもに『王権と都市の形成史論』(吉川弘文館、二〇一一年)で整理し主張してきた私の考えを中心にまとめたものである。そこではなかなか吐露できなかった本音も交えて、読者の方々にストレートに伝わるよう叙述することに努めた。

しかし、本書で主張した私の考えは、学界での定説や既往の常識化した歴史叙述とは異なる点が多々あり、したがって異論はけっして少なくない。そこで最も留意したのは、読者の方々にも理解していただけるように、私論と複数の異論との主旨や論拠の相違点はなるべく詳《つまび》らかにしたうえで、異論の問題点を指摘することに努めた。客観的な説明を省略して、いたずらに読者を混乱させるだけの自説の押しつけは避けたいからである。

本書で逐一紹介してきたように、纒向遺跡の評価から派生する数々の重要な課題は、学界でも議論の渦中にある。私の提案や主張に対しては、いままでも真摯な批判が寄せられた。そうした批判に対しては私もまた真摯に反論してきた。しかし残念なのは多くの場合、こうした切磋琢磨《せっさたくま》の議論にふれることなく、「異論」はいとも簡単にスルーされて、「定説」の追認と補強のみで事足れりとし、屋上屋を架しているのが学界の大勢である。それが専門書であれば、研究者としての資質そのものが問われるべきであり、一般向けの普及書であれば、読者に向けての配慮不足としかいいようがない。いずれにしても考古学の将来に益するところはないだろう。

本書の原稿を一気に書き上げ、手を離れたのはコロナ禍が全国に猛威を振るいはじめた二〇二〇年一〇月のことであったから、二年という歳月が経過したことになる。この間、編集作業は遅々として進まず、別の原稿執筆や編集作業をいくつも併行しておこなうことになった。しかし結果的には、細かな数値の誤りや、本文と図表の矛盾、引用内容の不正確さ、ていねいな説明の不足の指摘等々、内容を熟知した細やかでていねいな校正には恐れ入った。最後まで編集者としての気概を貫かれた担当の宇和川準一さんにはただただ頭の下がる思いである。

本書が成ったのは、全国の多くの同業の方々からのご指導とご協力のたまものである。考古学や歴史学以外の多様な専門分野の方々から得たご教示も、本書を綴るうえでの大きな力となった。さらに、若い頃から発掘現場で苦楽をともにしてきた仲間の支えや、数々のイベントでご支援いただいた市民の方々からの熱い応援のおかげでもある。とくに、十分とはいえない環境のなか、最前線で日々発掘調査と保護に立ち向かいつづけてきた行政研究者の戦友たちからの刺激と支援は、私の長い研究人生の大きな励みとなり糧《かて》となった。この場を借りて心から感謝の意を表し、「あとがき」の結びとしたい。

二〇二二年一二月一二日　鷺濤蜃舎にて

著　者

韓　国

マ 行

ヤ 行

ラ 行

中 国

ナ　行

ハ　行

サ　行

タ　行

遺跡名索引

ア　行

カ　行

寺沢　薫

桜井市纒向学研究センター所長。1950年、東京都生まれ。同志社大学文学部卒業。奈良県立橿原考古学研究所で調査研究部長などを歴任し、2012年より現職。第15回濱田青陵賞受賞。主な著書に『日本の歴史02　王権誕生』（講談社、2000年。講談社学術文庫、2008年）、『青銅器のマツリと政治社会』（2010年）、『王権と都市の形成史論』（2011年）、『弥生時代の年代と交流』（2014年）、『弥生時代国家形成史論』（2018年。いずれも吉川弘文館）、『弥生国家論——国家はこうして生まれた』（2021年、敬文舎）などがある。

卑弥呼《ひみこ》とヤマト王権《おうけん》

〈中公選書 134〉

著者　寺《てら》沢《さわ》　薫《かおる》

2023年３月10日　初版発行
2023年10月20日　４版発行

発行者　安 部 順 一

発行所　中央公論新社
〒100-8152　東京都千代田区大手町 1-7-1
電話　03-5299-1730（販売）
03-5299-1740（編集）
URL https://www.chuko.co.jp/

ＤＴＰ　今井明子

印刷・製本　大日本印刷

Published by CHUOKORON-SHINSHA, INC.
Printed in Japan　ISBN978-4-12-110135-8 C1321
定価はカバーに表示してあります。

中公選書　好評既刊

108
漢字の構造
――古代中国の社会と文化
落合淳思著

漢字の成り立ちと字形の変化の歴史には、古代中国の生活や風習、祭祀儀礼や社会制度などが反映されている。社会と文化の記憶を解き明かす、新しい方法論に基づいた字源研究の成果。

118
究極の俳句
髙柳克弘著

俳諧を芸術へと高めた芭蕉以降の名句を味わいながら、その根底にはつねに常識への批評精神にもとづく新しい価値の創造があったことを明らかにする。俊英による創見に満ちた俳句論。

124
謎の海洋王国ディルムン
――メソポタミア文明を支えた交易国家の勃興と崩壊
安倍雅史著

バハレーンに残る世界最大の古墳群。四〇〇〇年前これらを築いた人々は、いかにして繁栄をきわめ、なぜ歴史の表舞台から去ったのか。謎につつまれていた王国の歴史の解明に挑む。

133
大才子　小津久足
――伊勢商人の蔵書・国学・紀行文
菱岡憲司著

四つの名前を使い分けて生きた江戸時代最大の紀行文作家・小津久足。その営みを丹念に辿りながら、文学、文化、経済を横断し、近代とは似て非なる、ありのままの江戸社会の姿を探る。